Boris Baschanow

ICH WAR STALINS SEKRETÄR

Boris Baschanow

Ich war Stalins Sekretär

Lühe-Verlag
2347 Süderbrarup

Reihe: Internationale Literatur zur Erforschung politischer Hintergrundmächte, Band 4

ISBN 3–550–17350–4

Lizenzausgabe 1989 by
Lühe-Verlag GmbH, Postfach 64, D-2347 Süderbrarup.

Lizenzausgabe ISBN 3–926328–23–1

Übersetzung aus dem Russischen von Josef Hahn
Bilddokumentation Rosalinde Sartorti
Bildlayout Hannes Meyen
Einbandgestaltung Harm Menkens

Printed in West-Germany

Inhaltsverzeichnis

Vorwort zur Neuauflage

Boris Baschanow - ein merkwürdiger Russe: wahrheitsliebend, gänzlich furchtlos; ohne die Neigung, begangene Fehler abzustreiten oder anderen etwas vorzulügen, um ihnen etwas Nettes zu sagen; ein kühler Denker, der auch verwickelte Lagen blitzschnell übersah, von dem Molotow meinte, er könne wie Julius Caesar fünf Dinge zugleich überdenken; ein unbestechlicher Mann, der keinen Schlagworten verfiel und dem Treue, Wahrhaftigkeit und Freiheit unverzichtbare Ideale bedeuteten.

Da man seine Hochbegabung erkannte und ihn für eine wertvolle Schraube in der sozialistischen Staatsmaschinerie hielt, stieg der unbekannte ukrainische Gymnasiast in kurzer Zeit zum Geheimschreiber des allmächtigen Stalin auf. Baschanows Fähigkeit, Sitzungen vorzubereiten und zu leiten, schnell und präzise Beschlüsse zu formulieren und die Büroarbeit zu organisieren, hatten ihn zum idealen Gehilfen in der Parteiführung gemacht. Sein Büro lag Tür an Tür mit dem Stalins; jederzeit hatte er Zutritt zu ihm und allen Mitgliedern des Zentralkomitees und Politbüros. Bei jeder Sitzung der Parteispitze war er als Protokollführer anwesend. Sämtliche Dokumente, die für die höchsten politischen Führer bestimmt waren, gingen durch seine Hände. Baschanow kannte alle Interna und hatte Zugang zum Parteiarchiv.

Doch konnte es bei Baschanows außergewöhnlicher Intelligenz und Moralauffassung nicht ausbleiben, daß er schon bald erkannte, daß in der UdSSR mittels der kommunistischen Partei unter der Maske der Volkswohlfahrt in Wahrheit eine orientalische Satrapenherrschaft errichtet wurde: Alle bisher gültigen sittlichen Werte wurden vernichtet und durch eine Art Wolfsrudel-Verhalten ersetzt. Hierzu gehörte, daß jedermann des anderen Genosse zu sein schien, um diesen sofort zu zerfleischen, wenn er beim Kampf um die Macht im Wege stand, wobei die Lüge allgegenwärtig wurde und das Leben von der Spitze des Sowjetstaates bis zum kleinsten Genossen bestimmte.

Dank seiner Begabung - aber unter Verkennung seiner moralischen Einstellung - war Baschanow bis zum Sekretär des Diktators aufgestiegen. Er brauchte nur den Tod Stalins abzuwarten, um dessen Stelle einzunehmen. Dann hätte er in der UdSSR allmählig alles umstürzen und zu einem erheblich früheren Zeitpunkt menschenwürdigere Verhältnisse herbeiführen können als dies neuerdings von Gorbatschow mittels Perestroika und Glasnost versucht wird.

Doch hätte Baschanow, um dieses Ziel zu erreichen, jahrelang alle Verbrechen und Scheußlichkeiten des Stalinismus decken und mitmachen müssen. Da er dies bei seiner sittlichen Veranlagung aber nicht vermochte, blieb ihm nur die Flucht ins Ausland.

Nachdem Baschanow frei war, setzte Stalin alles daran, den Mitwisser der Staatsgeheimnisse zu beseitigen. Auch in Paris, wo sich der Flüchtling niedergelassen hatte, wurde er noch jahrelang verfolgt.

Nach der friedlichen Oktoberrevolution in Leipzig und der Öffnung der Berliner Mauer am 9. November 1989 verliert der bis dahin mit skrupeloser Gewalt aufrechterhaltene Stalinismus auch im anderen Teile Deutschlands mehr und mehr an Machteinfluß. Immer neue Verbrechen werden bekannt, zu denen die „stalinistischen Betonköpfe" in der DDR und anderen Ostblockstaaten - z.B. Rumänien unter Ceausescu - fähig waren.

Bei der nun beginnenden Aufarbeitung und Überwindung des Stalinismus stellt sich die Frage: Wie war die Entstehung einer solchen Machtfülle in der Hand einzelner Personen und eine derartig menschenverachtende „Diktatur des Proletariats" durch die kommunistischen Parteien in den Ostblockstaaten überhaupt möglich? Nur bei einer richtigen Beantwortung dieser Frage kann man sicher sein, daß der Stalinismus allmählig überwunden wird und sich etwas Vergleichbares in der Zukunft nicht wiederholt.

Baschanow hat die entscheidenden Jahre in der Entwicklung der Sowjetunion als Organisationssekretär des Politbüros der KPdSU, d.h. als Sekretär Stalins, erlebt. Er beschreibt in diesem Buch, welcher Mittel sich der angehende Diktator bei der Ausschaltung seiner Konkurrenten Sinowjew, Kamenew sowie Trotzki bediente.

Dieses Buch, das in Westdeutschland erstmals im Jahre 1977 erschien und wesentliche aber kaum bekannte Vorgänge hinter den Kulissen des Kreml über den Aufstieg Stalins zur Alleinherrschaft schildert, ist völlig vom Buchmarkt verschwunden. Der Lühe-Verlag gibt diesen Nachdruck daher erneut mit freundlicher Genehmigung des Ullstein-Verlages als Band 4 seiner Reihe „Internationale Literatur zur Erforschung politischer Hintergrundmächte" heraus.

Möge dieses Buch die kaum bekannten Hintergründe des Aufstiegs Stalins einem größeren Leserkreis zugänglich machen und im Zeichen der Perestroika dazu beitragen, den Stalinismus in der UdSSR, der DDR und anderen Ostblockstaaten aufzuarbeiten und zu überwinden.

Armin Hinrichs

Vorwort

Diese Erinnerungen beziehen sich hauptsächlich auf meine Tätigkeit als Gehilfe des Generalsekretärs des ZK der KPdSU Stalin und als Sekretär des Politbüros dieser Partei. Ich wurde auf diese Posten am 9. August 1923 berufen. Zum Antikommunisten geworden, floh ich am 1. Januar 1928 über die persische Grenze. In Frankreich veröffentlichte ich 1929 und 1930 einige meiner Beobachtungen in Zeitungsartikeln und Büchern. Ihr Hauptanliegen bestand in der Schilderung des wahren Mechanismus der kommunistischen Macht (damals im Westen etwas sehr wenig Bekanntes), der Träger dieser Macht sowie einiger historischer Ereignisse dieser Epoche. In meinen Artikeln bemühte ich mich stets darum, skrupulös genau zu sein, indem ich nur das schilderte, was ich selber gesehen hatte oder mit unbedingter Genauigkeit wußte. Die Mächte des Kremls haben nie den geringsten Versuch gemacht, zu bestreiten, was ich geschrieben habe, sondern zogen die Taktik völligen Schweigens vor. Mein Name durfte nirgends erwähnt werden. Der aufmerksamste Leser meiner Artikel war freilich Stalin selber. Spätere Überläufer aus dem sowjetischen Machtbereich nach Frankreich bestätigten, daß er verlangt habe, ihm jeden meiner Artikel unverzüglich auf dem Luftweg zuzusenden.

Trotz peinlicher Genauigkeit in meinen Berichten mußte ich in Übereinkunft mit meinen in Rußland zurückgebliebenen Freunden wegen ihrer größeren Sicherheit ein Detail ändern, das mich allein betrifft: das Datum, an dem ich zum Antikommunisten wurde. Das spielte keine Rolle in meinen Artikeln; sie änderten sich nicht dadurch, ob ich zwei Jahre früher oder später Gegner des Kommunismus wurde. Doch wie sich herausstellte, brachte mich das persönlich in eine sehr unangenehme Lage. In einem der letzten Kapitel des Buches – Vorbereitung meiner Flucht ins Ausland – werde ich erklären, wie und weshalb meine Freunde mich baten, es nicht zu tun. Außerdem konnte ich über viele Tatsachen und Menschen deshalb nicht schreiben, weil sie lebten. So konnte ich z. B. nicht erzählen, was mir die persönliche Sekretärin Lenins in einer sehr wichtigen Frage berichtet hatte, weil sie das sehr teuer zu stehen gekommen wäre. Jetzt, da fast ein halbes Jahrhundert vergangen ist und der größte Teil der Menschen jener Epoche nicht mehr unter den Lebenden weilt, kann ich fast über alles schreiben, ohne riskieren zu müssen, dadurch jemanden Stalins Genickschuß auszusetzen.

Außerdem kann ich jetzt bei der Schilderung aller historischen Ereignisse, deren Zeuge ich war, dem Leser auch jene Folgerungen und Schlüsse darlegen, die sich aus ihrer unmittelbaren Beobachtung ergaben. Ich hoffe, daß dies dem Leser helfen wird, das Wesen jener Ereignisse und den ganzen Abschnitt jener Epoche der kommunistischen Revolution besser zu begreifen.

Eintritt in die Partei

Ich wurde 1900 in der ukrainischen Stadt Mogilew-Podolsk geboren. Als die Februarrevolution 1917 ausbrach, saß ich in der siebenten Klasse des Gymnasiums. Im Frühjahr und Sommer 1917 erlebte die Stadt alle Ereignisse der Revolution und besonders den allmählichen Zerfall der alten Ordnung. Nach der Oktoberrevolution beschleunigte er sich noch. Die Front brach zusammen, die Ukraine sonderte sich ab. Die ukrainischen Nationalisten rangen mit den Bolschewiken um die Macht in der Ukraine. Die Anarchie in unserem Gebiet griff immer weiter um sich. Doch Anfang 1918 besetzten deutsche Truppen die Ukraine; mit ihrer Unterstützung wurde einigermaßen Ordnung hergestellt, die reichlich seltsame Macht des Hetmans Skoropadskij etablierte sich, der Form nach ukrainisch-nationalistisch, in Wirklichkeit aber unbestimmt konservativ.

Das Leben kehrte in einigermaßen normale Bahnen zurück, der Unterricht ging wieder flott weiter, im Sommer 1918 beendete ich das Gymnasium, um im September das Studium an der physikalisch-mathematischen Fakultät der Universität Kiew aufzunehmen. Doch leider währte mein Studium nicht lange. Gegen November zeichnete sich Deutschlands Niederlage ab, die deutschen Truppen traten aus der Ukraine den Rückzug an. Die Universität kochte über vor revolutionärer Tätigkeit. Meetings, Reden. Die Regierung schloß die Universität. Ich beschäftigte mich damals nicht mit Politik, mit meinen 18 Jahren meinte ich, mich in den grundlegenden Lebensfragen der Gesellschaft noch unzureichend auszukennen. Doch wie die Mehrheit der Studenten war ich mit der Unterbrechung des Studiums sehr unzufrieden. Ich war aus der tiefsten Provinz zum Studieren nach Kiew gekommen. Deshalb beteiligte ich mich an einer Studentendemonstration, die auf der Straße gegenüber der Universität angesetzt wurde, um gegen die Schließung zu demonstrieren.

Dort wurde mir eine sehr wichtige Lektion zuteil. Auf Lastautos traf eine Abteilung der ukrainischen »Staatswacht« ein, sprang eilends ab, stellte sich in Reih und Glied auf und eröffnete ohne die geringste Warnung das Feuer auf die Demonstranten. Es muß gesagt werden, daß die Menge beim Anblick der Gewehre in wilder Flucht auseinanderstob. Etwa drei bis vier Dutzend Menschen, die es unter ihrer Würde fanden, schon bei Erscheinen der Polizei wie die Hasen davonzulaufen, blieben den Gewehren gegenüber stehen. Diese Leute waren wenige Augenblicke später entweder tot (etwa 20) oder verwundet (auch an die 20). Ich war unter den Verwundeten. Eine Kugel hatte den Kiefer getroffen, war aber an ihm abgeglitten, so daß ich mit zwei–drei Wochen Hospital davonkam.

Mit dem Studium war es vorbei, die Kämpfe zwischen Bolschewiken und ukrainischen Nationalisten flammten wieder auf, während ich nach Hause zurückkehrte, um zu genesen und über den Gang der Ereignisse nachzudenken, an denen ich wider Willen teilgenommen hatte. Bis zum Sommer 1919 las ich viel und setzte mich mit dem Marxismus und anderen revolutionären Lehren und Programmen auseinander.

Im Jahre 1919 entwickelte sich der Bürgerkrieg und der Vormarsch der weißen Armeen auf Moskau von den Rändern zum Zentrum. Doch unser podolischer Winkel lag seitab von diesem Feldzug. Um die Macht rangen bei uns nur die Petljuraleute und die Bolschewiken. Im Sommer dieses Jahres beschloß ich, in die KP einzutreten.

Für uns, die studierende Jugend, stellte sich der Kommunismus damals als außerordentlich interessanter Versuch zur Schaffung einer neuen sozialistischen Gesellschaft dar. Wenn ich am politischen Leben teilnehmen wollte, dann gab es hier, in meiner provinziellen Wirklichkeit, nur die Wahl zwischen den ukrainischen Nationalisten und den Kommunisten. Der ukrainische Nationalismus zog mich überhaupt nicht an, er war für mich mit einem gewissen Abstieg von der Höhe der russischen Kultur verbunden, in der ich erzogen war. Aber auch die Praxis des Kommunismus begeisterte mich nicht, doch ich sagte mir (und nicht nur ich allein), daß man nicht viel verlangen dürfe von diesen ungebildeten und primitiven Bolschewiken aus den Reihen analphabetischer Arbeiter und Bauern, die alle Schlagworte des Kommunismus auf wilde Weise verstanden und ins Leben umsetzen wollten; und daß alsbald gebildetere und verständigere Leute diese Fehler korrigieren und die neue Gesellschaft aufbauen würden, damit sie mehr den Ideen der Führer entspräche, die schließlich irgendwo weit weg, in fernen Zentren, wirkten und das Wohl des Volkes wünschten.

Die Kugel, die mich in Kiew erwischt hatte, wirkte auf mein politisches Bekenntnis nicht sehr ein. Doch die Frage des Krieges spielte für mich keine geringe Rolle.

Die letzten Jahre meiner Jugend war ich entsetzt von dem Bild des langjährigen, sinnlosen Weltkrieges. Trotz meiner Jugend verstand ich durchaus, daß keinem der kriegsführenden Länder der Krieg etwas einbringen konnte, das die Millionen Opfer und kolossalen Zerstörungen einigermaßen aufwiegen würde. Ich begriff, daß die Vernichtungstechnik einen solchen Stand erreicht hatte, daß die alte Art, Streitigkeiten zwischen den Großmächten durch Kriege auszutragen, jeden Sinn verloren hatte. Und wenn die Lenker dieser Staaten sich an der alten Politik des Nationalismus begeisterten, die ihnen vor einem Jahrhundert gestattet wurde, als man für die Reise von Paris nach Moskau zwei Monate benötigte und die Länder unabhängig voneinander leben konnten, so waren das jetzt, da das Leben aller Staaten miteinander verbunden war und die Reise von Paris nach Moskau nur zwei Tage dauerte, Bankrotteure, und sie trugen ein hohes Maß an Verantwortung für die im Schlepptau der Kriege folgenden Revolutionen, die jede alte Lebensordnung zerstörten. Ich nahm damals die Zimmerwalder und Kienthaler Proteste der internationalen Kriegsgegner für bare Münze; erst viel später begriff ich, in welcher Kriegsbegeisterung Lenins Anhänger waren, konnte ihnen doch nur der Krieg die Revolution bringen.

Nach meinem Eintritt in die örtliche Parteiorganisation wurde ich bald zum Sekretär der Kreisorganisation gewählt. Bezeichnenderweise geriet ich sofort in Konflikt mit den Tschekisten, die man aus der Hauptstadt des Gouvernements hergeschickt hatte, um eine örtliche Tscheka zu organisieren. Diese Kreis-Tscheka requirierte das Haus des Notars Afenjew, eines reichen und harmlosen Alten, und erschoß ihn. Ich verlangte von der Parteiorganisation die unverzügliche Schließung der Tscheka und die Rückkehr der Tschekisten nach Winniza. Die Organisation zögerte, doch ich überzeugte sie schnell. Die Stadt war jüdisch, die Mehrheit der Parteimitglieder waren Juden. Die Machtverhältnisse wechselten alle zwei–drei Monate. Ich fragte die Organisation, ob sie begreife, daß für die sinnlosen Erschießungen der tschekistischen Sadisten die jüdische Bevölkerung büßen werde, der beim nächsten Machtwechsel ein Pogrom drohe. Die Organisation verstand und unterstützte mich. Die Tscheka wurde geschlossen.

Die sowjetische Macht hielt sich nicht lange. Es kamen die Petljuraleute. Eine Zeitlang war ich in Shmerinka und Winniza, wo ich im Januar 1920 unerwartet als Leiter der Gouvernementsabteilung für Volksbildung eingesetzt wurde. Meine Karriere wurde durch Rückfalltyphus und dann durch die Nachricht vom Tod meiner Eltern am Flecktyphus unterbrochen. Ich eilte nach Hause. Dort waren noch die Petljuraleute. Doch sie rührten mich nicht an, die örtliche Bevölkerung verbürgte sich, daß ich ein »ideeller Kommunist« sei, der allen nur Gutes erwiesen und dazu noch die Stadt vom tschekistischen Terror gerettet habe.

Bald änderten sich die Machtverhältnisse erneut, es kamen die Bolschewiken. Dann zog die Rote Armee wieder ab. Der polnisch-sowjetische Krieg begann. Doch gegen Sommer 1920 wurde die Kreisstadt Jampol zurückerobert und ich zum Mitglied und Sekretär des Jampoler Revisionskomitees ernannt. Kaum jemals dürfte Jampol nach der Revolution eine friedlichere und wohlwollendere Obrigkeit gesehen haben. Der Vorsitzende der Revisionskommission Andrejew sowie ihre beiden Mitglieder Trofimow und ich waren friedliche und gute Menschen. Das zumindest mußte die Meinung der Beamtenwitwe sein, in deren Haus wir alle drei wohnten, mit ihr am gleichen Tisch zu Mittag aßen und dabei zu ihrem großen Staunen und trotz unserer ganzen Macht an den Hungerpfoten saugten.

Nach einem Monat wurde Mogilew eingenommen. Man versetzte mich dorthin, ich wurde erneut zum Sekretär des Kreiskomitees der Partei ernannt.

Im Oktober ging der sowjetisch-polnische Krieg zu Ende, im November wurde die Krim besetzt, der Bürgerkrieg endete mit dem Sieg der Bolschewiken. Ich beschloß, nach Moskau zu fahren, um mein Studium fortzusetzen. Im November 1920 kam ich dort an und wurde in die Technische Hochschule aufgenommen.

Die Hochschule hatte natürlich eine örtliche Parteizelle, doch waren deren Aktivitäten recht schwach entwickelt. Die Partei nahm wohl an, daß bei dem ungeheuren Mangel an zuverlässigen technischen Spezialisten im Land die Hauptaufgabe von uns Parteistudenten das Studieren sei. Was wir auch taten.

Dennoch kam ich im Zentrum schon etwas näher mit der Partei in Berührung. Nach Beendigung des Bürgerkrieges begann das Land, zum friedlichen Aufbau überzugehen. Die kommunistischen Verwaltungsmethoden während der drei Jahre, die seit der bolschewistischen Revolution vergangen waren, schienen definitiv zu sein, waren jedoch erbitterten Wortgefechten in der Parteispitze während der berühmten Diskussion über die Gewerkschaften Ende 1920 ausgesetzt. Für uns gewöhnliche Parteimitglieder sah es so aus, als ginge der Streit um die Methoden, wie die Wirtschaft oder vielmehr die Industrie zu lenken sei. Es schien einen Standpunkt des einen Parteiflügels mit Trotzkij an der Spitze zu geben, der meinte, daß zuerst die Armee in eine Arbeiterarmee verwandelt und die Wirtschaft auf dem Prinzip harter militärischer Disziplin wiederhergestellt werden müsse; ein anderer Teil der Partei dagegen mit Schljapnikow und der Arbeiteropposition meinte, daß die Wirtschaftsverwaltung den Gewerkschaften übergeben werden müsse; schließlich waren Lenin und seine Gruppe sowohl gegen Arbeiterarmeen als auch gegen eine gewerkschaftliche Wirtschaftsführung. Sie vertraten die Ansicht, daß die Ökonomie ohne militärische Methoden von sachkundigen Räteorganen geleitet werden müsse. Es siegte Lenins Gesichtspunkt, wenn auch nicht ohne Schwierigkeiten.

Erst Jahre später, als ich schon Sekretär des Politbüros war, begriff ich beim Blättern in alten Archivmaterialien, daß die Diskussion nur ein ausgeklügelter Vorwand war. In Wirklichkeit war es Lenins Kampf um die

Mehrheit im ZK der Partei. Lenin fürchtete damals den übermächtigen Einfluß Trotzkijs und bemühte sich, ihn zu schwächen und etwas von der Macht zu entfernen. Die ziemlich zweitrangige Frage der Gewerkschaften wurde künstlich aufgebläht. Trotzkij fühlte die Geschraubtheit der ganzen Machination Lenins, und fast zwei Jahre lang waren die Beziehungen zwischen beiden ziemlich kühl. Im weiteren Kampf um die Macht spielte diese Episode und ihre Folgen eine große Rolle.

Im März 1921, zu der Zeit, da der Parteikongreß stattfand, wurden alle Mitglieder der Parteizelle unserer Hochschule eilig in das Rayonskomitee der Partei gerufen. Man erklärte uns, daß wir mobilisiert seien, händigte uns Gewehre und Patronen aus und verteilte uns auf Betriebe, die größtenteils geschlossen waren. Wir mußten sie bewachen, um möglichen Arbeiterkundgebungen gegen die Regierung zuvorzukommen. Es waren die Tage des Kronstädter Aufstandes.

Etwa zwei Wochen lang hielten wir zu dritt in einem geschlossenen Betrieb Wache. Mit mir war mein Freund, der Kommunist Jurka Akimow, Student wie ich, und ein Rußlanddeutscher mit blauen Augen, Hans Lemberg. Einige Jahre später, als ich Sekretär des Politbüros war, schob ich ihn auf den Posten des Sekretärs der Sportintern. Er erwies sich als Intrigant übelster Sorte. Jurka Akimow verlor ich nach zwei–drei Jahren aus den Augen. Erst aus der Sowjetenzyklopädie erfuhr ich unlängst, daß er verdienter Professor der Metallurgie ist.

Auf dem Parteitag im März hielt Lenin ein Referat über den Ersatz der Getreideablieferung durch eine Naturalsteuer. In der ganzen offiziellen Sowjetliteratur wird dieses Datum als die Einführung der NEP (Neue ökonomische Politik) dargestellt. Das trifft aber nicht zu. Lenin ist keineswegs so schnell auf die Idee der NEP verfallen. Während des Bürgerkrieges und im Sommer 1920 wurde den Bauern das Getreide mit Gewalt weggenommen. Die Behörden überschlugen, wieviel ungefähr in jedem Rayon die Bauern an Getreide haben mußten, die Ziffern der ermittelten Konfiskationsmenge wurden auf die Dörfer und Höfe verteilt, dann wurden Getreide und Produkte gewaltsam (von den Produktabteilungen) weggenommen, zudem ganz willkürlich und mit vielen Ausschreitungen, um irgendwie die Armee und die Städte durchzufüttern. Das war die Getreideablieferung. Dabei erhielten die Bauern im Austausch fast keinerlei Industrieerzeugnisse, es gab ja praktisch keine. Im Sommer 1920 brachen Bauernaufstände aus, der bekannteste in Antonowskoje (Gouvernement Tambow), der bis zum Sommer 1921 dauerte. Außerdem ging ganz beträchtlich die Anbaufläche zurück, die Bauern wollten keinen Getreideüberschuß, den man ihnen ohnehin weggenommen hätte. Lenin begriff, daß die Verhältnisse einer Katastrophe zusteuerten und daß man vom dogmatischen Kommunismus zum realen Leben zurückkehren müsse, indem man der Bauernarbeit einen wirtschaftlichen Sinn gab. Die Getreideablieferung wurde durch die Naturalsteuer ersetzt, d. h. der Bauer war verpflichtet, eine bestimmte Menge seiner Erzeugnisse abzugeben, die als Steuer galt, während er über den Rest frei verfügen konnte.

Der Kronstädter Aufstand regte Lenins Denken noch stärker an. Im Lande herrschten Hunger, allgemeine Unzufriedenheit und Mangel an Industrieerzeugnissen. Die Wiederherstellung nicht nur der Landwirtschaft, sondern der Wirtschaft überhaupt war nur möglich, wenn man der Bevölkerung einen wirtschaftlichen Anreiz gab, also von der kommunistischen Phantastik zur normalen Tauschwirtschaft zurückkehrte. Das schlug Lenin auch Ende Mai auf der 10. Allrussischen Parteikonferenz vor, doch in ausgereifter Formulierung unterbreitete er die NEP erst Ende Oktober auf der Parteikonferenz des Moskauer Gouvernements. Ich werde noch darauf zurückkommen, was mir seine Sekretärinnen nach seinem Tod über die heimlichen Gedanken Lenins in jener Periode sagten.

Ich setzte meine Studien fort. Man wählte mich zum Sekretär der Parteizelle. Das nahm nicht viel Zeit in Anspruch, das Parteileben der Hochschule war absichtlich wenig aktiv.

Das ganze Jahr 1921 herrschte Hunger im Lande. Es gab keinen Markt. Man mußte ausschließlich von der Zuteilung leben. Die bestand aus einem Pfund (400 Gramm) brotähnlicher Kittmasse täglich, hergestellt aus weiß Gott welchen Resten und Abfällen, und vier Pfund ranzigem Hering monatlich. In der Mensa der Hochschule gab es einmal täglich ein wenig wäßrige Buchweizengrütze ohne die kleinste Spur von Fett – und noch dazu ohne Salz. Bei solcher Verpflegung konnte man es nicht lange aushalten. Zum Glück kam der Sommer, man konnte ins Sommerpraktikum in einen Betrieb fahren. Ich hatte mir mit drei Kameraden ein Praktikum in einer Zuckerfabrik ausgesucht (wir studierten an der chemischen Fakultät) und noch dazu in meinem Heimatkreis Mogilew. Dort kamen wir wieder zu Kräften: die Verpflegung wurde in Zucker ausgegeben, und für Zucker konnte man sich eintauschen, was man wollte.

Im Herbst kehrte ich nach Moskau zurück und setzte meine Studien fort. Doch bei dem Hungerregime magerte ich bis zum Januar derart ab, daß ich völlig von Kräften kam. Ende Januar 1922 beschloß ich daher, wieder in die Ukraine zu fahren.

Im Laboratorium für quantitative Analyse war der junge, sympathische Student Sascha Wolodarskij mein Nachbar. Es war der Bruder jenes Petersburger Kommissars für das Pressewesen, den im Sommer 1918 der Arbeiter Sergejew erschlagen hatte. Sascha Wolodarskij war ein sehr lieber und bescheidener Jüngling. Wenn man seinen Namen hörte und dann fragte: »Sagen Sie, sind Sie ein Verwandter jenes bekannten Wolodarskij?«, antwortete er: »Nein, nein, nur ein Namensvetter!«

Ich fragte ihn um seine Meinung, wen er statt meiner für den Posten des Sekretärs der Parteizelle vorschlagen würde. Warum? Ich erklärte ihm, daß ich fort wollte von hier, um nicht zu verhungern. »Und warum machen Sie es nicht so wie ich?«, erwiderte Wolodarskij.

»Wie?«

»Na, einen halben Tag studiere ich, und einen halben Tag arbeite ich im ZK der Partei. Dort gibt es bestimmte Arbeiten, die man nach Hause nehmen kann. Übrigens wird gerade der Apparat der ZK stark erweitert, man braucht dort gebildete Mitarbeiter. Versuchen Sie es.«

Ich versuchte es. Der Umstand, daß ich schon Sekretär eines Kreiskomitees gewesen und jetzt Sekretär der Parteizelle in der Technischen Hochschule war, erwies sich als gewichtiges Argument. Der Geschäftsführer des ZK Ksenofontow (übrigens ein ehemaliges Tscheka-Mitglied), der die erste Auswahl traf, schickte mich in die Organisationsabteilung des ZK, wo ich auch angenommen wurde.

In der Organisationsabteilung des Zentralkomitees

Damals fand eine außerordentliche Erweiterung und Festigung des Parteiapparates statt. Die wohl größte Abteilung des ZK bildete die organisations-instruktorische, in die ich geraten war; sie wurde bald darauf mit der statistisch-distributiven zur organisations-distributiven Abteilung vereinigt. Gleichzeitig mit den gewichtigen Unterabteilungen (der organisations- und der informativen) wurde eine belanglose Unterabteilung, die Statistik der örtlichen Erfahrung, geschaffen, deren Funktionen reichlich unklar waren. Ich wurde als gewöhnlicher Mitarbeiter dieser Unterabteilung eingestellt. Sie bestand aus einem Leiter, dem alten Parteimitglied Rastoptschin, und fünf Angestellten. Rastoptschin und drei seiner Mitarbeiter betrachteten ihre Arbeit als Sinekure auf Zeit. Rastoptschin selber zeigte sich einmal wöchentlich für ein paar Minuten. Wenn man ihn fragte, was denn eigentlich zu tun sei, sagte er lächelnd: »Bekundet Initiative!« Drei von den fünf bekundeten sie in dem Sinn, daß sie sich eine Arbeit suchten, die ihnen mehr einbrachte; und damit hatten sie bald Erfolg. Rajter wurde nach einer Reihe komplizierter Intrigen verantwortlicher Instrukteur des ZK und dann Sekretär irgendeines Gouvernementskomitees. Kicis wartete geduldig Rajters Ernennung ab, um dann mit ihm zu gehen. Sorge (nicht jener berühmte, nicht der japanische) wollte im Ausland auf der Linie der Komintern wirken. Wirklich zu arbeiten versuchte allein Nikolaj Bogomolow, ein Werktätiger aus der Gegend von Orechowo-Sujewo, ein sehr sympathischer und verständiger Mann. Später wurde er Gehilfe des Leiters der organisations-distributiven Abteilung zur Auslese von Parteiarbeitern, dann Stellvertreter des Leiters und schließlich, weiß der Himmel warum, Leiter der Handelsvertretung in London. Während der Säuberung des Jahres 1937 verschwand er, wahrscheinlich ist er umgekommen.

Ich tat die erste Zeit fast überhaupt nichts, sondern orientierte mich und setzte mein Studium fort. Nach dem schweren Jahr 1921 besserten sich meine Lebensverhältnisse plötzlich. Bisher hatte ich in Moskau nicht nur gehungert, sondern auch miserabel gewohnt. Auf Order des Rayonssowjets war uns (Jurka Akimow und mir) ein von »Burshuis« requiriertes Zimmerchen zugewiesen worden. Es hatte keine Heizung und nicht die geringste Andeutung irgendeines Mobiliars, wenn man nicht eine Waschschüssel samt Krug auf dem Fensterbrett als solche bezeichnen wollte. Im Winter sank die Temperatur auf fünf Grad unter Null, so daß sich das Wasser im Krug in Eis verwandelte. Zum Glück hatte das Zimmerchen einen hölzernen Fußboden. Wir wickelten uns in unsere Schafpelze und drückten uns zur gegenseitigen Erwärmung aneinander, schliefen in einem Winkel auf dem Fußboden, mit Büchern unter dem Kopf statt des nicht vorhandenen Kopfkissens.

Jetzt hatte sich die Lage geändert. Die Mitarbeiter des ZK lebten unter anderen Bedingungen. Mir wurde ein Zimmer im 5. Haus der Sowjets, dem ehemaligen Hotel Loskuta (Twerskaja 5), zugewiesen, das alle gewöhnlich 5. Haus des ZK nannten, da es ausschließlich von Bediensteten des ZK der Partei bewohnt wurde. Freilich nur von gewöhnlichen, da sehr verantwortungsvolle entweder im Kreml oder im 1. Haus der Sowjets (Ecke Twerskaja–Mochowaja) wohnten.

Obgleich ich wenig arbeitete, wurde ich doch bald mit Kaganowitsch, dem Leiter der Organisationsabteilung, bekannt. Unter seinem Vorsitz fand irgendeine halbinstruktive Beratung über Fragen des sowjetischen Aufbaus statt. Man bestimmte mich zum Sekretär dieser Beratung, rein zufällig, wie man eben jemandem in die Finger gerät. Kaganowitsch hielt eine außerordentlich gescheite und kluge Rede. Ich schrieb sie natürlich nicht nieder, sondern machte nur ein Protokoll der Beratung.

Nach einigen Tagen erbat sich die Redaktion der Zeitschrift *Sowetskoje Strojitelstwo* (Sowjetischer Aufbau) von Kaganowitsch einen Leitartikel über das von ihm behandelte Thema. Kaganowitsch antwortete, er habe keine Zeit. Das war eine Ausrede. Die Sache war vielmehr die, daß sich Kaganowitsch, ein außerordentlich fähiger und lebhafter Mann, schlecht auf die Kunst des Lesens und Schreibens verstand. Schuster von Beruf, hatte er keinerlei Bildung genossen; deshalb schrieb er mit groben orthographischen Fehlern, und literarisch formulieren konnte er überhaupt nicht. Da ich bei der Beratung als Sekretär fungiert hatte, wandte sich die Redaktion an mich. Ich versprach, es zu versuchen.

So rief ich mir Kaganowitschs Worte ins Gedächtnis und kleidete sie in die Form eines Artikels. Dann ging ich zu ihm und sagte: »Genosse Kaganowitsch, da ist Ihr Artikel über den sowjetischen Aufbau, ich habe alles aufgeschrieben, was Sie auf der Beratung gesagt haben.« Kaganowitsch las es durch und war begeistert. »Tatsächlich, alles da, was ich gesagt habe – aber wie schön es ausgeführt ist.« Ich antwortete, die Ausführung sei ganz zweitrangig, auf die Gedanken komme es an, und die seien von ihm, also brauche er den Artikel nur zu unterschreiben und an die Zeitschrift zu schicken. Aus Unerfahrenheit zierte sich Kaganowitsch: »Das haben doch Sie geschrieben, nicht ich.« Ich überzeugte ihn ohne Schwierigkeiten, daß ich es einfach statt seiner geschrieben hätte, um ihm die Zeit zu ersparen. Der Artikel wurde gedruckt. Man mußte gesehen haben, wie stolz Kaganowitsch war, es war »sein« erster Artikel. Er zeigte ihn allen.

Die Episode hatte Folgen. Ende März, Anfang April fand der turnusmäßige Parteikongreß statt. Ich wurde wie viele andere junge Mitarbeiter der Organisationsabteilung dem Sekretariat des Kongresses als Hilfskraft für technische Arbeiten zugeteilt. Bei jedem Kongreß wurde nämlich eine Reihe von Kommissionen mit alten Parteiknastern (Mitgliedern des ZK und angesehenen örtlichen Funktionären) als Vorsitzenden gebildet, während die Arbeit junge Mitarbeiter des ZK-Apparates taten. So ging es zumindestens in der Redaktionskommission zu, in die ich geschickt wurde. Der Redner tritt auf, die Stenographin schreibt die Rede mit und diktiert sie dann der Stenotypistin. Dieser erste Text ist voller Fehler und Entstellungen, denn die Stenographin hat vieles nicht verstanden, einiges nicht gehört und manches nicht mitschreiben können. Deshalb ist noch jedem Redner ein Mitarbeiter der Redaktionskommission zugeteilt, der verpflichtet ist, sich die Rede genau anzuhören. Er führt auch die erste Korrektur durch und gibt dem Text oft seinen endgültigen Wortlaut. Der Redner braucht dann nur noch unbedeutende Zusätze und Berichtigungen vorzunehmen. So wird ihm sehr viel Zeit erspart.

Auf dem Kongreß hielt Lenin (zum letztenmal) den politischen Rechenschaftsbericht des ZK. Es entstand die Frage, wem man diese Arbeit – zu hören und zu verbessern – anvertrauen sollte. Kaganowitsch sagte: »Dem Genossen Baschanow, der macht das ausgezeichnet.«

Die Tribüne des Kongresses steht ein- bis anderthalb Meter über dem Fußboden des Saales. Auf der Tribüne sitzt das Präsidium des Kongresses. Rechts (wenn man mit dem Gesicht zum Saal steht) das Pult, hinter dem der Redner steht. Auf dem Pult liegen seine Unterlagen und Hilfszettel, in der frühen sowjetischen Praxis wurden die Referate nie vorher niedergeschrieben, sondern improvisiert, höchstens daß der Referent auf einem Zettel einen kurzen Plan und einige Ziffern und Zitate hatte. Vor dem Pult führt eine kleine Treppe in den Saal; auf ihr steigen die Redner auf die Tribüne und kehren in den Saal zurück. Da während Lenins Referat niemand auf die Tribüne mußte, setzte ich mich oben auf das Treppchen, einen Meter von Lenin entfernt, so überzeugt war ich, hier alles gut zu hören.

Während Lenins Referat machte der Hofphotograph (Ozup wahrscheinlich) Aufnahmen. Lenin konnte es nicht leiden, während seines Auftrittes gefilmt zu werden, es störte ihn, lenkte ihn ab und verhedderte den Faden seiner Gedanken. Er ließ sich kaum auf die zwei unerläßlichen offiziellen Photographien ein. Der Photograph nahm ihn von links auf: in der Tiefe ist wie in einem Nebel das Präsidium zu sehen; dann nahm er ihn von rechts auf: man sieht nur Lenin und hinter ihm eine Ecke des Saales. Doch auf beiden Aufnahmen vor Lenin – ich.

Diese Aufnahmen wurden häufig in den Zeitungen gedruckt: Wladimir Iljitsch tritt zum letztenmal auf dem Parteikongreß auf. Einer der letzten öffentlichen Auftritte des Genossen Lenin. Bis 1928 figurierte ich stets zusammen mit Lenin. Im gleichen Jahr flüchtete ich ins Ausland. Nach Paris gelangt, begann ich die sowjetischen Zeitungen zu lesen. Bald erblickte ich da in der *Prawda* und da in der *Izvestija* die bekannte Photographie: Wladimir Iljitsch hält sein letztes politisches Referat auf dem Parteikongreß. Doch ich war nicht mehr auf der Photographie. Offenbar hatte Stalin alles Nötige veranlaßt, um mich von der Aufnahme verschwinden zu lassen.

In diesem Frühjahr 1922 arbeitete ich mich langsam ein, aber noch mehr studierte ich. Meine Beobachtungsstelle war sehr schön, ich orientierte mich rasch über die fundamentalen Lebensprozesse des Landes und der Partei. Einige Details besagten mitunter mehr als lange Studien. So kann ich mich z. B. wenig an jenen 2. Parteikongreß von 1922 erinnern, bei dem ich anwesend war, habe jedoch deutlich den Auftritt Tomskijs, eines Mitglieds des Politbüros und Gewerkschaftsführers in Erinnerung. Er sagte: »Man wirft uns im Ausland vor, daß es bei uns das Regime *einer* Partei gibt. Das stimmt nicht. Bei uns gibt es viele Parteien. Doch im Gegensatz zum Ausland ist bei uns nur eine Partei an der Macht, die übrigen sind im Gefängnis.« Der Saal antwortete mit stürmischem Applaus.

Ob Tomskij wohl 14 Jahre später an diesen Auftritt dachte, als sich vor ihm die Tore von Stalins Gefängnissen auftaten? Er erschoß sich, da er ihre Schwelle nicht übertreten wollte.

Die Gerechtigkeit erfordert zu bemerken, daß ich damals noch Vertrauen zu meinen Führern hatte: Die anderen Parteien im Gefängnis, also ist es nötig so und besser.

Im April oder Mai dieses Jahres kam ich mir darüber ins klare, wie die Evolution einer Macht vor sich geht. Es war augenfällig, wie sich die Macht immer mehr in den Händen der Partei konzentrierte und je weiter, desto mehr im Parteiapparat. Unter anderem fiel mir ein wichtiger Umstand auf. Die Organisationsformen der Parteiarbeit und ihres Apparates, welche die Effektivität der Arbeit bestimmten, waren ihre Statuten. Doch die Parteistatuten hatten im wesentlichen jene Form beibehalten, wie sie 1903 angenommen worden waren. Nur auf dem 6. Parteikongreß im Sommer 1917 hatte man sie etwas abgeändert, auch die 8. Parteikonferenz im Jahre 1919 brachte einige kleine Neuerungen an, doch im allgemeinen paßten die Statuten – in der Illegalität der vorrevolutionären Zeit entstanden – überhaupt nicht mehr für eine Partei, die sich an der Macht befand, zumals sie deren Arbeit sehr einschränkten, ohne ihr die nötigen klaren und genauen Formen zu geben.

Ich machte mich ans Werk und stellte einen Entwurf neuer Parteistatuten zusammen, wobei ich die alten sehr stark umkrempelte. Nachdem ich alles noch einmal durchgesehen hatte, tippte ich auf der Maschine die zwei Paralleltexte, links den alten, rechts den neuen, wobei ich alle geänderten Stellen meines Textes unterstrich.

Mit diesem Dokument erschien ich bei Kaganowitsch. Sein Sekretär Balaschow erklärte mir, daß Genosse Kaganowitsch sehr beschäftigt sei und niemanden empfange. Ich gab nicht nach. »Aber melde mich trotzdem. Sag, daß ich in einer sehr wichtigen Sache komme.«

»Na, was für eine wichtige Sache kannst du schon haben«, raisonnierte Balaschow.

»Melde mich trotzdem. Ich gehe nicht, bevor du mich nicht gemeldet hast.«

Balaschow tat es, Kaganowitsch empfing mich.

»Genosse Baschanow, ich bin sehr beschäftigt. Drei Minuten – worum geht es?«

»Es geht darum, Genosse Kaganowitsch, daß ich Ihnen den Entwurf neuer Parteistatuten bringe.«

Kaganowitsch war über meine Frechheit ehrlich bestürzt.

»Wie alt sind Sie, Genosse Baschanow?«

»Zweiundzwanzig.«

»Und wie lange sind Sie in der Partei?«

»Drei Jahre.«

»Und wissen Sie, daß sich im Jahre 1903 unsere Partei nur wegen der Frage über die Redaktion des ersten Punktes der Statuten in Bolschewiken und Menschewiken gespalten hat?«

»Natürlich.«

»Und trotzdem erkühnen Sie sich, neue Parteistatuten vorzulegen?«

»Jawohl.«

»Und aus welchem Grund?«

»Aus einem sehr einfachen. Die Statuten sind ganz veraltet und haben für eine Partei unter den Bedingungen der Illegalität getaugt; sie entsprechen in keiner Weise mehr dem Leben einer Partei, die an der Macht ist, und geben ihr nicht die unerläßlichen Formen für ihre Arbeit und Entwicklung.«

»Na, zeigen Sie her.«

Kaganowitsch las den ersten und den zweiten Punkt in der alten und neuen Fassung und überlegte. »Haben Sie das selber geschrieben?«

»Ja.«

Er verlangte Erklärungen. Ich gab sie ihm. Nach einigen Minuten steckte Balaschow den Kopf zur Tür herein und erinnerte Kaganowitsch, daß draußen die Leute säßen, die zu empfangen man versprochen habe, und daß es Zeit für eine wichtige Sitzung sei. Kaganowitsch jagte ihn hinaus. »Ich bin sehr beschäftigt. Empfange niemanden. Die Sitzung auf morgen verschieben.«

An die zwei Stunden las, genoß und überlegte Kaganowitsch meine Statuten, verlangte Erklärungen und Rechtfertigungen für meine Formulierungen. Als er mit allem fertig war, seufzte er und sagte: »Na, da haben Sie einen schönen Brei angerührt, Genosse Baschanow.« Darauf nahm er den Hörer ab und fragte Molotow, ob er ihn in einer wichtigen Sache sehen könnte. Molotow war damals zweiter Sekretär des ZK. »Wenn nicht für lange, kommen Sie.«

»Gehen wir, Genosse Baschanow.«

»Da«, erklärte Kaganowitsch, als er bei Molotow eintrat, »dieser junge Mann da schlägt nicht mehr und nicht weniger vor als neue Parteistatuten.«

Molotow war ebenso erschüttert. »Und weiß er, daß im Jahre 1903 . . .«

»Ja, weiß er.«

»Und nichtsdestoweniger . . .«

»Nichtsdestoweniger.«

»Und Sie haben den Entwurf gelesen, Genosse Kaganowitsch?«

»Ja.«

»Und wie finden Sie ihn?«

»Ich finde ihn ausgezeichnet.«

»Na, zeigen Sie her.«

Mit Molotow ging dasselbe vor. Im Laufe von zwei Stunden wurde der Statutenentwurf Punkt für Punkt durchgegangen, ich gab Erklärungen, Molotow fragte neugierig: »Haben Sie das selber geschrieben?«

»Ja.«

»Nichts zu machen«, sagte Molotow, als er den Entwurf zu Ende gelesen hatte, »gehen wir zu Stalin.«

Stalin wurde ich gleichfalls als junger Wirrkopf vorgestellt, der sich erkühnt hatte, an einem ehrwürdigen, unantastbaren Heiligtum zu rütteln. Nach den gleichen rituellen Fragen, wie alt ich sei und ob ich wüßte, daß im Jahre 1903, sowie nach Darlegung der Gründe, nach denen ich meinte, daß man die Statuten ändern müsse, ging man wieder zur Lektüre und Beurteilung des Entwurfes über. Früher oder später kam Stalins Frage: »Haben Sie das selber geschrieben?« Doch diesmal folgte noch eine andere nach: »Stellen Sie sich auch vor, was für eine Evolution der Parteiarbeit und des Parteilebens Ihr Text bewirkt?« Meine Antwort war, daß ich mir das sehr gut vorstelle und daß ich mir diese Evolution so und so vorstelle. Stalin blickte mich lange und aufmerksam an, weil meine Statuten eine wichtige Waffe für den Parteiapparat zur Erkämpfung der von ihm angestrebten Macht werden konnten. Stalin begriff das. Ich auch.

Das Ende war eigenartig. Stalin griff zur Kurbel. »Wladimir Iljitsch? Stalin. Wladimir Iljitsch, *wir sind hier im ZK* zu der Überzeugung gekommen, daß die Parteistatuten jetzt nicht mehr den neuen Bedingungen der Parteiarbeit entsprechen. Die alten, da war die Partei noch in der Illegalität, sind veraltet, jetzt ist die Partei an der Macht usw.« Waldimir Iljitsch stimmte telefonisch offenbar zu. »Na also«, sagte Stalin, »*wir* haben darüber nachgedacht und haben einen Entwurf neuer Statuten ausgearbeitet, den wir vorlegen wollen.« Lenin stimmte zu und sagte, daß man die Frage in der nächsten Sitzung des Politbüros vorbringen müsse.

Das Politbüro erklärte sich im Prinzip einverstanden und übergab die Frage zur vorbereitenden Bearbeitung dem Organisationsbüro. Am 19. Mai 1922 ernannte das Organisationsbüro eine »Kommission zur Durchsicht der Parteistatuten«. Molotow war der Vorsitzende, ferner gehörten ihr Kaganowitsch an und ich in meiner Eigenschaft als Sekretär.

Ein Jahr später kam ich in Molotows Wirkungsbereich.

Mit den Statuten mußten wir uns noch zwei Monate lang plagen. Der Entwurf wurde den örtlichen Organen mit der Frage nach ihrer Meinung zugesandt, und Anfang August wurde die Allrussische Parteikonferenz (die 12.) zwecks Annahme der neuen Statuten einberufen. Die Konferenz dauerte drei oder vier Tage. Molotow referierte über den Entwurf, die Delegierten sagten ihre Meinung. Schließlich wählte man die endgültige Redaktionskommission unter Molotows Vorsitz, der auch einige führende Funktionäre der örtlichen Organisationen angehörten wie etwa Mikojan (damals Sekretär des Südostbüros des ZK) und ich als Sekretär. Wir redigierten also, und die Konferenz bestätigte die neuen Statuten endgültig (formell übrigens erst später auch das ZK).

Das ganze Jahr 1922 wohnte ich in dem 5. Haus des ZK – Loskuta. Die dort untergebrachten Mitglieder des ZK waren nach persönlicher Bekanntschaft und Arbeit nach Zirkeln gruppiert. Als ich durch den Studenten Sascha Wolodarskij in dieses Milieu geriet, schloß ich mich einem Kreis an, der sich ebenso um das Ehepaar Wolodarskij gruppierte wie um Lera Golubzowa, Marusa Ignatjewa und Lida Wolodarskij. Lera und Marusa waren wie auch Sascha Wolodarskij »Informatoren« in der Informationsunterabteilung der Organisationsabteilung, Lida sogar deren Sekretärin. Die »Informatoren« waren streng gesprochen keineswegs Informatoren, sondern Referenten einer oder zweier Gouvernements-Parteiorganisationen. Der Informator bekam alles Material über das Leben dieser Organisationen und stellte daraus für die Obrigkeit der Organisationsabteilung

Auszüge und periodische Berichte über alles Wichtige zusammen, was in diesen Organisationen vorging. Wolodarskij und seine Frau waren sehr gesellig. Zu ihnen kam auch der Dichter Boris Pilnjak, eine Bekanntschaft, auf die sie sehr stolz waren. Zu meinem größten Erstaunen erfuhr ich, daß der bescheidene und stille Sascha während des Bürgerkrieges Sekretär bei der blutrünstigen Rosalia Samoilowna Semljatschka gewesen war, die als Mitglied der Parteileitung der 8. Armee durch Erschießungen und allerlei Grausamkeiten von sich reden machte.

Zu unserem Kreis gehörten außer mir noch Georgij Malenkow und German Tichomirnow.

Georgij Malenkow war der Mann von Lera (Valeria) Golubzowa. Obgleich zwei Jahre jünger als ich, bemühte er sich, wie ein alter Parteimensch auszusehen. In Wirklichkeit war er erst zwei Jahre in der Partei. Im Bürgerkrieg war er als kleiner Politarbeiter an der Front gewesen, dann studierte er wie ich an der Technischen Hochschule. Da er jedoch vorher keine höheren Schulen besucht hatte, war er gezwungen, mit der vorbereitenden »Arbeiterfakultät« anzufangen. In der Technischen Hochschule verbrachte er zwei Jahre. Dann zog ihn seine gescheite Frau, der er seine Karriere hauptsächlich verdankte, in den Apparat des ZK und stieß ihn dort dieselbe Leiter empor, auf der auch ich stand. Er war zuerst Sekretär des Organisationsbüros und dann nach meinem Weggang Sekretär des Politbüros.

Seine Frau Lera war viel gescheiter als ihr Mann. Georgij Malenkow machte den Eindruck eines sehr mittelmäßigen Menschen ohne irgendwelche Talente, obwohl er immer eine sehr ernste und aufgeblasene Miene zur Schau trug. Allerdings war er damals erst ganze zwanzig Jahre alt.

German Tichomirnow war zwei Jahre älter als ich und zweiter Gehilfe Molotows. Das war so gekommen. Als 15-jähriger Kasaner Gymnasiast hatte Molotow während der Halbrevolution von 1905 zusammen mit seinem Klassenkameraden Viktor Tichomirnow (dem Sohn sehr reicher Eltern übrigens) das Revolutionskomitee des höheren Schulwesens in Kasan organisiert. An der Revolution 1917 hatte Tichomirnow ebenfalls gemeinsam mit Molotow aktiv teilgenommen und außerdem noch während des Weltkrieges der Partei einen sehr ansehnlichen Geldbetrag gespendet, durch den das Erscheinen der *Prawda* ermöglicht wurde und Molotow in deren Redaktionsstab gelangte, da die Hilfe für die Zeitung durch seine Vermittlung zustande gekommen war.

Im Frühjahr 1917 fiel Molotow in den ersten Wochen der Revolution eine führende Rolle in der Partei zu, nämlich deren Lenkung durch das zentrale Presseorgan. Da man ihn aber überhaupt nicht als politische Führerpersönlichkeit betrachtete, blieb er dort nicht lange. Bald trafen in

Piter die Mitglieder des ZK Kamenew, Swerdlow und Stalin ein, dann auch Lenin, Trotzkij und Sinowjew, die Molotow in die Provinz abschoben. Im Jahre 1919 war er Bevollmächtigter des ZK im Wolgagebiet, 1920 im Nowgoroder Gouvernementskomitee der Partei und in dessen Vollzugskomitee, dann 1920–1921 Sekretär des Donezer Gouvernementskomitees. Doch im März 1921 wurde er Mitglied des ZK und dessen Sekretär. Noch im Lauf des gleichen Jahres avancierte er zum verantwortlichen Sekretär des ZK, zwar noch nicht zum Generalsekretär, aber auch nicht mehr zum technischen Sekretär, wie es seine Vorgänger, etwa die Stasowa und andere waren. Im April 1922 löste ihn Stalin auf diesem Posten ab. Es hätte nicht viel gefehlt und an der Spitze des Parteiapparates, der automatisch auf die Macht zusteuerte, hätte Molotow gestanden bzw. wäre Molotow verblieben. Doch Sinowjew und Kamenew zogen Stalin vor, in Wirklichkeit nur wegen eines Symptoms: sie brauchten auf diesem Posten einen unbeugsamen Feind Trotzkijs.

Viktor Tichomirnow wurde 1917 Mitglied des Innenministeriums und beschäftigte sich hauptsächlich mit strafrechtlich-administrativer Arbeit; 1919 nach Kasan geschickt, um dort Ordnung zu schaffen, starb er offenbar am Flecktyphus.

Sein jüngerer Bruder German trat 1917 in die Partei ein. Bis 1921 diente er in der Armee, einige Zeit sogar als Tschekist in den Sonder-Abteilungen. Von dort ging er mit einigen Anzeichen geistiger Abnormität ab, wahrscheinlich war die tschekistische »Arbeit« nicht mehr so einfach. Als Molotow ins ZK kam, nahm er den Bruder seines Freundes zu sich ins Sekretariat, wo er viele Jahre als zweiter Gehilfe arbeitete. Mit Molotow stand er als alter Bekannter auf Du, aber Molotow hielt ihn kurz, fuhr ihm ständig über den Mund und machte ihm Vorwürfe.

Durch besonderen Verstand zeichnete er sich nicht aus. Bei Molotow war er persönlicher Sekretär. Viel verantwortlichere Sachen als Tichomirnow hatte der erste Gehilfe Wassiljewskij zu erledigen, ein sehr gescheiter und sachlicher Mann. German betrachtete sich als anerkannter Tschekist. Ich wunderte mich anfänglich, weshalb er nicht auf Grund seines Postens im 1. Haus der Sowjets wohnte, sondern weiterhin im Loskuta blieb. Dann begriff ich. Molotow und Wassiljewskij ließen im Loskuta, wo die gewöhnlichen Mitarbeiter des ZK, das ihnen nötige Personal, lauter gescheitere Leute wohnten, bespitzeln. German freundete sich mit ihnen an, kam zu ihnen in die Wohnung, studierte, »durchleuchtete« sie nach Tschekistenart und traf seine Entscheidungen darüber, ob man ihnen trauen konnte. So nützte auch die gescheite Lera Golubzowa ihre Bekanntschaft mit German aus und ließ ihren Georgij durch das Sekretariat des Organisationsbüros (das Reich Molotows) emporklettern – und nicht mit geringem Erfolg.

Nach der Geschichte mit den Parteistatuten hielten sie auch nach mir Ausschau und inspizierten mich. Bis Ende des Jahres arbeitete ich noch mit Kaganowitsch und Molotow zusammen.

Lasar Moissejewitsch Kaganowitsch zeichnete sich dadurch aus, daß er einer der wenigen Juden war, die sich während der ganzen Stalinzeit an der Macht hielten. Bei Stalins Antisemitismus war dies nur möglich, indem er sich von seinen Verwandten, Freunden und Bekannten völlig lossagte. So ist z. B. folgende Tatsache bekannt. Als Stalins Schergen gegen Kaganowitschs Bruder Michail Moissejewitsch, den Minister für Flugzeugindustrie, einen Prozeß zusammengebraut hatten und Stalin Lasar Kaganowitsch fragte, was er davon halte, antwortete dieser – obwohl er natürlich genau wußte, daß man ohne die kleinste Grundlage einen Mord fabriziert hatte –, das sei Sache der »Untersuchungsbehörden« und gehe ihn nichts an. Vor seiner Verhaftung erschoß sich Michail Kaganowitsch übrigens.

Lasar Kaganowitsch hatte sich kopfüber in die Revolution gestürzt und reiste seit 1917 in revolutionären Angelegenheiten von Ort zu Ort. In Nischnij Nowgorod traf er mit Molotow zusammen, der ihn auf den Posten des Vorsitzenden des Nowgoroder Gouvernements-Vollzugskomitees hievte. Diese Begegnung bestimmte seine weitere Laufbahn. Freilich nomadisierte er noch und hielt sich in Woronesch und Mittelasien auf, aber schließlich wurde er Vorsitzender des Zentralrates der Gewerkschaften der Sowjetunion. Von dort holte ihn Molotow 1922 als einen der Leiter der Organisationsabteilung des ZK zu sich, wo auch sein rascher Aufstieg begann.

Ein Umstand spielte in dieser Karriere eine nicht unwichtige Rolle. Im Jahre 1922 sagte Lenin auf einer Versammlung des Politbüros, indem er sich an dessen Mitglieder wandte: »Wir fünfzigjährige Genossen (er hatte sich und Trotzkij im Auge) und ihr vierzigjährige Genossen (alle übrigen), müssen eine Ablösung durch die Dreißigjährigen und Zwanzigjährigen vorbereiten: sie aussuchen und allmählich für leitende Arbeiten vorbereiten.« Vorderhand beschränkte man sich auf die Dreißigjährigen und wählte zwei aus: Michailow und Kaganowitsch.

Michailow zählte damals 28 Jahre, war Kandidat des ZK und Sekretär des Moskauer Parteikomitees; im folgenden Jahr wählte man ihn zum Mitglied des ZK und sogar zu dessen Sekretär. Aber das währte nicht lange, weil sich alsbald herausstellte, daß die großen Staatsgeschäfte über Michailows Kräfte gingen. So schob man ihn allmählich auf kleinere Posten ab. Er war schließlich Leiter des Dnjeproges (der Wasserkraftstation am Dnjepr). Im Jahre 1937 wurde er zusammen mit anderen erschossen, weil er 1929 so unvorsichtig gewesen war, für Bucharin zu stimmen. Im allgemeinen gelang die von Lenin angeregte Ablösung nicht.

Kaganowitsch war viel fähiger. Indem er sich unbeirrbar an Molotow hielt, wurde er allmählich mit diesem selber zu einem der Hauptstalinisten. Stalin warf ihn von einem wichtigen Posten des Parteiapparates auf den anderen. Sekretär des ZK der Ukraine, Sekretär des ZK der Allrussischen KP, Mitglied des Politbüros, erster Sekretär des Moskauer Parteikomitees, wieder Sekretär des ZK der Partei, wenn nötig sogar Volkskommissar für Verkehr – er kam allen Befehlen Stalins geflissentlich nach. Wenn er anfänglich noch ein Gewissen und andere menschliche Eigenschaften hatte, so gingen sie alle im Zuge seiner Anpassung an Stalins Forderungen verloren; er wurde wie Molotow ein hundertprozentiger Stalinist. Deshalb gewöhnte er sich an alles: selbst die Millionen Opfer rührten ihn nicht. Als jedoch nach Stalins Tod Chruschtschow, der sich zu dessen Lebzeiten auch allem angepaßt hatte, plötzlich aufwachte und mit Stalins Verurteilung auftrat, da wünschten Kaganowitsch, Molotow und Malenkow sehr charakteristisch kein anderes Regime als ein stalinistisches, in dem man die Schraubenmutter so fest andrehen konnte, daß es weiter nicht mehr ging, da sie genau wußten, wie ruhig man bei einem solchen Regime schlafen kann und daß keinerlei Gefahren drohen; hingegen war ganz unbestimmt, was Chruschtschows Miniliberalisierung für ihre geruhsamen Spitzenposten und das Regime selbst mit sich bringen würde.

In der zweiten Hälfte des Jahres 1922 arbeitete ich in Kaganowitschs Behörde weiter. Molotow und Kaganowitsch begannen, mich als Sekretär verschiedener Kommissionen des ZK zu verwenden. In dieser Eigenschaft war ich sowohl für den einen wie für den anderen ein gefundenes Fressen. Mir war die Fähigkeit gegeben, schnell und genau formulieren zu können. Kaganowitsch, lebhaft und gescheit, begriff sogleich alles, beherrschte aber die Schriftsprache nicht. Ich war für ihn sehr wertvoll. Aber noch wertvoller in den Kommissionen war ich für Molotow.

Er war kein glänzender Mensch, sondern ein überaus arbeitsfähiger Bürokrat, der von morgens bis nachts ohne Pause am Schreibtisch sitzen konnte. Er mußte viel Zeit auf Sitzungen verschiedener Kommissionen zubringen. In den Kommissionen kam es in der Sache selbst relativ schnell zur Übereinstimmung, aber dann hob eine endlose Balgerei bei der Redigierung der Beschlüsse an. Man versucht, einen Punkt zu formulieren – es regnet Verbesserungen und Einwände; Streitigkeiten entstehen, in deren Verlauf man den Anfang der Formulierungen vergißt und sich völlig verheddert. Bedauerlicherweise suchte Molotow, der sich auf die Sache sehr wohl verstand, stets mit großer Mühe nach den nötigen Formulierungen. Zum Glück fand ich schnell die erforderliche Linie. Sobald ich die Lösung gefunden hatte, hob ich die Hand. Molotow unterbrach sofort die Debatte. »Hören wir.« Ich trug die Formulierung vor, Molotow klammerte sich geradezu an sie. »Ja, das ist's, ja da haben wir ja, was wir brauchen. Schreiben Sie es sofort auf, sonst vergessen Sie es.« Ich versicherte ihm, es nicht zu vergessen. »Wiederholen Sie es noch einmal.« Ich wiederholte es. Nun – die Sitzung war beendet, wieviel Zeit war damit gewonnen! »Sie ersparen mir eine Menge Zeit, Genosse Baschanow«, sagte Molotow. Der Erfolg war, daß ich fast bei allen der zahllosen Kommissionen, denen er vorstand, als Sekretär fungieren mußte, zumal das ZK stets mit Kommissionen arbeitete; für jede wichtige Frage wurde nach flüchtiger Beurteilung eine Kommission eingesetzt, die sowohl die Frage analysierte als auch den endgültigen Text des Beschlusses ausarbeitete, der schließlich dem Organisationsbüro zur Bestätigung vorgelegt wurde.

Eine der wichtigsten Kommissionen des ZK war die zirkularische. In allen wichtigen Fragen nahm das ZK Direktiven an und verschickte diese an die örtlichen Organisationen. Das war ein Zirkular des ZK. Die Zirkularkommission legte auch den Text dieser Zirkulare fest. Den Vorsitz führte manchmal Molotow, manchmal Kaganowitsch. Ich war gewissermaßen schon der bestätigte Sekretär dieser (ständigen) Kommission. Ob nun die örtlichen Parteiorganisationen eine Kampagne für die Aussaat auf dem Land führen mußten oder die Umregistrierung der Partei und die Einführung neuer Parteibilletts erfolgen sollte oder die Kampagne zur Aufnahme einer neuen Anleihe bevorstand, die Direktive erfolgte in Form eines Zirkulars.

Ich interessierte mich bald für diese Arbeit. Jeden Tag ergingen neue Zirkulare. Welche von ihnen in Kraft blieben, welche veraltet waren, welche durch den Gang der Ereignisse oder durch neue Beschlüsse geändert werden mußten, das wußte niemand. Und wie sollten sich die örtlichen Organisationen in dieser Masse von Zirkularen zurechtfinden? Und wie sollte man aus diesen Tausenden von Zirkularen jenes herausfinden, das man brauchte? Ich nährte keinerlei Illusionen hinsichtlich der Organisationskünste der örtlichen Parteibürokraten. So begann ich damit, daß ich die ganze Masse der Zirkulare nahm und alles hinauswarf, was veraltet, geändert oder außer Kraft gesetzt war; alles dagegen, was geeignete, brauchbare Direktiven enthielt, sammelte ich in einem Buch, sortierte es nach Fragen, Themen, Ressorts, Zeit und nach dem Alphabet. Mit einem Wort so, daß man nach diesen Indices augenblicklich finden konnte, was man suchte. Dann ging ich damit zu Kaganowitsch. Jetzt erwartete er von mir nur noch seriöse Dinge. Nicht ohne Frechheit fand ich einen Terminus, der ihn fesseln mußte. »Genosse Kaganowitsch, ich schlage vor, eine Kodifizierung der Partei-Gesetzgebung durchzuführen.« Das klang sehr feierlich. Genosse Kaganowitsch war von dem Terminus berauscht. Er setzte die ganze Maschine in Gang. Molotow war auch sehr zufrieden. Es ergab sich ein Buch von 400–500 Seiten, das den Titel »Handbuch für den Parteiarbeiter« bekam. Es wurde in der Druckerei des ZK hergestellt und sollte jährlich erscheinen.

Molotow ernannte mich zum Redaktionssekretär der *Izvestija* des ZK. Diese Zeitschrift hatte – abgesehen vom Titel – mit der Tageszeitung *Izvestija* nichts zu tun. Die *Izvestija* des ZK sollte das Organ des inneren Parteilebens sein, der Redakteur war Molotow; und weil Molotow der Redakteur war, stellte die Zeitschrift ein ungewöhnlich trockenes und langweiliges bürokratisches Erzeugnis dar. Es schlug sich darin überhaupt kein Leben der Partei nieder, sondern war mit Direktiven und Weisungen des ZK angefüllt. Meine Arbeit als Sekretär gestaltete sich ebenfalls völlig bürokratisch. Ich begann daher zu überlegen, wie ich von dieser langweiligen Kanzleiarbeit loskommen könnte, als ich plötzlich (plötzlich für mich, denn Molotow und die anderen waren längst informiert darüber) einen neuen wichtigen Posten bekam. Ende 1922 wurde ich zum Sekretär des Organisationsbüros ernannt.

Sekretär des Organisationsbüros

Ich begann mich zu einem wichtigen Schräubchen in der staatlichen Parteimaschine zu entwickeln. Dabei ertrank ich in meiner Arbeit, vom wahren Leben völlig abgeschnitten. Was im Lande geschah, erfuhr ich lediglich durch das Prisma des Parteiapparates. Erst nach eineinhalb Jahren kam ich aus diesem Papierozean etwas heraus; dann hatte ich aber jegliche Information zur Hand, konnte Tatsachen und Daten zusammenstellen, konnte urteilen, Schlüsse ziehen und zu Ergebnissen kommen; und sehen, was tatsächlich vor sich ging und wohin alles ging.

Vorläufig nahm ich immer mehr Anteil an der Arbeit des zentralen Parteiapparates. Er hatte immer weniger Geheimnisse vor mir.

Was sind die Funktionen eines Sekretärs des Organisationsbüros? Ich fungierte als Sekretär auf den Sitzungen des Organisationsbüros und auf den Sitzungen des ZK-Sekretariats; außerdem auf der Konferenz der Abteilungsleiter des ZK, die Materialien für die Sitzungen des ZK-Sekretariats vorbereitete; außerdem auf den Sitzungen der verschiedenen Kommissionen des ZK. Schließlich kommandierte ich das Sekretariat des Organisationsbüros, worunter dessen Kanzlei zu verstehen ist.

Nach den Statuten verlief das Wichtigskeitsgefälle der gewählten Zentralorgane der Partei wie folgt: das Sekretariat (bestehend aus den drei Sekretären des ZK), über ihm das Organisationsbüro, darüber das Politbüro. Das Sekretariat des ZK war ein Organ, das sich im Prozeß schneller Evolution befand und offenbar mit Riesenschritten auf die absolute Macht im Land zusteuerte, aber nicht so sehr als Institution denn in der Person seines Generalsekretärs. In den Jahren 1917–1919 war der (rein technische) Sekretär des ZK die Genossin Stasowa gewesen, während den ziemlich rudimentären Apparat des ZK Swerdlow dirigierte. Nach dessen Tod im März 1919 waren bis März 1921 Serebrjakow und Krestinskij die (halb technischen, halb verantwortlichen) Sekretäre. Dann folgte Molotow nach, aber schon mit dem Titel eines »verantwortlichen« Sekretärs. Im April 1922 wählte dann das Plenum des ZK drei Sekretäre aus seinen Reihen, nämlich als Generalsekretär Stalin, als zweiten Sekretär Molotow und als dritten Michailow, der aber bald von Kuibyschew abgelöst wurde. Seitdem hielt das Sekretariat Sitzungen ab.

Die Funktionen des Sekretariats waren in den Statuten nicht gut festgelegt. Hatte man, wie sich aus diesen ergab, das Politbüro zur Lösung der wichtigsten politischen Fragen geschaffen und das Organisationsbüro zur Lösung der organisatorischen, so oblag wohl dem Sekretariat, weniger wichtige Fragen zu lösen oder wichtige Fragen für das Organisations- und Politbüro vorzubereiten. Doch zum einen stand das nirgends geschrieben und zum andern hieß es in den Statuten schlauerweise, daß »jeder Beschluß des Sekretariats, wenn kein Mitglied des Organisationsbüros gegen ihn protestiert, automatisch zum Beschluß des Organisationsbüros wird, und jeder Beschluß des Organisationsbüros, gegen den kein Mitglied des Politbüros protestiert, zum Beschluß des Politbüros wird, also zum Beschluß des Zentralkomitees. Jedes Mitglied des ZK kann gegen einen Beschluß des Politbüros vor dem Plenum des ZK protestieren, was aber nicht dessen Vollzug aufhält.«

Um es anders auszudrücken: stellen wir uns vor, daß das Sekretariat Beschlüsse über sehr wichtige politische Fragen faßt. Vom Gesichtspunkt der innerparteilichen Demokratie wie auch der Parteistatuten läßt sich dagegen nichts einwenden. Das Sekretariat usurpiert ja nicht die Rechte höherer Instanzen, die zudem diese Beschlüsse jederzeit ändern oder verwerfen können. Wenn aber der Generalsekretär des ZK, wie 1926 der Fall, schon die ganze Macht in Händen hält, vermag er ganz ungeniert durch das Sekretariat zu kommandieren.

So ist es auch tatsächlich geschehen. Bis 1927/1928 hatten das Politbüro und seine Mitglieder noch so viel Gewicht, um das Sekretariat von derlei Versuchen zurückzuhalten, aber ab 1928 war das Politbüro derart von Stalin abhängig, daß er es nicht mehr für nötig hielt, anders als über das Politbüro zu regieren. Und nach einigen weiteren Jahren hatte sich sowohl das Politbüro als auch das Sekretariat in einfache Empfänger und Vollstrecker seiner Befehle verwandelt; und nicht der war an der Macht, der den höchsten Posten in der Hierarchie einnahm, sondern jener, der ihm am nächsten stand; sein Sekretär wog mehr in dem Apparat als der Vorsitzende des Ministerrates oder ein beliebiges Mitglied des Politbüros.

Doch vorläufig stehen wir erst Anfang 1923. Auf den Sitzungen des Sekretariats führte der dritte Sekretär des ZK, Rudsutak, den Vorsitz, dem es schon gelungen war, Kuibyschew abzulösen, der wiederum vor seiner Sekretariatszeit als Vorsitzender des ZK der Komintern fungiert hatte. Auf den Sitzungen waren Stalin und Molotow anwesend, denn nur die Sekretäre des ZK hatten beschließendes Stimmrecht. Mit dem Recht beratender Stimmen waren alle Abteilungsleiter des ZK anwesend: Kaganowitsch, Syrzow, Smidowitsch (Frauenabteilung) und die anderen; es waren ihrer nicht wenige, nämlich der Geschäftsführer des ZK Ksenofontow, der Geschäftsführer der Finanzabteilung Raskin, der Geschäftsführer der Statistischen Abteilung Smitten, dann der Geschäftsführer der neuen Informations- und Presseabteilung usw.; außerdem die wichtigsten Gehilfen der ZK-Sekretäre. Rudsutak führte den Vorsitz gut und geschickt. Zu mir war er sehr nett und fütterte mich mit Bonbons; er hatte das Rauchen aufgegeben und lutschte dafür ständig an Süßigkeiten.

Auf den Sitzungen des Organisationsbüros führte Molotow den Vorsitz. Zum Organisationsbüro gehörten die drei Sekretäre des ZK, die Geschäftsführer der wichtigsten Abteilungen des ZK, nämlich Kaganowitsch und Syrzow, ferner der Chef der Politischen Verwaltung des Revolutionären Militärrates (er besaß die Rechte einer Abteilung des ZK) und außerdem ein bis zwei Mitglieder des ZK, die man persönlich in das Organisationsbüro gewählt hatte, am häufigsten der Sekretär des Zentralrates der Gewerkschaften der Sowjetunion und der erste Sekretär des Moskauer Stadtkomitees.

Stalin und Molotow waren daran interessiert, den Stab des Organisationsbüros möglichst klein zu halten, also nur mit ihren Leuten aus dem Parteiapparat zu besetzen. Der Grund dafür war, daß das Organisationsbüro für Stalin eine Arbeit von immenser Bedeutung leistete, weil es die Parteiarbeiter aussuchte und verteilte. Erstens überhaupt für alle Behörden, was relativ unwichtig war, zweitens aber alle Arbeiter des Parteiapparates, die Sekretäre und Hauptarbeiter in den Gouvernements-, Gebiets- und Kreisorganisationen der Partei, was enorm wichtig war, da sie beim nächsten Parteikongreß Stalin die Mehrheit sicherten; darin bestand die hauptsächlichste Voraussetzung zur Erkämpfung der Macht. Diese Arbeit ging in energischem Tempo voran; erstaunlicherweise wandten Trotzkij, Sinowjew und Kamenew, in den Wolken der höheren Politik schwebend, diesen Machenschaften keine besondere Bedeutung zu. Sie begriffen deren Wichtigkeit erst dann, als es schon zu spät war.

Das erste Organisationsbüro wurde nach dem 8. Parteitag (März 1919) gegründet. Ihm gehörten Stalin, Beloborodow, Serebrjakow, die Stasowa und Krestinskij an. Wie aus diesem Personenstand hervorgeht, mußte es sich mit der Organisation des technischen Parteiapparates und der Verteilung seiner Kräfte beschäftigen. Seitdem hatte sich alles geändert. Mit Stalins Ernennung zum Generalsekretär wurde das Organisationsbüro seine Hauptwaffe zur Auslese seiner Leute und auf diese Weise zur Eroberung aller Parteiorganisationen in der Provinz.

Molotow war schon ein alter Bekannter. Sehr zufrieden mit mir, setzte er mich wie früher zum Sekretär für alle Kommissionen des ZK ein und beschleunigte damit meine durchdringende Kenntnis des Apparates.

Da existierte z. B. die Budgetkommission des ZK, eine ständige Kommission übrigens, deren Vorsitzender Molotow war, ich dagegen ihr Sekretär. Sie bestand aus den zwei Sekretären des ZK Stalin und Molotow (wobei ich ersteren auf keiner einzigen Sitzung der Kommission gesehen habe) und dem Geschäftsführer der Finanzabteilung des ZK Raskin. Ich vergewisserte mich schnell, daß sowohl Raskin als auch ich nur deshalb an den Sitzungen teilnahmen, um Molotows Beschlüsse niederzuschreiben. Gut, daß Raskin nicht viel zu sagen hatte. Dieser russische Jude, schon als Kind aus Rußland emigriert und in sehr vielen Ländern herumgekommen, sprach ein derartiges Russisch, daß man ihn kaum verstand. Wahrscheinlich auch in anderen Sprachen. Die Mitarbeiter seiner Abteilung sagten: »Raskin beherrscht alle Sprachen, außer seiner eigenen.«

Einerseits beurteilte und bestätigte die Budgetkommission die Kostenvoranschläge des ZK. Da waren die Geschäftsführer der einzelnen Abteilungen anwesend und versuchten, ihre Interessen wahrzunehmen, während Molotow mit ihnen stritt, aber natürlich allein entschied. Andererseits ging es hier um gewaltige Summen, denn die Budgetkommission bestätigte die Haushalte aller ausländischen Kommunistischen Parteien. Zu den Sitzungen wurde aber nie ein Vertreter der Bruderparteien zugelassen, sondern nur der Generalsekretär der Komintern Pjatnizkij. Molotow verteilte das himmlische Manna widerspruchslos und unwiderruflich, wobei mir die Vorstellungen, von denen er sich dabei leiten ließ, nicht immer klar waren. Die Finanztechnik zum Unterhalt der Kommunistischen Parteien erklärte mir freundlicherweise Raskin als versteckten Transfer aus den Überschüssen der Monopole des Außenhandels.

Ich konnte mich auch schnell über die Arbeit des sogenannten »Parteigewissens« informieren, worunter man das Kollegium der Zentralen Kontrollkommission zu verstehen hat.

Im Lande herrschte Ordnung, die gesamte Bevölkerung befand sich rechtlos in den Klauen der GPU. Ein parteiloser Bürger konnte jeden Augenblick verhaftet, verschickt, zu vielen Jahren Kerker oder zum Tode durch Erschießen verurteilt werden, ohne sich dagegen wehren zu können. Doch Parteimitglieder konnte die GPU 1923 noch nicht verhaften, das kam erst acht bis zehn Jahre später. Wenn ein Parteimitglied gestohlen, einen Mord begangen oder die Parteigesetze verletzt hatte, mußte ihn zuerst die örtliche Kontrollkommission verurteilen, während für höhere Parteimitglieder die Zentrale Kontrollkommission einige ihrer Mitglieder für diese Aufgabe delegierte. In die Hände des Gerichts oder in die Klauen der GPU fiel ein Kommunist erst dann, wenn er von dem Parteikollegium aus der Partei ausgeschlossen wurde. Davor zitterten die Kommunisten. Eine der häufigsten Drohungen lautete: Wir werden Ihre Sache der Zentralen Kontrollkommission übergeben.

Auf den Sitzungen dieses Parteikollegiums richteten und verurteilten ein paar alte Komödianten vom Schlag eines Solz, wobei sie Phrasen von der hohen Moral der Parteimitglieder droschen und das Gewissen der Partei mimten. In Wirklichkeit gab es jedoch zwei Ordnungen. Die eine, wenn es um kleine Fische und rein kriminelle Dinge ging, etwa Diebstahl; dann brauchte Solz nicht groß Komödie zu spielen. Die andere, wenn es sich um höhere Parteimitglieder handelte. Da trat schon der niemandem bekannte Informationsapparat der GPU in Erscheinung. Er wirkte vorsichtig, mit Hilfe und unter Beteiligung der GPU-Mitglieder Peters, Lazis und Manzew, die man als Fachleute eigens zu Mitgliedern der Zentralen Kontrollkommission gemacht hatte. Wenn es um oppositionelle Parteimitglieder ging oder um Gegner der Stalingruppe, gelangten die Informationen der GPU – egal, ob richtig oder speziell zur Kompromittierung des Betreffenden erfunden – unsichtbar und auf geheimen Wegen über den Geschäftsführer des ZK Ksenofontow (einen alten Tschekisten) und seinen Stellvertreter Brisanowskij (auch ein Tschekist) in Stalins Sekretariat zu seinen Gehilfen Kanner und Towstucha. Darauf erfolgte ebenso geheim die Weisung an die Zentrale Kontrollkommission, was zu tun sei; nämlich »auszuschließen aus der Partei« oder »abzusetzen von verantwortlicher Arbeit« oder »ein strenger Verweis mit Verwarnung« usw. Es war dann Sache des Parteikollegiums, eine entsprechende Beschuldigung zu finden und zu begründen. Das war überhaupt nicht schwer, selbst wenn es um Nichtigkeiten ging, jemanden zu schikanieren und zu schurigeln. Da hat z. B. ein Parteimann einen Artikel für eine Zeitschrift verfaßt und dafür 30 Rubel Honorar über das parteiübliche Maximum bekommen. Solz spielt deshalb eine derart hysterische Szene, daß man sich im Künstlertheater wähnt. Mit einem Wort, wenn Solz oder Jaroslawskij von Kanner ihre Direktiven bekommen haben, spielen sie verrückt und regen sich auf, wie ein Kommunist es wagen kann, derart die Reinheit des Parteigewandes zu besudeln, und fällen das Urteil, das sie diktiert bekommen haben. Auf Kanner und Stalins Sekretariat werden wir noch zu sprechen kommen.

Doch in den Statuten gibt es einen Paragraphen: die Beschlüsse der Kontrollkommission müssen mit den entsprechenden Entscheidungen des Parteikomitees übereinstimmen, die Beschlüsse der Zentralen Kontrollkommission also mit denen des ZK der Partei. Dem entsprach die folgende Praxis.

Wenn die Sitzungen des Organisationsbüros beendet waren und die Mitglieder ihrer Wege gingen, blieb ich mit Molotow zurück, der sich die Protokolle der Zentralen Kontrollkommission ansah. Sie enthielten eine lange Liste von Beschlüssen über verschiedene Angelegenheiten. Nehmen wir die Stelle: »Sache des Genossen Iwanow über die und die Beschuldigungen.« Beschluß: »Genosse Iwanow ist aus der Partei auszuschließen« oder »Genossen Iwanow drei Jahre lang die Ausübung verantwortlicher

Tätigkeit verbieten«. Molotow, der alle dem Parteikollegium erteilten Direktiven kannte, machte ein Häkchen. Ich schrieb darauf ins Protokoll des Organisationsbüros: »Stimmt mit den Beschlüssen der Zentralen Kontrollkommission in Sachen des Genossen Iwanow (Protokoll vom soundsovielten) überein« usw. Doch an einer anderen Stelle war Molotow mit dem Urteil nicht einverstanden. Die Zentrale Kontrollkommission hatte, sagen wir, einen »strengen Verweis« beschlossen. Molotow strich es aus und schrieb: »Aus der Partei auszuschließen.« Ich trug ins Protokoll des Organisationsbüros ein: »In der Sache des Genossen Iwanow der Zentralen Kontrollkommission vorschlagen, ihren Beschluß vom soundsovielten in diesem und diesem Punkt zu revidieren.« Solz rief nach Erhalt des Protokolls jedes Mal an und fragte: »Welcher Beschluß also?« Ich sagte ihm, was Molotow geschrieben hatte. Und im nächsten Protokoll der Zentralen Kontrollkommission hieß es: »Nach Revision ihres Beschlusses vom soundsovielten beschließt das Parteikollegium der Zentralen Kontrollkommission in Anbetracht der vorgebrachten Beschuldigungen: Genossen Iwanow aus der Partei ausschließen.« Begreiflich, daß das Organisationsbüro (d. h. Molotow) diesem Beschluß zustimmte.

Meine Kanzlei bestand aus einem Dutzend streng gesiebter und ergebener Mitarbeiter. Die ganze Arbeit des Organisationsbüros galt als geheim (die des Politbüros als streng geheim). Um die Geheimnisse auf einen möglichst kleinen Personenkreis zu beschränken, wurde am Personal gespart. Die Folge war eine starke Überlastung der Mitarbeiter, so daß sie praktisch kein Privatleben hatten. Die Arbeit begann um 8 Uhr, man aß schnell irgend etwas und irgendwie am Arbeitsplatz, um 1 Uhr nachts war Feierabend. Trotzdem kamen wir mit der Arbeit nicht zurecht, in dem Papierozean unseres Organisationsbüros herrschte ein völliges Durcheinander, man konnte nichts finden, die Papiere waren nach der vorsintflutlichen Methode ihres Ein- und Ausganges registriert. Wenn das Sekretariat des ZK irgendeine Unterlage brauchte oder ein Dokument aus dem Archiv, begannen stundenlange Suchereien in dem Archivmeer.

Ich sah, daß diese Organisation nichts wert war. So gab ich sie ganz auf und führte mehrere Kartotheken ein mit Eintrag eines jeden Schriftstückes nach drei verschiedenen alphabetischen Indices. Allmählich gelangte alles an seinen Platz. Im Laufe von ein paar Monaten war jedes Schriftstück, das vom Sekretariat des ZK verlangt wurde, spätestens in einer Minute unterwegs zu ihm; die Abteilungen des ZK, die es bisher als hoffnungslos betrachtet hatten, sich ans Sekretariat des Organisationsbüros zu wenden, konnten sich nicht genug über die Schnelligkeit wundern, mit der plötzlich alles vonstatten ging. Molotow war überaus zufrieden und verkündete überall mein Lob. Doch ohne sich dessen bewußt zu werden, bereitete er selber meinen Verlust vor. Im Sekretariat des Politbüros herrschte ein noch schlimmeres Durcheinander, und Stalin begann darüber nachzudenken, daß es nicht schlecht wäre, wenn ich auch dort Ordnung schaffte. Doch das war keine so einfache Sache, wie wir noch sehen werden.

Die Folgen für das Personal meiner Kanzlei waren völlig unerwartet. Zuerst protestierten alle energisch gegen meine Reformen und beklagten sich bei den Sekretären des ZK, daß man mit mir nicht arbeiten könne. Als ich die Reorganisation dennoch mit fester Hand durchführte und die Ergebnisse auf der Hand lagen, verstummten die Proteste allmählich. Bisher hatten sie den ganzen Tag mit Nichtigkeiten wegen der langen und fruchtlosen Suchaktionen zugebracht. Jetzt ging die Arbeit schnell und genau vonstatten, die Arbeitslast verringerte sich. Meine Mitarbeiter kamen um neun und gingen zwischen fünf und sechs Uhr. Sie verfügten jetzt über Freizeit und konnten sich ein Privatleben leisten. Waren sie zufrieden? Im Gegenteil. Bisher waren sie in ihren eigenen Augen mit der Gloriole der Märtyrer und einer geistigen Elite versehen, die sich der Partei zum Opfer brachte. Jetzt waren sie Kanzleibedienstete eines gut eingespielten Apparates, aber sonst nichts mehr. Ich fühlte deutlich, wie enttäuscht alle waren.

Ich arbeitete in ständigem Kontakt mit Molotows Sekretären und hatte auch schon einigen Kontakt mit Stalins Sekretären.

An der Spitze von Molotows Sekretariat stand sein erster Sekretär Wassiljwskij. Das war ein sehr flinker und energischer Mann, gescheit und arbeitsam, doch überaus mager. Er organisierte Molotows ganze Arbeit und fand sich schnell in allen Dingen zurecht. Mit Molotow duzte er sich und genoß dessen volles Vertrauen. Über seine Vergangenheit konnte ich nichts in Erfahrung bringen. Er war offenbar ein ehemaliger Offizier aus der Zarenzeit, vielleicht Leutnant. Gleich nach der Oktoberrevolution war er (bolschewistischer) Stabschef des Moskauer Militärbezirks. Als ich 1926 aus dem ZK ausschied, verlor ich seine Spur, später habe ich nie mehr etwas gehört von ihm.

Der zweite Gehilfe Molotows war German Tichomirnow, von dem ich schon gesprochen habe. Er war der eigentliche Privatsekretär. Das Pulver hatte er nicht erfunden, ich wunderte mich, wie Molotow mit einem solchen Privatsekretär zurechtkam. Der dritte und vierte Gehilfe waren aber auch nicht besser. Molotow war von Tichomirnows Arbeit nicht begeistert, duldete ihn aber aus den bekannten Gründen. Erst zwei-drei Jahre später ernannte er ihn zum Leiter des Zentralen Parteiarchivs beim ZK; er hatte aber nur harmlose Bestände zu verwalten, da sich alle wichtigen Dokumente in Stalins Sekretariat und bei Stalins Sekretär Towstucha befanden.

Durch die Zusammenarbeit mit Molotow lernte ich die Parteispitze immer besser kennen. So begann ich allmählich, den eigentlichen Kern des stattfindenden Kampfes um die Macht zu verstehen.

Nach der Revolution und während des Bürgerkrieges war die Zusammenarbeit zwischen Lenin und Trotzkij ausgezeichnet gewesen. Bei Ende des Bürgerkrieges im November 1920 betrachteten das Land und die Partei Lenin und Trotzkij als die Führer der Revolution, weit vor allen übrigen Parteigrößen. In Wirklichkeit hatte den Krieg die ganze Zeit über Lenin geführt. Land und Partei wußten dies zu wenig und waren geneigt, den Sieg hauptsächlich Trotzkij zuzuschreiben, dem Organisator und Haupt der Roten Armee. Diese Position Trotzkijs paßte Lenin nicht, er sah die ernste und gefährliche Wendung beim Übergang zum friedlichen Aufbau voraus. Um sich dabei die Führung zu sichern, mußte er sich die Mehrheit in den zentralen Führungsgremien der Partei – dem ZK – sichern. Auch bis zur Revolution und im Jahre 1917 hatte sich Lenin in der von ihm geschaffenen Partei oftmals in der Minderheit befunden und die Mehrheit wieder mit großer Mühe erkämpfen müssen. Und nach der Revolution wiederholte sich das. Man braucht sich z. B. nur daran zu erinnern, welche Niederlage er im ZK in einer so wichtigen Frage wie dem Brest-Litowsker Frieden mit Deutschland erlitt, wo er ebenfalls in der Minderheit blieb.

Lenin wollte sich also garantiert die Mehrheit sichern. Eine mögliche Bedrohung der Führerschaft sah er nur von seiten Trotzkijs. Ende 1920 in der Debatte über die Gewerkschaften bemühte er sich, Trotzkijs Position zu schwächen und dessen Einfluß zu schmälern. Lenin forcierte noch sein Spiel, indem er Trotzkij in der Geschichte mit dem Transportwesen in eine dumme Lage brachte. Man mußte eilends das zerstörte und darniederliegende Eisenbahnwesen in Ordnung bringen. Lenin wußte genau, daß Trotzkij für eine solche Aufgabe der denkbar ungeeignetste Mann war und daß er auch keinerlei objektive Möglichkeiten hatte, sie zu erfüllen. Dennoch ernannte man ihn zum Volkskommissar des Verkehrswesens. Trotzkij machte sich enthusiastisch, pathetisch, rhetorisch ans Werk, ganz nach seinem Gehabe als rettender Volkstribun. Doch es kam dabei nichts heraus als Konfusion. Trotzkij gab mit dem Gefühl eines Fiaskos auf.

Im ZK organisierte Lenin die Gruppe seiner engsten Helfer aus dem Trotzkij-feindlichen Lager. Das waren Sinowjew und Stalin. Sinowjews Feindschaft stammte aus dem Herbst 1919, als der erfolgreiche Angriff Judenitschs auf Petrograd Sinowjew derart in Panik versetzte, daß er jegliche Fähigkeit verlor, irgend etwas zu tun; da kam Trotzkij, bereinigte die Lage und traktierte Sinowjew mit Verachtung. Seitdem haßten sie einander. Nicht weniger haßte Trotzkij Stalin. Während des ganzen Bürgerkrieges war Stalin als Mitglied des Revolutionären Militärrates verschiedener Armeen und Fronten Trotzkij unterstellt gewesen. Dieser verlangte Disziplin, Ausführung der Befehle und die Verwendung militärischer Spezialisten, Stalin stützte sich auf örtliche, undisziplinierte Freiwillige, kümmerte sich während der ganzen Zeit keinen Deut um das Oberkommando und konnte Trotzkij als Juden nicht ausstehen. Lenin mußte ständig den Schiedsrichter spielen, wenn Trotzkij über Stalin herfiel.

Kamenew, der keine persönlichen Gründe für eine Feindschaft Trotzkij gegenüber hatte, auch weniger zu Intrigen geneigt war, hatte sich Sinowjew angeschlossen und folgte dessen Spuren. Lenin schob nun die ganze Gruppe stark in den Vordergrund. So stellte er Sinowjew an die Spitze der Komintern (Trotzkij nahm das damals ruhig hin, weil er auf einem viel wichtigeren Posten stand), machte Kamenew zu seinem ersten und hauptsächlichsten Gehilfen im Rat der Volkskommissare und übertrug ihm mit dem Arbeits- und Verteidigungsrat auf dem Aprilplenum des ZK 1922 faktisch die oberste Leitung über die Wirtschaft des Landes. Er hatte nicht einmal dagegen etwas einzuwenden, als ihm Kamenew nach einer Idee Sinowjews vorschlug, Stalin zum Generalsekretär des ZK zu machen, obwohl er diesen gut kannte. So sicherte diese Gruppe im März-April 1922 Lenin die Mehrheit, ohne aus ihrer Botmäßigkeit entlassen zu werden, während Trotzkij aufgehört hatte, gefährlich zu sein.

Doch am 25. Mai 1922 trat ein unerwartetes Ereignis ein, das alles änderte, Lenins erster Schlaganfall. Er hatte in den letzten Jahren schon des öftern das Bett hüten müssen. Im August 1918 wurde er durch das Attentat der Fanny Kaplan verwundet, im März 1920 war er sehr krank, auch von Ende 1921 bis März 1922 ging es ihm so schlecht, daß er nicht arbeiten konnte. Mittlerweile hatte er sich aber erholt, am 27. März 1922 gab er auf dem Parteikongreß den politischen Rechenschaftsbericht des ZK und hielt alles in Händen. Der Schlaganfall brachte nun die Karten durcheinander. Bis Ende Oktober war Lenin praktisch nicht geschäftsfähig, und nach Meinung der Ärzte (geheim für die Mitglieder des Politbüros, nicht für das Land) war es der Anfang vom Ende. Gleich nach dem Schlaganfall organisierten Sinowjew, Kamenew und Stalin ihre »Troika«, um ihren Hauptrivalen Trotzkij auszuschalten. Aber sie nahmen noch nicht den Kampf gegen ihn auf, weil sich Lenin wider Erwarten im Juni ziemlich rasch erholte und Anfang Oktober wieder seine Arbeit aufnahm. Er trat am 20. sogar im Plenum des Moskauer Sowjets auf und hielt noch am 3. November ein Referat auf dem 4. Kongreß der Komintern. Während dieser Rückkehr nahm er wieder alles in die Hände und schalt Stalin wegen seiner Nationalitätenpolitik, der im Entwurf der vorbereiteten Verfassung die Schaffung einer *Russischen* Sozialistischen Sowjetrepublik befürwortete und damit eine mehr zentralistisch russifizierende, während Lenin eine Union der Sozialistischen Sowjetrepubliken forderte, da er darin die Möglichkeit eines Beitrittes auch anderer Länder nach Revolutionserfolgen in Ost und West sah. Auch schickte sich Lenin an, Stalin wegen seines (und seiner Mitstreiter Ordschonikidse und Dserschinski) Konflikts mit dem ZK Grusiniens zu tadeln, kam aber nicht mehr dazu. Im Oktober 1922 nahm das Plenum des ZK ohne Lenin Beschlüsse an, die das Monopol des Außenhandels schwächten. Im Dezember lehnte Lenin, noch einmal zurückgekehrt, auf einem neuen Plenum diese Oktoberbeschlüsse ab. Es schien, als hielte er wieder alles in Händen; deshalb kehrte auch die Troika wieder in die Rolle seiner engsten Gehilfen und Vollstrecker zurück.

Doch die Ärzte behielten recht, die Besserung war nur von kurzer Dauer. Eine nicht rechtzeitig kurierte Syphilis kam ins letzte Stadium. Es näherte sich Lenins Ende. Am 16. Dezember verschlimmerte sich sein Zustand bedenklich und am 23. noch mehr.

Schon Anfang Dezember wußte Lenin, daß er nicht mehr lange zu leben hatte. Dadurch verschärften sich seine Bemühungen um die Mehrheit im ZK und die Rivalität mit Trotzkij. Außerdem war Lenin darüber bestürzt, wie schnell sich in den Monaten seiner Krankheit die Macht des Parteiapparates und folglich Stalins vergrößert hatte. So unternahm Lenin Schritte zu einer Annäherung an Trotzkij und begann ernsthaft zu überlegen, wie er Stalins wachsende Macht beschneiden könnte. Er dachte sich eine ganze Reihe von Maßnahmen, insbesondere organisatorischer Art, aus. Die entsprechenden Artikel vermochte er aber nicht mehr selber zu schreiben, sondern mußte sie seinen Sekretärinnen diktieren. Vor allem wollte Lenin eine doppelte Maßnahme treffen, nämlich einerseits den Bestand des ZK stark erweitern und dadurch die Macht des Apparates gewissermaßen zerschlagen; andererseits die Zentrale Kontrollkommission reorganisieren und beträchtlich vergrößern, um aus ihr ein Gegengewicht zu dem bürokratischen Parteiapparat zu machen.

Am 23. und 26. Dezember diktierte Lenin den ersten »Brief an den Kongreß« (er hatte den 12. Parteikongreß im Auge, der im März und April 1923 stattfinden sollte), in dem es um diese Erweiterung des ZK ging. Dieser Brief wurde an Stalin ins ZK geschickt. Der ließ ihn jedoch verschwinden und gab den Vorschlag auf dem genannten Kongreß als seinen eigenen, doch angeblich mit Lenins Gedanken übereinstimmenden aus, wobei ihm dessen ohnmächtiger Zustand zunutze kam. Die vorgeschlagene Erweiterung des ZK wurde angenommen, die Anzahl seiner Mitglieder von 27 auf 40 erhöht. Doch Stalin hatte dies in bewußt Lenin feindlicher Absicht getan, um dadurch seine Auserwählten ins ZK zu bringen und sich so die Mehrheit zu sichern.

Am 24. und 25. Dezember diktierte Lenin jenen zweiten »Brief an den Kongreß«, den man allgemein als »Lenins Testament« bezeichnet. Er charakterisierte darin die angesehensten Parteiführer, indem er die Frage nach der Parteiführung im Falle seines Ablebens stellte; er neigte im allgemeinen zu einer kollektiven Führung, rückte aber trotzdem Trotzkij an die erste Stelle. Dieser Brief war eigentlich ebenfalls an den nächsten Parteikongreß adressiert, doch Lenin ließ ihn versiegeln und befahl, ihn erst nach seinem Tod zu öffnen. Die diensthabende Sekretärin brachte allerdings diesen Vermerk nicht auf dem Umschlag an, erzählte aber von alledem der Krupskaja und den anderen Sekretärinnen. Die Krupskaja selber öffnete – an diese Weisung gebunden – den Umschlag nicht vor dem 12. Parteitag, weil ihr Mann noch am Leben war.

Indes kam Lenin, während er über diese Frage weiter nachdachte, nach einigen Tagen zu der Überzeugung, daß man Stalin unbedingt vom Posten des Generalsekretärs entfernen müsse. So machte er am 4. und 5. Januar 1923 den bekannten Zusatz zu seinem »Testament«, in dem er über die Grobheit und die anderen Unzulänglichkeiten Stalins sprach und der Partei riet, ihn abzusetzen. Dieser Zusatz wurde mit dem »Brief an den Kongreß« vereinigt, versiegelt und von der Krupskaja ebenfalls nicht vor dem 12. Parteikongreß geöffnet. Doch kannten die Sekretärinnen auch den Inhalt dieses Zusatzes und erzählten ihn Lenins Frau.

Schließlich legte Lenin den zweiten Teil seines Planes in dem Artikel »Wie wir die Arbeiter- und Bauerninspektion (Rabkrin) reorganisieren müssen« dar. Er diktierte ihn Anfang März. Dieser Artikel ging normal ins ZK, die Arbeiter- und Bauerninspektion wurde formell im Januar nach Lenins Vorschlag reorganisiert, aber in Wirklichkeit wieder nach Stalins Zielen.

Im Februar und März änderte sich an Lenins Zustand nichts. Während dieser Zeit kam er zu dem endgültigen Entschluß, den Kampf sowohl mit Stalin als auch mit dessen bürokratischem Apparat aufzunehmen. So wurde auf Lenins Drängen Ende Februar eine Kommission des ZK gegen den Bürokratismus gebildet, mit deren Hilfe Lenin vor allem das Organisationsbüro im Auge hatte; er hoffte, auf dem bevorstehenden Kongreß den Kampf gegen Stalin zu führen, und sei es aus dem Krankenzimmer.

Indes merkte Stalin nach der zweiten Verschlechterung von Lenins Krankheit Mitte Dezember (die Ärzte beurteilten sie als zweiten Schlaganfall), daß er mit Lenin nicht mehr sonderlich zu rechnen brauchte. So nahm er sich Frechheiten gegen die Krupskaja heraus, die sich in Lenins Namen an ihn wandte. Im Jahre 1923 bat ihn Lenins Sekretärin Fotiewa um Material über die Lenin interessierende grusinische Frage. Stalin schlug dies mit der Erklärung ab, daß er derlei nicht ohne Erlaubnis des Politbüros herausgeben könne. Anfang März beschimpfte er die Krupskaja derart, daß sie weinend zu Lenin gelaufen kam; der diktierte empört einen Brief an

Stalin, in dem er ihm alle persönlichen Beziehungen aufkündigte. Dabei regte sich Lenin sehr auf und erlitt am 6. März den dritten Schlaganfall, durch den er die Sprache verlor, gelähmt blieb und sein Bewußtsein fast gänzlich erlosch. So verschwand er von der politischen Bühne, die folgenden zehn Monate waren ein langsames Sterben.

Alle diese Einzelheiten weiß ich seit Anfang 1923 aus zweiter Hand von Molotows Sekretären; einige Monate später erfuhr ich ihre Bestätigung aus erster Hand von Stalins Sekretären und Lenins Sekretärinnen.

Im Januar 1923 begann die Troika ihre Macht zu stabilisieren. Die ersten zwei Monate fürchtete sie noch den Block Trotzkij mit dem sterbenden Lenin, doch nach dessen Schlaganfall im März gab es diesen nicht mehr, so daß die Troika den Kampf um die Ausschaltung Trotzkijs in Gang setzen konnte. Bis zum Sommer bemühte sich die Troika aber noch um die Festigung ihrer Positionen.

Der 12. Parteikongreß fand am 17.–25. April 1923 statt. Die Hauptfrage war, wer den politischen Rechenschaftsbericht des ZK machen sollte, das wichtigste politische Dokument des Jahres. Sonst hatte ihn stets Lenin gehalten. Der nächste Referent würde von der Partei als Lenins Nachfolger betrachtet werden.

Im Politbüro schlug Stalin vor, den Bericht Trotzkij verlesen zu lassen. Das war nach Stalins Manier. Er führte einen ebenso energischen wie heimlichen Kampf um die Einschleusung seiner Leute ins ZK, denn dies mußte ihm die Mehrheit auf dem Kongreß spätestens in zwei Jahren erbringen. Vorläufig galt es aber noch, Zeit zu gewinnen und Trotzkijs Wachsamkeit einzuschläfern.

Trotzkij lehnte mit erstaunlicher Naivität ab: Er wolle sich nicht dem Verdacht der Partei aussetzen, daß er den Platz des kranken Lenin usurpiere. Vielmehr schlug er seinerseits vor, daß Stalin als Generalsekretär des ZK den Rechenschaftsbericht verlesen möge. Man muß sich die geistige Verfassung Sinowjews in diesem Augenblick vorstellen. Doch Stalin lehnte ebenfalls ab, da er ganz richtig damit rechnete, daß die Partei ihn weder verstehen noch hinnehmen würde, denn mit Stalin als Parteiführer rechnete niemand. Schließlich und endlich wurde, nicht ohne die guten Dienste Kamenews, Sinowjew beauftragt, das politische Referat zu halten. Er war Vorsitzender der Komintern, und wenn es jemandem zukam, Lenin wegen dessen Erkrankung zu vertreten, dann am ehesten ihm. So geschah es auch.

Im Mai und Juni setzte die Troika die Festigung ihrer politischen Positionen fort. Die Partei betrachtete Sinowjew nicht so sehr als ihren Führer denn als ihre Nummer eins. Kamenew galt als Nummer zwei, da er Lenin faktisch als Vorsitzender des Rates der Volkskommissare sowie als

Vorsitzender des Gewerkschaftsverbandes vertrat. Außerdem führte er den Vorsitz auf den Sitzungen des Politbüros. Stalin zählte als Nummer drei, doch bestand seine Hauptarbeit darin, daß er an seiner Mehrheit in nächster Zukunft arbeitete. Kamenew und Sinowjew dachten an derlei Arbeit nicht, ihre vordringlichsten Bemühungen waren auf die politische Diskreditierung und Entfernung Trotzkijs von der Macht gerichtet.

Lenin war ausgeschieden, doch sein Sekretariat arbeitete fleißig weiter. Eigentlich hatte Lenin zwei Sekretärinnen, die Genossinnen Glasser und Fotiewa. Von den übrigen Mitarbeiterinnen hatten in der letzten Zeit seiner Krankheit die Woloditschewa und Sara Flaksman die Pflichten der »diensthabenden Sekretärinnen« mit wahrgenommen. Der Dienst bestand darin, daß sie dort saßen, um jeden Augenblick zur Verfügung zu stehen, wenn Lenin einen Brief oder eine Verfügung oder einen Artikel diktieren wollte. Sara Flaksman wechselte später in den Kleinen Rat der Volkskommissare über (eine Kommission eigener Art, die allen Projekten und Dekreten des Rates der Volkskommissare die nötige juristische Form gab) und wurde dessen Sekretärin. Die Fotiewa, ihrer offiziellen Stellung nach Sekretärin des Rates der Volkskommissare der UdSSR, setzte ihre Arbeit bei Kamenew fort. Sie erzählte diesem ziemlich ausführlich die kleinen Geheimnisse in Lenins Sekretariat, um ihren Posten auch weiterhin zu behalten. Im übrigen waren weder Kamenew noch Stalin an den Kleinigkeiten in Lenins Haushalt interessiert.

Von den beiden Sekretärinnen Lenins war Maria Ignatjewna Glasser ohne Zweifel die wichtigste und angesehenste. Sie arbeitete für Lenin in Angelegenheiten des Politbüros, während Lidia Fotiewa seine Sekretärin in Angelegenheiten des Rates der Volkskommissare war. Ganz Rußland kannte den Namen Fotiewa, da sie jahrelang zusammen mit Lenin alle Regierungsdekrete unterschrieb. Den Namen Glasser kannte dagegen niemand: die Arbeit des Politbüros war streng geheim. Nun fand aber die grundlegende und wichtigste Arbeit im Politbüro statt, alle wesentlichen Beschlüsse und Entscheidungen auf den Sitzungen schrieb die Glasser nieder. Im Rat der Volkskommissare wurde dagegen nur alles in die »sowjetische Ordnung« gebracht, so daß Lidia Fotiewa lediglich darauf zu achten hatte, daß die Dekrete des Rates der Volkskommissare genau die Beschlüsse des Politbüros wiederholten, während sie an deren Vorbereitung und Formulierung keinen Anteil hatte.

Die Genossin Glasser fungierte auf allen Sitzungen des Politbüros, des ZK-Plenums und der wichtigsten Kommissionen des Politbüros als Sekretärin. Sie war eine kleine bucklige Person mit klugem, ungutem Gesicht. Als Sekretärin war sie überaus gut, als Frau sehr gescheit; selber formulierte sie natürlich nichts, doch begriff sie alles ausgezeichnet: worum es in den

Debatten ging, was Lenin diktierte, und schrieb sehr genau und schnell. Sie bewahrte Lenins Geist; sie kannte seine Feindseligkeit in den letzten Monaten des Lebens dem bürokratischen Apparat Stalins gegenüber und unternahm deshalb auch keinen Versuch, in dessen Dienste zu treten. So beschloß Stalin, daß es an der Zeit sei, sie zu entfernen und durch einen seiner Leute zu ersetzen; der Posten eines Sekretärs des Politbüros war wichtig: bei ihm kamen alle Geheimnisse der Partei und des Machtapparates zusammen.

Ende Juni 1923 erhielt Stalin die Zustimmung Sinowjews und Kamenews, die Glasser vom Sekretärposten des Politbüros zu entfernen. Er fand aber nicht so schnell einen Ersatz. Die Arbeit des Sekretärs erforderte viele Qualitäten. Auf den Sitzungen mußte er nicht nur ausgezeichnet den Kern aller Debatten und Vorgänge im Politbüro kennen; er mußte gleichzeitig 1. aufmerksam die Debatten verfolgen, 2. dafür sorgen, daß alle Mitglieder des Politbüros rechtzeitig mit den nötigen Unterlagen versorgt wurden, 3. den Strom der Magnaten lenken, die zu jedem Punkt der Tagesordnung vorgeladen waren, 4. sich immer dann in die Debatten einschalten, wenn irgendein Fehler unterlief, etwa vergessen wurde, daß man bereits in derselben Frage früher einmal etwas anderes beschlossen hatte, 5. bei alledem auch noch dazu kommen, die Resolutionen aufzuschreiben und 6. das Gedächtnis des Politbüros sein, das flugs alle Informationen lieferte.

Die Genossin Glasser war mit alledem zurechtgekommen. Stalin versuchte, sie durch seine zwei Sekretäre Nasaretjan und Towstucha zu ersetzen, weil er hoffte, daß sie sich zu zweit in die Arbeit teilen und sie so bewältigen würden.

Leider endete dieser Versuch mit einem totalen Mißerfolg. Nasaretjan und Towstucha vermochten ihre Aufmerksamkeit nicht auf alle Sekretärsaufgaben zu konzentrieren, sie kamen nicht zurecht, brachten dies und jenes durcheinander und schafften es einfach nicht. Die ganze Arbeit des Politbüros geriet merklich ins Wanken. Seine Mitglieder sahen, daß die beiden ein Fiasko waren, schwiegen aber noch.

Schließlich explodierte Trotzkij. Als Vorwand diente ihm die Beurteilung einer Note an die englische Regierung. Der Entwurf stammte von Trotzkij selber, bei ihrer Beurteilung durch das Politbüro wurden einige Änderungen angebracht. Die beiden Sekretäre vermerkten sie aber nicht, da sie deren Sinn nicht verstanden. So mußten sie nach der Sitzung von einem Mitglied zum anderen fahren, korrigieren, den Text abstimmen usw.

Trotzkij schrieb auf der nächsten Sitzung des Politbüros den folgenden Zettel, den mir Nasaretjan übergab, er ist erhalten.

»*Nur an die Mitglieder des Politbüros.* Gen. Litwinow sagt, daß die Sekretäre der Sitzung in der Frage über die Note *nichts aufgeschrieben* haben. Das ist unzulässig. Man muß künftig für eine regelmäßigere Ordnung sorgen. Die Sekretäre hätten den Text der Note (ich habe ihn geschickt) vor Augen haben und alles notieren müssen. Anders können Mißverständnisse entstehen. Trotzkij.«

Sinowjew schrieb darunter: »Man muß einen Stenographen anschaffen.«

Bucharin: »Schließe mich an. N. Buch.«

Stalin, sehr unzufrieden mit dem Fiasko, schrieb in seiner gewöhnlichen Grobheit und Fahrlässigkeit:

»*Bagatellen.* Die Sekretäre würden schon schreiben, wenn Trotzkij und Tschitscherin nicht selber schrieben. Im Gegenteil, es ist ganz zweckmäßig, daß es im Hinblick auf eine Konspiration in *solchen* Fragen besondere Notizen der Sekretäre nicht gibt. J. St.«

Tomskij: »Einen Stenographen braucht es nicht. M. Tom.«

Kamenew: »Ein Stenograph (Kommunist, überprüft, als Hilfe der Sekretäre der Sitzungen) ist nötig. L. Kam.«

Die Unterstreichungen im Text stammen von Trotzkij und Stalin selber. Ich nenne Stalin deshalb fahrlässig, weil er »in *solchen* Fragen« unterstrich, als wäre die diskutierte Note außerordentlich geheim gewesen, während es doch die übliche Praxis des Politbüros war, eine riesige Menge ähnlicher Fragen als ebenso geheim und als noch geheimer zu bezeichnen. Fragen auszusuchen, mit denen man die Sekretäre des Politbüros nicht hätte betrauen dürfen, war einfach dumm und unmöglich. Im übrigen hatte Trotzkij seinen Protest ausschließlich an die Mitglieder des Politbüros gerichtet. Um zu zeigen, daß er mit der Meinung eines Mitglieds des Politbüros überhaupt nicht rechne, übergab Stalin den Zettel Nasaretjan, dem er ihn gar nicht hätte zeigen dürfen. Stalin mußte trotzdem nachgeben. So schön es auch für ihn gewesen wäre, zu Sekretären des Politbüros zwei seiner Leute zu haben, ging die Rechnung dennoch nicht auf. Da gab es doch diesen Baschanow, der so glänzend mit den Pflichten eines Sekretärs des Organisationsbüros zurechtkam und wahrscheinlich auch mit den Pflichten eines Sekretärs des Politbüros, doch würde er sein Mann sein? Das war die Frage. Man mußte es riskieren.

Am 9. August 1923 beschloß das Organisationsbüro des ZK: »Gen. Baschanow zum Gehilfen des Generalsekretärs des ZK, Gen. Stalin, zu ernennen unter gleichzeitiger Entbindung von seinen Pflichten als Sekretär des Organisationsbüros.« In der Resolution fand sich kein Wort Stalins über meine Arbeit im Politbüro. Das geschah absichtlich. Ich wurde zu seinem Gehilfen ernannt. Die Bezeichnung Sekretär des Politbüros war seine Prärogative: er würde auf diesen Posten seinen Gehilfen setzen oder wen er sonst dafür als geeignet hielt. In der Folgezeit Malenkow, der lange Zeit sein Gehilfe war.

Stalins Gehilfe – Sekretär des Politbüros

Als mir Nasaretjan die Geschäfte des Sekretariats übergab, sagte er: »Genosse Baschanow, Sie stellen sich nicht vor, was für einen gewichtigen Posten Sie jetzt einnehmen.« Tatsächlich merkte ich das schon zwei Tage später, als ich zum erstenmal über den Entwurf der Tagesordnung einer ordentlichen Sitzung des Politbüros berichtete.

Das Politbüro war das Zentralorgan der Macht. Es entschied über alle wichtigeren Fragen der Landesverwaltung und der Weltrevolution. Es tagte zwei- bis dreimal wöchentlich. Auf der Tagesordnung seiner ordentlichen Sitzungen stand jedesmal ein gutes Hundert (und manchmal sogar bis zu 150) Fragen, aber es gab auch außerordentliche Sitzungen zur Entscheidung eiliger Einzelfragen. Alle Ämter und zentralen Behörden, die ihre Fragen zur Entscheidung dem Politbüro vorlegten, schickten sie mir ins Sekretariat des Politbüros. Ich studierte sie, setzte das Projekt auf die Tagesordnung einer ordentlichen Sitzung. Aber die Sitzungsordnung bestimmte ich nicht. Das erledigte die Troika. Dabei entdeckte ich ganz unerwartet den eigentlichen Machtmechanismus der Troika.

Am Vortag einer Sitzung versammelten sich Sinowjew, Kamenew und Stalin, anfänglich häufiger in Sinowjews Wohnung, dann gewöhnlich in Stalins Arbeitszimmer im ZK. Offiziell zur Bestätigung der Tagesordnung des Politbüros, obwohl von einer solchen Pflicht oder Befugnis kein Wort in irgendeinem Statut zu finden war. Die Tagesordnung konnte ich oder Stalin bestätigen. Aber es bestätigte sie die Troika auf ihren Sitzungen, die tatsächlich Sitzungen einer geheimen Regierung waren, auf denen alle wichtigen Fragen entschieden oder – richtiger – vorwegentschieden wurden. Es waren nur vier Mann anwesend, nämlich außer der Troika noch ich. Ich referierte kurz über jede Frage, die auf der Tagesordnung der nächsten Sitzung des Politbüros stand, ging auf deren Wesen und Besonderheiten ein. Formell beschloß die Troika nur, ob eine Frage im Politbüro zu stellen sei oder ob man ihr eine andere Richtung geben solle. In Wirklichkeit verabredete sie jedoch, wie die betreffende Frage auf der morgigen Sitzung zu entscheiden war, überlegte den Beschluß und teilte sogar untereinander die Rollen bei der Erörterung der Frage auf. Ich schrieb die Beschlüsse nicht auf, doch wurde im wesentlichen alles schon hier entschieden. Morgen würde es Erörterungen geben und würde man Beschlüsse fassen, doch die Hauptsache wurde hier im engen Kreis erörtert. Man redete ganz offen (da sich keiner vor dem anderen zu genieren brauchte) wie unter echten Machthabern. Im Grunde genommen war das auch die wahre sowjetische Regierung, so daß meine Rolle als erster Berichterstatter über alle Fragen und unvermeidlicher Mitwisser aller Geheimnisse und Entscheidungen hinter den Kulissen weitaus gewichtiger war als die eines gewöhnlichen Sekretärs des Politbüros. Erst jetzt begriff ich die Bedeutung von Nasaretjans Bemerkung.

Freilich gibt es nichts Ewiges unter der Sonne, auch die Troika war nichts Ewiges. Doch ihr Machtmechanismus funktionierte noch zwei Jahre lang ausgezeichnet.

Mein Bericht über jede Frage mußte flink, klar, kurz und genau sein. Ich merkte, daß die Troika sehr zufrieden war mit mir.

Mir unterstand das Sekretariat (die Kanzlei) des Politbüros. Wie das Sekretariat des Organisationsbüros bestand es aus Dutzenden ergebener, ausgesuchter und überprüfter Parteimitglieder. Sie arbeiteten ebenfalls vom frühen Morgen bis spät in die Nacht. Das Durcheinander war hier noch größer als im Organisationsbüro, es gab hier noch viel mächtigere Papierberge, die sich nach einem unbegreiflichen Ordnungsprinzip hochtürmten. Irgendein Papier oder eine Bescheinigung zu finden, gelang selten. Und wenn es gelang, dann nur, weil eine der Mitarbeiterinnen, Ljuda Kuryndina, ein großes und kräftiges Mädchen, über ein stupendes, schwer erklärbares Gedächtnis verfügte. Es mußte schnell ein Bericht gefunden werden, den vor einem oder zwei Monaten der Oberste Volkswirtschaftsrat über die Preispolitik hergeschickt hatte. Wo konnte er nur sein? Ihn einfach zu finden, war unmöglich. Die Genossin Kuryndina versetzte sich darauf in eine Art hellseherischer Trance und erinnerte sich schließlich, den Bericht möglicherweise in einem der Aktendeckel dort in der Ecke (des riesigen Archivs) gesehen zu haben. Daraufhin wurden alle Aktendeckel durchgesehen, manchmal fand sich der Bericht tatsächlich.

Wie im Organisationsbüro nahm ich wieder eine Reorganisation mit Hilfe von Karteikarten und Indices vor. Hier nahm sie aber das Personal besser auf, das Sekretariat des Organisationsbüros befand sich nebenan in der gleichen Etage, die wundertätigen Ergebnisse der Reform waren hier seit langem bekannt. Nach wenigen Monaten lief alles normal ab, jedes Papier war augenblicklich zu finden. Die Sekretäre des ZK und die Abteilungsleiter, die es bisher als völlig hoffnungslos erachtet hatten, sich in die Strudel des Politbüros zu wagen, wandten sich jetzt nicht nur unverzüglich an uns und bekamen sogleich die nötige Auskunft, sie begannen uns auch ihren Untergebenen gegenüber als Beispiel hinzustellen. »Warum ist bei euch ein solches Durcheinander? Weshalb könnt ihr nichts finden? Schaut, im Sekretariat des Politbüros gibt es zehnmal mehr Papiere als bei euch, aber wenn man einen Bericht braucht, findet man ihn sofort.«

Innerhalb von drei Monaten kam mein Personal wie im Organisationsbüro zu einer normalen Arbeit. Alles endete nicht um ein Uhr nachts, sondern zwischen fünf und sechs nachmittags. Aber diesmal gab es keine Enttäuschung. Hier konnte sich das Personal nicht als gewöhnliche Kanzleiangestellte betrachten. Es wußte, daß den ganzen Tag über alle Staatsgeheimnisse durch seine Hände gingen; darauf war es stolz und betrachtete sich in jedem Fall als besonders vertrauenswürdig.

Da alle Materialien, mit denen mein Sekretariat operierte, »besonders« oder »streng geheim« waren, existierte für ihren Transport ein besonderes Feldjägerbataillon der GPU. Das waren besonders ausgemusterte und ausgebildete Tschekisten, gut bewaffnet und von Kopf bis Fuß in Leder gekleidet. Mit dem Material oder Protokoll des Politbüros in einem versiegelten Umschlag drangen sie über alle Kanzleibarrieren und Sekretariatshürden bis zum Adressaten vor, einem Mitglied des ZK oder der Regierung. »An den Genossen Soundso, eilig, streng geheim, zu eigenen Händen, mit Quittung auf dem Umschlag.« War der Umschlag beispielsweise an Trotzkij adressiert, so drangen sie in Trotzkijs Arbeitszimmer vor, gaben den Umschlag unter keinen Umständen und um keinen Preis jemand anderem, händigten ihn nur Trotzkij und in dessen Hände aus und blieben neben ihm so lange stehen, bis er den Umschlag entsiegelt und ihn mit seiner Unterschrift zurückgegeben hatte. Sie waren derart dressiert, daß sie für den ihnen ausgehändigten Umschlag mit ihrem Kopf hafteten, man wäre also an ihn nur über ihre Leiche herangekommen. Das Sekretariat des Politbüros, wo ich arbeitete, befand sich im 5. Stock des ZK-Hauses auf der Staraja Plostschad. Die Sitzungen des Politbüros fanden im Kreml im Sitzungssaal des Rates der Volkskommissare statt. In den Kreml brachten ich und meine Gehilfen in einem großen Auto kostbare Fracht: die Unterlagen des Politbüros und die letzten Protokolle. Zwei bewaffnete Tschekisten des Feldjägerbataillons begleiteten uns. Sie hatten immer gespannte Gesichter, denn man hatte ihnen eingebleut, daß es nichts Geheimeres gäbe als diese Materialien, also müßten sie diese im Notfall bis zum letzten Blutstropfen verteidigen. Natürlich überfiel uns nie jemand.

Nach der Lektüre des Protokolls, Auszugs oder Materials mußte der Adressat, da er nicht das Recht hatte, sie zu kopieren, diese mit demselben Feldjäger in das Sekretariat des Politbüros zurückschicken, wo eine Inventarliste über die abgesandten und eingelaufenen Aktenstücke geführt und auch die Vernichtung der Unterlagen (mit Ausnahme dessen, was ins Archiv wanderte) durchgeführt wurde. Damit und mit der Vervielfältigung der Materialien, der Abschrift von Protokollen und Auszügen als auch mit der Archivierung und der ganzen sonstigen Technik beschäftigten sich meine Mitarbeiter.

Unter diesen befand sich ein sehr schönes Mädchen, die Grusinierin Tamara Chasanowa, mit großen schwarzen Augen. Ich hatte noch nie einen echten Roman erlebt. Von dem sich hier anbietenden hielt ich mich aber zurück, denn Tamara war ebenso dumm wie schön. Nach einigen Jahren sollte sie eine große Freundin von Stalins Frau Nadja Allilujewa werden, aber keine gleichwertige Freundin wie etwa Molotows Frau Schemtschuschina, sondern eine unterwürfige, denn Tamara vergötterte Nadja wie ein Institutsmädchen und folgte ihr auf Schritt und Tritt. Sie verbrachte ihre ganze Zeit bei Nadja und beschäftigte sich mit deren Kindern. Als Nadja mit sich Schluß machte und die Kinder dem Dienstpersonal anvertraut waren, sorgte sich Tamara weiterhin um sie. Schließlich scheint sie kurze Zeit auch Stalins besondere Gunst genossen zu haben. Aber sie war dumm, Stalin vermochte sie nicht lange zu ertragen. Als Sekretärin der kommunistischen Fraktion des Zentralrates der Gewerkschaften der UdSSR fesselte sie schließlich ein Mitglied des Politbüros, Andrejew, der sie auch heiratete.

Jetzt gehörte ich also zu Stalins Sekretariat. Diese Behörde hatte eine lange Geschichte. Im Augenblick stand nominell noch Nasaretjan an seiner Spitze. Aber der ging bald in Urlaub, man verlängerte ihm diesen sogar krankheitshalber. Gegen Ende des Jahres kehrte er noch einmal auf kurze Zeit zurück, um von Stalin als Sonderbeauftragter in die *Prawda* geschickt zu werden (wovon ich noch erzählen werde) und nicht mehr in den Apparat des ZK zurückzukommen.

Amajak Nasaretjan war Armenier, ein sehr gebildeter, gescheiter, weicher und beherrschter Mann. Er hatte seinerzeit mit Stalin die Parteiarbeit im Kaukasus geleitet. Gegenwärtig duzten Stalin nur drei Leute: Woroschilow, Ordschonikidse und Nasaretjan. Sie nannten ihn »Koba« nach seinem alten Parteidecknamen. Ich hatte den Eindruck, daß es Stalin langsam verdroß, von seinem Sekretär geduzt zu werden. Er strebte schon die allrussische Selbstherrschaft an, dieses Detail war ihm deshalb unangenehm. Ende des Jahres trennte er sich von Nasaretjan auf wenig elegante Weise. Es scheint, daß damit ihre persönlichen Beziehungen abrissen. Nasaretjan reiste als Vorsitzender der Gebietskontrollkommission in den Ural, dann kehrte er nach Moskau zurück und arbeitete im Apparat der Zentralen Kontrollkommission und der Kommission der sowjetischen Kontrolle, doch an Stalin kam er nicht mehr heran. Im Jahre 1937 ließ ihn dieser erschießen.

Der zweite Gehilfe Stalins dagegen, Iwan Pawlowitsch Towstucha, spielte bis zu seinem Tod im Jahre 1935 eine wichtige Rolle im Sekretariat und bei Stalin selber. Vorläufig zeigte er sich aber wenig, da er einen Sonderauftrag Stalins erfüllte. Er mußte nämlich das »Lenin-Institut« organisieren. Ständig arbeiteten im Sekretariat drei Gehilfen, nämlich ich, Mechlis und Kanner. Wenn wir in unseren Gesprächen den Bereich unserer Dienstobliegenheiten umrissen, taten wir es so: »Baschanow ist Stalins Sekretär in Angelegenheiten des Politbüros, Mechlis ist Stalins persönlicher Sekretär, Grischa Kanner ist Stalins Sekretär für dunkle Angelegenheiten, Towstucha Sekretär für halbdunkle.«

Das bedarf einiger Erklärungen. Relativ klar war alles, was mich und Mechlis betraf, in unserer Arbeit war nichts Dunkles. Im allgemeinen kam alles, was ans Politbüro adressiert war, an mich. Alles, was namentlich an Stalin gerichtet war, ging an Mechlis, der Stalin darüber berichtete. Ich bediente also das Politbüro, Mechlis bediente Stalin. Grischa Kanners Funktionen waren offiziell von unbestimmt allgemeiner Art. Er beschäftigte sich mit Sicherheit, Quartierfragen, Autos, Urlauben, Kuraufenthalten und der Parteizelle des ZK, auf den ersten Blick also mit lauter Kleinigkeiten. Aber das war nur der sichtbare Teil seiner Tätigkeit, über den unsichtbaren konnte man nur Vermutungen anstellen.

Anfang 1925 wurde Frunse auf Trotzkijs Posten als Oberbefehlshaber der Roten Armee, d. h. als Volkskommissar für Militärangelegenheiten und Vorsitzender des Revolutionären Militärrates der Republik, gestellt. Stalin paßte die Ernennung nicht sonderlich. Er wollte auf diesem Posten Woroschilow sehen. Zudem überzeugten die von Frunse durchgeführten Reformen wie die Entfernung der Kommissare (die durch gewöhnliche Gehilfen der Kommandeure in politischen Angelegenheiten ersetzt wurden), ganz besonders aber die Auslese der Armee-, Korps- und Divisionskommandeure Stalin sehr bald, daß Frunse einen Kurs einschlug, der im Fall eines Krieges von diesem Führungsstab große Überraschungen erwarten ließ. Stalin verriet seine Entdeckung mit keiner Miene. Im Gegenteil, er demonstrierte auf mancherlei Weise sein gutes Verhältnis zu Frunse. Vor allen sorgte er sich so um dessen Gesundheit, daß er ihn fast mit Gewalt dazu brachte, sich einer Operation zu unterziehen, die gar nicht nötig gewesen wäre.

Die Operation organisierte Grischa Kanner. Ihm war Pogosjanz, der Arzt des ZK, treu ergeben. Der stellte auch die Ärztekonsilien zusammen, während die von Kanner ausgesuchte Ärztekommission die Operation besorgte. Die Operation war an sich nicht gefährlich, aber durch einen unglücklichen Zufall geschah es, daß eine Anästhesie verwendet wurde, die Frunse nicht vertrug. Er starb auf dem Operationstisch.

Auf seinen Posten rückte Woroschilow nach.

Natürlich bleibt kein Wort darüber zu verlieren, daß Kanner in allem, was er tat, nicht aus eigener Initiative handelte. Er war nur der gehorsame Befehlsempfänger seines Herrn.

Ich kam sehr bald hinter die eigentliche Linie von Kanners Tätigkeit. Der Geschäftsführer des ZK war der alte Tschekist Ksenofontow. Er und sein Stellvertreter Brisanowskij arbeiteten auf Weisung Kanners.

Kaum zum Sekretär des Politbüros ernannt, erklärten mir Grischa und Ksenofontow, daß ich unverzüglich in den Kreml zu übersiedeln hätte oder wenigstens in das 1. Haus der Sowjets. Das Hotel Loskuta, in dem ich wohnte, sei ein richtiges Durchgangslager. Es komme und gehe, wer da wolle. Es obliege den »Sicherheitsorganen« jetzt die Aufgabe, mein kostbares Leben zu beschützen. Das war im Kreml natürlich leichter zu machen, in den man nur nach Erfüllung einer ganzen Reihe von Formalitäten und unter strenger Kontrolle gelangen konnte. Im 1. Haus der Sowjets war auch eine Kommandantur; wer zu uns hineinwollte, mußte von dort anrufen und sich einen Passierschein ausstellen lassen und ihn beim Hinausgehen mit der Unterschrift des Besuchten wieder abgeben. Ziemlich seriös klang das Argument, daß ich doch eilige Arbeiten mit nach Hause nehmen müßte, also lauter streng geheime Dokumente des Politbüros. Das Hotel Loskuta eignete sich dafür wirklich nicht. So erklärte ich mich einverstanden, aber in den Kreml wollte ich nicht, dort war man auf Schritt und Tritt bewacht, selbst niesen konnte man nicht so, daß es die GPU nicht erfahren hätte. Im 1. Haus der Sowjets ging es immerhin ein wenig freier zu. So übersiedelte ich dorthin. Dort waren übrigens auch Kaganowitsch, Kanner, Mechlis und Towstucha.

Das ZK der Partei, bis Mitte 1923 in der Wosdwischenskaja untergebracht, übersiedelte jetzt in ein riesiges Haus auf der Starja Plostschad. Das fünfte Stockwerk wurde dem Sekretariat des ZK zugewiesen. Den Korridor rechts entlang waren die Zimmer Stalins und seiner Gehilfen sowie das Sekretariat des Politbüros; den Korridor links entlang waren die Zimmer Molotows und Rudsutaks sowie ihrer Gehilfen und das Sekretariat des Organisationsbüros. Auf der rechten Seite des Korridors die erste Tür links führte in das Büro von Kanner und Mechlis. Nur über letzteres konnte man in Stalins Arbeitszimmer gelangen, aber auch nicht direkt, sondern durch noch ein Zimmer, in welchem der Kurier saß: ein kräftiges Weibsbild, die Tschekistin Nina Fomenko. Ging man durch Stalins Arbeitszimmer hindurch, kam man in ein geräumiges Zimmer, das für die Beratungen zwischen Stalin und Molotow diente. Dahinter lag Molotows Arbeitszimmer. Stalin und Molotow trafen und berieten sich mehrmals täglich in diesem mittleren Zimmer.

In Stalins Arbeitszimmer gelangte man nur nach Anmeldung bei Mechlis. Die Kurierin nur, wenn Stalin klingelte. Kanner und Towstucha fragten bei Stalin, wenn sie ihn dringend brauchten, telephonisch an, ob sie kommen dürften. Nur zwei Leute hatten das Recht, bei Stalin ohne Anmeldung einzutreten, nämlich ich und Mechlis. Dieser als persönlicher Sekretär, ich deshalb, weil ich Stalin ständig in Angelegenheiten des Politbüros sprechen mußte, die als die wichtigsten und eiligsten galten. Ich trat ein, gleichgültig, wer bei ihm war und was er gerade tat und wandte mich direkt an ihn. Er unterbrach das Gespräch oder die Sitzung und beschäftigte sich mit dem, was ich gebracht hatte. Aber dieses Privileg galt auch für alle Sekretäre des ZK und alle sowjetischen Magnaten. Wenn nötig, ging ich in jede Versammlung (sagen wir z. B. in eine der offiziellen Regierung, also des Rates der Volkskommissare) oder in das Arbeitszimmer jedes beliebigen Ministers, ohne zu warten oder angemeldet zu sein. Das war mein Vorrecht als Sekretär des Politbüros, ich kam nur in dessen Angelegenheiten, wichtigere und eiligere Sachen gab es nicht.

In den ersten Tagen meiner Arbeit kam ich ein Dutzend mal täglich zu Stalin, um ihm über die für das Politbüro abgegebenen Papiere zu berichten. Ich merkte aber sehr bald, daß ihn weder der Inhalt noch das Schicksal dieser Papiere interessierten. Wenn ich fragte, was in dieser oder jener Frage zu tun sei, antwortete er: »Na, was Ihrer Ansicht nach eben zu tun ist.« Ich antwortete: »Meiner Ansicht nach das und das: dem Politbüro zur Beurteilung vorlegen oder irgendeiner Kommission des ZK übergeben oder die Frage als nicht genügend durchgearbeitet und koordiniert betrachten und sie noch einmal an ihre Behörde zurückschicken, um sie mit den anderen interessierten Behörden abzustimmen usw.« Stalin war sogleich einverstanden. »Gut, machen Sie es so.« Ich kam sehr schnell zu der Überzeugung, daß ich vergeblich zu ihm ging, sondern selber mehr Initiative entwickeln mußte. In seinem Sekretariat erklärte man mir, daß Stalin kein einziges Papier lese und sich für keinerlei Geschäfte interessierte. Darauf begann mich die Frage zu interessieren, *was* ihn denn interessiere.

Schon einige Tage später bekam ich auf diese Frage eine ganz unerwartete Antwort. Wie immer ging ich in irgendeiner eiligen Sache zu Stalin, ohne gemeldet zu sein. Er telephonierte gerade. Das heißt, er hielt den Hörer ans Ohr und schwieg. Ich wollte ihn nicht unterbrechen, meine Angelegenheit duldete aber keinen Aufschub, also wartete ich höflich, bis er aufhörte. Aber das dauerte einige Zeit. Stalin lauschte immer nur und sprach kein Wort. Ich stand da und wartete. Schließlich bemerkte ich erstaunt, daß bei allen vier Telephonapparaten auf seinem Schreibtisch die Hörer auf ihrer Gabel lagen, während er den Hörer irgendeines seltsamen und mir verborgenen Telephons ans Ohr hielt, dessen Schnur in seine Schreibtischlade führte. Ich schaute noch einmal hin. Da stand das innere, tschekistische Telephon für Gespräche innerhalb des ZK; da der »Obere Kreml«, das

Telephon für Gespräche über die Vermittlung im oberen Kreml; da der »Untere Kreml«, für Gespräche über die Vermittlung im unteren Kreml. Von beiden Apparaten konnte man mit sehr verantwortlichen Mitarbeitern oder ihren Familien sprechen: der »Obere« verband mehr die Arbeitszimmer, der »Untere« mehr die Wohnungen. Die Verbindungen liefen über Telephonistinnen, die alle der GPU angehörten.

Schließlich das vierte, ein automatisches Telephon mit einer sehr begrenzten Teilnehmerzahl (zuerst 60, dann 80, dann mehr), installiert auf Lenins Wunsch, der es gefährlich fand, geheime und sehr wichtige Gespräche über Leitungen zu führen, die stets von den Telephonistinnen mitgehört werden konnten. So wurde ausschließlich für die Parteispitze und die Regierungsmitglieder diese Spezialanlage ohne Bedienung gebaut. Auf diese Weise war die Geheimhaltung der Gespräche gesichert. Ein automatischer Anschluß galt übrigens als das wichtigste Kennzeichen für die Zugehörigkeit zur höchsten Machtgruppe. Ihn bekamen nur die Mitglieder des ZK, die Volkskommissare und ihre Stellvertreter und – versteht sich – alle Mitglieder und Kandidaten des Politbüros in ihre Arbeitszimmer. Die Mitglieder des Politbüros allerdings auch in ihre Wohnungen.

Stalin benutzte also kein einziges dieser vier Telephone und sprach auch nicht. Ich brauchte nur ein paar Sekunden, um zu begreifen, daß sich in seinem Schreibtisch eine Zentralstation befinden mußte, mit deren Hilfe er jedes beliebige Gespräch abhören konnte, einschließlich der über die automatische Anlage geführten. Die Regierungsmitglieder, die über diesen »Selbstanschluß« sprachen, waren fest davon überzeugt, daß man sie nicht abhören konnte und redeten daher völlig offen, so daß man alle ihre Geheimnisse erfuhr.

Stalin hob den Kopf und schaute mir mit einem schweren, starren Blick in die Augen. Begriff ich, was ich entdeckt hatte? Natürlich begriff ich – und Stalin bemerkte es. Andererseits, da ich täglich viele Male unangemeldet zu ihm kam, mußte ich früher oder später den Mechanismus entdecken, es ging gar nicht anders. Stalins Blick fragte mich, ob ich auch verstünde, welche Folgen sich aus dieser Entdeckung für mich persönlich ergaben. Natürlich verstand ich. In Stalins Kampf um die Macht war dieses Geheimnis eines seiner wichtigsten: es ermöglichte ihm, von allen diesen Trotzkijs, Sinowjews und Kamenews zu erfahren, was sie planten, einfädelten und dachten und gegen ihn im Schilde führten. Ein kolossales Machtinstrument! Stalin war der einzig Sehende unter ihnen, alle anderen waren blind. Und sie ahnten nichts, ahnten jahrelang nichts . . . Darin bestand für ihn eine der wichtigsten Voraussetzungen für seinen Sieg im Machtkampf. Begreiflich, daß mich Stalin für das kleinste Wort über sein Geheimnis augenblicklich vernichten würde.

Ich blickte Stalin ebenfalls gerade in die Augen. Wir sagten nichts, aber wir verstanden uns. Schließlich tat ich, als wollte ich ihn mit meinem Papier nicht ablenken und ging. Wahrscheinlich rechnete Stalin damit, daß ich das Geheimnis für mich behalten würde.

Nach längeren Überlegungen kam ich zu dem Ergebnis, daß es in jedem Fall noch einen zweiten Menschen – Mechlis – geben mußte, der im Bilde war, ging er doch auch unangemeldet zu Stalin hinein. Ich wartete also einen geeigneten Augenblick ab und sagte ihm, daß ich wie er dieses Geheimnis kenne – und offenbar nur wir zwei. Mechlis hatte natürlich erwartet, daß ich früher oder später dahinterkommen würde. Doch er korrigierte mich; außer uns kenne das noch jemand, nämlich der technische Organisator der ganzen Anlage, Grischa Kanner. Darauf sprachen wir untereinander zu dritt sehr frei darüber als über unser gemeinsames Geheimnis. Ich war neugierig, wie Kanner dies organisiert hatte. Zuerst bestritt er alles und versuchte, die Sache mit einem Scherz abzutun, doch seine Prahlsucht gewann die Überhand, und er begann zu erzählen. Aus den Einzelheiten setzte ich mir allmählich das ganze Bild zusammen.

Als Lenin auf den Gedanken zur Einrichtung eines automatischen Netzes verfiel, übernahm Stalin die Verwirklichung dieses Gedankens. Da man die meisten Apparate im Gebäude des ZK für die Sekretäre des ZK, des Politbüros und des Organisationsbüros, deren wichtigste Gehilfen und die Abteilungsleiter installieren mußte, verlegte man die Zentrale ins Gebäude des ZK und zudem noch dorthin, wo sich die meisten »Abonnenten« befanden, nämlich in die 5. Etage, irgendwo in die Nähe von Stalins Arbeitszimmer.

Die ganze Anlage richtete ein tschechoslowakischer Kommunist ein. Schließlich trug ihm Kanner noch auf, außer allen Leitungen und Anschlüssen noch eine Kontrollstelle zu machen, damit man »im Fall einer Störung oder eines Fehlers die Leitungen überprüfen und die schadhafte Stelle finden« könne. Eine solche Kontrollstelle, mit deren Hilfe man sich in jede Leitung einschalten und jedes Gespräch abhören konnte, wurde auch installiert. Ich weiß aber nicht, wer sie in Stalins Schreibtisch verlegte, ob Kanner selber oder der tschechoslowakische Fachmann. Doch kaum, daß die ganze Anlage fertiggestellt war und funktionierte, rief Kanner in Stalins Namen Jagoda in der GPU an und meldete, das Politbüro habe von der tschechoslowakischen KP genaue Angaben und Beweise erhalten, daß der Techniker ein Spion sei; man wisse das schon seit längerem, habe ihn jedoch seine Arbeit beenden lassen; jetzt aber müsse er sofort verhaftet und erschossen werden. Die entsprechenden Dokumente würden der GPU nachgereicht werden.

Damals erschoß die GPU »Spione« ohne großes Federlesen. Jagoda zögerte aber dennoch, weil es um einen Kommunisten ging, damit es nachher keine Unannehmlichkeiten gäbe. So rief er für jeden Fall Stalin an. Der bestätigte alles. Der tschechoslowakische Genosse wurde unverzüglich erschossen. Da Jagoda keinerlei Dokumente erhielt, rief er einige Tage später bei Kanner an. Der sagte ihm, daß die Angelegenheit noch nicht erledigt sei, da Spione und Agenten in die Spitze der tschechoslowakischen KP eingedrungen seien; die Unterlagen müßten aus diesem Grund weiterhin als außerordentlich geheim behandelt werden und dürften die Archive des Politbüros nicht verlassen.

Jagoda gab sich mit dieser Erklärung zufrieden. Selbstverständlich waren die Anschuldigungen samt und sonders erfunden, Unterlagen in den Archiven des Politbüros gab es in dieser Angelegenheit nicht.

Für mich persönlich stellte sich das Problem, was ich tun sollte. Ich war Parteimitglied. Ich wußte, daß ein Mitglied des Politbüros die Möglichkeit hatte, die anderen Mitglieder des Politbüros auszuspionieren. Sollte ich diese warnen?

Was für Folgen dies für mich persönlich haben würde, unterlag keinem Zweifel. Ob ich als Opfer eines »unglücklichen Zufalls« umkam oder ob die GPU mich als Spion des englischen Imperialismus entlarvte, Stalin würde in jedem Fall mit mir abrechnen. Für ein großes Ziel vermag man sich selbst zu opfern. Lohnte es sich? Dafür, daß man ein Mitglied des Politbüros hindern sollte, die Gespräche der anderen abzuhören? Ich beschloß, mich nicht zu beeilen. Stalins Geheimnis kannte ich, es zu enthüllen – dafür blieb noch immer Zeit, wenn es sehr ernst wurde. Im Augenblick fühlte ich aber nichts von solchem Ernst, das halbe Jahr im Organisationsbüro hatte mir viel von meinen Illusionen genommen. Ich sah jetzt schon klar, daß ein Machtkampf im Gange war, und zwar ein ziemlich prinzipienloser. Ich empfand für keinen der Thronprätendenten besondere Sympathien. Und schließlich: wenn Stalin Sinowjew abhörte, vielleicht hörte der seinerseits Stalin ab. Wer konnte das wissen? So beschloß ich: Abwarten und zusehen.

Während der ersten Zeit meiner Arbeit als Sekretär des Politbüros war ich überaus intensiv mit der Reorganisation meines Sekretariats beschäftigt. Bei der Durchsicht all der Papiere des Politbüros stieß ich nebenbei auf ganz erstaunliche und interessante Dinge.

Da waren etwa die Berichte der GPU über hartnäckig geführte und trotzdem ergebnislose Untersuchungen. Nicht ohne einige Mühe kam ich hinter den Sinn der Akte. Es stellte sich allmählich folgendes heraus. Nach Beendigung des Bürgerkrieges stellte einerseits das Politbüro fest, daß die entscheidende Rolle in seinem Verlauf die Kavallerie gespielt habe, weshalb man ihrer Verbesserung große Aufmerksamkeit schenken müsse; andererseits hieß es wiederum, daß während des Bürgerkrieges die Pferdezucht in Sowjetrußland völlig ruiniert worden sei, weil die Gestüte samt den besten Hengsten und Zuchten von den militärischen Einheiten requiriert wurden und größtenteils an den Fronten umkamen. Um die Kavallerie zu remontieren, mußte man also mit der Suche nach Zuchthengsten beginnen, um wieder zu Gestüten zu kommen. Damals (Ende 1920, Anfang 1921) war aber die Sowjetmacht noch von keinem Land anerkannt, es gab auch keinen normalen Handel mit dem Ausland, man konnte kein Geld für Ankäufe in ausländischen Banken deponieren – die von der bolschewistischen Revolution bestohlenen Ausländer hätten es sofort sperren lassen. Was tun? Nicht ohne Mühe wurde ein Ausweg gefunden. Über dunkle Mittelsmänner, mit deren Hilfe man im Ausland Wertgegenstände absetzte, die von der Sowjetmacht reichen Bürgern weggenommen worden waren, fand man die nötige Linie. Man konnte die erforderlichen Hengste in Argentinien angeblich für schwedische Pferdezüchter kaufen, sie ganz normal nach Schweden ausführen und von dort über die im Norden schlecht bewachte Grenze nach Sowjetrußland bringen. Für diese Operation wurde eine Summe von sieben Millionen US-Dollar in amerikanischer Währung bewilligt. Da man sie aber nicht über Banken leiten konnte, mußte die ganze Summe in bar nach Argentinien geschafft werden. Sie jenen dunklen Mittelsmännern anzuvertrauen, ging natürlich nicht. So beschloß das Politbüro, einen alten Bolschewiken, Mitglied vielleicht oder Kandidat des ZK, zu schicken, der volles Vertrauen genoß. Ihm wurden alle nötigen (falschen) Papiere ausgestellt, eine lange Schutz- und Begleitstaffel der Auslandsabteilung der GPU stand bereit, die Dollars wurden in großen Scheinen ausgehändigt. Dann fuhr der Bolschewik mit dem Geld los und war plötzlich irgendwo spurlos verschwunden. Die sorgfältigen Nachforschungen der GPU ergaben einwandfrei, daß er nicht einem unglücklichen Zufall oder Banditen zum Opfer gefallen war. Vielmehr stellte sich unbestreitbar heraus, daß er sein Verschwinden gründlich vorbereitet hatte und mit den Dollars echappiert war. Das Politbüro befahl, ihn – koste es, was es wolle – zu finden, doch alle Nachforschungen blieben ergebnislos. Er war und blieb spurlos verschwunden. In den Berichten der GPU fungierte er unter einem vereinbarten Decknamen. Nach einigem Wühlen in den Archiven des Politbüros wäre es mir wohl gelungen, seinen Namen festzustellen, aber ich hatte nicht die Zeit dazu. Ich meinte, um herauszufinden, wer von den alten, angesehenen Bolschewiken seit der bewußten Reise nicht mehr an der Parteispitze mitmischte und in all den Berichten, Mitteilungen usw. fehlte, dazu käme ich noch immer. Doch dabei blieb es. Ich überlasse es daher irgendeinem Parteihistoriker oder Kremlologen, des Rätsels Lösung zu finden.

Die Sitzungen des Politbüros fanden, wie schon erwähnt, gewöhnlich im

Sitzungssaal des Rates der Volkskommissare der UdSSR statt. Fast die ganze Länge des allerdings nicht sehr breiten Saales nahm ein Tisch ein; eigentlich waren es zwei, da in der Mitte ein Durchgang war. Der Tisch war mit einem roten Tuch bedeckt. An dem einen Ende stand der Sessel des Vorsitzenden, von hier aus hatte Lenin die Sitzungen geleitet. Jetzt nahm Kamenew den Platz ein. Die Mitglieder des Politbüros saßen zu beiden Seiten des Tisches mit dem Gesicht zueinander, links neben dem Vorsitzenden saß Stalin, rechts Sinowjew. Zwischen Kamenew und Sinowjew stand an der Saalwand ein Tischchen, an dem ich saß. Auf dem Tischchen stand ein Telephon, das mich mit meinem im anstoßenden Saal versammelten Personal verband, wo auch die zur Sitzung geladenen Funktionäre warteten. Wenn meine Gehilfin anrief, leuchtete bei mir ein Lämpchen auf. Ich sagte ihr dann, wen sie zu jedem Punkt der Tagesordnung hereinlassen sollte. Die Resolutionen des Politbüros, die ich auf einzelne Kärtchen schrieb, reichte ich dem mir gegenübersitzenden Stalin hin. Er schaute sie an und gab sie mir gewöhnlich wortlos zurück, das bedeutete: keine Einwände. Wenn die Frage sehr wichtig und kompliziert war, gab er mir das Kärtchen über Kamenew zurück, der es durchlas und abzeichnete: Einverstanden.

Hinter Stalin und Sinowjew saßen die anderen Mitglieder des Politbüros. Neben Sinowjew gewöhnlich Bucharin, dann Molotow (er war damals Kandidat) und Tomskij; neben Stalin Rykow, dann gewöhnlich Zjurupa, der zwar nicht Mitglied des Politbüros, aber noch auf Lenins Wunsch als Vertreter des Vorsitzenden des Rates der Volkskommissare und Mitglied des ZK an den Sitzungen teilnahm, um über die Beschlüsse im Bild zu sein. Von seinem beratenden Stimmrecht machte er keinen Gebrauch. Er meldete sich auch selten zu Wort, meistens hörte er zu. Neben ihm saß Trotzkij, dann Kalinin und schließlich wieder Tomskij. Am anderen Saalende war die Tür in den anstoßenden Saal.

Dort wimmelte es von Menschen, die auf ihren Aufruf warteten. Gewöhnlich fast die ganze Regierung (die Volkskommissare und ihre Stellvertreter) in voller Besetzung. Auf einer ordentlichen Sitzung des Politbüros wurde ein gutes Hundert Fragen erörtert, die nahezu alle Ressorts betrafen. Alle Vorgeladenen gingen hin und her, unterhielten sich, rauchten und hörten sich Radeks Witze an und benutzten die Gelegenheit zur Erörterung und Lösung interministerieller Angelegenheiten. In den Sitzungssaal gelangten nur die Aufgerufenen. Sie kamen hereingaloppiert, die Zeit des Politbüros war kostbar. War die Frage erledigt, hatten die Betreffenden ohne alle Zeremonien aus dem Saal zu verschwinden.

Kamenew war ein ausgezeichneter Vorsitzender. Er leitete überlegen die Diskussionen, unterbrach private Unterhaltungen und brachte schnell einen Beschluß zustande. Vor ihm lag die Uhr. Auf einem Blatt Papier vermerkte er die jedem Redner zugebilligte Zeit, wann er begonnen und wann er aufgehört hatte. Stalin führte nie den Vorsitz, er wäre dazu auch gar nicht fähig gewesen. Während der Sitzungen schoben sich die Mitglieder des Politbüros ständig Notizen auf kleinen, besonderen Formularen mit der Aufschrift »Zur Sitzung des Politbüros« zu.

Immer merkt man sich das Neue am besten. An die meisten der in die Hunderte gehenden Sitzungen des Politbüros, auf denen ich als Sekretär fungierte, erinnere ich mich nur mühsam oder überhaupt nicht. Sie waren zur Routine geworden. Nur die erste Sitzung sehe ich noch deutlich vor mir.

Sie war auf zehn Uhr angesetzt. Zehn Minuten vorher war ich auf meinem Platz, kontrollierte, ob alles in Ordnung war und ob die Mitglieder des Politbüros mit den nötigen Unterlagen versorgt waren. Eine Minute vor zehn trat mit militärischer Pünktlichkeit Trotzkij ein und setzte sich auf seinen Platz. Die Mitglieder der Troika folgten drei–vier Minuten später, einer nach dem andern, offenbar hatten sie sich vor Betreten des Saales über irgend etwas beraten. Als erster kam Sinowjew, er warf keinen Blick in Trotzkijs Richtung, und auch Trotzkij tat so, als sähe er ihn nicht und blätterte in seinen Papieren. Als nächster trat Kamenew ein, er tauschte im Gehen eine leichte Verbeugung mit Trotzkij aus. Als letzter folgte Stalin. Er ging schnurstracks auf Trotzkij zu und drückte ihm mit ausladender Geste freundschaftlich die Hand. Ich empfand sehr deutlich die ganze Verlogenheit dieser Geste, Stalin war Trotzkijs schlimmster Feind und konnte ihn nicht ausstehen. Ich erinnerte mich an Lenins Worte: »Traut Stalin nicht: er geht auf faule Kompromisse ein und betrügt.«

Der Umstand, daß die Mitglieder der Troika am Ende des Tisches nebeneinander saßen, erleichterte ihnen außerordentlich die Abstimmungstechnik ihrer gemeinsamen Beschlüsse (Austausch von Notizzetteln, deren Text die übrigen Mitglieder des Politbüros praktisch nicht sehen konnten, halblaute Bemerkungen, gegenseitige Unterstützung), solange die Troika in voller Harmonie arbeitete und ihr Mechanismus keine Unterbrechungen erfuhr.

Kamenew leitete nicht nur die Sitzungen vorzüglich, er sorgte auch für einen lebhaften Ton und scherzte häufig; wahrscheinlich stammte dieser Ton noch aus Lenins Zeiten. Sinowjew lag immer halb in seinem Sessel, fuhr sich oft mit der Hand in seinen Haarschopf von zweifelhafter Sauberkeit und machte dazu ein gelangweiltes und nicht sehr zufriedenes Gesicht. Stalin rauchte Pfeife, stand oft auf und ging am Tisch entlang, wobei er vor dem Redner gern ein wenig stehenblieb. Er sprach wenig.

Beobachtungen eines Sekretärs des Politbüros

Etwa zwei Wochen, nachdem ich im Politbüro zu arbeiten begonnen hatte, fungierte ich am 23. August 1923 als Sekretär auf einer außerordentlichen geheimen Sitzung des Politbüros, die nur *einer* Frage gewidmet war, nämlich der Revolution in Deutschland. Anwesend waren die Mitglieder und Kandidaten des Politbüros, außerdem Radek, Pjatakow und Zjurupa. Radek hielt als Mitglied des Vollzugskomitees der Komintern ein Referat über die rasch anschwellende revolutionäre Woge in Deutschland. Als erster nach ihm ergriff Trotzkij das Wort. Der »chronisch entflammte Lew Dawidowitsch«, wie böse Zungen ihn nannten, fühlte sich in seinem Element und hielt eine starke, begeisterte Rede.

Da habt ihr, Genossen, endlich den Sturm, auf den wir so viele Jahre voller Ungeduld gewartet haben und welcher das Antlitz der Welt verändern wird. Die stattfindenden Ereignisse werden eine kolossale Bedeutung erlangen. Die deutsche Revolution bedeutet den Zusammenbruch der kapitalistischen Welt. Man muß jedoch die Wirklichkeit sehen, wie sie ist. Für uns ist das ein Vabanquespiel. Wir müssen nicht nur das Schicksal der deutschen Revolution auf eine Karte setzen, sondern auch die Existenz der Sowjetunion. Wenn die deutsche Revolution gelingt, kann das kapitalistische Europa sie nicht dulden, also wird man sie mit Waffengewalt zu unterdrücken versuchen. Dann müssen wir unsererseits alle Kräfte in den Kampf werfen, weil der Ausgang des Kampfes alles entscheidet. Entweder wir gewinnen, und der Sieg der Weltrevolution ist gesichert, oder wir verlieren, und dann verlieren wir auch den ersten proletarischen Staat auf der Welt und unsere Macht in Rußland. Das heißt, wir müssen eine ungeheuere Energie entwickeln. Wir sind mit unseren Vorbereitungen arg im Verzug. Die deutsche Revolution marschiert. Hört ihr nicht ihren eisernen Schritt? Merkt ihr nicht, wie hoch die Wogen gehen? Wir müssen uns beeilen, damit uns der Kataklysmus nicht überrumpelt. Merkt ihr nicht, daß es nur eine Frage von Wochen ist?

Das Politbüro teilte Trotzkijs Begeisterung durchaus nicht. Nein, die Genossen sahen und merkten von alledem nichts. Natürlich pflichteten sie bei, daß die deutsche Revolution eine sehr wichtige Angelegenheit sei, waren aber durchaus nicht einverstanden, den Erfolg der deutschen Revolution mit der Existenz der Sowjetmacht in Rußland zu verbinden. Und dann: standen die Ereignisse in Deutschland wirklich schon auf der Tagesordnung?

Sinowjew war da anderer Meinung. Eine Frage von Wochen? Wie immer verleite den Genossen Trotzkij sein Temperament, von der Wirklichkeit abzuschweifen. Schön, wenn es eine Frage von Monaten ist; und überhaupt, in solch wichtigen Fragen muß man vorsichtig sein und überlegt handeln. Stalin fügte, ohne über allgemeine und unbestimmte Phrasen hinauszugehen, im gleichen Sinn hinzu, daß man vorderhand von irgendeiner Revolution in Deutschland nicht sprechen könne. In diesem Herbst? Schön, wenn die revolutionäre Situation auf das Frühjahr zu sich entwikkelt.

Obwohl die Troika möglichst dick zu unterstreichen bemüht war, daß sie mit Trotzkijs Prognose überhaupt nicht einverstanden sei und in keinem Fall nach seiner Pfeife tanzen werde, merkte sie trotzdem, daß die revolutionäre Welle in Deutschland hochschlug. So beschloß man eine Reihe von Maßnahmen zugunsten ihrer weiteren Entfaltung.

Es wurde eine Kommission des ZK aus vier Mitgliedern zur Leitung der ganzen Arbeit in Sachen der deutschen Revolution gebildet. Ihr gehörten Radek, Pjatakow (Vertreter des Vorsitzenden des Obersten Volkswirtschaftsrates), Unschlicht (Vertreter des Vorsitzenden der GPU) und Wasja Schmidt, der Volkskommissar für Arbeit, an. Sie begaben sich sogleich mit falschen Pässen zur illegalen Arbeit nach Deutschland.

Die Funktionen unter ihnen waren wie folgt verteilt. Radek sollte das ZK der KPD leiten, indem er ihm die Direktiven Moskaus als die Direktiven der Komintern überbrachte. Schmidt (seiner Herkunft nach Deutscher) war die Organisation der revolutionären Zellen in den Gewerkschaften (d. h. der Betriebskomitees) überlassen, die nach dem Umsturz zu Räten werden und auf ihrem außerordentlichen Kongreß die Sowjetmacht in Deutschland ausrufen sollten. Pjatakow hatte man die Koordinierung der ganzen Arbeit und die Verbindung mit Moskau zugeteilt. Auf Unschlicht entfiel die Organisation von Abteilungen des bewaffneten Aufstandes für den Umsturz, ihre Rekrutierung und Versorgung mit Waffen. Außerdem sollte er eine deutsche Tscheka zur Vernichtung der Bourgeoisie und der Revolutionsgegner nach dem Umsturz aufstellen. Schließlich übertrug man dem Berliner Gesandten Krestinskij die Finanzierung der deutschen Revolution aus den in Berlin für kommerzielle Operationen deponierten Fonds der russischen Staatsbank.

In den ersten Berichten aus Berlin meldete Pjatakow die geringe Qualität der deutschen KP-Führung. Seiner Meinung nach waren die Führer der KPD weder in organisatorischer noch in politischer Hinsicht auf der Höhe der Situation. Man rief sie nach Moskau. Ins Politbüro ließ man sie aber nicht, mit ihnen beschäftigten sich Sinowjew und Bucharin. Die Sache war dadurch kompliziert, daß außer der offiziellen, von der Komintern ausgesuchten Führung (Gruppe Brandler) noch eine andere Gruppe an der Spitze der KPD stand, die ein wesentlich größeres Gewicht hatte (die Gruppe Maslow–Ruth Fischer). Sie verhielt sich den Ansprüchen der Komintern gegenüber sehr unabhängig. Sinowjew gefiel dies ganz und gar nicht; er schlug dem Politbüro sogar vor, Maslow ein Ultimatum zu stellen. Er sollte für einen hohen Geldbetrag aus der Partei austreten und Deutschland verlassen oder von Unschlicht liquidiert werden. Doch Maslow blieb hart und ließ sich auf keinerlei Kompromisse ein.

Während noch alle diese Handelsgeschäfte in Gang waren, wurde allmählich klar, daß die KPD überhaupt nicht auf schnelle und entscheidende Aktionen vorbereitet war und ihre Arbeit auf allen vier Beinen lahmte. Im Gegensatz dazu funktionierte der Apparat der Gesandtschaft, des Konsulats und der Handelsmission in Berlin insofern schnell und vorbildlich, als sie eine außerordentlich fruchtbare Tätigkeit entwickelten. Das Politbüro übertrug deshalb die Leitung der deutschen Revolution ihnen. Der Berliner Gesandte Krestinskij wurde als fünftes Mitglied in die Kommission des ZK aufgenommen. Die Gesandtschaft und die Handelsmission befaßten sich mit dem Ankauf und dem Transport von Waffen und mit Organisationsarbeit. In Rußland wurden alle Kommunisten deutscher Herkunft und gut Deutsch sprechende Genossen mobilisiert, die man zur illegalen Arbeit nach Deutschland schickte.

Pjatakows Berichte wurden immer optimistischer. Die überaus klägliche Wirtschaftslage Deutschlands machte die Arbeitermassen immer unzufriedener. Eine künstliche, breitangelegte Propaganda goß noch Öl ins Feuer, so daß die revolutionäre Woge weiter anstieg. Das Politbüro versammelte sich immer häufiger, um verschiedene praktische Fragen der revolutionären Arbeit zu erörtern. Pjatakows Berichte waren genau und ausführlich. Es wurden gewaltige Summen angewiesen, denn man hatte beschlossen, keine Mittel zu scheuen. Die anfängliche Opposition der Troika gegen Trotzkij war vergessen, jetzt waren sich alle einig, daß die deutsche Revolution vor der Tür stand.

Ende September fand eine außerordentliche und derart geheime Sitzung des Politbüros statt, daß nur dessen Mitglieder und ich zusammengerufen wurden. Kein Mitglied des ZK durfte teilnehmen. Die Sitzung wurde deshalb einberufen, um das Datum für den Umsturz in Deutschland festzulegen. Es wurde der 9. November 1923 bestimmt.

Der Umsturzplan sah folgendermaßen aus. Anläßlich des Jahrestages der russischen Oktoberrevolution sollten die Arbeitermassen zu Massendemonstrationen auf die Straße gehen. Die roten Hundertschaften Unschlichts sollten bewaffnete Konflikte mit der Polizei provozieren, um blutige Zusammenstöße und Repressalien hervorzurufen, die Empörung der arbeitenden Massen entfachen und einen allgemeinen Arbeiteraufstand inszenieren. Nach einem vorher genau ausgearbeiteten Plan sollten Unschlichts Abteilungen die wichtigsten staatlichen Ämter besetzen und eine revolutionäre Räteregierung aus Mitgliedern des ZK der KPD bilden. Gleich darauf sollte ein außerordentlicher Kongreß der Fabrikkomitees eine provisorische Rätemacht ausrufen.

Der Beschluß über das Datum des Aufstandes durfte nicht einmal den Mitgliedern des ZK bekannt sein. Ich fertigte das Sitzungsprotokoll in der nachstehenden Form an:

Gegenstand:	Beschluß:
Eine Frage des Genossen Sinowjew.	Siehe den besonderen Umschlag.

Das war alles, was den Mitgliedern des ZK als Sitzungsprotokoll des Politbüros zugeschickt wurde. Alle gefaßten Beschlüsse schrieb ich als Resolutionen des Politbüros nieder und steckte sie in den »besonderen Umschlag«.

Ein Wort zu diesem Umschlag. In meinem Arbeitszimmer befand sich ein feuerfester Safe, dessen einzigen Schlüssel ich hatte. In diesem Safe wurden die besonders geheimen Resolutionen aufbewahrt, die nur den Mitgliedern des Politbüros bekannt sein sollten. Die Mitglieder des ZK, die solche Dokumente einsehen wollten, mußten um die Erlaubnis des ZK bitten; nur dann durfte ich sie ihnen zeigen. Bleibt noch zu erwähnen, daß es während meiner Zeit einen solchen Fall nicht gegeben hat.

Die deutsche Revolution gelang aber nicht. Im Oktober wurde klar, daß man sich zu spät an die Arbeit gemacht hatte, daß die Fristen falsch berechnet waren, daß die revolutionäre Woge ihren Höhepunkt bereits überschritten hatte und zu fallen begann und daß die erforderliche organisatorische und propagandistische Arbeit zumindest noch zwei bis drei Monate erforderte. Die revolutionäre Woge verebbte immer schneller. Im Politbüro mußte man feststellen, daß es für einen Umsturz praktisch keine Chance mehr gab und daß man ihn auf bessere Zeiten verschieben müsse. Trotzkij machte eine Reihe scharfer kritischer Bemerkungen darüber, daß Sinowjew und die Komintern alles übersehen und sich zu spät mit dieser Frage beschäftigt hätten, während Sinowjew und Stalin mit allerhand Ausreden darüber davonzukommen versuchten, daß Trotzkij die Schärfe der revolutionären Situation überschätzt und letzten Endes *sie* recht gehabt hätten. In der Komintern wälzte man die ganze Schuld auf die unfähige Gruppe Brandler ab, und nach langem internem Gezänk erklärte man schließlich im April 1924 die Gruppe Brandler zu Rechtsabweichlern und schloß sie aus der Partei aus. Die Führung der KPD wurde der Gruppe

Maslow–Ruth Fischer übertragen. Als sich aber diese im Kampf der Troika mit Trotzkij auf dessen Seite schlug, stempelte man sie zu Trotzkisten und entfernte sie nicht ohne Mühe aus der Führung der KPD. Im Jahre 1927 standen sie endgültig an der Spitze der trotzkistischen Organisation in Deutschland.

Im September beschloß die Troika, Trotzkij den ersten empfindlichen Schlag zu versetzen. Seit Beginn des Bürgerkrieges war Trotzkij der Organisator und Führer der Roten Armee und nahm den Posten des Volkskommissars für Militärangelegenheiten und des Vorsitzenden des Revolutionären Militärrates der Republik ein. Die Troika steuerte seine Entfernung von der Roten Armee in drei Etappen an. Zuerst sollte der Mitgliederbestand des Revolutionären Militärrates erweitert werden, den man so mit Gegnern Trotzkijs auffüllen wollte, daß er sich mit seinen Anhängern in der Minderheit befand. In der zweiten Etappe sollte die Verwaltung des Volkskommissariats für Militärangelegenheiten umgestaltet, Trotzkijs Stellvertreter Skljanskij entfernt und an seine Stelle Frunse gesetzt werden. Die dritte Etappe schließlich – Trotzkijs Absetzung als Volkskommissar.

Am 23. September schlug die Troika im Plenum des ZK vor, den Bestand des Revolutionären Militärrates zu erweitern. Die neuen Mitglieder waren lauter Gegner Trotzkijs. Unter den Neuen befand sich auch Stalin. Die Bedeutung dieser Maßnahme war Trotzkij völlig klar. Er hielt eine donnernde Rede: die vorgeschlagenen Maßnahmen seien ein neues Glied in der Kette der hinter den Kulissen gegen ihn geschmiedeten Intrigen mit dem Ziel, ihn von der Führung der Revolution zu entfernen. Da er aber nicht den Wunsch hege, gegen solche Intriganten anzukämpfen und nur das eine wünsche, nämlich dem Werk der Revolution zu dienen, schlage er dem ZK vor, ihn aller seiner Ämter und Titel zu entheben und ihm zu erlauben, als einfacher Soldat in die heranreifende deutsche Revolution zu gehen. Er hoffe, daß man ihm wenigstens das nicht abschlagen werde.

Dies alles klang sehr laut und war für die Troika ziemlich unbequem. Sinowjew ergriff das Wort in der offenkundigen Absicht, allem den Anstrich einer Farce zu geben, und so schlug er vor, auch ihn von allen Ämtern und Ehren zu entbinden und ihn zusammen mit Trotzkij als Soldat der deutschen Revolution abzutransportieren. Stalin verwandelte die Szene vollends in eine Komödie, indem er feierlich erklärte, das ZK könne in keinem Fall zulassen, zwei so wertvolle Leben zu riskieren, und deshalb bitte er das ZK, seine »geliebten Führer« nicht fortzulassen. Über den Vorschlag wurde sofort auf die ernsthafteste Weise abgestimmt. Alles sah nach einem gutgeprobten Theaterstück aus, aber da ergriff als »Stimme aus dem Volk« der Leningrader Tschekist Komarow in betont proletarischer

Manier das Wort. »Ich verstehe nur nicht, warum sich Genosse Trotzkij so patzig macht.« Der Satz brachte Trotzkij endgültig um seine Haltung. Er sprang auf und erklärte: »Ich bitte, mich aus der Schauspielerliste dieser erniedrigenden Komödie zu streichen«, und stürzte dem Ausgang zu.

Das war der Bruch. Im Saal herrschte die Stille eines historischen Augenblicks. Doch der empörte Trotzkij beschloß des größeren Effekts wegen, die Tür zuzuschlagen.

Die Sitzung fand im Thronsaal des Zarenpalastes statt. Die Tür war riesig, eisern und massiv. Um sie zu öffnen, mußte Trotzkij aus Leibeskräften ziehen. Die Tür gab langsam und feierlich nach. In dem Augenblick hätte er sich darüber klar werden müssen, daß es Türen gibt, die man nicht zuschlagen kann. Doch Trotzkij bemerkte das in seiner Erregung nicht und versuchte, sie aus Leibeskräften zuzuschlagen. Die Tür ging wieder ebenso langsam und feierlich zu. Trotzkijs Absicht war klar. Der große Führer der Revolution hatte mit seinen heimtückischen Spießgesellen gebrochen, und um das zu unterstreichen, sollte es einen lauten Knall geben. Heraus kam jedoch etwas anderes. Ein höchst gereizter Mann mit einem Ziegenbärtchen strampelt an einer Türklinke im ungleichen Kampf mit einer schweren und stumpfen Tür. Es sah nicht gut aus.

Seit diesem Beschluß des Plenums über den Revolutionären Kriegsrat trat der Kampf zwischen der Troika und Trotzkij in seine offene Phase. Dieser Kampf war die Hauptbeschäftigung der Troika in den letzten Monaten des Jahres 1923. Die hauptsächlichsten politischen Dokumente dieser Epoche sind diesem Kampf gewidmet und spiegeln ihn wider. Deshalb verstehen auch die jüngeren Parteihistoriker die innerparteilichen Ereignisse dieser Epoche als Kampf um die Mehrheit des ZK mit der trotzkistischen Opposition. Die Wirklichkeit war jedoch ganz anders und viel komplizierter.

Um die historische Wahrheit dieser Epoche zu begreifen, muß man einiges erklären.

Die NEP führte zu einer raschen Verbesserung der Lebensbedingungen. Die Bauern begannen wieder zu säen, der Privathandel und die Heimindustrie brachten längst verschwundene Waren auf den Markt, das Land erholte sich langsam. Die eingeleitete Geldreform führte zum Umtausch von Milliarden wertloser Rubel gegen solide, harte Tscherwonzen. Die staatliche bürokratische Verwaltung dagegen, aus der Zeit des integralen Kommunismus von gestern ans Kommandieren gewöhnt, kam mit dem neuen Leben nicht zurecht. Insbesondere die Versorgung der Städte, Arbeiter und Angestellten war noch sehr schlecht. Die Unzufriedenheit der Arbeiter, der einzigen Klasse, die ihre Unzufriedenheit zu zeigen wagte, äußerte sich 1923 in einer ganzen Reihe von Streiks. Das spiegelte sich sofort in der Partei durch die Gründung der »Arbeiterwahrheit« (Bogdanow) und der »Arbeitergruppe« (G. Mjasnikow) wider. Beide Gruppen beschuldigten den Parteiapparat der bürokratischen Entartung und der völligen Gleichgültigkeit gegenüber den Interessen der Arbeiter.

In dieser Zeit ging das politische Leben nicht mehr über den Rahmen der Partei hinaus. Das Land war in zwei Lager gespalten. Da gab es die riesige parteilose Masse, völlig rechtlos und ganz der Macht der GPU ausgeliefert. Diese Masse wurde von der Diktatur zerquetscht und wußte um ihre Rechtlosigkeit nicht nur auf ein politisches Leben, sondern auch auf irgendeine Rechtsstaatlichkeit. Die Idee des Rechtes war aufgehoben. Nun gab es zwar Gerichte, die als Waffe der Diktatur betrachtet wurden und sich – theoretisch – vom Klassenbewußtsein und den Bedürfnissen des Klassenkampfes leiten ließen, in Wirklichkeit aber von der Willkür kleiner Parteisatrapen. Und diese kläglichen Gerichte waren lediglich für kleine Zivil- und Strafsachen zuständig. In allen wichtigen und grundsätzlichen Dingen, die man grundsätzlich als politischen Bereich, als »Sphäre des Klassenkampfes« betrachtete, herrschte die völlige Willkür der GPU-Organe, die jedermann auf Grund nur der GPU bekannter Verdächtigungen verhaften und auf Beschluß irgendeiner niemandem bekannten »Troika« erschießen oder auf zehn Jahre ins Vernichtungslager schicken konnten, das offiziell Konzentrationslager genannt wurde. Die gesamte Bevölkerung zitterte vor dieser Organisation drückenden Terrors.

Im Gegensatz dazu herrschte im zweiten Lager, das aus einigen hunderttausend Mitgliedern der Kommunistischen Partei bestand, ziemlich große Freiheit. Man konnte seine Meinung haben, nicht mit irgendeinem regierenden Organ übereinstimmen und dessen Beschlüsse anfechten. Diese innerparteiliche Demokratie stammte noch aus den vorrevolutionären Zeiten, als sie eine normale Erscheinung für die Partei war, an der teilzunehmen im freien Ermessen ihrer Mitglieder stand. In diesen vorrevolutionären Zeiten fanden auch erbitterte Kämpfe um die Führung statt, die im übrigen das Recht einschloß, über die Parteikasse zu verfügen und die Publikationsorgane der Partei zu beherrschen. Es gab noch keine GPU, man mußte versuchen, durch Argumente zu gewinnen. Das gelang selbst Lenin nicht immer, obgleich die Partei (und ihr Grundcharakter als einer Partei von Berufsrevolutionären) Lenins Kind war. Mehr als einmal blieb Lenin in der Minderheit (wodurch er sowohl die Kasse als auch die Presse verlor) und mußte sie mit großer Mühe und mit schwierigen und nicht immer schönen Kombinationen wieder zurückerobern. Doch dieser freie Kampf innerhalb der Partei schuf einen Dauerzustand innerparteilicher Freiheit, die noch immer bestand und erst nach einigen Jahren verschwand, als Stalin alles in die Hand nahm.

Da jedoch andererseits politisches Leben nur in der Partei möglich war, konnten die im Land stattfindenden sozialen Prozesse nur auf Umwegen in Erscheinung treten, nämlich durch Einfluß und Druck der parteilosen Masse und ihres Lebens auf die Parteimitglieder. Das war relativ leicht für die Arbeiterschichten, weil die von marxistischer Phraseologie durchdrungene Partei ständigen Kontakt zu den Arbeitern suchte. Daher die ziemlich rasche Entstehung und das Wiederaufleben von Gruppen verschiedener »Arbeiteroppositionen« Anfang Herbst 1923 in der Partei. Aus Furcht, daß sich Trotzkij dieser Opposition bemächtigen könnte, bemühten sich die Mitglieder der ZK-Mehrheit, die Initiative an sich zu reißen. Trotzkij begann, auf den Sitzungen des Politbüros wütend die Parteibürokratie anzugreifen. Ich erinnere mich noch gut der Szene, wie Trotzkij den ihm auf der anderen Seite des Tisches gegenübersitzenden Molotow fixierte, während er eine heftige Philippika gegen die »seelenlosen Parteibürokraten« losließ, »die mit ihren steinernen Rücken jede Äußerung freier Initiative und des Schaffens der werktätigen Massen erdrücken«. Molotow, dessen Namen Trotzkij nicht nannte, hätte am besten geschwiegen und tun sollen, als ginge ihn das gar nichts an, ja noch besser zustimmend mit dem Kopf nicken sollen. Statt dessen rückte er seinen Kneifer zurecht und sagte stotternd: »Nicht alle können Genies sein, Genosse Trotzkij.«

Es war ein trauriges Schauspiel; mir war es für Molotow peinlich. Dazu noch eine Anmerkung, wie Geschichte geschrieben wird.

Im Jahre 1929, da ich mich schon im Ausland befand, beschrieb ich diese Szene in der Presse. Wie groß war mein Erstaunen, als ich 1932 in dem Buch »Sowjetische Porträts« von Dmitrijewskij, einem vor den Sowjets geflüchteten sowjetischen Diplomaten, meinen ganzen Text zitiert fand, der aber dann so weiterging: »Molotow nahm die Herausforderung an. Er lächelte ruhig. Leise wie immer und ein wenig stotternd sagte er: ›Nicht alle können Genies sein, Genosse Trotzkij; *aber am stärksten ist immer der, der siegt.*‹«

Natürlich hat Molotow nichts dergleichen hinzugefügt, aber für den Dmitrijewskij des Jahres 1932 war Trotzkij ein phantastischer, überspannter jüdischer Revolutionär, Molotow dagegen der harte und glänzende Führer des neuen Kurses in Rußland, der gewissermaßen den Weg des Patrioten und Nationalisten beschritten hatte. Daher dieser erfundene Zusatz.

Um die Initiative an sich zu reißen, verurteilte die Mehrheit des Politbüros feierlich den Bürokratismus in der Partei und schuf unverzüglich eine Kommission mit Dserschinskij an der Spitze, die sowohl die Frage des Bürokratismus in der Partei als auch die Wurzeln der Unzufriedenheit der werktätigen Massen untersuchen sollte. Auf dem Septemberplenum des

ZK hielt Dserschinskijs Kommission ein Referat über die innerparteiliche Politik, wobei die Frage des Bürokratismus dahingehend beantwortet wurde, daß in vielen Parteiorganisationen »Ernennungen« statt Wahlen praktiziert würden.

Seriöser war der Bericht über die »Preisschere«. Die Partei hatte die Preise für Industriegüter zu hoch angesetzt und die für landwirtschaftliche Erzeugnisse zu niedrig. Diese Politik sollte den Aufbau und die Festigung der industriellen Produktion auf Kosten der Bauernschaft fördern. Sie rief jedoch bei den Betroffenen heftige Unzufriedenheit hervor, die sich betrogen fühlten. Man hatte ihnen die Freiheit gegeben, ihre überzähligen Erzeugnisse auf dem Markt zu verkaufen, aber der Staat, der zu einem großen Teil den Handelsapparat beherrschte, zwang den Bauern, sein Brotgetreide zu billig zu verkaufen und Industriewaren sehr teuer zu kaufen. Das Plenum empfahl dem Politbüro, »praktische Maßnahmen« in dieser Angelegenheit zu ergreifen, womit es sich um die Bereinigung des immer dringlicher werdenden Problems für einige Zeit gedrückt hatte.

Am 8. Oktober schickte Trotzkij einen Brief ins Politbüro, der sich scheinbar mit diesen wirtschaftlichen Fragen beschäftigte. In Wirklichkeit enthielt er aber einen heftigen Angriff auf die Parteibürokratie, indem er feststellte, daß nicht die Partei Beschlüsse fasse, sondern die Bürokraten (die Parteisekretäre) alles kommandierten. Gleichzeitig wurde der Brief von Trotzkijs Anhängerschaft fleißig in der Partei verbreitet. Die Troika zog es vor, nicht selber dagegen aufzutreten, sondern schrieb der ihr gehorsamen Zentralen Kontrollkommission vor, die Verbreitung des Briefes zu verbieten, was die Kommission am 15. Oktober auch tat. Doch am gleichen 15. Oktober traf im ZK die sogenannte »Erklärung der 46« über das innerparteiliche Regime ein. Dieser Brief kam vom Bund zweier Gruppen: der alten der Dezisten (Demokratischer Zentralismus), in der Ossinskij, W. Smirnow, Drobnis und Sapronow das Wort führten, und der neuen Gruppe der Trotzkisten mit Pjatakow, Preobraschenskij, Iosif Kossir und Beloborodow an der Spitze.

Im Grunde genommen stand in diesen Briefen bzw. Erklärungen nichts Besonderes; sie spiegelten auch nicht die Prozesse wider, die in der Tiefe der Partei vor sich gingen. Das ZK beschloß, sich die Briefe durch eine Resolution vom Halse zu schaffen. So entschied Ende Oktober das Plenum des ZK, daß die Diskussion in der Partei über alle diese Fragen unzweckmäßig sei. Und zum Beweis, wie sehr das ZK auch selbst gegen den Bürokratismus Sturm laufe, wurde am 5. November eine vereinigte Sitzung des Politbüros und des Präsidiums der Zentralen Kontrollkommission einberufen, die einstimmig eine Resolution »über den Aufbau der Partei« annahm, in der feierlich die Ergebenheit der Parteiführung an die innerparteiliche Demokratie verkündet und ebenso feierlich der Bürokratismus in der Partei verurteilt wurde. Um dies alles zu erklären, schrieb Stalin den Artikel »Neue Aufgaben der Partei«, der auf Gespräche über die Verstärkung des innerparteilichen Lebens hinauslief, und veröffentlichte ihn in der *Prawda* vom 7. November. Das Politbüro erwartete eine Beruhigung, doch es trat das Gegenteil ein. In den Parteiorganisationen begannen vielmehr stürmische und unbegreifliche Prozesse um sich zu greifen. Insbesondere gingen in vielen Organisationen der Hauptstadt die Abstimmungen nicht für, sondern gegen das ZK aus. Darauf beschloß das Politbüro Mitte November, eine Parteidiskussion zu eröffnen und in einer energischen, auf Trotzkij konzentrierten Kampagne ihn und seine Opposition zu zerschmettern.

Es setzte die berühmte »einseitige Diskussion« ein. In Presseartikeln und Parteizellen mobilisierte das ZK alle Kräfte gegen Trotzkij und seine Opposition, indem man beide aller Todsünden beschuldigte. Das Erstaunlichste an alledem war der Umstand, daß Trotzkij schwieg, sich nicht an der Diskussion beteiligte und auf alle Beschuldigungen nicht antwortete. In den Sitzungen des Politbüros las er französische Romane, und wenn sich jemand von den Mitgliedern an ihn wandte, gab er sich den Anschein, als sei er baß erstaunt darüber.

Dieses Rätsel entzifferte ich an Hand der mir zugehenden, unterschiedlichsten Materialien über die Vorgänge in der Partei ziemlich schnell. Es ging darum, daß die Opposition im Herbst 1923 (die sog. erste Opposition) keineswegs trotzkistisch war. Man muß sich überhaupt den politischen Konturen aller Oppositionen dieser Jahre gegenüber äußerst skeptisch verhalten. Gewöhnlich ging es um die Macht. Der Gegner wurde irgendeiner (rechten, linken, kulakischen) Abweichung, irgendeiner Unter- oder Überschätzung, einer Vergeßlichkeit, einer Verletzung von Lenins Testament oder etwas ähnlichem beschuldigt, während in Wirklichkeit alles erfunden und aufgebläht war. Nach der Niederlage des Gegners wurde sofort und ohne die geringste Scheu dessen (gerade erst als verbrecherisch, menschewikisch oder kulakisch verdammte) Politik übernommen. Im allgemeinen war Trotzkij sozusagen »linker« als das ZK, d. h. er war der konsequentere Kommunist. Indes klebte ihm das ZK das Etikett der »rechten« Opposition an. Diese rechte Opposition stellte etwas wie einen mißlungenen ideellen Thermidor dar, eine völlig elementare Reaktion, die sich innerhalb der Partei spontan, ohne Programm und ohne Führer entwickelte. Weder Trotzkij noch die 46 oder die Arbeiteropposition drückten sie deutlich aus. Es war eine Opposition gegen den Kommunismus seitens der in den ersten Revolutionsjahren zur Partei gestoßenen intellektuellen und idealistischen Elemente, die als erste erkannten, was tatsächlich vorging. Ihre Hoffnungen auf Schaffung einer besseren Gesellschaft erwiesen sich als Illusion; ihre Erwartungen, daß die Revolution für das allgemeine Wohl gemacht worden sei, bewahrheiteten sich keineswegs. Vielmehr zeigte sich, daß eine neue, die bürokratische Klasse entstand, die sich alle Vorteile der Revolution aneignete, indem sie die Arbeiter und Bauern, für die angeblich die Revolution gemacht worden war, in die Lage rechtloser und bettelarmer Sklaven versetzte.

Die Revision fand weder Führer noch die nötigen Formulierungen und kam nur in den Massenprotesten und Massenabstimmungen gegen das ZK zum Ausdruck. Trotzkij erriet schnell das wahre Wesen dieser Opposition. Aber das machte seine Lage sehr schwierig. Wäre er ein simpler Opportunist gewesen, so hätte er an der Spitze dieser Opposition und mit der Annahme ihres rechten Kurses sehr rasch, wie sich bald herausstellte, alle Chancen zur Erringung der Mehrheit in der Partei und auf den Sieg gehabt. Aber das bedeutete Rechtsschwenkung, Thermidor – und Liquidierung des Kommunismus. Trotzkij war jedoch ein radikaler und überzeugter Kommunist. Diesen Weg konnte er nicht einschlagen. Er konnte aber auch nicht offen erklären, daß er gegen diese Opposition sei, sonst hätte er sein Gesicht in der Partei, bei seinen das ZK attackierenden Anhängern und in der Opposition verloren und wäre ein isolierter General ohne Armee geworden. So zog er es vor, beharrlich zu schweigen und den Zweideutigen zu spielen.

Die Tragödie bestand darin, daß diese elementar entstandene Opposition, ohne Führer und ohne Programm, Trotzkij annehmen mußte, den man ihr als Führer aufschwätzte. Dies alles besiegelte ihre schnelle Niederlage.

Vorderhand gingen aber die Diskussionen und Abstimmungen in den Parteizellen in stürmischem Tempo weiter und verwandelten sich immer häufiger in Niederlagen des ZK. Trotzkij versuchte, die Lage zu seinen Gunsten zu wenden und gleichzeitig der Opposition seine Stichworte zu geben. Am 8. Dezember schickte er dem ZK einen Brief. Gleichzeitig wurde er im Parteiaktiv des Krasnopresnensker Rayons verlesen und in der *Prawda* vom 9. Dezember als Artikel »Der neue Kurs« veröffentlicht. In ihm beschuldigte er die Parteispitze der bürokratischen Entartung.

Mitte Dezember versuchte die GPU untertänigst, das Politbüro davon in Kenntnis zu setzen, daß in einem großen Teil der Parteiorganisationen die Mehrheit nicht mehr auf Seiten des ZK sei. Ich stellte fest, daß selbst in der riesigen Parteizelle des ZK die Mehrheit gegen das ZK stimmte. Ich fragte den Sekretär des Moskauer Parteikomitees Selenskij nach den Abstimmungsergebnissen in der Moskauer Organisation. Ich bekam einen panischen Sammelbericht zu hören: das ZK hatte die Mehrheit in der hauptstädtischen Organisation verloren, der wichtigsten im Lande. Nach ihr richteten sich die Parteiorganisationen in der Provinz.

Auf einer Sitzung der Troika (Bestätigung der Tagesordnung) trug ich Selenskijs Rapport vor. Für die Troika war das ein unerwarteter Schlag. Schließlich kam der Frage eine erstrangige Bedeutung zu. Sinowjew hielt eine lange Rede. Es war der offenkundige Versuch, eine allgemeine Linie der politischen Strategie nach Lenins Schema zu finden und zu formulieren. Aber er wollte auch etwas Eigenes hinzutun und seine Position als politischer Führer rechtfertigen. Deshalb sprach er von der »Philosophie der Epoche«, von allgemeinen Strömungen (die er in dem allgemeinen Wunsch nach Gleichheit erblickte) usw. Dann ergriff Kamenew das Wort. Er machte darauf aufmerksam, daß die politischen Prozesse im Land lediglich durch die Partei zum Ausdruck kommen könnten; zudem bekundete er nicht geringes politisches Gespür, als er die Opposition als rechte Abweichung bezeichnete; in den leninistisch-marxistischen Jargon verfallend, sagte er, daß diese Opposition die Kraft der wiedererwachenden, dem Kommunismus feindlich gegenüberstehenden Klassen widerspiegele: des wohlhabenden Bauern, des Privatmannes und der Intelligenz; man müßte deshalb zu Lenins Fragestellung über das Bündnis der Arbeiter- und Bauernklasse zurückkehren.

Während all dieser rhetorischen Höhenflüge schwieg Stalin und saugte an seiner Pfeife. Im übrigen war seine Meinung für Sinowjew und Kamenew völlig uninteressant: sie waren überzeugt, daß er in Fragen der politischen Strategie nichts zu bieten habe. Kamenew war aber ein höflicher und diplomatischer Mann, also fragte er: »Und Sie, Genosse Stalin, was denken Sie über diese Frage?«

»Ha«, erwiderte Stalin, »über welche Frage denn?« Tatsächlich hatte man viele Fragen angeschnitten. Kamenew bemühte sich, auf Stalins Ebene herabzusteigen und sagte: »Na, über die Frage, wie die Mehrheit in der Partei zu erringen ist.«

»Wißt ihr, Genossen«, sagte Stalin, »was ich über diese Frage denke? Ich meine, daß es völlig unwichtig ist, wer und wie man in der Partei abstimmen wird; überaus wichtig ist nur das eine, nämlich wer und wie man die Stimmen zählt.« Sogar Kamenew, der Stalin schon kennen mußte, räusperte sich vernehmlich.

Am folgenden Tag ließ Stalin seinen Duzfreund Nasaretjan zu sich ins Arbeitszimmer kommen und beriet sich lange mit ihm. Nasaretjan kam ziemlich sauer heraus. Er war aber ein gehorsamer Mann. Noch am selben Tag wurde er durch Verfügung des Organisationsbüros zum Leiter der Parteiabteilung in der *Prawda* ernannt und machte sich an die Arbeit.

In der *Prawda* erschienen Berichte über die Versammlungen der Parteiorganisationen und der Abstimmungsergebnisse, besonders in Moskau. Nasaretjans Arbeit war sehr einfach. Auf der Versammlung irgendeiner Parteizelle stimmten für das ZK – sagen wir – 300 Genossen, gegen das ZK 600; Nasaretjan korrigierte: dafür: 600, dagegen: 300. So wurde es auch in der *Prawda* gedruckt. Und so ging es mit allen Organisationen. Natürlich riefen die betreffenden Parteizellen in der *Prawda* an, als sie die falschen Abstimmungsergebnisse lasen, und fragten sich zur Abteilung des Parteilebens durch. Nasaretjan antwortete höflich und versprach, der Sache unverzüglich nachzugehen. »Sie haben völlig recht«, antwortete ihnen nach der »Kontrolle« Nasaretjan, »es ist ein ärgerlicher Fehler passiert, eine Verwechslung in der Druckerei. Wissen Sie, die Leute sind überlastet. Die Redaktion wird eine Berichtigung bringen«. Jede Parteizelle meinte, daß dieser Fehler der einzige und nur ihr widerfahren sei, ohne zu ahnen, daß es dem größten Teil aller Zellen so erging. Mittlerweile schälte sich langsam das allgemeine Bild heraus, daß das ZK auf der ganzen Linie am Gewinnen sei. Die Provinz wurde vorsichtiger und schloß sich wieder Moskau (d. h. dem ZK) an.

Indes zog sich über dem Politbüro ein Sturm zusammen, freilich nur ein Sturm im Wasserglas.

Es ging darum, daß Mechlis und Kanner, die Verstärkung brauchten, Mitarbeiter für vage umschriebene Funktionen suchten, während sie in Wirklichkeit von Kanner bestimmte Funktionen ausübten. So half Kanner ein junger, liebenswürdiger Jude, dessen Parteidecknäme Bombin lautete. Er war sehr lieb, alle nannten ihn »Bombik«, er konnte sehr schön Lohengrins Arie »Nun sei bedankt, mein lieber Schwan« singen und verbarg sorgfältig, daß er irgendwelche Beziehungen zur GPU hatte, ganz besonders vor mir, da meine schlechten Beziehungen zu dieser Institution schon damals allen bekannt waren. Mechlis nahm sich zwei Leute zur Hilfe: erstens einen gewissen Machower, früher Geschäftsführer des Komsomol-ZK, jetzt aus Altersgründen auf die Parteilinie einschwenkend und später letzter persönlicher Sekretär Ordschonikidses; zweitens Jushak, einen überaus rund- und schöngesichtigen jungen Juden.

Nasaretjan war ein sehr ordentlicher Mann. Er korrigierte nicht nur die Abstimmungsergebnisse der Organisationen, sondern schickte Stalin, damit sich der ein richtiges Bild von dem wahren Stand der Dinge machen konnte, auch Aufstellungen darüber, wie man tatsächlich gestimmt und wie er's für die *Prawda* zurechtgebogen hatte. Mechlis berichtete Stalin über diese Aufstellungen. Ganz unerwartet für Stalins Sekretariat erwies sich Jushak als verkappter Trotzkist. Nasaretjans Aufstellungen lagen auf Mechlis' Schreibtisch. Jushak schnappte sie sich und ließ sie Trotzkij zukommen. Der machte auf der Sitzung des Politbüros einen lauten

Skandal. Allen wurde klar, daß Nasaretjan auf Stalins Befehl handelte. Die Mitglieder des Politbüros gaben sich den Anschein, als teilten sie Trotzkijs gerechte Empörung – und Stalin als erster. Er versprach, unverzüglich eine Untersuchung einzuleiten. Diese Untersuchung dauerte eine knappe Woche, dann war das nötige Resultat erreicht, die Mehrheit ging auf das ZK über, die Opposition hatte die Schlacht verloren.

Stalin berichtete dem Politbüro, daß die Untersuchung die persönliche Schuld Nasaretjans ergeben habe, der augenblicklich aus der Parteiabteilung der *Prawda* abberufen und aus dem Sekretariat entfernt worden sei. Nasaretjan wurde tatsächlich als Vorsitzender einer Gebiets-Kontrollkommission in den Ural abgeschoben. Er konnte Stalin nicht verzeihen, daß er ihn nicht zu schützen versucht, sondern im Gegenteil die ganze Schuld auf ihn abgewälzt hatte. Jushaks Schicksal kenne ich nicht, doch zweifle ich keinen Augenblick daran, daß er die dreißiger Jahre nicht überlebt hat. Stalin hatte ein gutes Gedächtnis und verzieh nie etwas.

Über Stalin erfuhr ich täglich neue Einzelheiten. Ganz zufällig kam heraus, daß er Antisemit war, was mir in den folgenden Jahren viel erklärte.

Ich stand da und unterhielt mich mit Mechlis. Da kam Stalin aus seinem Arbeitszimmer heraus und ging auf uns zu. Mechlis sagte: »Da, Genosse Stalin, ist ein Brief von Genosse Fajwilowitsch gekommen.« Dieser Genosse Fajwilowitsch war sehr unzufrieden mit dem Verhalten des ZK. Er protestierte, erteilte dem ZK einen Verweis, erachtete die Politik des ZK für verfehlt usw. Dazu bleibt zu bemerken, daß Genosse Fajwilowitsch nur vierter Sekretär des Komsomol-ZK war. Nun galt seit jeher die Regel, daß der Komsomol eine Hilfsorganisation für die Erziehung der Jugend im kommunistischen Geist sein sollte, deren Mitglieder und Führer noch keine Parteimitglieder sind und keinerlei Rechte zur Beurteilung der Parteiprobleme haben; so wurden auch dem Komsomol alle Versuche dieser Art stets kurz und bündig abgeschlagen: Wo wollt ihr hinaus? Was nicht gar! Dafür seid ihr noch viel zu jung. Das ist nichts für euren Verstand.

Stalin brauste auf. »Was stellt sich dieses krätzige Jüdlein eigentlich vor!« Da merkte Stalin, daß er ein Wort zuviel gesagt hatte. Er drehte sich auf der Stelle um und ging in sein Arbeitszimmer. Ich blickte Mechlis neugierig an. »Na, Ljowka, wie hast du's geschluckt?«

»Was denn?« Mechlis tat, als wunderte er sich. »Was ist denn los?«

»Na, was schon«, sagte ich, »du bist doch selber Jude.«

»Nein«, antwortete Mechlis, »ich bin kein Jude, ich bin Kommunist.«

Das war eine bequeme Position. Sie erlaubte es Mechlis, bis ans Ende seiner Tage ein treuer und ergebener Stalinist zu sein und Stalin unzweideutige Dienste zu leisten.

Dennoch interessierte mich, wie Stalin als Antisemit mit seinen jüdischen Sekretären Mechlis und Kanner umging. Ich kam mir sehr bald ins klare, daß er sie zu seiner Tarnung eingestellt hatte. Während des Bürgerkrieges hatte Stalin an den Fronten eine Gruppe von Freiwilligen kommandiert, die nicht nur Trotzkij haßten, sondern auch seinen Stellvertreter Skljanskij und deren beider Mitarbeiter sowie die Juden im Volkskommissariat für Militärangelegenheiten. Das nährte in der Parteispitze den Verdacht, daß Stalin Antisemit sei. In dem folgenden Übergang zur zivilen Friedensarbeit hatte Stalin, um diesen Verdacht zu zerstreuen, Kanner und Mechlis zu seinen engsten Mitarbeitern gemacht, zuerst im Volkskommissariat der Arbeiter- und Bauerninspektion, deren nomineller Leiter Stalin in den Jahren 1921–1922 war, dann im Generalsekretariat des ZK. Er brauchte seine Wahl nie zu bereuen. Kanner und Mechlis blieben stets seine ergebenen Gehilfen. Dennoch ließ er Kanner 1937 erschießen, er hatte in seinem Auftrag gar zu viele dunkle Geschäfte eingefädelt und besorgt.

Ende 1923 ging die ganze Geschichte mit der Opposition zu Ende. Sie hatte aber eine kleine, amüsante Folge. Da während der Parteidiskussion die Opposition die Mehrheit in der Parteizelle des ZK erobert hatte, erhob sich jetzt die Frage nach dem Schuldigen. Besonders klar war die völlige Ratlosigkeit des Genossen Sekretär der Parteizelle. Das war zwar ein alter Parteirecke, aber ein ausgemachter Schafskopf. Kanner beschloß, ihn abzusetzen. Aber eine so wichtige Angelegenheit wie die Wahl eines neuen Sekretärs der starken ZK-Zelle mit lauter Mitgliedern aus dem Haus wagte er doch nicht ohne Mechlis' und meine Sanktion durchzuführen. Er legte uns die Frage vor. Wir überlegten. Mechlis seufzte: »Wir sind eine Arbeiterpartei; in der Zelle des ZK sind aber lauter Angestellte, Kanzlisten und Bürokraten und kein einziger Arbeiter; aber nach der Parteiorthodoxie würde man einen Arbeiter von der Drehbank oder wenigstens einen Handwerker brauchen. Aber wo haben wir selbst einen Handwerker?«

Zum Spaß sagte ich: »Moment. Es gibt im ZK einen Handwerker.«

»Nicht möglich«, erwiderten sie. »Das bildest du dir ein.«

»Ich versichere euch, es gibt einen.«

»Und wer ist diese weiße Krähe?«

Ich erklärte ihnen, daß ich während meiner Arbeit als Molotows Sekretär bei den *Izwestija ZK* (der schwindsüchtigen Zeitschrift, von der schon die Rede war) beobachtet hätte, wie die ausgedruckte Zeitschrift aus der Druckerei in die Expedition des ZK gekommen und von dort an die Parteiorganisationen versandt wurde. In der Expedition sei ein Arbeiter als Packer, Expedient und Verteiler gewesen. Ein kleiner, kahlköpfiger Mann und scheint's gar nicht dumm, Poskrebyschew mit Namen. Unter allgemeinem Gelächter wurde beschlossen, ihn rufen zu lassen. Der Mann kam und verstand nicht, wozu er Stalins Sekretariat nötig sein könnte. Wir unterhielten uns mit ihm. Poskrebyschew war wirklich nicht dumm und würde außerordentlich gehorsam sein. Fast aus Jux beschlossen wir, ihn zum Sekretär der Parteizelle des ZK zu machen, denn wenn etwas aus Stalins Sekretariat kam, ging es sofort durch. Poskrebyschew erwies sich als überaus gehorsamer Sekretär und kam sogar ein wenig zu oft zu Kanner gelaufen, um sich Direktiven zu holen.

Doch der Jux von Stalins Sekretären spielte noch einmal eine entscheidende Rolle in Poskrebyschews Laufbahn. Im Jahre 1926 wurde Stanislaw Kossior vierter Sekretär des ZK, da man gerade die Anzahl der Sekretäre auf fünf erhöht hatte. Gewöhnlich brachte ein versetzter Magnat einen langen Schwanz von Leuten seines Vertrauens (»seiner Kinder«) angeschleppt. Kossior wollte zeigen, daß er keine eigene Gruppe hatte und auch nicht bilden wollte; und als man ihn fragte, wen er als Sekretär wünsche, antwortete er bescheiden, daß er keinen Kandidaten habe und vorschlage, ihm einen von Stalins Sekretariat zu benennen. Kossior war klein und kahl, Poskrebyschew war klein und kahl, sie bildeten ein ziemlich komisches Paar. Gerade deshalb schlug Kanner, während er sich vor Lachen schier verschluckte, als Kossiors Gehilfen den Zellensekretär Poskrebyschew vor. So geschah es auch.

So wurde der Grundstein für die Karriere von Stalins künftigem Sekretär gelegt. Aus Kossiors Sekretariat wechselte Poskrebyschew 1928 zu Towstuchas Gehilfen über, nach dessen Tod 1935 nahm er dessen Platz als Stalins Gehilfe und Leiter des Sondersektors ein, um achtzehn Jahre lang der getreue Bursche Stalins zu bleiben, vor dem die Minister und die Mitglieder des Politbüros zitterten. Freilich beging er die Unvorsichtigkeit, eine leibliche Schwester der Frau Sedows (eines Sohnes von Trotzkij) zu heiraten. Als man 1937 seine Frau auf Befehl des mißtrauischen Stalin verhaftete, zuckte Poskrebyschew mit keiner Wimper und blieb weiterhin unzertrennlich bei Stalin bis 1953. Erst einige Monate vor Stalins Tod wurde er abgesetzt und wartete zitternd auf seine Erschießung. Die eine oder andere Erschießung ließ Stalin aber doch nicht vollziehen.

Auf dem bolschewistischen Gipfel

Die ganze zweite Hälfte des Jahres 1923 erledigte Stalins Sekretär Towstucha eine der laufenden »halbdunklen« Angelegenheiten, die ihm Stalin aufgetragen hatte. In dessen Kampf um die Macht hatte die Sache eine nicht geringe Bedeutung.

Lenin lag im Sterben. Der Kampf um seine Nachfolge tobte zwischen der Troika und Trotzkij. Die Troika führte einen energischen Propagandakrieg in der Partei, in dem sie sich als die treuesten und besten Schüler Lenins hinstellte. Und aus Lenin selber machte die offizielle Propaganda eine Ikone. Seht den genialen Führer, dem die Partei alles verdankt, und seine Schriften sind das Evangelium, die unanfechtbare Wahrheit! Tatsächlich! Was hatte Lenin nicht alles geschrieben. Mit Zitaten von ihm konnte man alles Beliebige stützen und verwerfen. Für Stalin war nur ein Teil von Lenins Schriften von besonderer Wichtigkeit. Sowohl in dem vorrevolutionären Streit in der Emigration, als auch während der Revolution und des Bürgerkrieges mußte Lenin wiederholt scharfe Äußerungen über den einen oder anderen angesehenen Bolschewiken machen, und natürlich nicht so sehr in den gedruckten Artikeln als in persönlichen Briefen und Notizen – und nach der Revolution in der Regierungspraxis auf allerlei Resolutionen, Schriftstücken und Akten. Es rückte die Zeit heran, da man aus alten Aktendeckeln Lenins scharfe Verurteilung irgendeines angesehenen Parteimannes exzerpieren und dann veröffentlichen konnte, um seiner Karriere den Todesstoß zu versetzen. »Da seht ihr, was Iljitsch über ihn gedacht hat!«

Und exzerpieren konnte man viel. Aber nicht aus dem, was Lenin geschrieben hatte, sondern auch aus dem, was in der Hitze des Gefechtes seine Gegner über ihn geschrieben hatten. Es genügt, sich der vorrevolutionären Polemik zwischen Lenin und Trotzkij zu erinnern, als Lenin seinen Gegner aller Todsünden beschuldigte, während Trotzkij über Lenin empört als berufsmäßigen Ausbeuter der rückständigen Massen und als ehrlosen Intriganten schrieb. Und was es nicht alles in allerlei persönlichen Notizen Lenins über die Mitglieder der regierenden Oberschicht und über seine Mitarbeiter gab! Wenn man dies alles sammelte, was für eine Waffe in Stalins Händen . . .

Die Troika beriet, wie man dies machen könnte, natürlich in meiner Gegenwart. Doch ich merkte deutlich, daß Sinowjew und Kamenew dabei ganz kurzsichtig nur an ihren Kampf mit Trotzkij und dessen Anhängerschaft dachten, während Stalin schwieg und an eine beträchtlich größere Verwendung des leninschen Dynamits dachte. Es wurde beschlossen, auf Umwegen Rjasanow zu veranlassen, den nötigen Vorschlag dem Politbüro vorzulegen. Rjasanow, ein alter Parteimann, galt als hervorragender Theoretiker des Marxismus, er leitete das Marx-Engels-Institut und wühlte mit Hingabe in Marxens Briefen und Manuskripten. Tatsächlich trug er mit aufrichtiger Genugtuung dem Politbüro vor, aus dem Marx-Engels-Institut ein Marx-Engels-Lenin-Institut zu machen. Das Politbüro erklärte sich im Prinzip einverstanden, erachtete es jedoch für unerläßlich, zuerst ein besonderes Lenin-Institut zu gründen, das sich mehrere Jahre lang dem Schaffen Lenins widmen und alles Material über ihn sammeln und erst dann mit dem Marx-Engels-Institut vereinigt werden sollte. Außerdem beschloß das Politbüro, unverzüglich an die Arbeit zu gehen. Es verfügte am 26. November 1923, daß das Lenin-Institut die einzige Sammelstelle aller »handschriftlichen Materialien« Lenins werden sollte, und verpflichtete auf Grund der Parteidisziplin unter Androhung von Sanktionen die Parteimitglieder, alle in ihren persönlichen oder in den amtlichen Archiven befindlichen Notizen, Briefe, Resolutionen und übrigen Materialien, soweit sie von Lenins Hand stammten, dem Lenin-Institut zu übergeben.

Das Politbüro hatte sich gut getarnt, der Beschluß war auf Rjasanows Initiative angenommen worden; die Mitglieder des ZK würden nach Erhalt des Protokolls des Politbüros meinen, daß es sich um das Studium von Lenins Schriften handelt. Als Gehilfen gab man dem Direktor des Instituts Towstucha bei. Der wühlte schon lange in den Archiven des Politbüros, zog alles Handschriftliche von Lenin heraus und sortierte es. Er verfügte schon über einen ganzen Berg von Materialien, den er für Stalins Bedarf zusammenstellen konnte; die für Stalin ungünstigen Notizen verschwanden für immer; die für alle übrigen ungünstigen wurden sorgfältig gesammelt und nach Namen geordnet. Je nach Bedarf konnte jederzeit über jede beliebige Parteigröße irgendeine abfällige Bemerkung vorgelegt werden.

Am 14.–15. Januar 1924 wurde auf dem Plenum des ZK das Fazit der Parteidiskussion gezogen. Die Troika stellte mit Genugtuung fest, daß die Opposition zerschlagen sei. Man konnte den nächsten Schritt im Kampf gegen Trotzkij tun. Doch mußte dieser Schritt langsam und vorsichtig getan werden. Einzelne Mitglieder des ZK meldeten, daß in der Roten Armee Mißstände herrschten. Das Plenum setzte eine »Militärkommission des ZK zur Überprüfung der Lage in der Roten Armee« ein. Den Vorsitz führte Gussew. Die Zusammensetzung der Kommission war so gewählt, daß ihre Beschlüsse im vorhinein klar waren, es gehörten ihr Unschlicht, Woroschilow, Frunse und die ergebenen Andrejew und Schwernik an.

Gleich nach dem Plenum (16.–18. Januar) forderte die 13. Parteikonferenz der Apparatschiks (die Konferenz bestand aus leitenden Arbeitern der örtlichen Parteiorganisationen) nach einem Referat Stalins die Parteibürokraten zur Wachsamkeit auf, indem man darauf hinwies, daß »die von Trotzkij geführte Opposition den Parteiapparat zerbrechen« wolle, und forderte die Einstellung jeglicher Diskussionen.

Nach einigen Tagen (am 21. Januar) starb Lenin. Im Durcheinander der folgenden Tage konnte man einige interessante Beobachtungen machen. Stalin blieb sich selber treu. Er sandte Trotzkij, der sich im Kaukasus zur Kur aufhielt, ein Telegramm mit dem falschen Beerdigungsdatum Lenins, so daß Trotzkij der festen Meinung sein mußte, nicht mehr rechtzeitig zum Begräbnis nach Moskau gelangen zu können. Und er blieb im Kaukasus. So kam die Troika beim Begräbnis zu dem Anschein, Lenins Nachfolger zu sein (während es Trotzkij erst gar nicht für nötig befunden hatte zu kommen), und hatte das Monopol auf die feierlichen und ergebenen Reden und Schwüre. Ich beobachtete die Reaktion.

Im Land war die Reaktion auf Lenins Tod zwiespältig. Ein Teil der Bevölkerung freute sich darüber, natürlich ohne es offen zu zeigen. Für sie war Lenin der Urheber des Kommunismus; er sei dorthin gegangen, wo er längst hingehört hätte. Der andere Teil der Bevölkerung hielt Lenin für besser als die anderen, weil er den Zusammenbruch des Kommunismus gesehen und sich daher beeilt habe, wieder einige Elemente eines normalen Lebens (die NEP) einzuführen, die bewirkt hätten, daß man sich einigermaßen ernähren könne. Im Gegensatz dazu war ein großer Teil der Partei erschüttert, besonders an der Basis. Lenin war der anerkannte Führer. Es herrschte Bestürzung. Wie würde es jetzt ohne ihn weitergehen? Auf den Parteigipfeln gingen die Meinungen auseinander. Es gab ehrlich erschütterte Leute wie Bucharin oder Lenins Stellvertreter Zjurupa, die beide stark an Lenin gebunden waren. Einigermaßen betrauerte Lenins Tod auch Kamenew, dem menschliche Gefühle nicht fremd waren. Einen schwer zu beurteilenden Eindruck machte Stalin auf mich. Im Herzen freute er sich über Lenins Tod, war er doch eines der Haupthindernisse auf seinem Weg zur Macht. In seinem Arbeitszimmer und in Anwesenheit der Sekretäre war er in bester Laune und strahlte. Auf den Versammlungen und Sitzungen trug er aber eine tragisch bekümmerte, heuchlerische Miene zur Schau, hielt falsche Reden und schwur Lenin pathetisch Treue und Ergebenheit. Bei seinem Anblick dachte ich unwillkürlich: Was für ein Schurke du doch bist! Von Lenins Bombe, dem »Brief an den Kongreß«, wußte er noch nichts. Die Krupskaja erfüllte Lenins Willen buchstabengetreu. Der Brief war für den Kongreß bestimmt, der Kongreß sollte im Mai stattfinden: erst dann würde sie den Umschlag öffnen und Lenins Testament dem Politbüro übergeben. Kamenew wußte davon schon etwas durch die Fotiewa, die weiterhin als Sekretärin des Rates der Volkskommissare arbeitete, schwieg aber.

Im Zusammenhang mit Lenins Tod und dem damit verbundenen Durcheinander folgte ein Plenum des ZK auf das andere. Auf das erste Januarplenum ein außerordentliches nach Lenins Tod, dann Ende Januar noch eines; kaum daß im Januar alle Ernennungen und Umbesetzungen in den Volkskommissariaten durchgeführt waren, fand schon wieder eine Neuverteilung wichtiger Posten statt. Wen sollte man für Lenin zum Vorsitzenden des Rates der Volkskommissare ernennen? Weder im Politbüro noch in der Troika herrschte Einigkeit. Die Mitglieder der Troika fürchteten, daß – sollte einer von ihnen ernannt werden – dies für das Land ein Hinweis sein würde, daß er endgültig Lenins Nachfolger sei, und damit war den übrigen Mitgliedern der Troika nicht gedient. Schließlich und endlich einigte man sich auf Rykow, eine politisch blasse Gestalt; sein Posten als Regierungschef sollte demnach mehr dekorativer als realer Art sein; ähnlich wie bei Kalinin, dem Vorsitzenden des Allrussischen Zentralexekutivkomitees, der Form nach etwas wie ein Präsident der Republik, aber in Wirklichkeit gar nichts. Bisher war Rykow Vorsitzender des Obersten Volkswirtschaftsrates gewesen.

Doch im Zusammenhang mit der Gründung der UdSSR wurde der Arbeits- und Verteidigungsrat reorganisiert. An seiner Spitze stand Kamenew, faktisch ging also die Leitung aller wirtschaftlichen Volkskommissariate (Oberster Volkswirtschaftsrat, Staatliche Plankommission, Finanzen, Handel, Landwirtschaft usw.) an diesen Rat bzw. Kamenew über, was die Bedeutung von Rykows neuem Posten als Vorsitzender des Rates der Volkskommissare noch weiter einschränkte. Reorganisiert wurde auch die GPU, die sich in die OGPU mit Gewalt über die ganze UdSSR verwandelte. Formell stand Dserschinskij an ihrer Spitze, da er jedoch gleichzeitig zum Vorsitzenden des Obersten Volkswirtschaftsrates an Stelle Rykows ernannt wurde, ging ihre Leitung praktisch nicht einmal auf seinen ersten Stellvertreter Menshinskij über, sondern auf Jagoda als zweiten Stellvertreter, der schon enge Beziehungen zu Stalins Sekretariat aufgenommen hatte, aber nicht zu mir.

Das neue Plenum des ZK am 3. Februar diskutierte die Frage über die Einberufung des nächsten ordentlichen Parteitages, vor allem hörte es sich aber den Bericht der »Militärkommission des ZK« an und beschloß nach heftiger Kritik, die äußerlich gegen das Militärkommissariat, in Wirklichkeit aber gegen Trotzkij gerichtet war, »anzuerkennen, daß in ihrem gegenwärtigen Zustand die Rote Armee kampfunfähig ist« und daß unbedingt eine militärische Reform durchgeführt werden müsse.

Schließlich führte Anfang März das neue Plenum einen neuen Schlag gegen Trotzkij, indem man dessen Stellvertreter Skljanskij absetzte; zudem wurde der neue Personalstand des Revolutionären Militärrates bestätigt; Trotzkij blieb zwar noch Vorsitzender, doch zu seinem Stellvertreter ernannte man Frunse; er kam auf den Posten des Stabschefs der Roten Armee. In den Revolutionären Militärrat zogen erklärte Feinde Trotzkijs ein: Woroschilow und Unschlicht und Bubnow und sogar Budjonnyj. Der dekorative Posten des Oberkommandierenden der Spezialisten (Oberst der zaristischen Armee Kamenew) wurde abgeschafft.

Die Troika erörterte die Frage, was mit Skljanskij geschehen solle. Stalin schlug vor, ihn als Vorsitzenden des Amtorg (Amerikahandels) in die USA zu schicken. Das war ein hoher Posten. Mit Amerika gab es keine diplomatischen Beziehungen, nicht einmal eine Handelsmission bestand. Der Amtorg war die Handelsmission, vertrat und übte die Funktion sowohl einer Gesandtschaft als auch einer Basis für die illegale Arbeit der Komintern und der GPU aus. Die Handelsbeziehungen waren ebenfalls wichtig. Erst längere Zeit nach Beendigung des Bürgerkrieges war es gelungen, den völlig zerstörten Eisenbahntransport mit dem Ankauf eines größeren Postens von Dampflokomotiven in den USA wieder halbwegs in Gang zu bringen; die Geschäfte hatte eine besondere Handelsmission abgewickelt, an deren Spitze, glaube ich, Professor Lomonossow stand; alle diese Käufe waren aber nur dank der Unterstützung starker jüdischer Finanzgruppen möglich, die mit der russischen Revolution sympathisierten. Da war also viel Diplomatie und Können erforderlich.

Über Stalins Vorschlag staunte nicht nur ich. Er haßte Skljanskij, der ihn während des ganzen Bürgerkrieges verfolgt und angeschnauzt hatte, mehr als Trotzkij. Aber auch Sinowjew konnte ihn nicht leiden. Ich erinnere mich, daß schon etwas früher auf einer Sitzung des Politbüros, als die Rede auf Skljanskij kam, Sinowjew ein Gesicht gemacht und gesagt hatte: »Es gibt nichts Komischeres als diese kleinstädtischen Externisten, die sich als große Feldherren vorkommen.« Der Schlag war nicht nur gegen Skljanskij, sondern auch gegen Trotzkij geführt. Der sprang auf, beherrschte sich aber, warf einen scharfen Blick auf Sinowjew und schwieg.

Skljanskij wurde zum Vorsitzenden des Amtorg ernannt und fuhr nach Amerika. Als bald darauf ein Telegramm eintraf, daß er während einer Motorbootfahrt das Opfer eines unglücklichen Zufalls geworden und ertrunken sei, fielen mir die außerordentlich vagen Umstände dieses unglücklichen Zufalls auf. Er war zu einer Spazierfahrt auf irgendeinem See aufgebrochen, lange nicht zurückgekehrt, man hatte sich auf die Suche gemacht, das Boot mit dem Kiel nach oben und ihn ertrunken vorgefunden. Zeugen des unglücklichen Zufalls gab es nicht.

Ich begab mich mit Mechlis unverzüglich zu Kanner, und wir erklärten ihm einstimmig: »Grischa, den Skljanskij hast du ertrinken lassen.« Kanner verteidigte sich halbherzig: »Natürlich wieder ich. Wo auch immer etwas passiert, immer bin's ich gewesen.« Wir setzten ihm zu, Kanner leugnete. Schließlich sagte ich: »Du weißt, daß ich als Sekretär des Politbüros alles wissen muß.« Darauf antwortete Kanner: »Nun, es gibt Dinge, die auch der Sekretär des Politbüros besser nicht weiß.« Obgleich er sich zu der Tat nicht bekannte (nach der Geschichte mit Jushak waren alle im Politbüro weitaus vorsichtiger), waren Mechlis und ich überzeugt, daß Skljanskij auf Stalins Befehl ertrank und der »unglückliche Zufall« von Kanner und Jagoda organisiert war.

Ich wurde mit der Familie Swerdlow bekannt. Es war eine sehr interessante Familie. Der alte Swerdlow, er lebte nicht mehr, hatte in Nischnij Nowgorod als Graveur gelebt. Infolge seiner revolutionären Neigungen stand er mit allerlei revolutionären Gruppen in Verbindung; seine Arbeit als Graveur bestand hauptsächlich in der Anfertigung falscher Stempel, mit deren Hilfe die Revolutionäre sich falsche Papiere fabrizierten. Die ganze Atmosphäre im Haus war revolutionär. Sein ältester Sohn Sinowij geriet jedoch infolge irgendwelcher komplizierter seelischer Prozesse in eine innere Krise, brach mit allen revolutionären Kreisen, mit der Familie und mit dem Judentum. Sein Vater verfluchte ihn nach dem rituellen Fluch. Er wurde von Maxim Gorkij adoptiert und hieß dann Sinowij Peschkow. Doch in Fortsetzung seines geistigen Weges entfernte er sich auch aus der revolutionären Umgebung Gorkijs, fuhr nach Frankreich und trat, um mit seinem bisherigen Leben vollends zu brechen, in die Fremdenlegion ein. Als nach einiger Zeit die Nachricht eintraf, daß er bei Kämpfen eine Hand verloren habe, geriet der alte Swerdlow in schreckliche Erregung: »Welche Hand?« Und als sich herausstellte, daß es die rechte war, kannte sein Triumph keine Grenzen. Nach der Formel des jüdischen rituellen Fluches mußte der Sohn, wenn er vom Vater verflucht war, just die rechte Hand verlieren. Sinowij Peschkow wurde französischer Staatsbürger, diente weiter in der Armee und brachte es bis zum General. Von seiner Familie hatte er sich völlig losgesagt. Als ich ihm nach meiner Ankunft in Frankreich Neuigkeiten über seine Geschwister (zwei Brüder und eine Schwester) mitteilen wollte, antwortete er, daß er keine Familie habe und von ihr nichts wissen wolle.

Sein jüngerer Bruder Jakow war in Lenins Partei ein angesehenes Mitglied des bolschewistischen ZK. Nach der Oktoberrevolution wurde er Lenins rechte Hand und Vorsitzender des Allrussischen Zentralen Exekutivkomitees, d. h. formelles Oberhaupt der Sowjetrepublik. Seine Hauptarbeit war organisatorischer und distributiver Art. Er stellte eigentlich das auf die Beine, was später der Parteiapparat, besonders ihr Organisationsbüro, wurde. Doch starb er schon im März 1919 an Tbc.

Nach ihm ist die Hauptstadt des Urals Swerdlowsk benannt. Warum die Stadt nach Stalins Machtergreifung nicht umbenannt wurde, obgleich Stalin, wie wir gleich sehen werden, einige persönliche Gründe hatte, Swerdlow nicht zu lieben, ist mir nicht bekannt. Vielleicht deshalb, weil man in Jekaterinburg im Juli 1918 die Zarenfamilie ermordet hatte und ein Gutteil Verantwortung für diesen Mord Jakow Swerdlow, das offizielle Oberhaupt der Sowjetmacht im Ural, traf, der jedoch auf Lenins Rat sehr schlau seine formelle Verantwortung bestritt und die örtlichen bolschewistischen Instanzen des Urals wissen ließ, daß die Frage bezüglich des Schicksals der Zarenfamilie auf ihr Konto gehe.

Der dritte Bruder, Wenjamin Michailowitsch, bekundete keine revolutionären Neigungen, sondern zog es vor, nach Amerika auszuwandern, wo er Inhaber einer kleinen Bank wurde. Als jedoch die bolschewistische Revolution in Rußland ausbrach, forderte Jakow dringend seinen Bruder an. Wenjamin löste seine Bank auf und kam nach Petrograd. Lenin, der sich damals noch in den Verstrickungen demagogisch-phantastischer Ideen befand, die ihn z. B. laut verkünden ließen, daß »jede Köchin den Staat regieren können müsse«, wandte solche Leitsätze auch in der Praxis an, indem er propagandistisch-unsinnige Ernennungen vornahm. Bekanntlich wurde der Fähnrich Krylenko, der Bourgeoisie zum Trotz, Oberster Befehlshaber, irgendein fast analphabetischer Matrose Direktor der Staatsbank und der ebenfalls nicht sehr gelehrte Lokomotivführer Jemschanow Volkskommissar der Verkehrswege. Der arme Jemschanow machte derartigen Blödsinn in seinem Ministerium und verhedderte sich so, daß er nach nicht ganz zwei Monaten unter Tränen bat, Lenin möge ihn doch von dem seine Kräfte übersteigenden Posten befreien. Damals schlug Jakow Swerdlow vor, seinem soeben eingetroffenen Bruder diesen Posten zu übergeben, obgleich er kein Kommunist sei. Er wurde zum Volkskommissar der Verkehrswege ernannt. Nach einiger Zeit vergewisserte er sich aber, daß er auf diesem Posten nichts tun konnte (nach ihm waren Trotzkij und Dserschinskij ebenso erfolglos) und zog es vor, sich als Präsidialmitglied des Obersten Wirtschaftsrates zu betätigen. Im weiteren ging es mit seiner Karriere langsam, aber sicher bergab. Übrigens war er so klug, parteilos zu bleiben, und nach dem Tod seines Bruders konnte man sich nur wundern, daß es nicht ganz aus war mit ihm. In diesen Zeiten (1923–1925) war er noch Mitglied des Obersten Volkswirtschaftsrates und leitete dessen wissenschaftlich-technische Abteilung.

Kurz vor Kriegsausbruch trat im Moskauer Künstlertheater die sehr junge (etwa 17 mochte sie gewesen sein), aber sehr talentierte Schauspielerin Wera Alexandrowna Delewskaja auf. Außerdem war sie sehr schön. Mangels Erfahrung hatte man ihr noch keine große Rolle gegeben, aber sie war vom Künstlertheater so gefesselt, daß sie nur für diese Bühne lebte und atmete. Allerdings war das Künstlertheater nicht nur Tschechows, sondern auch Gorkijs Bühne. Und um Gorkij drängelte sich allerhand außerordentlich revolutionäres Volk. Und als einige ihrer Kollegen das unerfahrene Mädchen baten, ihnen einen Freundschaftsdienst zu erweisen und ein bißchen revolutionäre Literatur zu verstecken, war es ihr peinlich, dies abzulehnen; und da sie sich in derlei Dingen überhaupt nicht auskannte, versteckte sie die Schriften so ungeschickt, daß die Polizei unverzüglich alles fand. Sie wurde verhaftet und nach Sibirien verbannt. Bekanntlich versorgte die zaristische Polizei verbannte Revolutionäre mit einem ständigen Gehalt, indem sie ihren Tisch, das Quartier und die übrigen Auslagen bezahlte. Die Verbannten hatten also nichts zu tun und setzten ihre revolutionäre Tätigkeit fort. Eigentlich lebten sie frei, aber unter polizeilicher Aufsicht. Aufsicht gab es aber fast keine, und es war sehr leicht, aus der Verbannung zu entfliehen, aber dann mußte man eine illegale Existenz auf sich nehmen, die mit einigen Unannehmlichkeiten verbunden war. Im übrigen verstehe ich nicht ganz, mit welchen, da im Falle einer Ergreifung und einer neuen Verhaftung der Flüchtige wieder in die Verbannung zurückgebracht wurde, ohne daß man ihm die Frist verlängerte. Die zaristische Polizei ging in ihrer Besorgtheit um die Verbannten so weit, daß man sie in der Verbannung nach ihrer Parteizugehörigkeit gruppierte; die Menschewiken wurden an einem anderen Ort untergebracht als die Bolschewiken usw. Das ermöglichte es den Verbannten, ein geselliges Parteileben zu führen, ihre Zeit auf Sitzungen und in Streitigkeiten über Programme und Taktiken zu verbringen, Artikel für die Parteipresse zu schreiben und dergleichen mehr.

In dem Ort, wohin man Wera Alexandrowna gebracht hatte, waren einige angesehene Bolschewiken angesiedelt (es scheint, daß auch die revolutionäre Literatur, die sie so liebenswürdig versteckt hatte, bolschewistischen Inhaltes war), darunter auch drei Mitglieder des ZK: Spandarjan, Stalin und Jakow Swerdlow. Sowohl Stalin als auch Swerdlow waren von der jungen und schönen Schauspielerin angetan und machten ihr aus allen Kräften den Hof. Wera Alexandrowna lehnte freilich ohne Zaudern den mürrischen, unsympathischen und wenig gebildeten Stalin ab und zog den feinen und jüdisch gebildeten Swerdlow vor.

Nach der Verbannung kehrte Jakow Swerdlow zu seiner Familie (er hatte eine Frau, Klaudia Nowgorodzewa, und einen Sohn, Andrej) und zu seinen neuen hohen Staatsämtern zurück, indes Wera Alexandrowna gewissermaßen als Junggesellin dastand. Als sie aber Wenjamin Swerdlow

[1] Josef Wissarionowitsch Stalin.
Photo aus dem Jahr 1918

[2] Oktoberrevolution 1917. Abstimmung von Arbeiter- und Soldatenräten

[3] Felix Dserschinskij, der Begründer und erste Leiter der Tscheka, bei einer Ansprache an Soldaten

[4] Lenin im Rat der Volkskommissare, Sitzung im Smolny in Petrograd, 1917/18

[5] Sitzung des Rates der Volkskommissare, sitzend v. l.: Uritzkij, Trotzki, Swerdlow, Sinowjew, Feierman

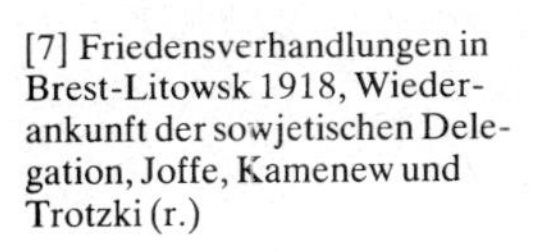

[6] Adolf Abramowitsch Joffe, sowjetischer Diplomat

[7] Friedensverhandlungen in Brest-Litowsk 1918, Wiederankunft der sowjetischen Delegation, Joffe, Kamenew und Trotzki (r.)

[8] Stalin, Lenin und Kalinin auf dem VIII. Kongreß der Russischen Kommunistischen Partei (Bolschewiki) in Moskau, 1919

[9] Lenin und seine Schwester M. I. Uljanowa auf dem Weg ins Bolschoj-Theater zur Tagung des 5. Allrussischen Rätekongresses, Juli 1918

[10] Jakob Michailowitsch Swerdlow, Vorsitzender des Allrussischen Zentralexekutivkomitees

[11] Lenin spricht beim Begräbnis von Swerdlow auf dem Roten Platz in Moskau, 18. März 1919

[12] Grigorij Sinowjew, Vorsitzender des Exekutivkomitees der Kommunistischen Internationale

[13] Die Gründung der III. Internationale, März 1919 in Moskau. Im Präsidium v. l.: Klinger, Hugo Eberlein, Lenin, Fritz Platten

[14] Auf der Gründungskonferenz der III. Internationale. Am Tisch: Sinowjew, Lenin, Kamenew, stehend hinter Sinowjew: Stalin und Bucharin

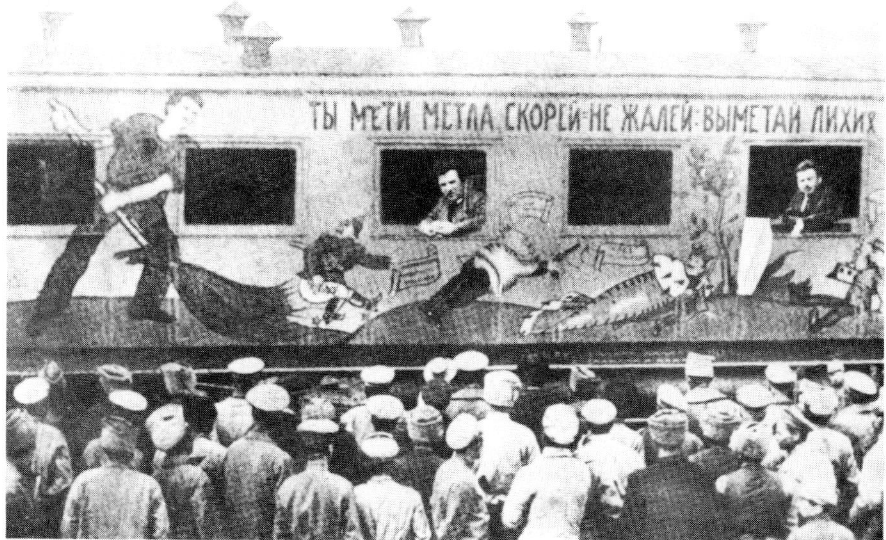

[15] Im Bürgerkrieg. Budjonnyj, Frunse und Woroschilow, 1920

[16] Politische Propaganda gegen die »Weißen«. Bemalter Eisenbahnzug, im Fenster Sinowjew (links) und Béla Kun

[17] Lenin spricht auf dem Swerdlow-Platz in Moskau vor Truppen der Roten Armee, Mai 1920. Rechts auf den Stufen der Rednertribüne Trotzki, der später aus dem Photo herausretuschiert wurde

zu Gesicht bekam, verliebte er sich sofort in sie, und das Paar heiratete. Die Ehe bestand noch, als ich mit ihnen bekannt wurde.

Der vierte Swerdlow, German Michailowitsch, war eigentlich nur ein Halbbruder der anderen drei. Nach dem Tod seiner Frau hatte der alte Swerdlow die Russin Kormilzewa geheiratet, deren Kind German war. Um vieles jünger als seine Brüder (1923 war er 19 Jahre alt) hatte er sich an der Revolution nicht beteiligt, er war noch im Komsomol. Der selten gescheite und scharfsinnige Jüngling war vier Jahre jünger als ich, er schloß sich eng an mich an, war ständig bei mir und mochte mich sehr. Über meine innere Entwicklung zum Antikommunisten hatte er keine Ahnung. Im übrigen sprachen wir über alles andere als Politik.

Die vier Brüder hatten noch eine Schwester. Sie war mit einem reichen Mann namens Awerbach (Auerbach) verheiratet, der irgendwo im Süden Rußlands lebte. Die Awerbachs hatten einen Sohn und eine Tochter. Leopold, ein sehr pfiffiges, unverschämtes Bürschchen, fühlte sich zur Führung der russischen Literatur berufen und übte eine Zeitlang über die Gruppe der »Napostowzen« eine strenge tschekistische Kontrolle in literarischen Kreisen aus. Dabei stützte er sich hauptsächlich auf familiäre Beziehungen, denn seine Schwester Ida war mit dem nicht unbekannten Henrich Jagoda, dem GPU-Chef, verheiratet.

Jagoda war hinsichtlich seiner Karriere der Familie Swerdlow ebenfalls nicht wenig verpflichtet. Es handelte sich darum, daß Jagoda keineswegs der Pharmazeut war, als den er sich gern ausgab, sondern Geselle in der Gravierwerkstatt des alten Swerdlow. Allerdings beschloß Jagoda, nachdem er einige Zeit gearbeitet hatte, sich selbständig zu machen. Er stahl zu diesem Zweck den ganzen Satz Instrumente und verschwand damit, wobei er ganz richtig darauf spekulierte, daß der alte Swerdlow es vorziehen werde, sich nicht an die Polizei zu wenden, da sonst seine ganze illegale Tätigkeit an den Tag gekommen wäre. Doch leider gelang es Jagoda nicht, als selbständiger Graveur Fuß zu fassen, so daß er nach einiger Zeit reumütig zum alten Swerdlow zurückkam. Der Alte verzieh ihm und nahm ihn wieder auf. Doch nach einiger Zeit entdeckte Jagoda die Beständigkeit gewisser Ideen, stahl wiederum alle Instrumente und lief davon.

Nach der Revolution war alles vergessen, Jagoda fischte sich Ida, die Nichte des Staatsoberhauptes, was seiner Karriere nicht wenig nützte, denn er wurde dadurch im Kreml hoffähig.

Jakow Swerdlows Witwe, Klaudia Nowgorodzewa, lebte sehr zurückgezogen und arbeitete nirgends.

Da kam einmal German Swerdlow zu mir und erzählte unter anderem folgendes. Andrej, der jetzt fünfzehnjährige Sohn Jakow Swerdlows, interessierte sich für eine Schublade im Schreibtisch seiner Mutter, die immer abgeschlossen war; und wenn er sie fragte, was denn in dieser Schublade sei, unterbrach sie ihn barsch: »Hör auf, das geht dich nichts an!« Aber vor Neugierde platzend, erhaschte Andrej einen geeigneten Augenblick, als seine Mutter irgendwo im Zimmer den Schlüssel vergessen hatte. Er öffnete die Schublade. Und was befand sich darin? Ein Haufen falscher Steine, die wie große Brillanten aussahen. Natürlich waren die Steine falsch, denn woher sollte seine Mutter eine solche Menge echter Brillanten nehmen? Er schloß die Schublade ab und legte die Schlüssel an ihren Platz.

German war ebenfalls der Meinung, daß es Glassteine waren. Jakow Swerdlow war nie habgierig gewesen und hatte nie Pretiosen besessen. Ich stimmte German zu, natürlich, irgendein wertloses Zeug.

Doch allmählich dämmerte mir, daß hier etwas ganz anderes zum Vorschein kam. Schon vor Germans Erzählung hatte ich beim Wühlen in den Archiven des Politbüros herausbekommen, daß vor drei-vier Jahren (1919/1920) während der bösen militärischen Krise im Bürgerkrieg, als die Sowjetmacht an einem Faden hing, von dem Diamantenfonds des Staates ein »Diamantenfonds des Politbüros« abgezweigt worden war, dazu bestimmt, im Fall des Verlustes der Macht den Mitgliedern des Politbüros den Lebensunterhalt und die Fortsetzung der revolutionären Tätigkeit zu ermöglichen. Es gab zwar in dem Archiv Spuren über die betreffenden Verfügungen sowie über die Entnahme von Steinen aus dem Diamantenfonds, aber kein einziges Wort darüber, wo dieser Fonds versteckt war. Nicht einmal in dem »besonderen Umschlag« meines Safes. Augenscheinlich hatte man beschlossen, daß den Aufbewahrungsort nur die Mitglieder des Politbüros kennen sollten. Jetzt hatte ich unerwartet den Schlüssel zu der ganzen Machination gefunden. Tatsächlich wäre im Fall des Verlustes der Macht der Fonds nirgendwo besser versteckt gewesen als bei einer Privatperson, zu welcher das Politbüro vollstes Vertrauen hatte, die aber gleichzeitig nicht die kleinste politische Rolle spielte und völlig unscheinbar war. Das erklärte auch, warum Klaudia Nowgorodzewa nirgends in Erscheinung trat und nicht mehr den klangvollen Namen Swerdlowa trug, der ihr in den Schwierigkeiten des sowjetischen Alltags viel geholfen hätte, sondern wieder ihren Mädchennamen angenommen hatte. Ganz bestimmt war sie die Hüterin des Schatzes, aber ich glaube nicht, daß es noch lange währte, da ein Sturz der Sowjetmacht von Jahr zu Jahr unwahrscheinlicher wurde.

Ich muß über die Swerdlows noch hinzufügen, daß Wenjamin 1937 umkam, Leopold Awerbach 1938 erschossen wurde wie Jagoda selber auch; Wera Alexandrownas Schicksal ist mir nicht bekannt. Über German werde ich noch sprechen.

Meine Stellung als Sekretär des Politbüros hatte sich schnell gefestigt. Anfänglich wurde ich von Sinowjew und Kamenew mit einigem Mißtrauen betrachtet: Stalins Mann. Sie kamen jedoch bald zu der Überzeugung, daß ich diesen Posten nicht von Stalins Gnaden bekleidete, sondern weil ich über die nötigen Kenntnisse verfügte. Während der ersten drei bis vier Wochen meiner Arbeit im Politbüro behielt ich auf den Sitzungen die von Lenin eingeführte und von Kamenew fortgesetzte Technik bei, daß die Beschlüsse des Politbüros von dem Vorsitzenden formuliert und dann dem Sekretär diktiert wurden, der sie lediglich niederzuschreiben hatte. Dann beschloß ich, meine bei Molotow und im Organisationsbüro gesammelten Erfahrungen anzuwenden und die Formulierung des größten Teiles der Beschlüsse selber zu übernehmen. Molotow hatte dieses Verfahren nicht nur viel Zeit gespart, sondern auch viel Anstrengung, da er sehr langsam und schlecht formulierte. Kamenew dagegen formulierte schnell und genau, hier ging es also lediglich um Zeitgewinn. So wandte ich mich an Kamenew und sagte: »Ich bin immer gut vorbereitet für die Sitzungen, kenne alle Nuancen in den Vorschlägen und Eingaben der Behörden und ihre Bedeutung sowie die ganze Geschichte jeder einzelnen Frage; deshalb braucht man mir die Resolutionen nicht immer zu diktieren, ich kann sie selber im Sinn der angenommenen Beschlüsse formulieren.« Kamenew blickte mich einigermaßen erstaunt an, sein Blick sprach: Na, junger Mann, du scheinst dich zu übernehmen, er sagte aber nichts.

Auf der nächsten Sitzung diskutierte das Politbüro eine schwierige Frage der Volkswirtschaft, der weder der Oberste Volkswirtschaftsrat noch die Staatliche Planungskommission oder der Volkskommissar der Finanzen zustimmte. Nach langen Debatten erklärte schließlich Kamenew: »Na, soviel ich sehe, schließt sich das Politbüro Rykows Meinung an. Stimmen wir ab.« Tatsächlich bestätigte die Abstimmung Rykows Ansicht. Dann sagte Kamenew mit einem schnellen Blick auf mich: »Gut. Gehen wir weiter«, und wandte sich dem nächsten Punkt der Tagesordnung zu. Das hatte den Charakter einer schweren Prüfung. Ich schrieb die große und komplizierte Resolution über die vielen verschiedenen Fragen des erörterten Problems wie gewöhnlich auf zwei der üblichen Kärtchen und reichte sie Stalin über den Tisch hin. Der überflog sie, sagte kein Wort und übergab sie Kamenew. Der las sie aufmerksam durch, brachte keine einzige Korrektur an und gab mir die Kärtchen mit einer Augenbewegung zurück, die nichts anderes als »Bravo« bedeuten konnte. Von dieser Sitzung an begann die neue, von mir vorgeschlagene Praxis, durch die man viel Zeit sparte, da sich das Politbüro nicht mehr mit der Formulierung beschäftigen mußte. Gewöhnlich entstanden nämlich die größten Debatten wegen der Korrekturen, die manche der Beteiligten in den vom Vorsitzenden festgelegten

Text hineinschrieben. Jetzt wurde in den meisten Fällen der allgemeine Inhalt des Beschlusses festgelegt, die Formulierung dagegen dem Sekretär übertragen, natürlich unter Kontrolle des Vorsitzenden; doch ich muß sagen, daß Kamenew selbst in den schwierigsten Fragen fast nie Änderungen in meinem Text anbrachte.

Natürlich komplizierte sich dadurch meine Arbeit. Mußte ich mich doch mit der Technik der Sitzungen beschäftigen, darauf achten, daß das Politbüro keine Fehler machte und aufmerksam die Diskussion verfolgen, um alle Nuancen zu verstehen, und gleichzeitig die Beschlüsse zu den soeben behandelten Fragen formulieren. Als Sinowjew sah, wie ich mit alledem zurechtkam, sagte er: »Genosse Baschanow kann wie Julius Caesar fünf Sachen gleichzeitig tun.« Ich wußte zwar nicht, daß Caesar diese Fähigkeit beherrscht hatte, vermochte aber dem Kompliment gegenüber nicht gleichgültig zu bleiben.

Indes tat ich bald darauf noch einen weiteren Schritt auf der Leiter meiner bürokratischen Laufbahn. In einer Sitzung der Troika sagte ich: »Sie fassen im Politbüro sehr viele schöne Beschlüsse, wissen aber nicht, wie diese Beschlüsse durchgeführt werden und häufig nicht einmal, ob sie durchgeführt werden. Es wäre nicht unzweckmäßig, irgendeinen zusätzlichen Kontrollapparat für die Durchführung der Beschlüsse zu schaffen. Die ganze Arbeit des Politbüros ist streng geheim, der Kreis der mit allen diesen Geheimnissen vertrauten Personen darf nicht erweitert werden. Es gibt aber ein einfaches Mittel, diese Kontrolle wenigstens in groben Umrissen durchzuführen, wenn man sie mir als Sekretär des Politbüros anvertraut. Ich bin über alle Einzelheiten aller Fragen, die im Politbüro erörtert werden, genau im Bild, wie Sie wissen. Übertragen Sie die Vollzugskontrolle über die Beschlüsse mir, ich werde mich an die Leiter der Behörden wenden, denen der Vollzug aufgetragen ist; wie man die Effizienz dieser Kontrolle auch bewerten mag, allein schon die ständige Erinnerung der Behördenleiter daran, daß es im Politbüro ein Auge gibt, das ständig den Vollzug überwacht, kann nicht ohne positiven Einfluß bleiben.« Kamenew und Sinowjew fanden das völlig logisch und stimmten zu. Stalin schwieg; er verstand ausgezeichnet, daß dies zur Stärkung seiner Macht beitrug: sein Gehilfe würde die Tätigkeit aller Minister und Mitglieder des ZK kontrollieren; das mußte seine Bedeutung stärken. Dabei sah er mich mit einem prüfenden Blick an, der zu sagen schien: Na, du wirst es, scheint's, noch weit bringen.

Die Durchführung der Beschlüsse des ZK kontrollierte also ich. In große Hefte wurde links der Text jedes Beschlusses des Politbüros eingeklebt. Rechts standen meine Bemerkungen über die Kontrollergebnisse. Die Kontrollen führte ich selbständig durch, ohne sie vor jemandem zu rechtfertigen. Ich griff zum Hörer und rief die Behörde an, der man die Durchführung irgendeines Beschlusses aufgetragen hatte. »Genosse Lunatscharskij, hier spricht Baschanow. Am soundsovielten hat das Politbüro die und die Resolution erlassen. Sagen Sie, bitte, was Sie zum Vollzug dieser Resolution getan haben.« Und Genosse Lunatscharskij mußte sich wie ein Schuljunge rechtfertigen. Wegen der Besonderheiten des sowjetischen Systems sowie der allgemeinen Schlamperei und Unordnung wurde ein Großteil der Beschlüsse des Politbüros nicht durchgeführt. Genosse Lunatscharskij mußte mir möglichst überzeugend erklären, daß wenig durchgeführt worden sei, jedoch weder er noch seine Behörde daran schuld seien, sondern diese und jene objektiven oder manchmal auch nicht objektiven Ursachen.

Durch diese Kontrolle brachte ich mich bald in eine besondere Lage und wurde selbst für die höchsten Mitglieder der sowjetischen Spitze zu einer gewissen Drohung. Es war ein klassisches Beispiel für die Macht des Apparates. Ich konnte eine Erklärung als befriedigend anerkennen und es damit bewenden lassen, ich konnte sie aber ebenso als unbefriedigend anerkennen und darüber der Troika berichten oder dem Politbüro. Die Angelegenheit war damit nicht erledigt. Nicht, daß sich nach meiner Meldung das Politbüro sogleich beeilt hätte, den Schuldigen abzusetzen, denn Ernennungen und Absetzungen erfolgten nach den besonderen Gesetzen des Machtkampfes und der Intrigen hinter den Kulissen; wenn aber schon eine Tendenz bestand, sich von jemandem zu trennen und ihn von seinem hohen Posten zu entfernen, war kein Vorwand dafür besser als die Meldung Baschanows, daß der betreffende Würdenträger systematisch die Beschlüsse des Politbüros ignoriere. Diese Kontrolle übte ich während meiner ganzen Tätigkeit im Politbüro aus.

Ich war jung und energisch und suchte mir bald ein nebenamtliches Betätigungsfeld. Als Sekretär des Organisationsbüros war ich bei der Bestätigung des Obersten Rates für Körperkultur (Fiskultura) und der allgemeinen Richtlinien für die Tätigkeit dieser Behörde anwesend gewesen. Dabei war mir die Unsinnigkeit der ganzen Arbeit dieser neuen Institution aufgefallen, aber ich war noch ein zu kleines Schräubchen in der Apparatmaschine, um mit einer Kritik aufzutreten.

Die Körperkultur wurde als nützlich für die Gesundheit und für die Dressur der werktätigen Massen verstanden. Das obligatorisch in Massen auszuführende Herumschlagen mit Armen und Beinen stellte gewissermaßen Kollektivbewegung dar. Diese Turnerei versuchte man auch in allen Arbeiterklubs durchzusetzen, indem man die Werktätigen fast mit Gewalt zu solchen Demonstrationen trieb. Das rief natürlich nicht das geringste Interesse wach und wurde als etwas nicht weniger Langweiliges als der politische Elementarunterricht (Politgramota) empfunden, vor dem man sich durch die Flucht retten konnte. Der Sport wurde von den Theoretikern dieser »Körperkultur« als ungesundes Relikt der bourgeoisen Kultur betrachtet, die auf die Entwicklung des Individualismus bedacht war, also den kollektivistischen Prinzipien der proletarischen Kultur feindlich gegenüberstand. Von der Langeweile der Körperkultur verendeten selbst die Fliegen, so daß verständlicherweise auch ihr Oberster Rat ein klägliches Dasein führte.

Schon als Sekretär des Politbüros sagte ich einmal ganz beiläufig zu Stalin: »Diese Turnerei ist ein Unsinn und findet keinerlei Anklang bei den Arbeitern. Man muß zum Sport übergehen, zu Wettkämpfen, für die bei den werktätigen Massen das Interesse völlig gesichert ist. Dem Obersten Rat für Körperkultur gehört auch ein Mitglied des ZK als dessen Vertreter an; es ist der Geschäftsführer des Agitprop, der wegen der Nutzlosigkeit dieser Institution wahrscheinlich noch kein einziges Mal dort war. Ernennt mich zum Vertreter des ZK, und ich verwandle euch die Körperkultur in Sport, indem ich den Umschwung als Linie des ZK ausgebe.« Stalin erklärte sich einverstanden, er stimmte mir in allen Fragen zu, die ihn überhaupt nicht interessierten, da ihm allein an der Macht gelegen war. Ich leitete also gleich meine Ernennung über die nötigen Instanzen des ZK in die Wege und wurde so zum Vertreter des ZK im Obersten Rat der Körperkultur, der bedauerlicherweise seinen Titel beibehielt.

Der Oberste Rat setzte sich aus Vertretern sehr unterschiedlicher Institutionen zusammen. So war unter seinen Mitgliedern auch Jagoda als Vertreter der GPU. Die Arbeit mußte aber das Präsidium des Obersten Rates leisten. Das bestand aus fünf Leuten, nämlich dem Volkskommissar für das Gesundheitswesen Semaschko als Vorsitzendem, dem Vertreter der Militärbehörde Mechonoschin als seinem Stellvertreter sowie drei Mitgliedern, zu denen außer mir der junge Doktor Ittin als Vertreter des Komsomol-ZK und Senjuschkin als Vertreter der Gewerkschaftsverbände gehörten.

Wir beriefen das Plenum des Obersten Rates ein, ich trat mit einem Referat über die geänderte Politik des Rates auf, nämlich statt der Körperkultur den Sport zu pflegen und das mit ihm verbundene Interesse der werktätigen Massen. Zu allererst müßte man die seit der Revolution zerstörten und geschlossenen alten Sportorganisationen wieder aufleben lassen, ihre in alle Winde zerstreuten Sportler sammeln und sie als Instruktoren und Wiederbeleber der sportlichen Betätigungen benutzen. Dann die werktätigen Massen in den Betrieb miteinbeziehen.

Sogleich trat Jagoda mit einer Erwiderung auf. Bis zur Revolution hätten sich mit Sport hauptsächlich die Vertreter der Bourgeoisie beschäftigt; die

Sportorganisationen waren und werden Herde der Konterrevolution sein; ihnen die Möglichkeit zur Sammlung und Vereinigung zu geben, sei gefährlich. Und überhaupt sei jeglicher Sport gegen die kollektivistischen Grundsätze der Partei.

Ich nahm den Kampf auf, indem ich darauf hinwies, daß nach der neuen Linie des ZK das Prinzip des Wettkampfes gelte, ohne das man bei den Werktätigen kein Interesse erwecken und keine Beteiligung erreichen könne. Was die alten Sportler angehe, so seien ihre politischen Überzeugungen im gegebenen Fall wenig interessant: beim Fußballspiel oder während eines 100-Meter-Laufes lasse sich keine Konterrevolution entfachen. Außerdem sei die Politik der Partei stets für den Einsatz von Spezialisten gewesen, die Ingenieure und Techniker seien in überwältigender Mehrheit Abkömmlinge bürgerlicher Klassen, außerdem würden sie überall in der Volkswirtschaft verwendet, ja selbst die Rote Armee konnte nur dank der Heranziehung militärischer Spezialisten entstehen und siegen, nämlich der alten zaristischen Offiziere, die politisch der Partei sehr häufig distanziert, ja sogar feindlich gegenüberstanden.

Der Rat schloß sich meinem Standpunkt an, wurde er doch gewissermaßen für die »Linie des ZK« gehalten. Als Jagoda noch zu sagen versuchte, daß die Sportklubs Nester der Konterrevolution bilden würden und daß man sie aufmerksam beobachten müsse, unterbrach ihn Semaschko: »Na, das ist Ihre Sache, das geht uns nichts an.«

Der Sport ging flott voran, die Klubs wuchsen und gediehen, die Massen beteiligten sich enthusiastisch. Im Sommer 1924 wurde die erste allrussische Olympiade (in Leichtathletik) veranstaltet, die sehr erfolgreich verlief. Ich war der oberste Kampfrichter und beschäftigte mich sehr intensiv mit allem.

Die GPU machte uns große Schwierigkeiten, da für sie alle alten Sportler Feinde waren. Wir mußten richtig kämpfen mit ihr und einzelne vor ihr beschützen, die sich durch keine besondere Vorliebe für den Kommunismus auszeichneten. Manche mußte man den Klauen der GPU mit den Zähnen entreißen. Anatolij Anatoljewitsch Pereselenzew war der beste Ruderer Rußlands; in den Jahren 1911–1912 hatte er im Einer die Europameisterschaft gewonnen. Er konnte als »Abkömmling der bourgeoisen Klasse« gelten. Die GPU konnte ihn nicht riechen und wollte ihn verhaften. Es rettete ihn nur mein Einspruch und die Drohung, seinetwegen eine Anfrage an das ZK zu richten, falls die GPU ihn anrühren oder versuchen sollte, gegen ihn irgendeinen Prozeß zu erfinden. Bis 1927 lebte Pereselenzew unter meinem Schutz, er wußte es und dankte mir. Als ich im gleichen Jahr meine Flucht vorbereitete, besuchte ich Pereselenzew in seinem Sportklub und sagte ihm, daß ich einen Posten in der Provinz anzutreten hätte; da ihn jetzt niemand mehr beschützen könne, werde ihn unverzüglich die GPU fressen. Deshalb rate ich ihm, alles liegen und stehen zu lassen, die Augen der GPU möglichst nicht mehr zu reizen und sich irgendwo in der abgelegensten Provinz zu verstecken. Ich weiß nicht, ob er's getan hat und was mit ihm geschehen ist.

Alsbald begannen sich mit Sport, freilich mehr ihrer Gesundheit wegen, auch die Mitglieder der bolschewistischen Pyramidenspitze zu beschäftigen. Stalin und Molotow hatten für Sport nichts übrig, aber Kaganowitsch lief im Winter Ski, während der Volkskommissar der Finanzen, Sokolnikow, der Vorsitzende der Budgetverwaltung des gleichen Kommissariats, Reingold, und ich ein recht eifriges Tennistrio bildeten; an unseren Partien beteiligte sich manchmal auch Sokolnikows Frau Galina Serebrjakowa. Er selber wurde 1941 im Gefängnis der Stadt Orel erschossen, Reingold schon in den Jahren 1936/1937, Galina Serebrjakowa saß jahrelang in einem sowjetischen Konzentrationslager. Als sie nach Stalins Tod von dort zurückkehrte, schrieb sie – offenbar aus Angst – ein schändliches Buch über ihre Erlebnisse.

Meine Entwicklung zum Antikommunisten

Der 13. Parteitag stand bevor. Einige Tage vor seiner Eröffnung entsiegelte die methodische Krupskaja Lenins Päckchen und schickte die Bombe (»das Testament«) dem ZK. Als Mechlis unserem Herrn den Inhalt von Lenins Brief mitteilte (in dem Lenin riet, Stalin abzusetzen), beschimpfte dieser die Krupskaja mit nicht wiederzugebenden Worten und stürzte davon, um sich mit Sinowjew und Kamenew zu beraten.

Damals brauchte Stalin die Troika noch, denn zuerst mußte Trotzkij geschlagen werden. Jetzt zeigte sich sogar, daß sein Bund mit Sinowjew und Kamenew die Rettung für ihn war. Natürlich hatte bis zu diesem Tag in der Troika Einigkeit darüber geherrscht, daß wieder Sinowjew den politischen Rechenschaftsbericht des ZK halten und auf diese Weise den Anschein des Parteiführers bekommen werde; um sein Gewicht und Ansehen noch zu unterstreichen, hatte die Troika beschlossen, den folgenden 14. Kongreß in seiner Vaterstadt Leningrad abzuhalten, doch wurde dieser Beschluß infolge des Zerfalls der Troika fallengelassen. Im Augenblick war aber angesichts von Lenins Testament Sinowjews und Kamenews Zustimmung, daß Stalin weiterhin Generalsekretär der Partei bleiben müsse, das allerwichtigste. Da sie mit bestürzender Naivität glaubten, daß man von Stalin nichts mehr zu befürchten habe, da Lenins Testament sein Prestige in der Partei noch weiter verringerte, beschlossen sie, ihn zu retten. Einen Tag vor dem Kongreß, am 21. Mai 1924, wurde ein außerordentliches Plenum des ZK speziell zur Verlesung von Lenins Testament einberufen.

Das Plenum fand im Sitzungssaal des Allrussischen Zentralexekutivkomitees statt. Auf dem kleinen niedrigen Podium saßen am Vorstandstisch Kamenew und neben ihm Sinowjew. Daneben stand auf dem Podium ein Tischchen für mich, da ich wie stets auf den Sitzungen des ZK als Sekretär fungierte. Die Mitglieder des ZK saßen auf Stühlen in Reihen nebeneinander, mit dem Gesicht zum Podium. Trotzkij saß in der dritten Reihe neben dem Mittelgang, zusammen mit Pjatakow und Radek, Stalin am rechten Rand des Podiums mit dem Gesicht zum Fenster und zum Podium, so daß die Mitglieder des ZK sein Gesicht nicht sehen konnten, während ich ihn sehr genau beobachten konnte.

Kamenew eröffnete die Sitzung und verlas den Brief. Es herrschte größte Stille. Stalins Gesicht war düster und gespannt. In Übereinstimmung mit dem tags zuvor ausgearbeiteten Drehbuch ergriff sogleich Sinowjew das Wort. Sinngemäß sagte er:

»Genossen, ihr alle wißt, daß Iljitschs postumer Wille, jedes Wort von Iljitsch für uns Gesetz ist. Nicht nur *einmal* haben wir geschworen, das zu erfüllen, was Iljitsch uns als Erbe hinterlassen hat. Und ihr wißt sehr gut, daß wir diesen Schwur erfüllen werden. Aber es gibt einen Punkt, bei dem wir das Glück haben feststellen zu können, daß sich Iljitschs Befürchtungen nicht bewahrheitet haben. Ihr alle seid Zeugen unserer gemeinsamen Arbeit im Laufe der letzten Monate gewesen, und wie ich habt ihr mit Genugtuung beobachten können, daß das, was Iljitsch befürchtete, nicht eingetreten ist. Ich spreche von unserem Generalsekretär und von der Gefahr einer Spaltung des ZK.«

Alles, was Sinowjew gesagt hatte, stimmte natürlich nicht. Die Mitglieder des ZK wußten sehr gut, daß die Spaltung des ZK bereits Tatsache war. Alle schwiegen. Sinowjew schlug vor, Stalin zum Generalsekretär zu wählen. Trotzkij schwieg ebenfalls, brachte jedoch mit energischer Mimik seine grenzenlose Verachtung für diese ganze Komödie zum Ausdruck.

Kamenew redete den Mitgliedern des ZK zu, Stalin weiterhin als Generalsekretär zu bestätigen. Der blickte nach wie vor mit zusammengepreßten Kiefern und angespanntem Gesicht zum Fenster hinaus. Es wurde sein Schicksal entschieden.

Da wieder alle schwiegen, schlug Kamenew vor, die Frage durch eine Abstimmung zu entscheiden. Wer ist dafür, daß Genosse Stalin Generalsekretär des ZK bleibt? Wer ist dagegen? Wer enthält sich? Man stimmte durch einfaches Handaufheben ab. Ich ging durch die Reihen und zählte die Stimmen und teilte Kamenew die einzelnen Ergebnisse mit. Die Mehrheit stimmte für Stalins Verbleiben, dagegen war nur Trotzkijs kleine Gruppe, doch gab es auch einige Enthaltungen. Mit dem Abzählen der erhobenen Arme beschäftigt, merkte ich gar nicht, wer dazu gehörte. Ich bedauere es sehr.

Sinowjew und Kamenew hatten gewonnen, ohne zu wissen, daß sie sich damit ihren Genickschuß eingehandelt hatten. Eineinhalb Jahre später, als Stalin seine Troikagefährten von der Macht entfernte, sagte Sinowjew in Erinnerung an jene Sitzung des ZK-Plenums, auf der es ihm und Kamenew gelungen war, Stalin vor dem Sturz ins politische Nichts zu bewahren, erbittert: »Weiß Genosse Stalin, was Dankbarkeit ist?« Stalin nahm die Pfeife aus dem Mund und antwortete: »Na, gewiß weiß ich das; das ist so eine Hundekrankheit.«

Stalin blieb Generalsekretär. Das Plenum beschloß außerdem, Lenins Testament auf dem Kongreß nicht zu verkünden und den Text nicht bekanntzugeben, sondern den Leitern der einzelnen Delegationen zu empfehlen, ihre Delegierten mit seinem Inhalt »bekannt« zu machen. Dieser Beschluß des Plenums war absichtlich so unklar redigiert, daß er den Delegationsführern erlaubte, ihren Leuten die Kernpunkte von Lenins Brief und die Beschlüsse des Plenums einfach zu erzählen, ohne sie mit Lenins Text, wie es sich gehört hätte, wörtlich bekannt zu machen.

Die Geschichte der kommunistischen Macht in Rußland strotzt derart von Lügen und Fälschungen, daß es keine Rolle mehr spielt, wenn mehr oder weniger gewissenhafte Zeugen und Beteiligte an den Ereignissen sich irren und die Wahrheit dessen, was war, noch mehr durcheinanderbringen. Die Geschichte von Lenins Testament ist an sich schon verworren genug. Indes hat Trotzkij, ansonsten ein sehr glaubwürdiger Zeuge, bei der Schilderung der Testamentsgeschichte einen groben Fehler begangen, was deren Datum betrifft.

In seinem Buch *Stalin*, in den letzten Monaten seines Lebens verfaßt, fährt er nach der Schilderung des Plenums fort:

»In der Tat setzte das Testament dem internen Kampf kein Ende – wie Lenin das gewollt hatte – sondern steigerte ihn bis zum höchsten Grade. Stalin konnte nicht mehr daran zweifeln, daß es den politischen Tod des Generalsekretärs bedeutete, wenn Lenin je seine Tätigkeit wieder aufnehmen würde.«

Aus diesen Zeilen ist unschwer zu schließen, daß Lenin noch lebte, als die Abstimmung über das Testament stattfand. Und weil das Testament auf dem Plenum vor dem Parteitag verkündet wurde, bedeutet das, daß es sich um das Plenum des ZK vom 13. April 1923 handelt und um den 12. Parteikongreß vom 17.–25. April 1923. Das stimmt aber nicht. Das Testament wurde auf dem außerordentlichen Plenum vor dem Parteitag am 21. Mai 1924 verlesen, der vom 22.–31. Mai stattfand, also vier Monate nach Lenins Tod. Daß Trotzkij irrt und nicht ich, läßt sich leicht folgendem entnehmen. Bei der Schilderung des Plenums und der Abstimmung bezieht sich Trotzkij in seinem Buch auf mich als Zeugen und führt meine Schilderung an. »Baschanow, der ehemalige zweite Sekretär Stalins, hat die Sitzung des ZK geschildert, auf der Kamenew das Testament verlas: Eine außerordentliche Bedrücktheit lähmte die Anwesenden. Stalin, der auf dem Podium saß, fühlte sich klein und kläglich. Ich betrachtete ihn aufmerksam . . . usw.« Aus beiden Texten, Trotzkijs eigenem und meinem, von ihm zitierten, geht klar hervor, daß sowohl Trotzkij als auch ich auf diesem Plenum anwesend waren, ich als Sekretär der Sitzung. Das konnte nur am 21. Mai 1924 gewesen sein, da ich bei dem Aprilplenum 1923 noch nicht Sekretär des Politbüros war. Folglich unterliegt es keinem Zweifel, daß die Verlesung von Lenins Testament zu dem von mir angegebenen Zeitpunkt stattfand und Trotzkij irrt.

Auf dem anschließenden Kongreß verlas Sinowjew den politischen Rechenschaftsbericht des ZK. In den allerletzten Tagen vor dem Kongreß hatte er mich gebeten, eine Analyse der Arbeit des ZK für das verflossene Jahr zu machen, um sie für seinen Bericht zu verwenden. Ich tat dies, indem ich die tausenderlei Beschlüsse des ZK in den verschiedensten Angelegenheiten durchsah und alles in sehr relative und vage Schlußfolgerungen zusammenfaßte. Sinowjew verwendete meine Arbeit und nannte mich sogar dreimal mit Namen und dankte mir für die geleistete Arbeit. Er verfolgte damit eine versteckte Absicht, die mir schon bekannt war.

Ich hatte in meiner Laufbahn einen sehr hohen Punkt erreicht. Wie schon gesagt, ging ich in den ersten Tagen meiner Tätigkeit bei Stalin ständig zu ihm hinein, um mir Direktiven zu holen. Alsbald vergewisserte ich mich aber, daß dies völlig zwecklos war. Es erging mir so wie den Behördenleitern und Regierungsmitgliedern, die sich ständig an Stalin oder ans Politbüro wenden mußten, um Fragen zu stellen, Genehmigungen einzuholen oder dergleichen mehr. Sie gewöhnten sich schnell daran, daß es hoffnungslos war, Stalin persönlich zu fragen. Ihn interessierten alle diese Staats- und Regierungsgeschäfte nicht, er verstand auch nicht viel davon und konnte nur formelhafte Antworten geben. Wenn man ihn etwa fragte, ob irgendein Problem Aussichten auf einen positiven Beschluß habe, antwortete er gleichgültig: »Na was, stellen Sie die Frage, wir werden sie im Politbüro erörtern.« Deshalb gewöhnte ich mich sehr schnell daran, allein auszukommen, sah, daß es vorzüglich ohne ihn ging und begann, mancherlei Initiativen zu entwickeln.

Nachdem ich die Kontrolle über den Vollzug der Beschlüsse des Politbüros übernommen hatte und deshalb mit den Leitern der verschiedensten Ämter ständig telephonisch in Verbindung stand, brachte ich diesen sehr schnell bei, daß es einen Sekretär im Politbüro gab, der über alle Angelegenheiten Bescheid wußte und daß es besser war, sich an ihn zu wenden, weil man von ihm auch Auskünfte bekommen konnte, wie es um diese oder jene Angelegenheit bestellt war, welche Meinungen und Tendenzen über diese Frage im Politbüro herrschten und was man in jener Frage am besten tun konnte. Ich kam allmählich zu der Einsicht, daß ich eigentlich das tat, was Stalin als Generalsekretär des ZK hätte tun sollen, nämlich den Behördenleitern praktikable Ratschläge zu erteilen, die Zeit und Arbeit sparten – und das nicht nur, was die Form, sondern auch den Inhalt von allerlei staatlichen Angelegenheiten betraf. Man wandte sich immer öfter an mich. Schließlich bemerkte ich, daß ich meine Vollmachten ganz offensichtlich überschritt. Deshalb ging ich zu Stalin und sagte ihm, daß ich wahrscheinlich etwas zu weit gegangen sei und etwas zu viel auf mich genommen hätte und eigentlich seine Arbeit täte. Stalin antwortete mir darauf, daß auf Lenins Wunsch die Institution der Sekretärsgehilfen des ZK eben deshalb geschaffen worden sei, um die Sekretäre von zweitrangigen Arbeiten zu entlasten, damit sie ihre Arbeit auf das Wesentliche konzentrieren könnten. Ich erwiderte, daß es ja gerade darum gehe, daß ich keineswegs mit zweitrangigen Fragen beschäftigt sei, sondern mit höchst wichtigen. Natürlich begriff ich, daß die Staatsgeschäfte für Stalin durchaus nicht zu den wichtigsten gehörten; am wichtigsten für ihn waren der Kampf um die Macht, Intrigen und das Abhören der Gespräche seiner Rivalen und Gegner. Stalin antwortete: »Sie machen es sehr gut, fahren Sie fort.«

Aus all diesen Gründen begann meine Laufbahn, seltsame Ausmaße anzunehmen, wobei man nicht vergessen darf, daß ich ganze vierundzwanzig Jahre alt war. Die Krone setzten dem allem Sinowjew und Kamenew auf, indem sie sich an Lenins Initiativen erinnerten: »Wir fünfzigjährigen Genossen und ihr vierzigjährigen Genossen, wir müssen einen Wechsel in der Führung durch die Dreißig- und Zwanzigjährigen durchführen.« Nach dem ersten Versuch mit Kaganowitsch und Michailow beschlossen sie jetzt, daß es an der Zeit sei, »Zwanzigjährige« auszusuchen. Die zwei waren Lasar Schazkin und ich. Uns wurde natürlich offiziell nichts mitgeteilt, doch dank einer wohlwollenden Information von Sinowjews Sekretären erfuhr Schazkin davon, während ich es von Kamenews Sekretären Musyka und Babachan hörte. Die Tatsache, daß Sinowjew dreimal meinen Namen im politischen Rechenschaftsbericht des ZK auf dem Kongreß genannt hatte, bekam einen neuen Sinn.

Schazkin und ich bemühten uns also, näher miteinander bekannt zu werden. Schazkin war ein sehr kluger, gebildeter und fähiger junger Mann aus einer jüdischen Großbürgerfamilie. Er war es, der den Komsomol erfunden hatte. Als dessen Schöpfer und Organisator war er zunächst erster Sekretär des Komsomol-ZK, aber dann kopierte er Lenin, der niemals offiziell an der Spitze der Partei stand, verbarg sich hinter den Kulissen der Komsomolführung und leitete ihn mehrere Jahre lang ohne Ablösung mit seinem Leutnant Tarchanow. Schazkin gehörte dem ZK-Büro des Komsomol an, während an der Spitze des Verbandes Sekretäre des ZK standen, die sich Schazkin aus den weniger glänzenden Komsomolführern aussuchte. Jetzt (1924) war er infolge seines Alters aus dem Komsomol ausgeschieden und studierte am Institut der Roten Professur. In den Jahren der Jeshow-Säuberung (1937–1938) wurde er erschossen; vorher hatte er in der Komintern gearbeitet.

Meine glänzende Karriere brachte mich, statt mich zu befriedigen, in große Schwierigkeiten. Die Ursache war, daß ich in diesem Jahr eine schnelle, tiefe Entwicklung durchmachte, die mich völlig veränderte. Aus einem Kommunisten wurde ein überzeugter Gegner des Kommunismus.

Die kommunistische Revolution stellte einen gigantischen Umsturz dar. Die mächtigen und regierenden Klassen wurden entmachtet und vertrieben, sie verloren ihre riesigen Reichtümer und wurden der physischen Vernichtung unterworfen. Die ganze Wirtschaft des Landes ging in neue Hände über. Wozu geschah dies alles?

Als ich mit neunzehn Jahren in die KP eintrat, gab es für mich wie für zehntausend ebenso Begeisterte keinen Zweifel, daß es für das Wohl des Volkes geschah. Anders konnte es nicht sein. Zugegeben, daß irgendeine Gruppe berufsmäßiger Revolutionäre deshalb durch ein Meer von Opfern und Blut watete, nun alle Reichtümer des Landes an sich riß, um diese und die Macht zu genießen; daß jedoch darin das Ziel der sozialen Revolution bestand, eine solche Idee wäre uns als Lästerung erschienen. Für eine soziale Revolution, die zum Wohl des Volkes führte, waren wir bereit, unser Leben zu riskieren und im Notfall zu opfern.

Freilich sahen wir während all dieser kolossalen Ereignisse, zu denen die Revolution während des Bürgerkrieges und der Umgestaltung der ganzen Lebensordnung schlechthin führte, daß uns zutiefst fremde und sogar sehr widerliche Dinge vor sich gingen. Wir erklärten uns das mit den unerläßlichen Kosten der Revolution: Wo gehobelt wird, fallen Späne. Das Volk konnte kaum lesen und schreiben, war wild und benahm sich schlecht; seinen Exzessen zu entgehen, war sehr schwer. Und indem wir vieles tadelten, waren wir der Möglichkeiten beraubt zu korrigieren, was wir tadelten, weil es nicht von uns abhing. So hallte z. B. die ganze Ukraine von unheilvollen Gerüchten über den grausamen roten Terror wider, als die Henker der Tscheka, häufig Sadisten und Kokainisten, Tausende von Opfern auf die viehischste Weise umbrachten. Ich hielt dergleichen für Zügellosigkeit örtlichen Verbrechergesindels, das unter die Straforgane geraten war und seine Macht mißbrauchte, während das Zentrum der Revolution damit nichts zu tun hatte und sich wahrscheinlich nicht einmal vorstellen konnte, was da und dort im Namen der Revolution geschah.

Als ich ins ZK geriet, stand ich dem Zentrum aller Informationen nahe, hier mußte ich richtige und endgültige Antworten auf alle Fragen erhalten, auf die ein gewöhnlicher Kommunist keine bündige Antwort bekommen konnte. Schon im Organisationsbüro kam ich näher ans Zentrum der Ereignisse heran und mir wurde vieles klar; so arbeiteten z. B. die Parteiapparatschiki, mit Stalin, Molotow und Kaganowitsch an der Spitze, energisch und systematisch auf die Verteilung und Unterbringung ihrer Leute hin, um die Zentralorgane der Partei an sich zu reißen; doch war dies nur ein Teil des Problems, das Kampf um die Macht hieß. Ich brauchte aber eine generelle Antwort auf die wichtigste Frage: War dies alles zum Wohl des Volkes geschehen?

Als Sekretär des Politbüros bekam ich schließlich die Möglichkeit, die richtige Antwort zu finden. Die paar Leute, die alles regierten, die gestern die Revolution gemacht hatten und sie heute fortsetzten: wofür und wie taten und tun sie alles? Während eines ganzen Jahres beobachtete ich überaus aufmerksam ihre Tätigkeit, Ziele und Methoden und analysierte die Motive. Natürlich wäre es am aufschlußreichsten gewesen, mit Lenin anzufangen und den Gründer und Schöpfer der bolschewistischen Revolution kennenzulernen und ihn selber zu studieren. Leider war Lenin, als ich ins Politbüro kam, schon durch den dritten Schlaganfall gelähmt und existierte praktisch nicht mehr. Er stand aber noch im Zentrum der allgemeinen Aufmerksamkeit, so daß ich über ihn viel von den Leuten erfahren konnte, die in den letzten Jahren mit ihm gearbeitet hatten; aber ebenso aus allen geheimen Materialien im Politbüro, die sich in meinen Händen befanden. So konnte ich ohne große Mühe die verlogene und heuchlerische Verherrlichung des »genialen Lenin« abtun, die von der herrschenden Gruppe deshalb inszeniert wurde, um Lenin in ein Kultbild zu verwandeln und in seinem Namen mit den Rechten treuer Schüler und Nachfolger zu regieren. Dazu bedurfte es nicht viel. Ich sah einen durch und durch falschen Stalin, der bei allen öffentlichen Auftritten dem genialen Lehrer Treue schwur, während er ihn in Wirklichkeit aus den schon genannten Gründen aufrichtig haßte. In seinem Sekretariat tat sich Stalin keinen Zwang an; aus einzelnen Sätzen, Wörtern und Betonungen merkte ich deutlich, wie er tatsächlich zu Lenin stand. Das begriffen auch andere, etwa die Krupskaja, die etwas später (1926) sagte: »Wenn Wolodja lebte, würde er jetzt im Gefängnis sitzen.« So Trotzkij in seinem Buch über Stalin.

Natürlich liegen alle »Was wäre, wenn ...« im Bereich der Phantasie, aber ich habe oft darüber nachgedacht, was mit Lenin geschehen wäre, hätte er noch zehn Jahre länger gelebt. Alles wäre natürlich davon abhängig gewesen, ob es ihm gelungen wäre, Stalin rechtzeitig (in den Jahren 1924–1926) von der politischen Bühne zu entfernen. Ich persönlich glaube, daß Lenin es nicht getan hätte. Im Jahre 1923 wollte er Stalin als Generalsekretär absetzen, doch war dieser Wunsch von zwei Gründen diktiert. Erstens spürte Lenin sein bevorstehendes Ende und dachte nicht mehr an seine eigene Führerschaft, sondern an seinen Nachfolger, weshalb er alle Vorstellungen über seine Mehrheit im ZK und über Trotzkijs Entfernung zurückstellte; zweitens begann Stalin, als er Lenins Zustand sah, über die Stränge zu schlagen und sowohl Lenin als auch die Krupskaja flegelhaft zu behandeln. Wäre Lenin noch gesund gewesen, hätte sich Stalin keine solchen Auftritte erlaubt, wäre ein eifriger und gehorsamer Anhänger Lenins geblieben, hätte aber still und heimlich seine Apparatsmehrheit aufgebaut und im geeigneten Moment Lenin gestürzt.

Und es ist amüsant, sich vorzustellen, was dann geschehen wäre. Lenin wäre aller Abweichungen und Fehler beschuldigt worden, der Leninismus wäre eine ebensolche Häresie geworden wie der Trotzkismus; es hätte sich herausgestellt, daß Lenin ein Agent, beispielsweise des deutschen Imperialismus, war (der ihn zur Spionage und anderen illegalen Tätigkeiten im plombierten Waggon nach Rußland geschickt hatte), daß aber die Revolution trotzdem gelungen sei dank Stalins Wachsamkeit, der im richtigen Augenblick alles geradegebogen, rechtzeitig alles entlarvt und die »Verräter und Spione« Lenin und Trotzkij verjagt habe. Und sieh an: Schon ist Lenin nicht mehr der Führer der Weltrevolution, sondern eine dunkle Persönlichkeit. Ist das möglich? Es genügt, sich auf das Beispiel Trotzkij zu beschränken, der nicht – wie sich dank Stalins Wachsamkeit herausstellte – die Zentralgestalt des Oktoberumsturzes, nicht der Schöpfer und Führer der Roten Armee war, sondern einfach ein ausländischer Spion. Warum nicht auch Lenin? Nach Stalins Tod wäre er vielleicht rehabilitiert worden. Aber hat man Trotzkij rehabilitiert?

Als ich langsam mit authentischem Material über den wahren Lenin bekannt wurde, stellte ich bestürzt einen gemeinsamen Charakterzug mit Stalin fest. Beide hatten einen maniakalischen Machthunger. Lenins ganze Tätigkeit durchdringt wie ein roter Faden das Leitmotiv: an die Macht kommen, koste es, was es wolle, an der Macht bleiben, koste es, was es wolle. Man kann annehmen, daß Stalin einfach nach der Macht strebte, um sie nach Art eines Dschingis-Chan auszukosten, ohne sich mit anderen Vorstellungen zu belasten, wie z. B.: Wozu diese Macht? während Lenin nach der Macht dürstete, um ein mächtiges, unveräußerliches Instrument zum Aufbau des Kommunismus in Händen zu haben, und zu diesem Zweck an ihr festhielt. Ich glaube, daß diese Vermutung der Wahrheit nahekommt. Persönliche Motive spielten ins Lenins Drang nach der Macht eine kleinere Rolle als bei Stalin – und in jedem Fall eine andere.

Ich versuchte, für mich festzustellen, was für eine moralische Persönlichkeit Lenin war: nicht der »historische« und »große« Lenin, als den ihn jegliche marxistische Propaganda hinstellt, sondern der wirkliche. Auf Grund sehr authentischer Zeugnisse mußte ich feststellen, daß sein moralisches Niveau nicht sonderlich hoch war. Bis zur Revolution der Führer einer kleinen, äußerst revolutionären Sekte, riefen die ständigen Intrigen, Zänkereien und Querelen mit anderen ebensolchen Sekten, der wenig schöne ständige Kampf um die Kasse, seine Betteleien bei den sozialistischen Bruderparteien und bürgerlichen Wohltätern, die Beherrschung eines kleinen Parteiblättchens, die Vertreibung und Verleumdung seiner Rivalen, wobei ihm keine Kosten zu hoch waren, des öftern Trotzkijs Ekel hervor, der übrigens moralisch sauberer und ordentlicher war. Leider bestimmten die von Lenin eingeführten Sitten auch das Verhalten der Parteispitze nach der Revolution. Ich sah sie sowohl bei Sinowjew als auch bei Stalin wieder.

Doch Lenins Größe? Da war ich vorsichtig. Bekanntlich ist ein Mann, der einen anderen erschlägt und sein Opfer ausraubt, ein Verbrecher. Wenn es aber einem Menschen gelingt, ein ganzes Land auszurauben und zehn Millionen Menschen umzubringen, ist er eine große und legendäre historische Gestalt . . . Und wieviele nichtsnutzige und widerwärtige Megalomanen gibt es, die – wenn es ihnen gelingt, in einem großen Land an die Macht zu kommen – große Männer werden, wieviel Schaden sie auch ihrem Land und zugleich anderen Ländern bringen mögen.

Ich kam bald zu der Meinung, daß Lenin ein guter Organisator war. Daß es ihm gelungen war, in einem großen Land an die Macht zu kommen, sagt bei näherer Betrachtung viel über die Schwächen seiner Gegner aus, ihre Unfähigkeit und ihren Mangel an politischer Erfahrung, auch mancherlei über die allgemeine Anarchie, in der die kleine Gruppe der ausgezeichnet organisierten leninistischen Berufsrevolutionäre die weitaus fähigere und fast ausschließlich etwas taugende Organisation darstellte. Ein besonderes leninistisches Genie vermochte ich jedoch in alledem nicht zu entdecken. Sie sind, sagen wir, ein Schachspieler und haben mit Glanz und Gloria den Schachmeister von Neustadt besiegt. Werden Sie sich deshalb als genialen Schachspieler betrachten?

Was wollte Lenin? Natürlich den Kommunismus verwirklichen. Auf dieses Ziel gingen Lenin und seine Partei nach der Machtergreifung rücksichtslos zu. Bekanntlich führte das nach drei–vier Jahren zur völligen Katastrophe. In den späteren Darstellungen der Partei wird dies schamhaft als Zusammenbruch des Versuchs zum Aufbau einer kommunistischen Gesellschaft und als Zusammenbruch des »Kriegskommunismus« geschildert. Das ist natürlich eine der üblichen Lügen und Fälschungen. Zusammenbrach in diesen Jahren der Kommunismus überhaupt. Wie nahm Lenin dieses Fiasko hin?

Seine offiziellen Kundgebungen sprechen davon, daß er gezwungen war, der Partei sein Nachgeben angesichts des drohenden Fiaskos zu erklären. Mich interessierte, was Lenin tatsächlich von diesem Fiasko dachte. Klar, daß seine unverfälschten Gedanken nur seine nächste Umgebung kennen konnte, besonders seine zwei Sekretärinnen, die Genossinnen Glasser und Fotiewa, mit denen er tagtäglich arbeitete. Ich wollte sie darüber ausfragen, was Lenin in diesem Zusammenhang im offenherzigen Gespräch gesagt hatte.

Das war anfänglich nicht so leicht. In der ersten Zeit war ich für Lenins Sekretärinnen Stalins Mann. Erst allmählich, im Laufe mehrerer Monate, in denen ich dienstlich mit ihnen zu tun hatte, gewannen sie den Eindruck, daß ich der Mann des Politbüros war und nur formal Stalins Gehilfe. So konnte ich allmählich mit ihnen über Lenin sprechen und schließlich auch die Frage stellen, was er tatsächlich über die NEP gedacht hatte und ob er der Meinung war, vor dem Zusammenbruch der kommunistischen Theorie zu stehen oder nicht. Die Sekretärinnen sagten mir, daß sie ihm genau dieselbe Frage gestellt hätten. Lenin antwortete ihnen: »Natürlich sind wir gescheitert. Wir dachten, eine neue kommunistische Gesellschaft auf des Hechtes Geheiß wie im Märchen zu verwirklichen. Indes ist das eine Frage von Jahrzehnten und Generationen. Damit die Partei nicht die Seele verliert, den Glauben und den Willen zum Kampf, müssen wir vor ihr die Rückkehr zur Währungswirtschaft, zum Kapitalismus als vorübergehenden Rückzug darstellen. Doch für uns müssen wir klar sehen, daß der Versuch nicht gelungen ist, die Psychologie der Menschen und die Gewohnheiten ihres jahrhundertelangen Lebens so plötzlich zu ändern. Man kann versuchen, die Bevölkerung zur neuen Ordnung zu zwingen, aber die Frage ist noch, ob wir in diesem allrussischen Massaker die Macht behalten würden.«

Ich mußte immer an diese Worte Lenins denken, als Stalin nach einigen Jahren das allrussische Massaker zu realisieren und die Bevölkerung mit Gewalt in den Kommunismus zu treiben begann. Dabei stellte sich heraus, daß dies nur gelingen konnte, wenn man nicht vor Millionen Opfern haltmachte. Auch die Macht konnte man auf diese Weise behalten. Lenin ließ den Matrosenaufstand in Kronstadt und den Bauernaufstand in Antonowo niederwerfen. Stalin machte nicht vor dem Archipel Gulag halt.

Ein interessantes Detail. Ich wollte erfahren, welche Bücher Lenin am häufigsten benutzt hatte. Wie mir die Genossin Glasser sagte, gehörte die *Psychologie der Massen* (Psychologie des foules) von Gustave Le Bon dazu. Da kann man nur raten, ob Lenin das ausgezeichnete Buch als unersetzlichen praktischen Schlüssel zum Einwirken auf die Massen benutzt oder ihm das Verständnis für jene uralte komplizierte Verflechtung der Elemente des Lebens, der Geschichte und der Kulturen entnommen hat, die trotz der naiven Theorie Rousseaus das Substrat des gesellschaftlichen Lebens ausmacht und mit Dekreten von Phantasten und Dogmatikern nicht so leicht zu ändern ist. Gerade deshalb dreht der Wind nach allen glänzenden Revolutionen stets in seine alte Richtung zurück.

Es war völlig klar, daß Trotzkij ebenso wie Lenin ein Fanatiker des kommunistischen Dogmas war, nur weniger geschmeidig. Sein einziges Ziel war ebenfalls der Aufbau des Kommunismus. Die Frage nach dem Wohl des Volkes konnte für ihn nur eine abstrakte Norm in ferner Zukunft sein, wenn überhaupt.

Da mußte ich aber die Beherrscher Rußlands in drei verschiedene Gruppen einteilen. Die erste – Lenin und Trotzkij – waren dogmatische Fanatiker, sie dominierten in den Jahren 1917–1922, aber jetzt stellten sie schon Vergangenheit dar. An der Macht und im Kampf um die Macht waren zwei andere Gruppen, keine Fanatiker des Dogmas, sondern Praktiker des Kommunismus. Die eine Gruppe bildeten Sinowjew und Kamenew, die zweite Stalin und Molotow. Für sie war der Kommunismus eine Methode, die nicht nur die Eroberung der Macht, sondern auch die Beibehaltung der Macht gewährleistete. Sinowjew und Kamenew waren Praktiker im Gebrauch der Macht; ohne etwas Neues zu erfinden, versuchten sie Lenins Technik nachzuahmen. Stalin und Molotow standen an der Spitze jener Apparatschiks, die allmählich die Macht an sich rissen, um sie zu nutzen. Sie bildeten nach der jetzt geläufigen Terminologie die Gruppen der »bürokratischen Entartung« oder des »bürokratischen Verfalls« der Partei. Für beide Gruppen, die Gegenwart und Zukunft der Partei wie der Macht repräsentierten, stellte sich die Frage nach dem Wohl des Volkes überhaupt nicht; sie zu stellen, wäre auch nicht geschickt gewesen. Indem ich sie von früh bis spät bei ihrer täglichen Arbeit beobachtete, mußte ich erbittert feststellen, daß das Wohl des Volkes ihre letzte Sorge war. Der Kommunismus bildete für sie nur eine erfolgreiche Methode, die man nicht aufgeben durfte.

Ich kam notgedrungen zu dem Schluß, daß man die soziale Revolution nicht für das Wohl des Volkes gemacht hatte, sondern aus anderen Gründen. Im besten Fall (Lenin und Trotzkij) eines theoretischen Dogmas wegen, im mittleren Fall (Sinowjew und Kamenew) für die Nutzung aller Vorteile der Macht seitens einer kleinen Gruppe, im schlimmsten Fall (Stalin) zur Ausübung verbrecherischer und nackter Gewalt durch amoralische Usurpatoren.

Nehmen wir den besten Fall. Die Revolution vollzog sich nach dem marxistischen Dogma. Doch wie verhielt sich das Politbüro diesem Dogma gegenüber? In der ersten Zeit meines Sekretärdaseins erhaschte mein Ohr den ironischen Sinn, der mit dem Ausdruck »gebildeter Marxist« verbunden war. Es stellte sich heraus, daß man darunter einen »Strohkopf und Schwätzer« zu verstehen hatte. Es wurde noch deutlicher gesprochen. Als der Volkskommissar der Finanzen, Sokolnikow, die Geldreform durchführte, legte er dem Politbüro die Ernennung Professor Jurowskijs zum Mitglied des Volkskommissariats der Finanzen und zum Leiter der Valutenverwaltung zur Bestätigung vor. Jurowskij war kein Kommunist, das Politbüro kannte ihn nicht. Jemand von den Mitgliedern fragte: »Ich hoffe, er ist kein Marxist?«

»Ich bitte Sie, was denn!« beeilte sich Sokolnikow zu antworten. »In der

Valutenverwaltung? Dort muß man nicht schwätzen, sondern etwas tun können.« Das Politbüro bestätigte Jurowskij ohne Einwand.

Ich bemühte mich, meine Kenntnisse auf dem Gebiet der marxistischen Theorie zu vertiefen. Was in die Augen sprang, war die Tatsache, daß die soziale Revolution in Rußland stattfand, entgegen allen Theorien und Voraussagen von Marx, während im »kapitalistischen« Westen diese Prognose zur Gänze vom Leben widerlegt wurde. Statt der vorausgesagten Verarmung des Proletariats vollzog sich ein ständiger, bisher ungeahnter Aufschwung des Lebens der werktätigen Massen. Ich möchte daran erinnern, daß nach einem Reskript des Marschalls Bobant für Ludwig XIV. jeder fünfte der Bevölkerung Frankreichs nicht an Krankheiten, nicht an seinem Alter, sondern am Hunger starb. Ich verglich dies mit dem Lebensniveau der Arbeiter im Westen im 20. Jahrhundert. Und eine soziale Revolution in Rußland, wo 85 Prozent der Bevölkerung Kleinbauern waren, während es – einfach lächerlich – nur etwas über ein Prozent Arbeiter gab, hatte Marx überhaupt nicht gesehen. Im Jahre 1921 zählte Sowjetrußland in seinen damaligen Grenzen 134,2 Millionen Menschen, von denen 1,4 Millionen Industriearbeiter waren. Diese Ziffern sind der offiziellen Geschichte der KPdSU (Ausgabe 1970), Band IV, S. 8, entnommen.

Ehrlich gesagt, je mehr ich mich in die marxistische Theorie vertiefte, umso übler wurde mir von diesem Galimathias, der sich pompös als Wirtschaftslehre ausgab. Dennoch mußte man sich damit auseinandersetzen. Angefangen bei Adam Smith, der in der zweiten Hälfte des 18. Jahrhunderts, von den besten Vorsätzen geleitet, die wissenschaftlichen Grundlagen der Volkswirtschaft zu finden versuchte. Der Versuch war verfrüht und fehlerhaft. Verfrüht, weil die Methoden der exakten Wissenschaften erst bestimmt wurden und noch nicht auf ein so kompliziertes und schwieriges Gebiet wie die volkswirtschaftlichen Erscheinungen angewandt werden konnten. Fehlerhaft, weil Smith die Methoden der exakten Wissenschaften zur Analyse der zu untersuchenden volkswirtschaftlichen Erscheinungen gar nicht anwandte, sondern die Methodologie der zeitgenössischen deutschen idealistischen Philosophie Kants und Hegels, aus der eine wissenschaftliche Erkenntnis für die Volkswirtschaft nicht entstehen konnte. Aus seinem philosophischen Unsinn entwickelte Smith die Theorie des Arbeitswertes, ein falsches und derbes Geschöpf deutscher philosophischer Vorstellungen. Was bestimmt den Preis einer Ware? Reale Ursachen und Folgen zu suchen, ist kein philosophischer Vorgang. Der Preis ist ein Phänomen, aber nach Smiths Philosophie ist er ein verborgenes Wesen – ein Numen. Das ist der Wert. Mit ihm muß man sich beschäftigen. Und er wird von der Arbeit, der physischen Arbeit bestimmt, die auf die Herstellung einer Ware verwendet wird. – »Gestatten Sie«, erwiderten nüchterne Beobachter, »das stimmt nicht. Dafür gibt es Tausende von Beispielen. Eine Maschine, die dieselbe Arbeit verrichtet, der Preis eines Diamanten, der ohne alle Arbeit am Ufer des Meeres gefunden wird usw.« – Smith korrigierte sich: Der Wert wird nicht allein von der Arbeit bestimmt, sondern von der durchschnittlichen, gesellschaftlich unerläßlichen Arbeit. Diese Theorie, die Anspruch auf Wissenschaftlichkeit erhob, doch absolut falsch war, darf in einer Hinsicht als bemerkenswert gelten: sie zeigte, wieviele Millionen Menschenleben ein mißratenes Werk des menschlichen Verstandes kosten kann. Der von Adam Smith gezeugte Bastard begann nämlich, sein eigenes Leben zu führen. Nach Smith kam David Ricardo und zog aus dessen Theorie alle logischen Schlüsse: Wenn nur physische Arbeit, nur der Arbeiter Werte schafft, wie kann sich dann Kapital bilden? Klar, der Kapitalist zahlt dem Arbeiter nicht den vollen Lohn für das vom Arbeiter Produzierte, sondern behält einen Teil (Mehrwert); die Häufung dieses verhehlten, gestohlenen Teiles schafft das Kapital. Folglich, verkündete Karl Marx, ist jeder Kapitalist ein Dieb und Gauner, jedes Kapital den Arbeitern geraubter und gestohlener Reichtum. Und die Proletarier aller Länder müssen sich vereinigen, um mit Gewalt das wegzunehmen, was man ihnen gestohlen hat.

Auf den ersten Blick ist es höchst merkwürdig, wie ein solcher Galimathias als wissenschaftlich bezeichnet werden kann. Ihm zufolge schaffen allein schon die Handbewegungen eines Arbeiters Werte, nützliche Dinge, Waren und halten die Wirtschaft in Schwung. Im Gegensatz dazu ist die Arbeit eines Gelehrten, Erfinders, Ingenieurs, Technikers, Organisators keine Handarbeit, sondern Geistesarbeit. Sie schafft nichts, spielt keine Rolle? Hände hatten aber die Menschen schon immer, während die gigantische Entwicklung des Wohlstandes der Gemeinschaften und Massen erst dann einsetzte, nachdem die Hirne der Gelehrten und Techniker herausgefunden hatten, wie man die Hände und die Maschinen bewegen muß, um unvergleichlich bessere Resultate zu erzielen. Wenn du also, lieber Leser, nicht die Hände bewegst, bist du nach Marx ein Dieb und Parasit. Was für ein kläglicher Unfug! Wie alles kopfsteht in diesem Unsinn, der Anspruch auf Wissenschaftlichkeit erhebt.

Indes hat sich der Marxismus als ein Faktor von gewaltiger Kraft im Leben unserer Gesellschaft erwiesen. Dabei muß man wieder an den genialen Ausspruch Le Bons denken: Der Verstand schafft Erkenntnis, Gefühle bewegen die Geschichte. Die marxistische Theorie, wertlos für das Verständnis des wirtschaftlichen Lebens, hat sich als Dynamit in emotionaler Hinsicht herausgestellt. Allen Armen und Unterdrückten zu sagen, ihr seid arm, ihr seid Bettler und seid deshalb unglücklich, weil euch der Reiche bestohlen hat und immer weiter bestiehlt, heißt den Weltbrand entfachen und einen derartigen Neid und Haß erwecken, daß man ihn mit einem Meer von Blut nicht löschen kann. Der Marxismus ist eine Lüge, doch eine Lüge von ungeheuerlicher Sprengkraft. Auf diesem Fels hat Lenin seine »Kirche« in Rußland erbaut.

Ich begriff bald alle Schattierungen im Verhältnis der russischen Kommunistenführer zur marxistischen Theorie. Als Praktiker und Pragmatiker, die einen Staat zu regieren hatten, verstanden sie sehr gut die völlige Wertlosigkeit des Marxismus auf wirtschaftlichem Gebiet; daher ihr skeptisch-ironisches Verhältnis den »gebildeten Marxisten« gegenüber. Viel höher schätzten sie die emotionale Kraft des Marxismus, die sie an die Macht gebracht hatte und in der ganzen Welt (wie sie nicht ohne Grund hofften) an die Macht bringen würde. Um mit zwei Worten zusammenzufassen: als Wissenschaft ist der Marxismus Unsinn, als Methode revolutionärer Massenführung eine unersetzliche Waffe.

Ich beschloß, ihrem Verhältnis zum Marxismus ein wenig intensiver nachzugehen. Offiziell durfte man natürlich an ihm nicht rühren, erlaubt waren nur »Auslegungen« dieses Evangeliums in streng orthodoxem Sinn.

Ich war oft in Sokolnikows Haus. Grigorij Jakowlewitsch Sokolnikow (eigentlich: Brillant) war früher Rechtsanwalt gewesen. Er gehörte zur Gruppe Sinowjews und Kamenews und war unbestreitbar einer der talentiertesten bolschewistischen Führer. Was für eine Aufgabe man ihm auch stellte, er kam glänzend mit ihr zurecht. Während des Bürgerkrieges kommandierte er erfolgreich eine Armee. Als Volkskommissar der Finanzen nach der NEP führte er erfolgreich die Währungsreform durch, indem er den harten Tscherwonez-Rubel schuf und rasch die chaotische bolschewistische Geldwirtschaft in Ordnung brachte. Nach dem 13. Parteikongreß im Mai 1924 wurde er Kandidat des Politbüros. Auf dem Kongreß des Jahres 1926 trat er zusammen mit Sinowjew und Kamenew auf und war der einzige Redner, der von der Kongreßtribüne herab die Absetzung Stalins vom Posten des Generalsekretärs forderte. Das kostete ihn den Posten des Volkskommissars der Finanzen und den Platz im Politbüro. Auf dem 15. Kongreß, als Stalin seinen verbrecherischen Kurs der Kollektivierung andeutete, trat Sokolnikow gegen diese Politik auf und forderte eine normale Entwicklung der Wirtschaft, in erster Linie der Leichtindustrie.

Irgendwie wurde ich (wohl im Jahre 1925) mit Sokolnikow bekannt. Er war krank und konnte das Haus nicht verlassen. Gewöhnlich sprachen wir über Finanzen und Wirtschaftsfragen. Einmal beschloß ich aber, etwas zu riskieren und brachte das Gespräch auf den Marxismus. Ohne seine revolutionäre Rolle in Frage zu stellen, konzentrierte ich mich auf die

Kritik der marxistischen Theorie. Indem ich teils davon ausging, daß sie fast vor einem Jahrhundert geschaffen worden sei und das Leben mittlerweile viel Neues erbracht hätte, das eine Revision und Kontrolle der Theorie angezeigt erscheinen lasse, aber teils auch davon, daß z. B. das Politbüro diese Theorie faktisch in ihrer heutigen Form als offensichtlich lebensfremd überhaupt nicht zur Anwendung bringe, deutete ich unter dem Anschein wünschenswerter Verbesserungen den ziemlich markanten Widerspruch an. Sokolnikow hörte meinem langen Exposé aufmerksam zu, ohne etwas zu erwidern. Als ich fertig war, sagte er: »Genosse Baschanow, an dem, was Sie sagen, ist viel Richtiges und Interessantes. Aber es gibt Tabus, an die man nicht rühren darf. Ein freundschaftlicher Rat: Sagen Sie niemandem und nirgends ein Wort von dem, was Sie mir gesagt haben.« Natürlich befolgte ich seinen Rat.

Und so kam ich zu dem Ergebnis, daß die Führer des Kommunismus diesen als Methode verwendeten, um an der Macht zu bleiben, während ihnen die Belange des Volkes völlig gleichgültig waren. Zur gleichen Zeit, da sie den Kommunismus propagierten, sich für ihn kreuzigen ließen und alles taten, um den kommunistischen Weltbrand zu entfachen, glaubten sie weder an sein Dogma noch an seine Theorie. Das war für mich der Schlüssel zum Verständnis noch einer überaus wichtigen Komponente des Problems, die mich die ganze Zeit über geplagt hatte.

Es ging darum, daß ringsumher Lüge herrschte und in der ganzen kommunistischen Praxis alles durch und durch mit Lüge durchtränkt war. Warum? Jetzt verstand ich, warum. Die Führer glaubten selber nicht an das, was sie als die Wahrheit predigten und als Evangelium verkündeten. Für sie war das nur ein Weg, ihre Ziele waren ganz andere und ziemlich niedrige, die sie nicht bekennen durften. Daher die Lüge als Systemstütze: nicht als zufällige, gelegentliche Taktik, sondern als inhärenter Kern.

Nach dem marxistischen Dogma gab es bei uns die Diktatur des Proletariats. Nach sieben Jahren kommunistischer Revolution war die gesamte Bevölkerung des Landes ausgepowert und arm – Proletariat. Natürlich hatte es keinerlei Verhältnis zur Macht. Die Diktatur des Proletariats hatte sich in eine Diktatur über das Proletariat verwandelt. Offiziell gab es bei uns die Macht der Arbeiter und Bauern. Indes war jedem Kind klar, daß die Macht nur in den Händen der Partei, ja nicht einmal der Partei, sondern des Parteiapparates lag. Im Land gab es einen Haufen sowjetischer Machtorgane, die aber in Wirklichkeit völlig machtlose Vollzugsorgane und Registratoren der Beschlüsse der Parteiorgane waren. Ich fungierte ebenfalls als Rädchen in dieser Maschine der Lüge. Mein Politbüro bildete die oberste Macht, aber streng geheim, das mußte der ganzen Welt verborgen bleiben. Alles, was sich auf das Politbüro bezog, war streng geheim, alle seine

Beschlüsse, Protokolle, Mitteilungen, Akten usw. Auf die Verbreitung dieser Geheimnisse standen allerlei Strafen. Aber die Lüge ging weiter und durchsetzte alles. Die Gewerkschaften waren die offiziellen Organe zum Schutze der Werktätigen. In Wirklichkeit fungierten sie jedoch als Kontrollorgane von geradezu gendarmenhafter Nötigung, deren einzige Aufgabe darin bestand, die Werktätigen zu möglichst großen Arbeitsleistungen anzuhalten und aus ihnen möglichst viel für die sklavenhalterische Macht herauszupressen. Die ganze Terminologie war verlogen. Die Zuchthäuser zur Vernichtung unzähliger Menschen hießen »Arbeitsbesserungslager«. Ganze Hundertschaften angestellter Lügner sangen in den Zeitungen Dithyramben auf die außerordentlich weise und humane Sowjetmacht, die ihre schlimmsten Feinde durch Arbeit umzuerziehen bestrebt war.

In den Sitzungen des Politbüros fragte ich mich deshalb immer öfter: Wo bin ich? Auf einer Sitzung der Regierung eines riesigen Landes oder in der Höhle Ali Babas auf der Versammlung einer Räuberbande?

Ein Beispiel. Als die ersten Fragen in jeder Sitzung des Politbüros wurden gewöhnlich jene des Volkskommissariats für auswärtige Angelegenheiten behandelt. Gewöhnlich waren auch die Volkskommissare Tschitscherin und sein Stellvertreter Litwinow anwesend. Es referierte gewöhnlich Tschitscherin. Er sprach schüchtern und demütig und schnappte nach jeder Bemerkung eines Politbüromitglieds. Es wurde sofort klar, daß er keinerlei Parteigewicht hatte, bis zur Revolution war er Menschewik gewesen. Im Gegensatz dazu benahm sich Litwinow frech, vorlaut und unverfroren. Nicht nur deshalb, weil er ein Flegel von Natur aus war. »Ich bin ein alter Bolschewik und hier zuhause.« Tatsächlich war er ein alter Mitarbeiter Lenins und ein alter Emigrant. Die bekanntesten Seiten aus der Chronik seiner vorrevolutionären Tätigkeit bildeten allerdings dunkle Geldmachinationen, etwa der Umtausch zaristischen Papiergeldes im Ausland, das aus bewaffneten Banküberfällen im Kaukasus stammte. Die Nummern der großen Scheine waren bekannt, so daß sie in Rußland nicht gegen kleinere eingetauscht werden konnten. Lenin übertrug daher ihre Einwechslung einer Anzahl finsterer Gestalten, darunter auch Litwinow, der beim Umtauschen erwischt, verhaftet und eingesperrt wurde. Die ganze Familie Litwinow war offenbar vom gleichen Typus. Sein Bruder versuchte in irgendwelchen französisch-sowjetischen Handelsgeschäften die sowjetischen Organe zu betrügen, wobei er den Umstand ausnutzte, daß sein Bruder stellvertretender Außenkommissar war, so daß sich die Sowjets an ein französisches bürgerliches Gericht wenden und erklären mußten, daß der Bruder ihres Kommissars ein Schwindler und Halunke sei.

Tschitscherin und Litwinow haßten einander heiß und innig. Es verging kein Monat, ohne daß ich nicht »streng geheim, nur für die Mitglieder des

Politbüros« von dem einen oder anderen eine Meldung über den Gegner erhalten hätte. Tschitscherin beklagte sich in diesen Mitteilungen, daß Litwinow ein vollendeter Flegel und Ignorant, ein brutales und schmutziges Tier sei, den für eine diplomatische Tätigkeit zu empfehlen ein wahnsinniger Fehler sei. Litwinow schrieb, daß Tschitscherin ein Päderast, Idiot und Wahnsinniger sei, ein abnormes Subjekt, das nur nachts arbeite und dadurch die ganze Arbeit des Volkskommissariats durcheinanderbringe. Gewöhnlich fügte Litwinow noch malerische Einzelheiten darüber an, daß vor Tschitscherins Arbeitszimmer die ganze Nacht über ein Rotarmist der GPU-Einheiten Wache stehe, den seine Vorgesetzten nach Gesichtspunkten aussuchten, daß man sich wegen seiner Tugend nicht zu beunruhigen brauche. Die Mitglieder des Politbüros lasen diese Zettelchen und lächelten, womit die Sache ihre Bewandtnis hatte.

Es wurden also Fragen der Außenpolitik erörtert. Im besonderen war von irgendeiner der ordentlichen internationalen Konferenzen die Rede. »Ich schlage vor«, sagte Litwinow, »die Schulden des Zaren anzuerkennen.« Ich blickte ihn nicht ohne Erstaunen an. Lenin und die sowjetische Regierung hatten hundertmal verkündet, daß eine der Haupterrungenschaften der Revolution die Weigerung zur Bezahlung der russischen Auslandsschulden aus der Zarenzeit sei. Dazu bleibt zu bemerken, daß von diesem Beschluß die französischen Bankiers am wenigsten betroffen waren, da sie bei Abschluß der Anleihen die vereinbarte Kommission jedesmal gleich kassiert hatten; wirklich gelitten hatten die französischen Midinettes und die kleinen Angestellten, die ihre Alterspfennige los waren, da sie den Versicherungen der Banken geglaubt hatten, daß es für ihr Geld keine bessere Anlage gebe. Irgendein Mitglied des Politbüros, ich glaube Michail Kalinin, fragte: »Was für Schulden, die Vorkriegs- oder die Kriegsschulden?«

»Die einen wie die anderen«, warf Litwinow nachlässig ein.

»Und woher sollen wir die Mittel nehmen, um sie zu bezahlen?«

Litwinow schnitt eine freche und halb verächtliche Grimasse, die Zigarette im linken Mundwinkel. »Wer sagte Ihnen denn, daß wir sie bezahlen werden? Ich sagte nicht zahlen, sondern anerkennen.« Michail Iwanytsch gab sich noch nicht geschlagen. »Aber anerkennen, daß heißt anerkennen, daß wir die Schuldner sind und zu zahlen versprechen.« Litwinows Miene wurde herablassend, als könnte er nicht begreifen, wie einfache Dinge so schwer zu verstehen seien. »Aber nein doch, von Bezahlen ist gar nicht die Rede.« Da begann sich Kamenew für die Sache zu interessieren. »Wie soll man's denn machen, um sie anzuerkennen und nicht zu zahlen und trotzdem nicht das Gesicht zu verlieren?« Kamenew, man muß ihm Gerechtigkeit widerfahren lassen, sorgte sich noch um das Gesicht. »Nichts einfacher als das«, erklärte Litwinow, »wir verkünden der ganzen Welt, daß wir die zaristischen Schulden anerkennen. Nun, da werden gleich allerhand uns wohlgesonnene Idioten ein großes Geschrei erheben, daß die Bolschewiken sich ändern, daß wir ein Staat sind wie jeder andere auch usw. Wir ziehen daraus allen möglichen Nutzen. Dann geben wir auf der Parteilinie an die entsprechenden Stellen eine geheime Direktive: überall Gesellschaften der Opfer bilden, die unter den ausländischen Interventionen gelitten haben, und die Ansprüche der Geschädigten sammeln. Ihr versteht doch ganz gut, daß wir – wenn ein entsprechendes Zirkular auf Parteilinie herumgeht – anhand der Meldungen, die uns von den ›Opfern‹ zugehen, jede beliebige Summe einsetzen können. Nun, dann werden wir bescheiden sein und eine Summe festsetzen, die nur etwas höher liegt als die zaristischen Schulden. Und wenn die Verhandlungen über die Rückzahlung beginnen, legen wir unsere Gegenforderungen auf den Tisch, die vollauf unsere Schulden decken, und wir werden sogar noch erlauben, daß man uns die Differenz auszahlt.«

Der Vorschlag wurde ernsthaft diskutiert. Die Hauptschwierigkeit waren die noch allzu frischen triumphalen Erklärungen Lenins zur Weigerung, die Schulden aus der Zarenzeit zu begleichen. Man fürchtete, daß der jähe Umschwung ein Durcheinander in den Ideen der ausländischen Bruderparteien verursachen könnte. Kamenew bemerkte sogar beiläufig: »Das ist genau das, was Curzon als bolschewistische Affenstücklein bezeichnet.« So wurde beschlossen, vorderhand von Litwinows Vorschlag Abstand zu nehmen.

Stalins Sekretariat

Nach dem 13. Parteikongreß beschäftigte sich Towstucha energisch mit folgender »halbdunkler« Angelegenheit. Er sammelte »für Studienzwekke« alle Kongreßunterlagen. Es stellte sich aber bald heraus, daß nicht alle Unterlagen sein Interesse erweckten, sondern nur einige besondere. Er studierte sie zusammen mit einem finstern Tschekisten, der sich als Spezialist für Graphologie entpuppte.

Wenn sich die Delegierten des Kongresses versammeln, erscheinen sie zuerst in der Mandatskommission, die ihre Mandate prüft und die Mitgliedskarten mit dem Recht ihrer beschließenden oder beratenden Stimme ausgibt. Dazu muß jeder Delegierte eigenhändig einen langen Fragebogen mit einigen Dutzend Angaben ausfüllen. Noch während des Kongresses führt die Mandatskommission eine statistische Analyse dieser Bogen durch und hält am Schluß des Kongresses ein Referat über Zahl und Zusammensetzung der Delegierten: soundsoviel Männer, soundsoviel Frauen, soziale Herkunft, Alter, Parteirang usw. usw. Alle Delegierten verstehen die Unerläßlichkeit solcher Fragebogen. Ein Detail jedoch sehen sie dabei nicht voraus.

Als letzter Punkt des Kongresses steht die Wahl für die zentralen Parteiorgane (ZK, Zentrale Kontrollkommission, Zentrale Revisionskommission) auf der Tagesordnung. Vorher versammeln sich die Führer des ZK mit den Leitern der wichtigsten Delegationen (Moskau, Leningrad, Ukraine u. a.), es ist der sogenannte Seniorenkonvent, im Parteijargon nicht anders als das »blaue Kouvert« bezeichnet. Er arbeitet unter vielen Wortgefechten die Wahlliste für die Zusammensetzung des neuen ZK aus. Dieser Entwurf wird vervielfältigt und jedem stimmberechtigten Delegierten in einem blauen Kouvert zugeschickt. Das Exemplar gilt gleichzeitig als Stimmzettel, der bei der geheimen Abstimmung in die Urne geworfen wird. Aber der Umstand, daß es für jeden Delegierten nur ein Verzeichnis gibt, bedeutet keineswegs, daß er verpflichtet ist, für dieses generell zu stimmen. Hier wählt die Partei, und nicht das Volk. In der Partei bestand damals noch eine gewisse Freiheit; so hatte jeder Delegierte das Recht, jeden beliebigen Namen in dem Verzeichnis auszustreichen, aber auch durch einen seiner Wahl zu ersetzen, den er freilich handschriftlich eintragen mußte. Bei der Auszählung der Stimmen gibt es freilich wenig Chancen, daß ein vom »blauen Kouvert« ausgesuchter Kandidat nicht gewählt wird. Dazu bedarf es der genauen Verabredung wichtiger Delegierter aus den Großstädten oder ganzer Gebiete. Obwohl also das Verzeichnis gewöhnlich ganz durchgeht, schwankt die Anzahl der abgegebenen Stimmen für die einzelnen Kandidaten doch in beträchtlichem Umfang. Wenn – sagen wir – 1000 Delegierte wählen, erhalten die populärsten Parteiführer 950–970 Stimmen, während die unpopulärsten nicht auf 700 kommen. Das wird sehr beachtet und diskutiert.

Was aber überhaupt nicht erörtert und von niemandem beachtet wurde, das war Towstuchas Arbeit. Am meisten interessierte ihn (d. h. seinen Auftraggeber), wer von den Delegierten auf dem Stimmzettel Stalins Namen nicht nur ausgestrichen, sondern dafür einen anderen eingesetzt hatte. So studierten Towstucha und der Graphologe diese Verzeichnisse, indem sie als Vergleichsmaterial die ausgefüllten Fragebogen heranzogen, um festzustellen, wer gegen Stalin gestimmt hatte, also sein heimlicher Feind war. Aber auch die Stimmen gegen Sinowjew und gegen Trotzkij und gegen Bucharin waren für Stalin überaus wertvoll und wurden registriert. Es kam die Zeit (und sei es zehn Jahre später), da alle ihren Genickschuß erhielten. Towstucha fertigte die Verzeichnisse für künftige Abrechnungen an, denn Genosse Stalin vergaß und verzieh nie etwas.
Um über diese Arbeit Towstuchas zu sprechen, muß ich etwas vorgreifen. Nach dem 13. Parteikongreß hielt diese innerparteiliche Freiheit bis 1927 an; ebenso ging der Kampf mit der Opposition in den Komitees und Parteizellen sowie auf den Versammlungen der Organisationen und der Parteiaktivs weiter. Die Führer der Opposition forderten ihre Anhänger auf, möglichst oft aufzutreten und das ZK anzugreifen, weil sie dadurch Kraft und Gewicht der Opposition unterstrichen.

Was mich erstaunte, war, daß nach dem 14. Parteikongreß Stalin und seine Mehrheit im ZK nichts gegen diese Freiheit hatten. Das schien gar nicht Stalins Gewohnheit zu sein; es wäre viel einfacher gewesen, die parteiinternen Diskussionen zu verbieten, einen Antrag an das Plenum des ZK zu stellen, daß Debatten der Parteiarbeit schadeten, zu viel Kraft für nützliche Aufbauarbeit absorbierten usw.

Im übrigen kannte ich Stalin hinreichend und erriet, worum es ihm ging. Die endgültige Bestätigung für meine Vermutung ergab sich in einem Gespräch, das ich mit Stalin und Mechlis führte. Mechlis hielt den Bericht über irgendeine Versammlung eines Parteiaktivs in der Hand und zitierte aus ihm die überaus heftigen Angriffe von Oppositionsrednern auf das ZK. Mechlis war ungehalten: »Genosse Stalin, glauben Sie nicht, daß hier jegliches Maß überschritten wird, wenn das ZK erlaubt, sich öffentlich derart in Mißkredit bringen zu lassen? Wäre es nicht besser, das zu verbieten?« Genosse Stalin lächelte: »Sollen sie doch reden! Sollen Sie doch reden! Nicht der Feind ist gefährlich, der sich als solcher zeigt. Gefährlich ist der verborgene Feind, den wir nicht kennen. Aber sie sind alle offenbar, alle einbezogen, alle registriert – die Zeit der Abrechnung mit ihnen kommt.«

Die nächste »halbdunkle« Arbeit Towstuchas bestand darin, daß er im Lenininstitut Verzeichnisse zusammenstellte: lange Verzeichnisse von Menschen, die jetzt so naiv waren, gegen Stalin aufzutreten. Sie dachten: Heute sind wir gegen, morgen vielleicht für Stalin, in der Partei gab es, gibt es und wird es immer innere Freiheit geben. Sie verstanden nicht, daß ihnen Stalin die Möglichkeit gab, ihr Todesurteil selber zu unterschreiben. Nach einigen Jahren wurden sie anhand dieser Verzeichnisse Towstuchas haufen- und herdenweise, zu Hunderten und Tausenden erschossen. Die russische Naivität ist groß.

Wie ich mich in Stalins Sekretariat fühlte? Ich empfand nicht die geringste Sympathie für Kanner oder Towstucha. Von Kanner dachte ich, daß er eine gefährliche Schlange sei, und meine Beziehungen zu ihm waren rein dienstlicher Natur. Da er meine Karriere sah, bemühte er sich um betonte Liebenswürdigkeit. Doch ich machte mir natürlich keine Illusionen. Wenn es Stalin morgen für gut befinden sollte, mich liquidieren zu lassen, erteilt er diesen Auftrag Kanner, der eine entsprechende Technik findet. Für mich war er nichts als ein verbrecherisches Subjekt. Der Umstand, daß Stalin ihn so oft brauchte, sprach zudem wenig für den »Hausherrn«, wie Mechlis und Kanner unseren Chef gewöhnlich nannten. Dennoch trug Kanner stets eine heitere und freundliche Miene zur Schau. Er selber war von kleiner Statur, trug aus einem unerfindlichen Grund Stiefel, seine schwarzen Haare glichen einem Schafspelz.

Iwan Pawlowitsch Towstucha war ein hochgewachsener, sehr magerer Intellektueller, der 1935 an Tbc starb, gerade als anhand seiner Verzeichnisse die Erschießungen anfingen. Seine Frau litt an der gleichen Krankheit. Er war 35 oder 36 Jahre alt. Bis zum Oktoberaufstand hatte er im Ausland gelebt und war erst nach der Revolution nach Rußland zurückgekehrt. Ich weiß nicht, weshalb er 1918 Sekretär des Volkskommissariats für Nationalitätenfragen wurde, wo Stalin Volkskommissar war, freilich ohne irgend etwas zu tun. Von dort kam er noch vor Stalin in den Apparat des ZK. Als jedoch dieser 1922 zum Generalsekretär ernannt wurde, übernahm er Towstucha in sein Sekretariat, wo er bis zu seinem Tod blieb und dort die »halbdunklen« Geschäfte erledigte, obgleich er – wie schon gesagt – stellvertretender Direktor des Lenininstituts bzw. später des Marx-Engels-Lenin-Instituts war. Im Jahre 1927 machte ihn Stalin nach meinem Ausscheiden zu seinem Hauptgehilfen, während Mechlis um die gleiche Zeit etwa ins Institut der Roten Professur studieren ging. Darauf folgte in Stalins Sekretariat Poskrebyschew nach, der später den sogenannten Sondersektor leitete und nach Towstuchas Tod dessen Stelle einnahm; auch Jeshow, der nachher den Kadersektor von Stalins Sekretariat leitete, setzte die Verzeichnisse Towstuchas fort. Er war es auch, der einige Jahre später als GPU-Chef nach diesen Verzeichnissen die Erschießungen vornahm und das ganze Land in ein Meer von Blut stürzte, natürlich auf die hohe Initiative seines Chefs, des großen und genialen Genossen Stalin; und schließlich war Malenkow Sekretär des Politbüros, den man vorsichtshalber »Protokollsekretär des Politbüros« nannte, und Poskrebyschews Stellvertreter im Sondersektor. Er löste dann Jeschow als Leiter des Kadersektors ab.

In dem gleichen Maß, wie Stalin mehr und mehr auf die monarchische Diktatur zusteuerte, spielte auch sein Sekretariat eine immer wichtigere Rolle. Es kam der Augenblick, da im Machtapparat weniger wichtig wurde, was der Vorsitzende des Ministerrates oder ein Mitglied des Politbüros wollte oder dachte, als das, was Stalins Sekretär meinte, der unmittelbar Zutritt zu ihm hatte.

Towstucha, das finstere Subjekt, blickte stets unter der Stirn hervor. Er hüstelte hohl und hatte nur noch einen Lungenflügel. Dafür genoß er Stalins volles Vertrauen. Mir gegenüber betrug er sich vorsichtig (»hat eine gar zu glänzende Karriere, der Bursche«), konnte aber nicht verzeihen, daß ich ihn und Nasaretjan auf dem Sekretärsposten des Politbüros abgelöst hatte und weiterhin im Zentrum der Ereignisse saß, während er gezwungen war, irgendwo hinter den Kulissen für Stalin irgendwelche Schmutzarbeiten zu leisten. Einmal versuchte er zu beißen, indem er in Mechlis' Anwesenheit (der es mir nachher erzählte) zu Stalin sagte: »Weshalb heißt Baschanow Sekretär des Politbüros? Das sind doch Sie, Genosse Stalin, dieser Sekretär. Baschanow hat nur das Recht, sich als den technischen Sekretär des Politbüros zu bezeichnen.« Stalin antwortete ausweichend: »Natürlich, der verantwortliche Sekretär des Politbüros, der vom ZK gewählt wurde, das bin ich. Aber Baschanow leistet eine sehr wichtige Arbeit und entlastet mich von vielem.«

Lew Sacharowitsch Mechlis war ein Altersgenosse Towstuchas. Nach dem Bürgerkrieg trat er als zweiter Volkskommissar in das Volkskommissariat der Arbeiter- und Bauerninspektion ein, an dessen Spitze Stalin stand, der hier ebensowenig einen Finger rührte wie im Volkskommissariat für die Nationalitätenfragen. Aus dem Kommissariat nahm ihn Stalin 1922 in das Sekretariat des ZK mit. Mechlis war ordentlicher und rechtschaffener als Kanner und Towstucha und wich »dunklen« Geschäften aus. Er setzte sich sogar die bequeme Maske des »intellektuellen Kommunisten« auf. Ich glaubte nicht besonders an sie, da ich bald merkte, was für ein anpassungsfähiger Opportunist er war. So konnte man es auch machen. Ihn kümmerten Stalins Verbrechen weder jetzt noch später. Vielmehr diente er ihm widerspruchslos bis ans Ende seiner Tage. Dazu machte er ein Gesicht, als glaubte er an Stalins Genie. Als guter Opportunist nahm er auch meine Karriere hin und versuchte, ein freundschaftliches Verhältnis zu mir herzustellen. Im Jahre 1927 biß ihn Towstucha aus dem Sekretariat hinaus, so daß sein dreijähriges Studium am Institut der Roten Professur nicht ganz freiwillig war. Im Jahre 1930 ging er jedoch zu Stalin und bewies diesem ohne Schwierigkeit, daß es die *Prawda* als Zentralorgan der Partei an der nötigen Aufklärung über die persönliche Rolle des Genossen Stalin an der Parteiführung fehlen lasse. Stalin ernannte ihn sogleich zum Chefredakteur, als welcher er ihm unersetzliche Dienste leistete. Die *Prawda* gab von jeher den Ton für die ganze Partei samt allen ihren Organisationen an. Jetzt begann Mechlis von einem Tag auf den anderen über den großen und genialen Stalin und seine weise Führung zu schreiben. Zuerst machte das einen merkwürdigen Eindruck. Niemand in der Partei hielt Stalin für ein Genie, am wenigsten jene, die ihn kannten.

Im Jahre 1927 ging ich des öftern in die Parteizelle des Instituts der Roten Professur. Das war ein Reservoir junger Parteikarrieristen, die nicht nur die Wissenschaften studierten und ihre Qualifikation verbesserten, sondern auch Betrachtungen darüber anstellten, auf welches Pferd sie im Hinblick auf ihre weitere Karriere setzen sollten. Ich machte mich über sie lustig und sagte: »Eines verstehe ich nicht. Warum schreibt keiner von euch ein Buch über den Stalinismus. Ich möchte *den* Staatsverlag sehen, der ein solches Buch nicht sofort herausbringt. Außerdem garantiere ich, daß der Verfasser in weniger als einem Jahr Mitglied des ZK ist.« Die jungen Karrieristen rümpften die Nase. »Was? Über den Stalinismus? Na, wenn du schon so etwas sagst, du Zyniker.« Ich muß bemerken, daß ich das aus reiner Verachtung gesagt hatte, da ich schon ein überzeugter Gegner des Kommunismus war und meine Flucht ins Ausland vorbereitete.

Im Jahre 1927 wurde der Stalinismus noch als etwas Unanständiges, Unschickliches betrachtet; aber schon 1930 war die Zeit dafür gekommen; Mechlis gab in jeder Nummer der *Prawda* den Ton für die Parteiorganisationen an. »Unter der weisen Führung unseres großen und genialen Führers und Lehrers Stalin.« Das nicht zu wiederholen, war für die Parteiapparatschiks in den Parteizellen unmöglich. Nach zwei weiteren Jahren war es auch im Land nicht mehr möglich, einfach vom Genossen Stalin zu reden, ohne »groß und genial« als obligatorische Beiwörter zu verwenden. Und dann erfanden begabte Sprachschöpfer und Speichellekker noch vieles andere, wie den »Vater der Völker« und das »größte Genie der Menschheit« oder »die Sonne, die alle anderen Sonnen verdunkelt«.

Im Jahre 1932 nahm das Genie Mechlis erneut in sein Sekretariat auf. Doch Towstucha war für Stalin bequemer, so daß Mechlis allmählich auf die sowjetische Linie geriet. Vor dem Krieg war er Befehlshaber der Politischen Verwaltung der Roten Armee (also der höchste politische Kommissar), dann Volkskommissar der Staatskontrolle, während des Krieges Mitglied der Militärgerichte aller Armeen und Fronten, wo er sich als echter Stalinist und unerbittlicher Soldatenfresser gebärdete, nach dem Krieg wieder Minister der Staatskontrolle. Er starb in seinem Bett im gleichen Jahr wie Stalin.

Stalins Sekretariat wuchs und spielte eine immer größere Rolle. Doch die eigentliche Schlacht Stalins um die Macht war noch nicht gewonnen. Gerade erst hatten ihn Sinowjew und Kamenew im Mai 1924 gerettet, während er schon an ihre Beseitigung dachte.

Während des 13. Parteikongresses ereignete sich eine amüsante Episode. Um der Partei zu demonstrieren, daß die Werktätigen scheinbar voller Dankbarkeit die weise Führung der Partei annahmen, wurde zum erstenmal das Auftreten parteiloser Delegationen inszeniert, was in den folgenden Jahren zu einem üblichen Spektakel wurde. Für den Anfang trat eine parteilose Delegation von Arbeitern der berühmten Moskauer Trechgorka-Textilfabrik auf. Nach bewährter Methode suchte man als Rednerin ein flinkes Weib mit gutgeschmierter Zunge aus, das von der Kongreßtribüne herab eingelernte Phrasen über die weise Führung der großen bolschewistischen Partei aufsagte. »Wir parteilose Arbeiter loben und unterstützen unsere obersten, führenden Parteigenossen . . .« usw. Die Absicht der Instruktoren war aber eine andere, für derlei hatte man die Frau nicht ausgesucht. Sie sollte der Partei unter die Nase reiben, daß sie von neuen Genossen geführt wurde. Bisher hatte es geheißen: »Hoch unsere Führer Lenin und Trotzkij!« Jetzt sollte demonstriert werden, daß die Massen der neuen Führung folgten. Und obgleich man die Rednerin ordentlich vorbereitet und gedrillt hatte, stellte sich jetzt heraus, daß sie alles durcheinanderbrachte. »Und zum Schluß sage ich: Hoch soll'n sie leben, unsere Führer, die Genossen (etwas unsicher) Sinowjéw und (nach einigem Überlegen und an das Präsidium gewandt) Entschuldigung, ich glaube, Genosse Kamínow.«* Der Kongreß brach in lautes Gelächter aus, am meisten freute sich Stalin, während Kamenew im Präsidium sauer lächelte. Im übrigen war es den Organisatoren dieses Auftrittes nicht im Traum eingefallen, auch Stalin unter die »neuen Führer« aufzunehmen.

Da Trotzkij weder im Plenum vor dem Kongreß noch auf dem Kongreß gegen Stalin persönlich auftrat, kam dieser auf den Gedanken, ob man da

* Statt Kámenew (kámen ‚der Stein'); Kamínow (kamín ‚der Kamin').

nicht manövrieren sollte. Sinowjew und Kamenew waren fast ausschließlich von Trotzkijs Entfernung in Anspruch genommen. Könnte man da nicht Trotzkij für die Schwächung der beiden verwenden? Stalin unternahm den Versuch, er mißlang aber.

Am 17. Juni hielt Stalin auf Kursen für die Sekretäre der Kreis-ZKs ein Referat, in dem er seinen künftigen Apparatschiks erklärte, daß die Diktatur des Proletariats jetzt im wesentlichen durch die Diktatur der Partei ersetzt werde. Doch zugleich schürte er das Feuer gegen Sinowjew und Kamenew, ohne sie beim Namen zu nennen, indem er sie verschiedener Fehler bezichtigte.

Sinowjew reagierte sofort energisch. Auf sein Verlangen wurde unverzüglich eine Versammlung der leitenden Parteiarbeiter (der Mitglieder des Politbüros und der 25 Mitglieder des ZK) einberufen, auf der Sinowjew und Kamenew sowohl die Frage der Attacke auf sie als auch Stalins These von der Diktatur der Partei zur Diskussion stellten und als offenen Fehler bezeichneten. Die Versammlung verurteilte selbstverständlich Stalins Thesen und sein Auftreten gegen die zwei anderen Mitglieder der Troika. Stalin merkte, daß er zu rasch gehandelt und einen Fehler begangen hatte. Er stellte daraufhin seinen Posten als Generalsekretär zur Verfügung und erbat seinen Rücktritt. Doch die Versammlung würdigte dies lediglich als formale Demonstration und nahm den Rücktritt nicht an.

Andererseits verstanden Sinowjew und Kamenew das Manöver Stalins in Richtung Trotzkij und verstärkten ihre Angriffe auf ihn, indem sie seinen Parteiausschluß forderten. Doch ergab sich dafür keine Mehrheit im ZK. Sinowjew versuchte sogar, seine Recken im ZK des Komsomol in die Arena zu lassen, die plötzlich Trotzkijs Ausschluß forderten. Da kehrte aber das Politbüro entschlossen zu seinem Dogma zurück, nach dem es nicht Sache der Komsomolzen war, sich in die Politik einzumischen; und zur Warnung wurde das ZK des Komsomol beruhigt, indem man aus seinem Bestand anderthalb Dutzend leitende Arbeiter entfernte.

Amüsant war, daß Stalin damals im ZK den Angriff Sinowjews und Kamenews auf Trotzkij bremste. Dafür hatte Sinowjew in der Komintern seinen ergebenen Statthalter, so daß auf deren 5. Kongreß (Ende Juni/Anfang Juli 1924) eine Resolution »in der russischen Frage« gegen Trotzkij gefaßt wurde, wofür der Bulgare Kolaroff, der sich durch seine Angriffe auf Trotzkij ganz besonders auszeichnete, von Sinowjew zum Generalsekretär des Vollzugskomitees der Komintern ernannt wurde.

Nichtsdestoweniger trat bis Ende des Jahres zumindest äußerlich eine gewisse Windstille im Kampf gegen Trotzkij ein. Im Sommer herrschte eine große Trockenheit, die Ernte fiel sehr schlecht aus. Im August fand der Aufstand in Grusinien statt. Im Politbüro wurde über die Bauernfrage debattiert. Ehrlich gesagt, wußte im Politbüro niemand, welche Politik man den Bauern gegenüber einschlagen sollte. Im Vordergrund stand die Industrialisierung des Landes. Doch auf wessen Rechnung und Kosten sollte sie gehen? Diese Fragestellung war geradezu klassisch bolschewistisch. Um dieses oder jenes zu erreichen, mußte jemand ausgeplündert werden. Die orthodoxen Kommunisten mit Preobraschenskij an der Spitze schlugen vor, zuerst eine »ursprüngliche sozialistische Akkumulation« auf Kosten des Bauerntums durchzuführen. Das Politbüro zögerte. Die Erörterung des Problems auf dem Plenum des ZK im Oktober ergab nichts, wenn man von der Annahme stolzer Deklarationen über eine Umkehr »mit dem Gesicht zum Dorf« absieht. Das Dorf mit Hilfe der Kollektivierung in die Hand zu bekommen, indem man die Bauern in Kolchose treibt? Da erinnerte man sich, daß noch vor kurzem Lenin in einem seiner letzten Artikel – »Über die Kooperation« (diktiert am 4. und 6. Januar 1923 und in der *Prawda* Ende Mai veröffentlicht) – die Frage der Kolchose gestellt, aber nur eine freiwillige Schaffung von Kollektivwirtschaften im Auge gehabt hatte, so daß das Plenum vom 26. Juni 1923 die Frage diskutierte und Lenins Direktive annahm. Doch Sinowjew und Kamenew erwarteten sich damals weder von Sowchosen noch von Kolchosen besondere Ergebnisse, während Stalin in dieser Frage noch keine eigene Meinung hatte.

Gegen Ende des Jahres wandte sich aber das Hauptaugenmerk des Parteilebens wieder ganz unerwartet dem Kampf mit Trotzkij zu. Stalin hatte seine Idee, Trotzkij gegen seine Verbündeten zu benutzen, fallengelassen. Trotzkij hatte seinerseits das Buch »1917« geschrieben, in dessen Vorwort über die »Lehren des Oktober« er energisch Sinowjew und Kamenew angriff, indem er bewies, daß ihr Verhalten im Oktober 1917 (da sie bekanntlich gegen den bewaffneten Umsturz stimmten) keineswegs zufällig war und daß solche Leute nicht einmal im beschränkten Umfang über die Qualitäten revolutionärer Führer verfügten. Diese »Lehren des Oktober« veröffentlichte Trotzkij als Artikel in den Zeitungen. Darauf schlugen Sinowjew und Kamenew Stalin wieder Friede und Bündnis vor. Stalin beeilte sich, darauf einzugehen, womit die Troika vorübergehend wieder hergestellt war. Im übrigen machte Stalin damals eine Vertrauenskrise seiner Kräfte durch. Er merkte, daß ihm eine Reihe von Fehlschlüssen unterlief, seit dem er den Kampf auf die Linie der politischen Strategie verlagert hatte, in der er schwach war; auch der Aufstand in Grusinien als offenkundiges Resultat seiner grusinischen Nationalitätenpolitik wirkte mit. Damals kam Stalin zu der Einsicht, daß er nicht auf der Linie der großen Politik seine Gegner besiegen werde, sondern nach der zuverlässigen und erprobten Methode, sich durch Personalauslese die Mehrheit im

ZK zu verschaffen; solange er das nicht erreicht hatte, wollte er weiterhin manövrieren und abwarten.

Im Gegensatz dazu forderten Sinowjew und Kamenew in der Troika beharrlich Trotzkijs endgültige Absetzung. Im Januar 1925 fand ein Plenum des ZK statt, auf dem die beiden vorschlugen, Trotzkij aus der Partei auszuschließen. Stalin trat gegen den Vorschlag auf und spielte die Rolle des Friedensstifters. Er beredete das Plenum, Trotzkij nicht auszuschließen, sondern ihn als Mitglied des ZK wie des Politbüros zu bestätigen. Allerdings war über Trotzkijs politische Positionen bereits der Stab gebrochen. Vor allem schien aber der Augenblick gekommen, ihn als Volkskommissar für militärische Angelegenheiten aus der Roten Armee zu entfernen. Der Wechsel war von langer Hand vorbereitet, sein Stellvertreter Frunse stand schon als Nachfolger fest. Der paßte zwar Stalin nicht sonderlich, aber Sinowjew und Kamenew waren für Frunse, so daß er nach langwierigen Händeln in der Troika zustimmte. Als Frunses Stellvertreter war Woroschilow ausersehen.

Dieser war nach dem Bürgerkrieg nicht ohne Widerstand Trotzkijs Kommandeur des zweitrangigen kaukasischen Militärbezirkes geworden, doch Stalin förderte unermüdlich seinen Aufstieg, so daß Woroschilow im Zuge der letzten Reorganisationen der Militärbehörden in diesem Jahr schon Kommandeur eines der wichtigsten Militärbezirke, nämlich des Moskauer, wurde. Stalin schlug dem Plenum vor, Trotzkij zwar weiterhin im ZK und im Politbüro zu lassen, ihn jedoch gleichzeitig zu warnen, daß er bei Fortsetzung seiner Fraktionstätigkeit die Mitgliedschaft in beiden Organisationen verlieren würde. Nachdem ihn das Plenum als Volkskommissar abgesetzt hatte, wurde er zum Vorsitzenden des Hauptkonzessionskomitees und zum Vorsitzenden der Sonderkonferenz beim Obersten Volkswirtschaftsrat für die Qualität der Produktion ernannt.

Beide Ernennungen waren ebenso provozierend wie komisch. An der Spitze des Hauptkonzessionskomitees mußte Trotzkij mit westlichen Kapitalisten industrielle Konzessionen in der UdSSR erörtern. Indes stand im Politbüro längst fest, daß diese Konzessionen nichts anderes als ordinäre Gaunerstücke waren. Den westlichen Kapitalisten wurden Konzessionen zu scheinbar sehr einträglichen und vorteilhaften Bedingungen angeboten. Die Verträge zudem so lange streng eingehalten, bis die Konzessionäre die Maschinen und Ausrüstungen nach Rußland gebracht, alles montiert und die Betriebe in Gang gesetzt hatten. Bald darauf wurden aber mit Hilfe irgendeines Tricks (und solcher Tricks gab es bei den sowjetischen Behörden jede Menge) den Konzessionären Bedingungen gestellt, unter denen sie ihre Verträge nicht erfüllen konnten; darauf wurden diese als hinfällig erklärt, während die importierten Ausrüstungen und die funktionierenden

Unternehmen in das Eigentum der sowjetischen Regierung übergingen. Ich werde von einem solchen Zauberstückchen, die Lena Goldfields betreffend, noch ausführlich berichten, weil diese Geschichte unerwartete und amüsante Folgen hatte. Just für solche Enteignungen hatte man also den Trick mit den Konzessionären erfunden. Trotzkij eignete sich wenig für solche betrügerische Operationen: wahrscheinlich hatte man ihm gerade deshalb diese Posten übertragen.

Noch weniger eignete er sich zur Kontrolle der Qualität sowjetischer Industriewaren. Als glänzender Redner und Polemiker, Volkstribun in schwierigen Augenblicken des revolutionären Umbruchs, wirkte er in der Rolle eines Qualitätsinspektors sowjetischer Hosen oder Nägel einfach lächerlich. Er versuchte zwar auch diese ihm aufgehalste Aufgabe gewissenhaft zu erfüllen, indem er eine Kommission aus Fachleuten bildete, mit der er eine Reihe von Betrieben bereiste; die Studienergebnisse legte er dann dem Obersten Volkswirtschaftsrat vor, ohne daß sie begreiflicherweise irgendeine Folge hatten.

An der Spitze des Militärapparates stand jetzt Frunse. Es muß gesagt werden, daß noch im Mai 1924 drei Kandidaten zu Mitgliedern des Politbüros gemacht wurden: Frunse, Sokolnikow und Dserschinskij.

Als alter Revolutionär, angesehener Heerführer des Bürgerkrieges war Frunse ein sehr fähiger Militär. Als Mensch dagegen, sehr verschlossen und vorsichtig, machte er auf mich den Eindruck eines Spielers, der ein großes Spiel spielt, aber seine Karten nicht aufdeckt. Auf den Sitzungen des Politbüros sprach er sehr wenig und war ausschließlich mit militärischen Fragen beschäftigt.

Schon 1924 hatte er, noch als Vorsitzender der ZK-Kommission zur Beurteilung des Zustandes der Roten Armee, dem Politbüro gemeldet, daß die Rote Armee in ihrem gegenwärtigen Zustand völlig kampfunfähig sei, eher einer aufgelösten Räuberbande als einer Armee gleiche und deshalb als ganze aufgelöst werden müsse. Das wurde auch durchgeführt, dazu noch absolut geheim. Nicht abgerüstet wurden lediglich die Offiziers- und Unteroffizierskader. Im Herbst entstand aus der eingezogenen Bauernjugend eine neue Truppe. Praktisch gab es also während des ganzen Jahres 1924 in der UdSSR keine Armee; der Westen scheint das nicht gewußt zu haben.

Die zweite von Frunse durchgeführte tiefgreifende Änderung war der Hinauswurf der politischen Kommissare aus der Armee; sie wurden durch Gehilfen der Kommandeure in politischen Angelegenheiten ersetzt, die ausschließlich Funktionen der politischen Propaganda zu erfüllen hatten und sich nicht mehr in Kommandosachen einmischen durften. Im Jahre 1925 ergänzte Frunse seine Reorganisation mit Versetzungen und Ernennungen, die dazu führten, daß an der Spitze der Militärbezirke, Korpskommandos und Divisionen gute und fähige Offiziere standen, ausgewählt nach den Prinzipien militärischer Qualifikation und nicht der kommunistischen Linientreue.

Ich war damals schon ein heimlicher Antikommunist. Beim Anblick der neuen Befehlshaberlisten fragte ich mich: Wenn ich an seiner Stelle und derselbe Antikommunist wäre, welche Kader würde ich an die militärische Spitze setzen? Und ich mußte mir antworten: Genau dieselben! Das waren die Kader, die im Fall eines Krieges für einen staatlichen Umsturz gepaßt hätten. Natürlich sah es nach außen so aus, als seien alle sehr gute Militärs.

Ich hatte keine Gelegenheit, mit Stalin über diese Dinge zu sprechen und zudem nicht das geringste Verlangen, seine Aufmerksamkeit auf sie zu lenken. Doch fragte ich gelegentlich Mechlis, ob er Gelegenheit gehabt hätte, Stalins Meinung über die neuen militärischen Beförderungen zu hören. Dazu machte ich ein unschuldiges Gesicht. »Stalin interessiert sich doch immer so für militärische Dinge.«

»Was Stalin meint?« antwortete Mechlis. »Nichts Gutes. Schau dir nur das Verzeichnis an: alle diese Tuchatschewskijs, Korki, Uborewitschi, Awksentjewskijs – was sind das für Kommunisten? Das ist alles gut für den 18. Brumaire, aber nicht für die Rote Armee.«

Ich tat interessiert. »Das sagst du von dir aus, oder ist das Stalins Meinung?« Mechlis plusterte sich auf und antwortete ganz ernst: »Natürlich meine und seine.«

Trotzdem verhielt sich Stalin Frunse gegenüber schier rätselhaft. Ich war Zeuge seiner Unzufriedenheit, die er in den Gesprächen während der Troikasitzungen deutlich zum Ausdruck brachte. Doch Frunse gegenüber verhielt er sich sehr freundschaftlich und kritisierte nie dessen Vorschläge. Was konnte das bedeuten? War das nicht die Wiederholung der Geschichte mit Uglanow (von dem ich noch erzählen werde), das heißt, gab sich Stalin den Anschein, daß er gegen Sinowjews Protegé sei, während er im geheimen mit diesem einen Pakt gegen Sinowjew geschlossen hatte? Frunse war aber nicht von der Art und hatte mit Stalin nichts gemein.

Das Rätsel wurde erst im Oktober 1925 gelöst, als Frunse nach einem Magengeschwür, das noch aus seiner vorrevolutionären Gefängniszeit stammte, wieder völlig genesen war. Stalin brachte trotzdem Frunses Gesundheit die größte Sorge entgegen. »Wir kümmern uns überhaupt nicht um die wertvolle Gesundheit unserer besten Arbeiter.« Das Politbüro veranlaßte Frunse schier mit Gewalt zu einer Operation, um sich von diesem Geschwür zu befreien. Zudem erachteten die Ärzte die Operation als keineswegs gefährlich.

Ich betrachtete dies alles mit anderen Augen, als ich erfuhr, daß Kanner die Operation mit dem ZK-Arzt Pogosjanez vorbereitete. Meine unklaren Befürchtungen erwiesen sich als völlig gerechtfertigt. Während der Operation wurde merkwürdigerweise jene Anästhesie verwendet, die Frunse nicht vertrug. Er starb auf dem Operationstisch, während seine Frau, fest überzeugt, daß man ihn umgebracht hatte, Selbstmord beging. Die »Erzählung vom nicht gelöschten Mond«, die Pilnjak aus diesem Anlaß schrieb, ist allgemein bekannt. Sie kam ihn übrigens teuer zu stehen.

Warum hat Stalin den Mord an Frunse organisiert? Vielleicht wirklich nur deshalb, um ihn durch seinen Mann – Woroschilow – zu ersetzen? Ich glaube das nicht, denn Stalin hätte diesen Wechsel mühelos zwei-drei Jahre später als Monarch durchführen können. Ich meine vielmehr, Stalin teilte meine Empfindung, daß Frunse sich in der Rolle eines russischen Bonaparte von morgen sah. So ließ er ihn gleich verschwinden, während die übrigen dieser Gruppe (Tuchatschewskij & Co.) später erschossen wurden.

Trotzkij widerspricht in seinem Stalinbuch kategorisch meiner Vermutung über Frunse, aber er entstellt meinen Gedanken und schreibt mir die Behauptung zu, daß Frunse an der Spitze einer militärischen Verschwörung gestanden habe. Ich habe nie etwas derartiges geschrieben, umso weniger, als völlig einleuchtend ist, daß damals in Sowjetrußland keinerlei Verschwörung möglich war. Ich schrieb, daß Frunse m. E. seinen Kommunismus abgelegt habe, bis ins innerste Mark Kommandeur geworden sei und auf seine Stunde warte. Von einer Verschwörung kann nicht die Rede sein.

Zudem lohnt es kaum, aus diesem Anlaß mit Trotzkij zu streiten, er hat sich seit jeher durch eine bestürzende Menschenunkenntnis und eine unglaubliche Naivität ausgezeichnet. Ich werde zu diesem Punkt noch einige Tatsachen beisteuern.

Natürlich trat nach Frunses Tod Woroschilow an die Spitze der Roten Armee. Nach dem 14. Parteikongreß im Januar 1926 wurde er auch Mitglied des Politbüros. Er war eine sehr durchschnittliche Persönlichkeit, die sich noch während des Bürgerkrieges Stalin angeschlossen hatte und diesen während der Meuterei seiner Freischärler gegen die feste organisatorische Hand Trotzkijs immer unterstützte. Woroschilows außerordentliche Beschränktheit war in der Partei allgemein bekannt. Die Hörer der historischen Abteilung des Instituts der Roten Professur witzelten: »Die ganze Weltgeschichte zerfällt in zwei scharf voneinander getrennte Perioden: vor Kliment Jefremowitsch und danach.« Er war ein stets gehorsamer und sorgfältiger Handlanger Stalins und diente noch eine Zeitlang nach dessen Tod als Dekorationsfigur.

Die ganze militärische Gruppe Stalins aus der Bürgerkriegszeit gelangte an die Spitze, doch war es schwierig, auch nur einen fähigen Militär in der ganzen Schar zu finden. Erst eine kunstvoll orchestrierte Propaganda brachte einige von ihnen, etwa Budjonnyj, zur Berühmtheit.

Das war eine sehr malerische Persönlichkeit, der typische Wachtmeister der zaristischen Armee. Als guter Kavallerist und Haudegen stand er zu Beginn des Bürgerkrieges an der Spitze eines berittenen Haufens, der gegen die Weißen kämpfte. An der Spitze nominell, denn die Bande manipulierten ein paar Kommunisten. Der Haufen wuchs, hatte Erfolge zu verzeichnen, die Reiterei war die Panzertruppe jener Jahre. Zu irgendeinem Zeitpunkt setzte Moskau auf die Reiterei und beschäftigte sich mit Budjonnyj ausführlicher.

Trotzkij gab damals die Losung: »Proletarier, aufs Pferd!« aus, die wegen ihres Schwulstes und ihrer Weltfremdheit ziemlich komisch klang. Bisher hatten die beste Kavallerie stets die Steppenvölker – etwa die Kosaken – als die geborenen Reiter abgegeben. Man konnte auch noch den Bauern aufs Pferd setzen, der zwar kein Kavallerist war, aber Pferde immerhin kannte, an sie gewöhnt war und mit ihnen umzugehen verstand. Doch der städtische Arbeiter (der »Proletarier«) hatte nie auf einem Pferd gesessen. Trotzkijs Parole war lächerlich.

Zu irgendeinem Zeitpunkt bekam Budjonnyj als Zeichen der Aufmerksamkeit aus Moskau ein Automobil und ein Parteibillett geschenkt. Der begeisterte Held rief die Häuptlinge seiner Bande zusammen. »Da, Brüder«, meldete er, »man hat mir aus Moskau ein Automobil und das da geschenkt«, wobei er vorsichtig, wie eine zerbrechliche chinesische Vase das Parteibillett auf den Tisch legte. Die Brüder überlegten angestrengt und beschlossen dann: »Das Automobil, Semjon, das nimmst, ein Automobil – das ist gut; aber das da, weißt du, laß es liegen, frißt ja kein Brot.« So wurde Budjonnyj Kommunist.

Budjonnyjs Haufen wuchs sich bald zu einer Brigade aus, dann zu einem Reiterkorps. Moskau gab ihm Kommissare und einen guten Stabschef. Zu immer höheren Rängen aufrückend, mischte sich Budjonnyj als Oberkommandierender nicht mehr in Operations- und Kommandosachen ein. Als der Stab ihn nach seiner Meinung anläßlich einer geplanten Operation fragte, antwortete er ungerührt: »Das macht, wie ihr wollt. Meine Sache ist das Köpfen.«

Während des Bürgerkrieges »köpfte« er und gehorchte bedingungslos den ihm beigegebenen und ihn herumkommandierenden Stalin und Woroschilow. Nach dem Krieg wurde er zu einer Art Inspekteur der Kavallerie ernannt. Schließlich wurde vereinbart, ihn zu einer Sitzung des famosen Politbüros zuzulassen. Mein Gedächtnis hat dieses amüsante Ereignis genau festgehalten.

Auf der Sitzung kamen die militärischen Fragen an die Reihe. Ich schickte mich an, die zitierten Militärs in den Saal zu lassen, darunter auch

Budjonnyj. Er kam auf Zehenspitzen herein, knirschte aber stark mit den schweren Stiefeln. Zwischen dem Tisch und der Wand war der Durchgang breit, doch Budjonnyjs ganze Gestalt drückte Vorsicht aus, als bangte er, etwas umzuwerfen oder zu zerbrechen. Man wies ihm den Stuhl neben Rykow an. Budjonnyj setzte sich. Seine Schnauzbartspitzen standen ab wie bei einem Maikäfer die Fühler. Er blickte geradeaus vor sich hin und begriff ganz offenkundig nichts von dem, was gesprochen wurde. Na also, da hast du das berühmte Politbüro, das alles kann, wie es heißt, sogar einen Mann in ein Weib verwandeln. Indes waren die Angelegenheiten des Revolutionären Kriegsrates beendet. Kamenew sagte: »Mit der Strategie sind wir fertig. Die Militärs können gehen.« Budjonnyj blieb sitzen, solche Andeutungen verstand er nicht. Kamenew wiederholte: »Die Militärs können gehen.« Ja, wenn er gesagt hätte: Genosse Budjonnyj, stillgestanden! Links schwenkt, im Gleichschritt marsch! Ja, dann hätte es keine Schwierigkeiten gegeben und alles wäre verständlich gewesen. Da holte Stalin zu einer breiten hausherrlichen Geste aus: »Bleib sitzen, Semjon, bleib sitzen.« So blieb Budjonnyj, mit vorquellenden Augen weiterhin starr vor sich hinblikkend, noch zwei oder drei Tagesordnungspunkte lang sitzen. Schließlich erklärte ich ihm, daß es Zeit sei zu gehen.

Dann wurde Budjonnyj Marschall und im Jahre 1934 sogar Mitglied des ZK der Partei. Freilich war dieses ZK eines von Stalins Gnaden und hätte Stalin nur einen Funken Humor besessen, so hätte er nach Caligulas Beispiel auch Budjonnyjs Roß in das ZK aufgenommen. Doch Stalin hatte keinen Humor.

Es sei noch hinzugefügt, daß während des deutsch-sowjetischen Krieges die Unfähigkeit sowohl Woroschilows als auch Budjonnyjs schon nach den ersten Operationen derart offenkundig in Erscheinung trat, daß Stalin sie in den Ural schicken mußte, um dort Reserven zu exerzieren.

Stalin

Es ist an der Zeit, über den Genossen Stalin zu sprechen, den ich jetzt schon gut, vielleicht sogar sehr gut kannte.

Sein Äußeres ist hinreichend bekannt. Nur sieht man auf keinem einzigen Porträt oder Photo, daß sein ausdrucksloses Gesicht von Pockennarben zerfurcht war. Mittelgroß von Statur, watschelte er breitbeinig einher und saugte stets an seiner Pfeife.

Verschiedene Autoren behaupten, daß eine seiner Hände verletzt war und er diese nur schlecht gebrauchen konnte. Auch seine Tochter Swetlana bemerkt, daß er die Rechte schlecht bewegen konnte, während der Bolschewik Schumjazkij in der sowjetischen Presse schrieb, daß er die Linke nicht abbiegen konnte. Ehrlich gesagt, habe ich einen Defekt solcher Art nie an Stalin wahrgenommen. Vielmehr habe ich des öftern gesehen, daß er mit der Rechten breite, ausladende Gesten machte, sie also durchaus abbiegen und bewegen konnte. Im übrigen hat Stalin in meiner Gegenwart nie die kleinste physische Arbeit oder Anstrengung verrichtet, so kann es also durchaus möglich sein, daß seine Linke nicht ganz in Ordnung war. Doch ich hatte nie Gelegenheit, das zu bemerken.

Er führte eine außerordentlich ungesunde, sitzende Lebensweise. Nie beschäftigte er sich mit Sport oder irgendeiner körperlichen Tätigkeit. Er rauchte (Stummelpfeife) und trank (am liebsten kachetinischen) Wein. In der zweiten Hälfte seines Zartums verbrachte er jeden Abend am Tisch bei Essen und Trinken und in Gesellschaft der Mitglieder seines Politbüros. Wie er bei einer solchen Lebensweise siebzig Jahre alt werden konnte, ist erstaunlich.

Stets ruhig, vermochte er sich gut zu beherrschen. Er war außerordentlich geheimnistuerisch und gerissen. Dazu ungewöhnlich rachsüchtig. Nie verzieh oder vergaß er etwas, er rächte sich nach zwanzig Jahren. In seinem Charakter irgendwelche sympathischen Züge zu finden, gelang mir nicht.

Allmählich begannen sich um ihn Mythen und Legenden zu bilden. So etwa über seinen ungewöhnlichen Willen, seine kämpferische Härte, seine eiserne Entschlossenheit. Das alles stimmte nicht. Stalin war ein außergewöhnlich vorsichtiger und unentschlossener Mensch. Er wußte sehr oft nicht, wie er sich verhalten oder was er tun sollte. Nur zeigte er das mit keiner Miene. Ich sah öfter als nur ein Mal, wie er schwankte, sich nicht festlegte und es vorzog, den Ereignissen zu folgen, statt sie zu lenken.

War er gescheit? Er war nicht dumm und hatte eine gute Portion Mutterwitz, den er sehr gut einsetzte.

So wurden beispielsweise auf den Sitzungen des Politbüros ständig allerlei Staats- und Regierungsgeschäfte erörtert. Stalin hatte wenig Bildung und Kultur und konnte zu den diskutierten Fragen nichts Vernünftiges sagen. Das war manchmal überaus peinlich für ihn. Seine angeborene Schlauheit und ein gesunder Sinn erlaubten ihm jedoch, einen sehr gelungenen Ausweg aus dieser Situation zu finden. Er verfolgte die Debatte, bis er sah, daß die Mehrheit der Mitglieder des Politbüros einer bestimmten Resolution zuneigte; dann ergriff er das Wort und schlug mit einigen kurzen Sätzen vor, das anzunehmen, was die Mehrheit wollte. Er tat dies mit einfachen Worten, in denen seine Unfreundlichkeit nicht sonderlich auffallen konnte, wie etwa: »Ich meine, man muß den Vorschlag des Genossen Rykow annehmen. Das, was Genosse Pjatakow vorschlägt, geht nicht, geht einfach nicht.« So kam es, daß Stalins Vorschläge, obgleich sie stets simpel waren und er schlecht sprach, immer angenommen wurden. Ohne Stalins Gerissenheit zu begreifen, begannen die Mitglieder des Politbüros, in Stalins Auftritten immer mehr eine Art verborgener (und sogar geheimnisvoller) Weisheit zu sehen. Ich setzte mich gegen diesen Schwindel zu Wehr, weil ich sah, daß seine Gedanken ohne System waren; heute konnte er etwas vorschlagen, was überhaupt in keinem Zusammenhang mit dem stand, was er in der gleichen Angelegenheit gestern vorgeschlagen hatte. Ich sah, daß er einfach die Meinung der Mehrheit aufschnappte; wie schlecht er sich in allen Fragen auskannte, wußte ich aus den Unterhaltungen mit ihm im ZK. Die Mitglieder des Politbüros unterlagen jedoch diesen Mystifikationen und legten schließlich in Stalins Auftreten einen Sinn, den es überhaupt nicht gab.

Stalin war ziemlich ungebildet, er las nie etwas und interessierte sich für nichts. Auch den Wissenschaften stand er gleichgültig gegenüber. Er war ein schlechter Redner und sprach mit starkem grusinischem Akzent. Seine Reden waren sehr wenig inhaltsreich. Er sprach mühsam und suchte ein nötiges Wort auf der Zimmerdecke. Er schrieb auch kaum etwas. Was als seine Werke ausgegeben wird, sind aus irgendeinem Anlaß gehaltene Reden und Referate, aus deren Stenogrammen dann die Sekretäre etwas Literarisches machten. Stalin kümmerte sich nicht einmal um die Resultate dieser Bearbeitungen: die endgültige Aufsatz- oder Buchform herzustellen, war Aufgabe der Sekretäre. Gewöhnlich machte es Towstucha.

Ich habe von Stalin nie etwas Geistreiches gehört. Während der ganzen Jahre meines Aufenthaltes in seinem Sekretariat hat er nur einmal versucht, witzig zu sein. Towstucha und ich standen in Mechlis' und Kanners Arbeitszimmer und unterhielten uns. Da kam Stalin aus seinem Arbeitszimmer heraus. Er machte ein überaus ernstes und feierliches Gesicht, dazu hob er den Daumen der rechten Hand. Wir verstummten und erwarteten etwas sehr Wichtiges. »Towstucha«, sagte Stalin, »meine Mutter hatte einen Ziegenbock – du bist ihm wie aus dem Gesicht geschnitten, nur lief er ohne Zwicker umher.« Darauf drehte er sich um und ging wieder in sein Arbeitszimmer. Towstucha kicherte unterwürfig.

Der Kunst, Literatur und Musik gegenüber verhielt sich Stalin gleichgültig. Ganz selten ging er in die Oper, »Aida« gefiel ihm am besten.

Auch an Frauen war Stalin nicht interessiert und beschäftigte sich kaum mit ihnen. Er hatte genug an seiner eigenen Frau, die ihn auch recht wenig fesselte.

Was für Leidenschaften hatte also Stalin?

Nur eine einzige, alles verschlingende, absolute, in der er völlig aufging. Es war seine maniakalische Machtgier, die Leidenschaft der asiatischen Satrapen des Altertums. Ihr allein diente er, nur mit ihr war er allezeit beschäftigt, in ihr sah er sein Lebensziel.

Im Kampf um die Macht war diese Leidenschaft natürlich nützlich. Aber dennoch erscheint es auf den ersten Blick schwer erklärlich, wie Stalin mit einem so kläglichen Arsenal positiver und negativer Eigenschaften zur absoluten, diktatorischen Macht gelangen konnte. Verfolgt man die Etappen seines Aufstieges, muß man noch mehr darüber staunen, daß ihm die negativen Eigenschaften mehr nützten als die positiven.

Begonnen hatte Stalin als kleiner Revolutionsagitator in der Provinz. Lenins bolschewistische Gruppe berufsmäßiger Revolutionäre kam ihm überaus gelegen, denn hier brauchte man nicht zu arbeiten wie alle übrigen Menschen, sondern konnte zu Lasten irgendeiner Parteikasse leben. Nach Arbeit hatte Stalins Herz nie gelechzt. Freilich gab es ein Risiko: die Behörden konnten einen verhaften und unter polizeilicher Aufsicht gen Norden schicken. Für Sozialdemokraten gab es keine weiteren Repressalien, mit den Sozialrevolutionären, die Bomben warfen, wurde viel schärfer verfahren. Die zaristischen Behörden versorgten die Verbannten mit dem Nötigsten; in den zugewiesenen Städtchen oder Flecken konnten sie frei leben. Man konnte auch entfliehen, mußte aber dann manchmal in der Illegalität leben. Dennoch war das Leben eines einfachen Agitators wesentlich unbequemer als das Leben der Führer. Diese Lenins und Martows in Genf oder Paris lehnten es entschieden ab, ihre wertvolle Person irgendwelchen Unbequemlichkeiten auszusetzen.

Die Führer in der Emigration waren ständig auf der Suche nach Geldmitteln teils für ihr kostbares Leben, teils für die Parteitätigkeit. Geld kam von den sozialistischen Bruderparteien (aber knausrig und widerwillig) und von bürgerlichen Wohltätern. So half der »Sturmvogel« Gorkij nach seiner

Rückkehr ins Moskauer Künstlertheater der Schauspielerin Andrejewa, sich den Millionär Sawwa Morosow zu angeln, worauf das goldene Manna über die Andrejewa in Lenins Kasse floß. Doch es war zu wenig, immer zu wenig. Die Anarchisten und ein Teil der Sozialrevolutionäre hatten eine andere Methode, sich Geld zu verschaffen, nämlich durch bewaffnete Raubüberfälle auf Kapitalisten und Banken. Das wurde im Revoluzzerjargon Ex (Expropriation) genannt. Die sozialdemokratischen Bruderparteien freilich, längst auf Reputation bedacht und mancherorts schon an der Regierung beteiligt, lehnten diese Praxis entschieden ab. Auch die Menschewiken verwarfen sie. Widerwillig gab Lenin eine Erklärung in dem gleichen Sinn ab. Doch Stalin begriff schnell, daß Lenin nur so tat und sich über jedes Geld freute, auch wenn es aus Raubüberfällen stammte. Stalin wirkte daher tüchtig mit, einige kaukasische Banditen zu verführen und sie zum bolschewistischen Glauben zu bekehren. Die beste Eroberung auf diesem Gebiet war Kamo Petrosjan, ein Halsabschneider und Straßenräuber von tollkühner Tapferkeit. Einige bewaffnete Überfälle von Petrosjans Bande füllten Lenins Parteikasse auf, wobei es freilich Schwierigkeiten beim Wechseln des Geldes gab. Nichtsdestoweniger nahm Lenin das Geld mit Vergnügen an. Organisiert hatte Petrosjans Überfälle Stalin. Er selber beteiligte sich aber vorsichtshalber nicht an ihnen.

War also Stalin ein Feigling? Eine klare Antwort auf diese Frage zu geben, fällt nicht leicht. Wohl aber läßt sich in seinem ganzen Leben nicht ein einziges Beispiel für persönliche Tapferkeit anführen, weder in der Revolution noch während des Bürgerkrieges, da er stets aus der sicheren Etappe kommandierte, und erst recht gibt es kein Beispiel aus den friedlichen Zeiten.

Lenin war Stalin überaus dankbar für seine Tätigkeit und nicht abgeneigt, ihn auf der Parteileiter etwas höher emporklettern zu lassen, z. B. ins ZK aufzunehmen. Das konnte er aber nicht auf einem Parteikongreß tun, die Delegierten hätten gesagt: »Daß er für die Partei bewaffnete Raubüberfälle unternimmt, ist sehr schön, aber keine Grundlage, um ihn zum Parteiführer zu machen.« Lenin fand einen Ausweg. Im Jahre 1912 wurde Genosse Stalin den Mitgliedern des ZK ohne Wahl »kooptiert«. Da er darauf bis zur Revolution in der Verbannung lebte, wurde in der Partei nicht nach ihm gefragt. Und aus der Verbannung kam er nach der Februarrevolution schon als altes Mitglied des ZK in die Hauptstadt zurück.

Bekanntlich hat Stalin weder in der ersten Revolution des Jahres 1917 noch während der Oktoberrevolution irgendeine Rolle gespielt, da er im Hintergrund blieb und abwartete. Einige Zeit nach der Machtergreifung machte ihn Lenin zum Volkskommissar von zwei Kommissariaten, die übrigens nach Lenins Plan zur baldigen Auflösung bestimmt waren, nämlich dem Volkskommissariat für Arbeiter- und Bauerninspektion, einem totgeborenen Kind, das Lenin durch Zusammenlegung mit der Zentralen Kontrollkommission zu reorganisieren gedachte und auch durchführte; und dem Volkskommissariat für Nationalitätenfragen, das ebenfalls aufgelöst werden und seine Funktion an den Nationalitätenrat abgeben sollte. Was Lenin über Stalin dachte, beweist eine Diskussion auf der Sitzung, in der man ihn zum Volkskommissar für Nationalitätenfragen ernannte. Auf Lenins Vorschlag folgte der Gegenvorschlag eines ZK-Mitgliedes, das darauf hinwies, wie gescheit und tüchtig sein Kandidat sei. Lenin unterbrach ihn: »Na, dort brauchen wir keinen Gescheiten; dort schicken wir Stalin hin.«

Als Volkskommissar wurde Stalin nur nominell geführt, da er sich in seinen beiden Kommissariaten fast nie zeigte. An den Fronten des Bürgerkrieges bildete sein anarchistisches Verhalten eine ständige Streitfrage; während des polnischen Krieges wirkte sich sein destruktives Verhalten geradezu schädlich aus, als der ganze Angriff auf Warschau zusammenbrach, weil er und seine Armeen die Befehle des Oberkommandierenden nicht ausführten. Die eigentliche Karriere Stalins begann erst in dem Augenblick, als Sinowjew und Kamenew Lenins Erbe antreten wollten, den Kampf gegen Trotzkij aufnahmen und Stalin als Bundesgenossen wählten, da man ihn als Herrn des Parteiapparates brauchte. Sinowjew und Kamenew begriffen nur eines nicht: daß der Parteiapparat automatisch und mit elementarer Gewalt auf die Macht zusteuerte. So setzte man Stalin auf diese Maschine; er brauchte sich auf ihr lediglich zu halten, die Maschine trug ihn von selbst an die Macht. In Wahrheit stellte sich Stalin außerdem vor, daß die Maschine ihn nach oben tragen würde und tat seinerseits alles, was dazu nötig war.

Ganz von selbst bietet sich das Resultat an, daß in Stalins Parteikarriere bis 1925 seine Unzulänglichkeiten eine weitaus größere Rolle spielten als seine Vorzüge. Lenin führte ihn als Mann seiner Mehrheit ins ZK ein, ohne seitens des wenig gebildeten und politisch kleinen Stalins irgendeine Konkurrenz zu befürchten. Aus dem gleichen Grund machten ihn auch Sinowjew und Kamenew zum Generalsekretär, da sie den Genossen für eine politische Null hielten und in ihm nur den nützlichen Gehilfen sahen, doch nie und nimmer einen Nebenbuhler.

Es ist keine Übertreibung, wenn man sagt, daß Stalin ein völlig amoralisches Subjekt war. Das war schon Lenin gewesen, der alle jene moralischen Qualitäten für sich und seine Berufsrevolutionäre nicht anerkannte, die wir nach der Tradition unserer christlichen Kultur als jenes unerläßliche Fundament zu betrachten geneigt sind, das ein gesellschaftliches Leben möglich und erträglich macht: Anstand, Ehrlichkeit, Redlichkeit, Geduld usw.

Nach Lenin war dies alles spießbürgerliche Moral, die es zu überwinden galt; moralisch war nur das, was der sozialen Revolution diente, mit anderen Worten: was für die kommunistische Partei nützlich und vorteilhaft war. Stalin erwies sich als ein den Lehrer übertreffender Schüler. Wenn man sein Leben und sein Verhalten aufmerksam analysiert, fällt es schwer, irgendwelche menschliche Züge an ihm zu entdecken. Die einzige Ausnahme bildete wohl eine Art väterlicher Zuneigung seinem Töchterchen Swetlana gegenüber, aber auch das nur bis zu einem bestimmten Zeitpunkt. Sonst vermochte ich nichts wahrzunehmen.

Stalins Grobheit war ganz naturhaft und entsprang seiner geringen Bildung. Übrigens konnte er sich sehr gut beherrschen und war nur dann grob, wenn er's nicht für nötig erachtete, höflich zu sein. Interessant waren die Beobachtungen, die ich in seinem Sekretariat machen konnte. Zu seinen Sekretären war er nicht grob, aber wenn er z. B. klingelte und die Kurierin abwesend war (da sie gerade mit Papieren unterwegs war) und daraufhin in seinem Arbeitszimmer Mechlis oder Kanner erschienen, sagte Stalin nur: »Tee« oder »Streichhölzer.« Seine Gehilfen redeten ihn mit »Sie« an, ohne Vor- und Vatersnamen (Josif Wissarionowitsch) beizufügen, und nannten ihn Genosse Stalin. Er selber duzte Towstucha, Mechlis und Kanner. Nur zu mir sagte er »Sie«, obgleich ich der jüngste von allen war. Irgendwelche nähere Beziehungen unterhielt er zu keinem seiner Mitarbeiter, wohl aber schätzte er sie nach dem Grad ihrer Nützlichkeit für ihn. Und große Dienste erwiesen ihm alle: Kanner in rein kriminellen Angelegenheiten, Towstucha ebenfalls in reichlich dunklen Geschäften, Mechlis, den er anfänglich sehr schätzte, tat alles Erforderliche, um Stalin »groß und genial« zu machen, und ich war ihm gleichfalls sehr nötig als Sekretär des Politbüros. Dennoch war sein Verhalten mir gegenüber nicht so wie zu den anderen. Dies waren »seine« Gehilfen, »seine« Leute: ergeben und zäh ihre Posten verteidigend. Ich war nicht »sein« Mann: nicht nur daß mir jegliche Ergebenheit und Achtung vor ihm fehlte, ich stellte auch eine Art Rätsel für ihn dar, indem ich mich weder an meinen Posten klammerte noch an der Macht teilhaben wollte.

Nur ein einziges Mal versuchte er, grob zu sein mit mir. Es war auf einer Sitzung des Politbüros. Wie immer schrieb ich eine Resolution auf ein Kärtchen und reichte sie ihm über den Tisch hinüber, während er es durchlas und mir wieder zurückgab. Doch wegen irgendwelcher Differenzen mit den Mitgliedern des Politbüros (die nicht das geringste mit mir zu tun hatten) war er zornig und wollte den Anwesenden seine schlechte Laune zeigen. Dafür fand er nichts besseres, als mir das Kärtchen nicht über den Tisch hinüberzureichen, sondern zu werfen. Meine Reaktion war spontan: das nächste Kärtchen flog ebenfalls über den Tisch hinüber. Er blickte mich erstaunt an und gab mir das Kärtchen wie üblich zurück.

Ganz hörte sein Verständnis für mich auf, als ich eines schönen Tages infolge meiner inneren Entwicklung keinen Wert mehr darauf legte, ein nützliches Rädchen in der Maschine des Politbüros zu sein. Ich sagte ihm, daß ich lieber im Volkskommissariat der Finanzen arbeiten würde, denn Sokolnikow hatte mir vorgeschlagen, bei ihm die Leitung des finanzwirtschaftlichen Büros zu übernehmen, das an die Stelle der Studienkommission des zaristischen Finanzministeriums getreten war. Stalin war erstaunt: »Warum?« Den wahren Grund konnte ich natürlich nicht sagen, also antwortete ich, daß ich mich in den Staatsgeschäften des finanzwirtschaftlichen Zweiges vervollkommnen wolle. Stalin meinte, das könnte ich auch tun, wenn ich meine Arbeit bei ihm fortsetzte, die davon nur profitieren würde. »Und dann wird Ihnen die Partei eine sehr wichtige und verantwortliche Arbeit anvertrauen. Es gibt keinen Grund, diese abzulehnen.« Ich begann also, auch im Volkskommissariat der Finanzen zu arbeiten (wovon ich noch im weiteren erzählen werde), aber nicht für Stalin, für den die Macht alles war. Er merkte, daß er etwas an mir nicht verstand. Vielleicht war er deshalb immer so ausnehmend freundlich zu mir.

Damals (in den zwanziger Jahren) führte Stalin ein sehr bescheidenes Leben. Er trug stets einen einfachen Anzug halbmilitärischen Schnitts samt Militärstiefeln. Irgendwelche Ambitionen auf Luxus oder nach den Annehmlichkeiten des Lebens hatte er nicht. Er wohnte im Kreml, in einer kleinen, einfach möblierten Wohnung, wo früher die Hofbediensteten gewohnt hatten. Während z. B. Kamenew schon etwas von Automobilen verstand und sich einen herrlichen Rolls-Royce angeschafft hatte, benutzte Stalin einen mächtigen, aber einfachen und alten Russo-Balte. Übrigens gab es noch keine einzige Autostraße, man konnte praktisch nur durch Moskau fahren und außerhalb der Stadt fast nur auf der Leningrader Chaussee. Geld spielte für ihn ebenso wie für die anderen bolschewistischen Führer keinerlei praktische Rolle. Sie verfügten über Wohnungen, Automobile, Eisenbahnreisen, Urlaube, Kurorte usw. ohne Geld. Die gesamte Verpflegung wurde in den Restaurants der Volkskommissariate zubereitet und frei Haus geliefert.

Die regulären Sitzungen des Politbüros begannen am Morgen und endeten gegen Mittag. Die Mitglieder des Politbüros entfernten sich zum Mittagessen, während ich im Sitzungssaal zurückblieb, um die Resolutionen zu den zuletzt erörterten Fragen zu formulieren. Darauf begab ich mich zu Stalin. Gewöhnlich begann er um diese Zeit mit dem Mittagessen. Bei Tisch saßen er, seine Frau Nadja und der älteste Sohn Jaschka von seiner ersten Frau, einer geborenen Swanidse. Stalin sah die Kärtchen durch, und ich begab mich ins ZK zurück, um das Protokoll abzuschließen.

Als ich das erste Mal während des Mittagessens zu Stalin kam, bot er mir ein Glas Wein an. »Ich trinke nicht, Genosse Stalin.«

»Na, ein Glas Wein, das darf man schon. Es ist ein guter kachetinischer.«

»Ich habe überhaupt noch nie etwas Alkoholisches getrunken und werde es auch nicht.« Stalin war erstaunt. »Na, dann auf meine Gesundheit.« Ich lehnte auch dies ab. Daraufhin hat er mir nie mehr etwas angeboten.

Aber häufig fügte es sich, daß sich Stalin nach dem Verlassen des Sitzungssaales nicht direkt nach Hause begab, sondern einen Spaziergang durch den Kreml machte, um mit irgendeinem Mitglied des Politbüros ein Gespräch fortzusetzen. Wenn ich in solchen Fällen zu ihm nach Hause kam, mußte ich auf ihn warten. Bei solchen Gelegenheiten kam ich mit seiner Frau Nadja Allilujewa ins Gespräch. Wir wurden gute Bekannte und freundeten uns sogar an.

Nadja ähnelte Stalin in keiner Weise. Sie war eine sehr gute, ordentliche, ehrbare Frau. Schön war sie nicht, hatte aber ein liebes Gesicht. Obwohl annähernd so alt wie ich, sah sie älter aus. Bekanntlich war sie eine Tochter des Petersburger Arbeiters und Bolschewiken Allilujew, bei dem sich Lenin 1917 vor der bolschewistischen Oktoberrevolution versteckt hielt. Von Stalin hatte sie Wassilij, damals fünf Jahre alt, dann nach drei Jahren noch Swetlana.

Als ich Nadja kennenlernte, hatte ich den Eindruck, daß rings um sie Leere herrschte, der Frau des Fast-Diktators schienen die einfachsten menschlichen Beziehungen zu fehlen, auch hatte sie anscheinend keine Freundinnen, während das männliche Publikum wohl fürchtete, in ihre Nähe zu kommen. Plötzlich argwöhnte Stalin etwa, daß sie seiner Frau nachstellen, dann schöne Welt ade. Ich dachte natürlich nicht daran, ihr nachzustellen, ich hatte damals meinen eigenen Roman, der mich völlig verschlang. So begann sie allmählich, über sich selber zu sprechen.

Ihr häusliches Leben war schwer, da sich Stalin als Haustyrann aufführte. Während er sich in den geschäftlichen Angelegenheiten ständig Zurückhaltung auferlegen mußte, machte er mit seiner Familie keine großen Zeremonien. Nicht nur einmal sagte mir Nadja seufzend: »Seit zwei Tagen schon spricht er mit niemandem und antwortet nicht, wenn man ihn anredet; ein ungewöhnlich schwieriger Mensch.« Gespräche über Stalin versuchte ich natürlich zu vermeiden. Ich wußte bereits, wer und was er war, während die arme Nadja offensichtlich erst jetzt seine Amoralität und Unmenschlichkeit zu entdecken begann, aber ihren Entdeckungen noch nicht recht glauben wollte.

Eine Zeitlang blieb Nadja verschwunden, aber dann stellte sich heraus, daß sie die letzten Monate ihrer neuen Schwangerschaft bei ihren Eltern in Leningrad verbracht hatte. Als sie wieder zurück war, sagte sie zu mir: »Da, bewundern Sie mein Meisterwerk.« Das Meisterwerk war drei Monate alt, hieß Swetlana und wurde mir als Zeichen besonderen Vertrauens in die Arme gelegt, freilich nur für ein paar Sekunden, weil die Männer so ungeschickt sind.

Nachdem ich Stalins Sekretariat verlassen hatte, traf ich Nadja nur noch selten und zufällig. Als Ordschonikidse Vorsitzender der Zentralen Kontrollkommission wurde, stellte er Nadja als seinen dritten Sekretär an. Der erste war der gutmütige Riese Trajnin. Dort sah ich Nadja wieder. Wir unterhielten uns lange. Die Arbeit bei Ordschonikidse hatte sie lebhafter gemacht, die Atmosphäre hier war angenehm, Sergo war ein guter Mensch. Er beteiligte sich ebenfalls an dem Gespräch. Wie alle, die ihm sympathisch waren, duzte er auch mich, was mich etwas genierte, da er zwanzig Jahre älter war als ich. Später habe ich Nadja nicht mehr gesehen.

Ihr tragisches Ende ist bekannt, aber wahrscheinlich nicht in allen Einzelheiten. Sie begann, an der Industriellen Akademie zu studieren. Trotz dieser großartigen Bezeichnung handelte es sich einfach um Kurse zur Vorbereitung und Hebung des Bildungsniveaus örtlicher Kommunisten aus Bauern- und Arbeiterkreisen, ehemaligen Direktoren und Leitern industrieller Betriebe, die jedoch wegen ihrer mangelhaften Lese- und Schreibkünste mit ihrer Arbeit nicht zurechtgekommen waren. Es war im Jahre 1932, als Stalin schon mit seinem gigantischen Massaker, der gewaltsamen Kollektivierung, begonnen hatte, in deren Verlauf Millionen von Bauernfamilien unter unmenschlichen Bedingungen in die Vernichtungslager getrieben wurden. Die Hörer der Akademie waren Leute aus dem ganzen Land, die mit eigenen Augen diese schreckliche Zerschlagung des Bauerntums miterlebt hatten. Als sie vernahmen, daß die neue Hörerin Stalins Frau sei, verstummten sie natürlich sogleich. Doch allmählich sickerte durch, was für ein prächtiger Kerl Nadja sei – eine gute und mitfühlende Seele, der man vertrauen könne. So lösten sich die Zungen wieder, man begann ihr zu erzählen, was tatsächlich im Land vor sich ging; bisher kannte sie nur die verlogenen und pompösen Berichte in den sowjetischen Zeitungen über die glänzenden Siege an der landwirtschaftlichen Front. Nadja geriet in Entsetzen und eilte nach Hause, um ihre Informationen Stalin mitzuteilen. Ich kann mir gut vorstellen, wie er das aufnahm. Er hatte sich nie geschämt, sie im Streit eine dumme Gans und eine Idiotin zu heißen. Stalin behauptete natürlich, daß ihre Informationen falsch und nichts anderes als kulakische Konterrevolution seien. »Aber es sagen doch alle dasselbe!«

»Alle?« fragte Stalin. »Nein«, erwiderte Nadja, »nur einer sagt, daß dies alles unwahr sei. Aber der verstellt sich und sagt es nur aus Feigheit, es ist der Sekretär der Parteizelle in unserer Akademie, Nikita Chruschtschow.«

Stalin merkte sich den Namen. In den folgenden häuslichen Auseinandersetzungen behauptete Stalin weiterhin, daß die von Nadja zitierten Nachrichten leeres Geschwätz seien, verlangte aber die Namen der Kritiker: erst dann werde es möglich sein festzustellen, was an den Berichten wahr sei. Nadja nannte die Namen ihrer Gesprächspartner. Wenn sie noch Zweifel gehabt haben sollte, wer Stalin in Wirklichkeit war, müssen es ihre letzten gewesen sein. Alle Hörer der Akademie, die ihr vertraut hatten, wurden verhaftet und erschossen. Nadja begriff nun endgültig, mit wem sie ihr Leben teilte und wahrscheinlich auch, was der Kommunismus ist, und erschoß sich.

Für den Genossen Chruschtschow begann mit dieser Episode eine glänzende Karriere. Zum ersten sagte Stalin dem Sekretär des Moskauer Komitees, als die Vorbereitungen zu den Vorwahlen des Rayonskomitees getroffen wurden: »Ihr habt dort einen hervorragenden Arbeiter, den Sekretär der Zelle der Industrieakademie, Nikita Chruschtschow heißt er. Macht ihn zum Sekretär eines Rayonskomitees.« Damals war Stalins Wort schon Gesetz, Chruschtschow wurde unverzüglich Sekretär eines Rayons und bald darauf schon Sekretär des Moskauer Parteikomitees. So kam Nikita nach oben und gelangte bis an die Pyramidenspitze der Macht.

In Stalins Haushalt lebte auch sein ältester Sohn Jakow aus erster Ehe. Aus irgendeinem familiären Grund wurde er nie anders als Jaschka genannt. Er war vier Jahre jünger als ich. Ein sehr zurückhaltender, schweigsamer, verschlossener Jüngling mit dem typischen Verhalten eines Unterdrückten, stets in irgendwelchen heimlichen inneren Erlebnissen versunken. Man konnte ihn ansprechen, er hörte einen nicht, war völlig geistesabwesend; etwas wie nervliche Taubheit hielt ihn gefangen; aber plötzlich kam er wieder zu Bewußtsein, er merkte, daß man mit ihm sprach, fuhr zusammen und verstand jetzt alles sehr gut. Stalin konnte ihn nicht leiden und tyrannisierte ihn auf mancherlei Art. Jaschka wollte studieren, Stalin schickte ihn als Arbeiter in eine Fabrik. So haßte er seinen Vater ebenso versteckt wie abgründig. Er versuchte, immer unbemerkt zu bleiben und spielte bis zum Krieg keine Rolle. Eingezogen und an die Front geschickt, geriet er in deutsche Gefangenschaft. Als die Deutschen Stalin vorschlugen, seinen Sohn gegen einen bedeutenden deutschen General in sowjetischer Gefangenschaft auszutauschen, antwortete Stalin: »Ich habe keinen Sohn.« Jaschka blieb in Gefangenschaft und wurde gegen Ende des deutschen Rückzuges von der Gestapo erschossen.

Fast nie bekam ich Stalins und Nadjas Sohn zu Gesicht. Wassilij war noch klein, als Halbwüchsiger verfiel er dem Alkohol. Swetlanas Geschichte ist wohlbekannt. Wie ihre Mutter begriff sie, was Stalin darstellte und damit auch der Kommunismus, so flüchtete sie ins Ausland. Damit versetzte sie der kommunistischen Propaganda einen heftigen Schlag. »Was für ein Regime! Nicht einmal Stalins leibliche Tochter hat es ausgehalten und ist davongelaufen.«

Aus dem, was ich bisher über Stalin gesagt habe, läßt sich folgern, daß er ein amoralischer Mensch mit verbrecherischen Neigungen war. Aber ich glaube, daß der Fall Stalin noch eine andere, weitaus wichtigere Frage auslöste: Wieso konnte ein solcher Mensch all seinen Neigungen freien Lauf lassen und während eines Vierteljahrhunderts ungestraft Millionen von Menschen vernichten? Darauf ist vielleicht nur eine Antwort möglich. Das kommunistische System hat Stalin geschaffen und emporgehoben. Das kommunistische System, das eine alles umfassende und pausenlose Anfachung des Hasses ermöglicht und zur Vernichtung ganzer Bevölkerungsgruppen und Gesellschaftsklassen auffordert, schafft ein Klima, daß sich die Machthaber ihre ganze Tätigkeit als Kampf mit irgendwelchen erfundenen Klassenfeinden, Konterrevolutionären und Saboteuren darstellen und alle Mißerfolge ihres unsinnigen und unmenschlichen Systems als Ränke und Widerstand vermeintlicher Feinde erklären und unnachgiebig zu Repressalien, zur Vernichtung und Unterdrückung aller Gedanken, Freiheiten, Wahrheiten und menschlichen Gefühle auffordern. Auf einer solchen Basis können sich Stalins zu üppiger Blüte entfalten.

Als die regierende Oberschicht sich überzeugen mußte, daß sie selber mit dem Revolver im Genick lebte, beschloß sie, die Schraubenmutter etwas zu lockern (aber ja nicht zuviel), und achtete aufmerksam darauf, daß alles beim Alten blieb. Das ist alles, was nach Stalins Tod geschah.

Trotzkij

Was Trotzkij über mich schrieb, war fast immer ungerecht. Ich bin für ihn ein Antikommunist, das heißt ein Feind, ein »Reaktionär«, so daß man nach dem bolschewistischen Ehrenkodex keine Zeremonien mit mir zu machen braucht. Ich will ihm nicht mit gleicher Münze heimzahlen, sondern versuchen, ihn objektiv zu schildern.

Von allen bolschewistischen Führern machte Trotzkij auf mich den Eindruck des größten und begabtesten. Doch die Gerechtigkeit erfordert auch zu sagen, daß er keineswegs allseitig begabt war und neben seinen hervorragenden Eigenschaften nicht wenige Unzulänglichkeiten hatte.

Er war ein glänzender Redner, doch ein Redner des revolutionären Typs: agitatorisch und demagogisch. Er konnte ein Losungswort finden und hinwerfen, er sprach mit großer Leidenschaft und viel Pathos und begeisterte seine Zuhörerschaft. Aber er konnte sich auch beherrschen. Auf den Sitzungen des Politbüros, wo gewöhnlich kein Pathos gefragt war, sprach er zurückhaltend und sachlich.

Trotzkij hatte aber auch eine spitze Feder, er war ein außerordentlich fähiger und temperamentvoller Publizist.

Er war schließlich ein tapferer Mann und ging alle Risiken ein, die mit seiner revolutionären Tätigkeit verbunden waren. Es genügt, auf sein Verhalten als Vorsitzender des Petersburger Arbeiterrats im Jahre 1905 hinzuweisen; bis zum Ende verhielt er sich tapfer und herausfordernd und ging direkt von der Präsidialtribüne ins Gefängnis und in die Verbannung.

Noch beweiskräftiger ist aber die Geschichte mit der »Clémenceau-These« des Jahres 1927. Die Macht befand sich schon zur Gänze in Stalins Händen, der seine sensationellen Enthüllungen über die Opposition fortsetzte, indem er heimliche Feinde präsentierte. Auf dem Novemberplenum des ZK, auf dem Stalin endlich vorschlug, Trotzkij aus der Partei auszuschließen, ergriff dieser das Wort und sagte an die Adresse von Stalins Gruppe unter anderem sinngemäß folgendes: »Ihr seid eine Gruppe unfähiger Bürokraten. Wenn sich die Frage über das Schicksal der Sowjetmacht erhebt, wenn es zu einem Krieg kommt, werdet ihr euch als völlig untauglich erweisen, den Widerstand des Landes zu organisieren und den Sieg zu erringen. Dann, wenn der Feind hundert Kilometer vor Moskau steht, werden wir das tun, was seinerzeit Clémenceau getan hat, nämlich die unfähige Regierung stürzen; nur mit dem Unterschied, daß Clémenceau sich damit zufrieden gegeben hat, an die Macht zu kommen, während wir außerdem diese stumpfe Bande jämmerlicher Bürokraten als Verräter an der Revolution noch erschießen werden. Ja, das werden wir tun. Ihr möchtet uns auch gern erschießen, aber ihr wagt es nicht. Aber wir werden es wagen, sobald das eine unerläßliche Voraussetzung für den Sieg ist.« Natürlich war in diesem Auftritt viel Naivität und noch mehr Verständnislosigkeit für Stalin, aber dennoch: wie soll man nicht den Hut ziehen vor diesem Verhalten!

Dank seinem Temperament, seiner Tapferkeit und Entschlossenheit war Trotzkij ohne Zweifel ein Mann mit scharfen kritischen Momenten, wenn er die Verantwortung auf sich nahm und bis ans Ende ging. Gerade deshalb spielte er eine derart große Rolle in der Oktoberrevolution, als er zum unersetzlichen Vollstrecker von Lenins Plan zur Machtergreifung wurde. Stalin hielt sich irgendwo versteckt, Kamenew und Sinowjew waren vor dem Risiko zurückgeschreckt und traten gegen Lenin auf, während Trotzkij bis zum Ende ging und kühn die nötigen Aktionen durchführte (bei denen – nebenbei bemerkt – Iljitsch keine große Tapferkeit bewies und unverzüglich den Argumenten seiner Umgebung beipflichtete, daß er sein kostbares Leben nicht in Gefahr bringen dürfe, also eilig verschwand) und ähnlichen Argumenten kein Gehör schenkte. Auch versteckte er sich nach dem mißglückten Juliaufstand nicht sofort wie Lenin, sondern begab sich in Kerenskijs Gefängnis.

Aber hier muß man auch gleich einen ernsten Mangel in Trotzkijs Charakter erwähnen. Er war ein bißchen zu sehr ein Mann der Pose. Überzeugt, in die Geschichte eingegangen zu sein, posierte er ständig für sie. Darin war er jedoch nicht immer erfolgreich. Manchmal war die Pose groß und gerechtfertigt durch die Rolle, die Trotzkij und seine soziale Revolution im Weltgeschehen gespielt hatte; so z. B. als die Sowjetmacht während des Bürgerkrieges an einem Haar hing: »Wir werden gehen, aber wir werden die Tür so zuschlagen, daß die ganze Welt erzittern wird.« Manchmal war dergleichen weniger gerechtfertigt. Es war noch erträglich, daß Trotzkij die Parade seiner Roten Armee auf einem Panzerspähwagen stehend abnahm, aber es kam auch vor, daß die Pose nicht paßte und lächerlich wirkte. Trotzkij bemerkte das nicht immer: man erinnere sich des Vorfalls mit der Tür im ZK-Plenum, von dem ich erzählt habe.

Die Strategie des Bürgerkrieges dirigierte dennoch mehr Lenin als Trotzkij. Doch in der Organisation der Roten Armee spielte dieser ohne Zweifel eine sehr große Rolle. Später war es dann anders. Hier muß ein Zug registriert werden, der nicht nur für Trotzkij allein charakteristisch ist. Zur Verwaltung des Landes, einzelner Gebiete sowie zur Organisation des Kampfes und der Wirtschaft wuchsen rasch fähige Leute heran und lernten.

Die Krassins, Sokolnikows und Syrzows wurden mit jedem Jahr bessere Staatsmänner. Auch in der Schule der Partei wuchsen solche Leute heran, wenn auch in geringerer Anzahl. Zum Beispiel der nicht ganz unbekannte Michail Iwanowitsch Kalinin, den Lenin teils wegen seiner Mehrheit ins Politbüro gebracht hatte, teils aber auch deswegen, um ständig einen Mann an der Hand zu haben, der das Dorf und die Psychologie der Bauern kannte und in diesem Zusammenhang unbestreitbare Dienste erwies. Als er sich aber an den Debatten zu beteiligen versuchte, die einige Kenntnis und Bildung verlangten, redete er die erste Zeit einen solchen Unsinn, daß die Mitglieder des Politbüros unwillkürlich lächelten. Was tat es? Zwei-drei Jahre später war Michail Iwanowitsch schon bedeutend gescheiter, kannte sich in vielen Dingen aus, machte häufig, da er von Natur aus einen gesunden Menschenverstand hatte, recht ordentliche Vorschläge und hörte auf, der Komiker der Truppe zu sein.

Der fähige Trotzkij, anfänglich nur ein talentierter Agitator, war auch mächtig an der organisatorischen und leitenden Arbeit gewachsen. Aber manchmal scheiterte er trotzdem. Nach Beendigung des Bürgerkrieges, als das Transportwesen völlig darniederlag und die Eisenbahner, da sie praktisch kein Gehalt bekamen, Gemüse zogen und sich mit Hamstereien beschäftigen mußten, um nicht Hungers zu sterben, folglich keine Zeit hatten, sich um Züge zu kümmern und also Züge nicht fuhren, ernannte Lenin seinen Feldherrn Trotzkij zum Volkskommissar für den Verkehr – nicht ohne den Hintergedanken, Trotzkij in eine dumme Lage zu bringen, wie schon ausgeführt. Nach Übernahme des Amtes verfaßte Trotzkij einen pathetischen Tagesbefehl: »Genossen Eisenbahner! Das Land und die Revolution gehen zugrunde durch den Zusammenbruch des Transports! Laßt uns sterben auf unseren Streckenposten, aber lassen wir die Züge durch!« In dem Befehl waren mehr Ausrufezeichen, als das Schicksal einem anderen Schriftsteller sein Lebtag lang zubilligt. Doch die Genossen Eisenbahner zogen es vor, in ihren Streckenhäuschen nicht zu sterben, sondern irgendwie zu leben, aber zu diesem Zweck mußten sie Kartoffeln anbauen und hamstern gehen. Züge fuhren also auch weiterhin nicht, und Lenin – der sein Ziel erreicht hatte – machte dem Durcheinander ein Ende, indem er Trotzkij als Volkskommissar des Verkehrswesens absetzte.

Es unterliegt keinem Zweifel, daß es auch in den ersten Zeiten während der Organisation der Roten Armee durch Trotzkij nicht ohne Schlagworte und Reden, Soldatenkomitees, gewählte Vorgesetzte, Wirrwarr, Demagogie und Banditentum abging. Doch wurde Trotzkij alsbald klar, daß man keine Armee ohne ein Minimum an militärischen Kenntnissen und militärischer Disziplin aufbauen kann. Er zog daher Spezialisten, die alten Offiziere der zaristischen Armee heran; die einen wurden mit hohen Rängen

[18] Ein weißrussisches antisemitisches Plakat aus dem Bürgerkrieg: der Jude Trotzki als bluttriefendes Monster des Kreml

[19] 1. Mai 1919. Auf dem Roten Platz nimmt Leo Trotzki als Vorsitzender des Revolutionären Militärrats eine Parade von Einheiten der Roten Armee ab

[20] Efraim M. Skljanskij, Trotzkis Stellvertreter im Revolutionären Militärrat

[21] Im Bürgerkrieg. Besprechung zwischen Béla Kun, Alfred Rosmer, Trotzki, Frunse und Gussew

[22] Kronstädter Aufstand, März 1921. Truppen der Roten Armee stürmen die von aufständischen Matrosen gehaltene Festung

[23] Michail Kalinin, Nachfolger Swerdlows als Vorsitzender des Allrussischen Zentralexekutivkomitees, im Gespräch mit Bauern. Aufnahme aus den 20er Jahren

[24] Leonid Krassin, Volkskommissar für Außenhandel, auf dem Londoner Bahnhof Kings Cross, anläßlich von Wirtschaftsverhandlungen mit Großbritannien, Mai 1920

[25] Führer der bolschewistischen Partei im Jahre 1920. Am Tisch v. l.: Wyschinskij, Kalinin, Bucharin, Stalin, Jagoda, Kamenew, Woroschilow, Lenin; ganz vorn Rykow

[26] Lenin unter Delegierten der 10. Allrussischen Konferenz der KPR (b), Mai 1921

[27] Lenin, seine Frau Krupskaja, seine Schwestern Anna Jelisarowa (unten r.), M. I. Uljanowa und sein Bruder D. I. Uljanow in Lenins Wohnung im Kreml, Herbst 1920

[28] Lenin und Stalin in Gorki, 1922

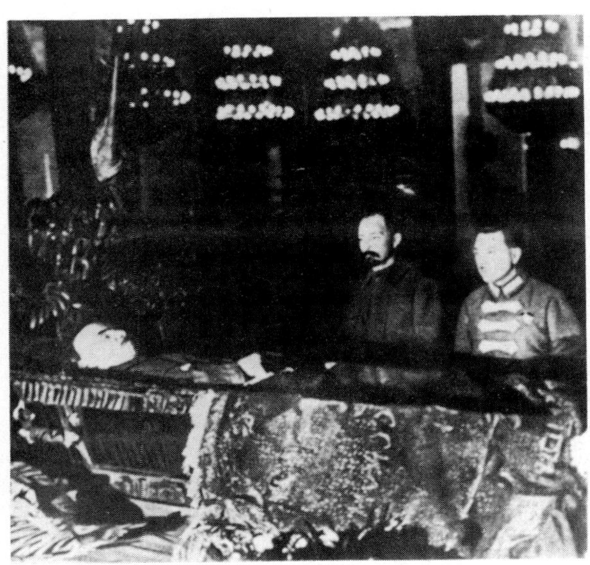

[29] Lenins Tod. Dserschinskij und Woroschilow am Sarg Lenins, Moskau, Januar 1924

[30] Der Trauerzug an der Kremlmauer im Schneetreiben

gekauft, die anderen einfach eingezogen und gezwungen, ihr Können unter der strengen Aufsicht kommunistischer Kommissare nutzbringend anzuwenden. Doch im Kampf um die Disziplin mußte man während des ganzen Bürgerkrieges gegen Stalin und Woroschilow kämpfen. Und Trotzkij selber lernte dabei ungeheuer viel und wandelte sich allmählich vom Agitator zum Organisator. Große Höhen erreichte er in diesem Geschäft dennoch nicht. Abgesehen von dem Fiasko im Transportwesen, brachte Trotzkij auch nichts Ordentliches zuwege, als es darum ging, seine Front im Machtkampf aufzubauen, und was die Organisation betrifft, schlug ihn jeder mittelmäßige Molotow auf der ganzen Linie. Allerdings rechnete Trotzkij damit, daß das Wichtigste in diesem politischen Kampf die großen Fragen der politischen Strategie sein würden, die »Politik des Fernzieles«, der Kampf auf dem Gebiet der Ideen. Hier folgte er offensichtlich Lenins Spuren und versuchte, Lenins Schemata und Rezepte zu kopieren, wobei er freilich in aller Öffentlichkeit seine Schwäche im Vergleich zu Lenin demonstrierte, der sich zwar sehr mit Fragen der politischen Strategie beschäftigt hatte, aber nicht weniger Wert den organisatorischen Fragen beimaß, zumal im Petersburger Umsturz 1917 die Organisation eine größere Rolle als die Politik gespielt hatte.

Hier muß ich noch einen schwachen Punkt Trotzkijs berühren, nämlich seine Talentlosigkeit als Theoretiker und Denker. Ich möchte sagen, daß Trotzkij der Typ des gläubigen Fanatikers war. Er glaubte zuerst an den Marxismus und dann an dessen Interpretation durch Lenin. Er glaubte unbeirrbar und sein ganzes Leben lang. Nie hat es bei ihm irgendeinen Zweifel am Dogma gegeben. In seinem Glauben war er hart im Geben wie im Nehmen. Er konnte nur vor seiner Partei kapitulieren, die er als die vollkommene Waffe der Weltrevolution betrachtete. Er glaubte blindlings. Aus solchen Menschen werden Assissis und Savanarolas, aber auch Trotzkijs und Hitlers. Diese Fanatiker ohne theoretisches oder philosophisches Denkvermögen haben einen viel größeren Einfluß auf die Geschicke der Menschheit als Hekatomben von Verstand und Weisheit.

Bei dem Versuch, die politischen Grundgedanken Trotzkijs zu ermitteln, fällt es nicht leicht, sich in dem Berg falscher Verdächtigungen zurechtzufinden, den zuerst die Anhänger Sinowjews und Kamenews anhäuften, dann die Stalinisten und schließlich Stalins Erben. In jedem Fall waren schon damals, als dieser Kampf in der Partei stattfand, für mich wie auch für alle bolschewistischen Gipfel die offene Verlogenheit und die ausgeklügelte Übertreibung des größten Teils aller Differenzen klar. Man mußte den Gegner abhalftern und die Macht erringen. Doch durfte dies ja nicht den Anschein haben, als wäre das ganze ein prinzipienloser Kampf der Spinnen im Glas. Es mußte vielmehr so aussehen, als ginge es um einen hochideologischen Kampf und Differenzen von außerordentlicher Wichtigkeit, von deren Ausgang und Entscheidung die ganze Zukunft der Revolution abhing. Indes waren es nur unbestimmte Zänkereien um inhaltslose Worte. Besonders viele solch eitler und tendenziöser Dispute wurden um die bekannte Theorie der »permanenten Revolution« Trotzkijs sowie um Stalins Idee vom »Aufbau des Sozialismus in einem Land« geführt. In Wirklichkeit bestand Trotzkijs Theorie darin, daß mit der Oktoberrevolution in Rußland die Epoche der sozialen Weltrevolution begonnen habe, die auch auf andere Länder übergreifen würde. Stets dieses Ziel vor Augen, habe man das kommunistische Rußland als Exerzierplatz und Basis zu betrachten, von denen aus man die revolutionäre Vorarbeit in andere Länder tragen und dort weiterführen könne. Das besagte aber keineswegs, daß man mit diesem Ziel vor Augen den Vorgängen in Rußland keine Bedeutung zu schenken habe. Im Gegenteil, nach Trotzkijs Idee mußte man den Kommunismus in Rußland aktiv aufbauen, zumal (und man muß sagen, daß Lenin bis zur Revolution diese Meinung durchaus geteilt hatte) die russische Revolution als isolierte Erscheinung allein kaum lange dem Druck der übrigen »kapitalistischen« Länder widerstehen könnte, die sie mit Waffengewalt zu unterdrücken versuchen würden.

Es ist klar zu ersehen, daß diese allgemeine Theorie der Weltrevolution – obgleich man Trotzkij vertrieben, umgebracht, verurteilt und dem Anathema preisgegeben hat – von den russischen Kommunisten unbeirrt fortgesetzt wurde und immer die strategische Hauptlinie des Kommunismus bilden wird.

Freilich mußte der russische Kommunismus unter dem Druck von Tatsachen und Erfahrungen einige der ursprünglichen pessimistischen Prognosen Lenins und Trotzkijs revidieren. Die Regierungen der großen »kapitalistischen« Staaten haben den russischen Kommunismus entgegen jedem gesunden Menschenverstand nicht nur nicht mit Waffengewalt gestürzt, sondern sogar mit Hilfe von allerlei Churchills und Roosevelts als Verräter der westlichen Kultur alles für die Rettung des Kommunismus getan, als ihm Gefahr drohte, und es so ermöglicht, daß er die halbe Welt erobern und zur Basis der Bedrohung des Menschengeschlechtes werden konnte. Einen solchen Grad von Verrat und politischer Idiotie vorauszusehen, war wirklich sehr schwer; hier muß ich für Lenin und Trotzkij eintreten: sie waren bei ihren Voraussetzungen davon ausgegangen, es mit normalen und geistig gesunden Gegnern zu tun zu haben.

Genau denselben Charakter ausgeklügelter Übertreibung hatten die Dispute über Stalins Theorie vom Aufbau des Sozialismus in einem Land. Stalin, der sich den Anschein geben wollte, ebenfalls fundamentale ideologische Differenzen mit Trotzkij zu haben, beschuldigte diesen Anfang

1925, daß er die Möglichkeit, den Sozialismus in einem Land, nämlich in Rußland, aufzubauen, wo die kommunistische Revolution schon stattgefunden habe, keine Bedeutung beimesse und »nicht an sie glaube«. Unglücklicherweise begannen gerade damals (März 1925) wieder die Zänkereien zwischen Sinowjew und Stalin. Sinowjew verbat sich alle Ausflüge Stalins in das Gebiet der allgemeinen Strategie und fand dessen Versuche, im Gewand des Theoretikers und Strategen aufzutreten, einfach komisch. Auf dem Märzplenum kam es zu Zusammenstößen, Stalin rächte sich an Sinowjew, indem er ihm bewies, daß die Mehrheit im ZK mehr wert ist als irgendeine Strategie. So wurden auch Sinowjews Thesen für das Vollzugskomitee der Komintern allein wegen der unsinnigen, inhaltslosen Plänkeleien, ob es um den »endgültigen« Sieg des Sozialismus gehe oder nicht, verworfen. Im folgenden April verdoppelten Sinowjew und Kamenew ihre Attacken auf Stalins Sozialismus in einem Land; man durfte nicht zulassen, daß Stalin als Kandidat gegen die Strategen und Führer der Revolution auftrat. Ende April berief Stalin die 14. Parteikonferenz ein, auf der man diese Frage besonders ausführlich erörterte. Wieder lief alles auf dieselben Spiegelfechtereien mit Worten hinaus. Kann der Sozialismus in einem Land aufgebaut werden? Die Frage ging schließlich darum, ob seine Feinde ihn mit Waffengewalt stürzen würden. Im achten Jahr der Revolution konnte man schon absehen, daß sich vorderhand niemand anschickte, ihn zu stürzen. Konnte man daraus ein Glaubensbekenntnis machen? Was für ein Sinn lag darin? Oder war anzunehmen, daß man sich vorderhand anstrengen müsse, dann werde man schon sehen, ob dies im wesentlichen bedeutungslos gewesen sei? Wieviel Tinte verspritzte nicht der Block Sinowjews nach seiner Entzweiung mit Stalin, um zu beweisen, daß dieser kein Revolutionär sei, die Weltrevolution aufgegeben habe und nur in lokale Angelegenheiten verstrickt sei!

Außer diesen künstlich erzeugten Fragen gab es natürlich auch Probleme von erstrangiger Bedeutung. Das wichtigste der Jahre 1925–1926 lautete, ob man die NEP als friedliche Rivalität zwischen den »kapitalistischen« Elementen (d. h. des freien Marktes, der wirtschaftlichen Freiheit und Initiative) und den kommunistischen beibehalten oder zur Politik der Jahre 1918–1919 zurückkehren und den Kommunismus mit Gewalt einführen sollte. Von dem Weg der sowjetischen Führung hing das Leben von Millionen von Menschen ab.

Praktisch war dies in erster Linie eine Frage des flachen Landes. Sollte man dem Bauerntum und seiner Wirtschaft die Möglichkeit geben, sich langsam zu entwickeln, ohne beide zu zerstören; oder sollte man vor nichts zurückschrecken und sie vernichten. Nach dem marxistischen Dogma waren die Bauern Kleineigentümer, also ein kleinbürgerliches Element. Da gab es natürlich auch die Frage, ob man überhaupt die Möglichkeit hatte, sie zu liquidieren. Lenin befürchtete, nicht über die nötigen Kräfte zu verfügen und zog eine allmählich fortschreitende Entwicklung mit freiwilligem und langsamem Beitritt der Bauern in die »Kooperative« (Kolchose) vor. Jetzt hatte nach Stalins Schätzung der gigantische Polizeiapparat mit Unterstützung der Armee soviel Macht und Kraft erreicht, daß die Schaffung eines allrussischen Zuchthauses möglich war.

Doch welcher Weg war der beste? Bucharin und Rykow, die sich einige Praxis angeeignet hatten, waren der Meinung, daß man Lenins NEP fortsetzen müsse. Im April 1925 gab Bucharin auf einer Versammlung des Moskauer Parteiaktivs seine berühmte Erklärung ab, daß die »Kollektivierung nicht der Hauptweg zum Sozialismus« sei und daß man dagegen die Forderung zur Entwicklung der Bauernwirtschaft erheben müsse, indem man den Bauern die Losung zuwarf: »Bereichert euch!« Streng gesprochen, war das die Wahl zwischen einem Weg des gesunden Menschenverstandes (der nicht kommunistisch war) oder einem Weg der kommunistischen Massenschlächterei (der nicht menschlich war). Bezeichnenderweise begriffen die Talentiertesten wie Bucharin, Sokolnikow, Krassin, Syrzow und deren Anhang (wie offenbar auch Lenin), daß der Zusammenbruch des Kommunismus auf der Hand lag und daß man deshalb den ersten Weg einschlagen müsse. Die wilden Fanatiker wie Trotzkij oder die ehrlosen Schaukelpolitiker wie Sinowjew, die lediglich nach der Macht strebten, und die völlig amoralischen Individuen wie Stalin begegneten einander aus verschiedenen Überlegungen auf dem gleichen Weg: die Einführung des Kommunismus mit Gewalt fortzusetzen.

Das gelang aber nicht sogleich. Im Jahre 1925 hatte Sinowjews Clan nichts gegen Bucharins Ansichten. Man wollte ihn erst im nächsten Jahr von der Macht entfernen, um ihn zu einer Kehrtwendung zu veranlassen und Trotzkijs Rezepte über die vorrangige Industrialisierung und den Druck auf das Dorf zu verteidigen. Stalin vertiefte sich aber nicht sonderlich in solche Ideen, sondern ordnete alles seinen Kombinationen unter. Deshalb unterstützte er nach dem Hinauswurf Sinowjews und Kamenews aus dem Politbüro im Jahre 1926 die Position Bucharins gegen die beiden und nahm diese Haltung noch während der Zertrümmerung des sinowjewistisch-trotzkistischen Blocks bis Ende 1927 ein. Dann beschloß er aber, sich von den alten Politmitgliedern Bucharin, Rykow und Tomskij zu trennen, um gleichzeitig ohne die geringste Verlegenheit die ganze Politik Sinowjews und Trotzkijs zu übernehmen, die er bisher verurteilt und gebrandmarkt hatte. Jetzt war er auch für die Industrialisierung und für die gewaltsame Kollektivierung und die Zerstörung des Dorfes. Und als ihm der Dezemberkongreß 1927 endlich eine feste, unerschütterliche

Mehrheit im ZK gab (die Frucht vieljähriger, unermüdlicher Arbeit), führte er diese Politik durch, indem er die alten Mitglieder des Politbüros entfernte und ruhig über Berge von Leichen auf seinen Kommunismus zuging.

In Wirklichkeit stießen in diesem Punkt Stalins und Trotzkijs Wege zusammen. Trotzkij war gleichfalls ein konsequenter, jedem gesunden Menschenverstand unzugänglicher Kommunist.

Indes muß man sich daran erinnern, daß sogar in seinem Testament Lenin vom »Nichtbolschewismus« Trotzkijs geschrieben hatte, den er übrigens nicht allzu hoch in Rechnung zu stellen riet. Faktisch bedeutete dies, daß er bis zur Revolution nicht zu Lenins Partei der Berufsrevolutionäre gehört hatte. Bekanntlich hatte sich Trotzkij bei seiner Rückkehr nach der Februarrevolution 1917 zuerst der Gruppe der Meschrajonka angeschlossen, mit der er aber im Sommer des gleichen Jahres schließlich in Lenins Organisation geriet. Trotzkij war also bis zur Revolution kein Bolschewik gewesen. Man muß dies als großes Kompliment verstehen. Die alten Mitglieder von Lenins bolschewistischer Organisation waren ein in Intrigen, Gezänk, Klatschereien versunkener Haufen, eine Kompanie amoralischer Strolche und Parasiten. Trotzkij vertrug weder die Sitten noch die Moral dieser Leute. Auch lebte er nicht auf Kosten der Parteikasse oder bürgerlicher Wohltäter wie Lenin, sondern verdiente sich seinen Lebensunterhalt als Journalist, dessen Artikel ich bis zum Krieg in der *Kievskaja mysl'* (Kiewer Denken) gelesen hatte. Ohne die spezifische Moral Lenins anzunehmen, war er im Gegensatz zu diesem ein ordentlicher Mensch. Obgleich ein unduldsamer Fanatiker, was seinen Glauben betraf, hatte er doch nicht die üblichen menschlichen Gefühle über Bord geworfen, sondern galt als treuer Freund und wahrheitsliebender Mann von elementarer Ehrenhaftigkeit. Er war tatsächlich kein leninistischer Bolschewik. Als ich Trotzkij bereits gut kannte, erfuhr ich mit Staunen, daß er der Sohn eines Bauern war. So seltsam es auch sein mag, daß es in den achtziger Jahren des vergangenen Jahrhunderts in Rußland noch jüdische Bauern gab, die säten und pflügten und ernteten und von ihrer Bauernarbeit lebten. Und sein Vater Bronstein war zudem noch ein guter Bauer und galt somit nach der bolschewistischen Theorie als Kulak. Welchen Einfluß diese Vertrautheit mit dem Dorf und der Wahrheit der Natur auf Trotzkij hatte, läßt sich nur vermuten.

Doch Trotzkij gab mir auch ein großes menschliches Rätsel auf. Als ich mich vom Kommunismus abwandte und über ihn nachzudenken begann, stellte ich mir unwillkürlich einige allgemeine Fragen, von denen mich die folgenden am meisten beschäftigten.

Unsere Zeit war vom Kampf des Kommunismus mit der alten christlichen Zivilisation erfüllt. Deshalb versuchte ich, dessen soziales Wesen zu bestimmen. Vor zwanzig Jahrhunderten, zur Zeit des römischen Kaiserreiches, war der Mensch des Menschen Wolf. Dann kam das Christentum und schlug vor: Weshalb sollten wir die menschliche Gesellschaft nicht so aufbauen, daß der Mensch nicht des Menschen Wolf, sondern dessen Freund und Bruder ist. Darin liegt die ganze Bedeutung des Christentums, wenn man nicht auf dessen sehr wichtige religiöse Komponente eingeht. Im Lauf von zwanzig Jahrhunderten sind diese Ideen – gut oder schlecht – als erstrebenswertes Ideal einem großen Teil der Menschheit zu Bewußtsein gekommen. Die sozialistische Idee ist in ihrer echten, nichtmarxistischen Form aus dem Christentum entstanden. Doch die lange Entwicklung dieser Ideen hat noch im 20. Jahrhundert die führenden christlichen Nationen nicht daran gehindert, sich gegenseitig zu Millionen auszurotten. Dennoch hat in jedem Fall unsere alte Zivilisation versucht, uns zu diesem Ideal hinzuführen. Kommunismus und Marxismus erscheinen als deren direkte Verneinung. In dieser Ideologie werden Mord, Gewalt und Massenvernichtung als Gesetz betrachtet. Der Mensch ist wieder des Menschen Wolf. Und die kommunistische Partei, dieser Apparat zum Aufbau der neuen Gesellschaft oder – wenn's beliebt – eines Sozialismus mit Wolfsschnauze, ist selbst nach dem Prinzip des Wolfsrudels beschaffen. Da gibt es keinen Freund, keinen Bruder, da gibt es nur »Genossen«. Was ist ein Genosse? Das ist einer, der mit dir in Reih und Glied geht (auch der Wolf ist des Wolfes Genosse); aber nur bis zu einem bestimmten Augenblick. Er kann zwanzig Jahre neben dir in Reih und Glied gehen, sich mit dir an Kämpfen und Mißerfolgen beteiligen, aber wenn er die Gesetze des Wolfsrudels verletzt oder aus irgendeinem Grund dem Rudel nicht mehr genehm ist, stürzt sich dieses augenblicklich auf ihn und zerreißt ihn. Erinnert uns das nicht an die Geschichte der Kommunistischen Partei? Er ist nicht Freund, nicht Bruder, nur Genosse – nicht mehr.

Weshalb und wozu verwirft der Kommunismus so entschieden die Idee der Freundschaft und Brüderschaft unter den Menschen? Weshalb strebt er danach, dieses Wolfszeichen zu errichten? Und weshalb siegt er, weshalb läuft man ihm nach? Meine nicht mehr ganz unerfahrene Jugend begannen die größten Zweifel zu plagen. Vielleicht war das Ideal der Bruderschaft eine nicht zu realisierende Utopie, ein lichtes Traumbild, geboren zu Galiläa – und nicht mehr als ein Traumbild, von der Geschichte widerlegt?

Ich weiß, daß der Mann immer ein brutales und gewalttätiges Wesen war, gleichgültig, ob er im Lauf der Jahrhunderte als Jäger, Soldat, Nomade oder sogar als Bauer in Erscheinung trat, stets im Kampf mit Gefahren, Feinden, Naturgewalten, wilden Tieren und Nachbarn. Die christliche Idee hat ihren direkten Widerhall eher bei den Frauen gefunden; ihrem ganzen biologischen Wesen nach neigt die Frau als Spenderin und Fortsetzerin des Lebens zur Liebe und zur Sorge für alles Schwache. Ihr ganzes Leben ist eine ununterbrochene Selbstaufopferung für ihre Kinder. Das christliche Ideal der Liebe und des Mitleids steht ihr von Natur aus nahe. Ich bin überzeugt, daß das Christentum über die eisernen Legionen Roms dank der Frau gesiegt hat. Zum männlichen Geschlecht paßt vielleicht die Gewalt, diese Wolfswelt besser, die mit solchem Erfolg den Kommunismus aufbaut . . .

Nehmen wir Trotzkij, einen überzeugten und aufrichtigen Mann. Wenn die Kommunisten behaupten, die Welt zu dem Zweck umkrempeln zu wollen, um die Ausbeutung des Menschen durch den Menschen zu beseitigen, so ist das eine zu homerischem Gelächter herausfordernde Lüge. Bei der ersten Gelegenheit und ohne die geringsten Bedenken ersetzen sie das, was sie als kapitalistische Ausbeutung bezeichnen, durch eine sozialistische Ausbeutung, von der ein Arbeiter früher nicht geträumt hätte. Wir meinen die unbezahlte Schwerarbeit von Millionen Zuchthäuslern und ihre unmenschliche Vernichtung. Aber Trotzkij war ein aufrichtiger Mann, der an seine Ideale glaubte. Also begriff er auch, daß alles Lüge war. Außerdem war er mit Lenin der Inspirator des Terrors, als er »Arbeiterarmeen« mit eiserner Disziplin vorschlug, wobei Arbeitsverweigerung die unverzügliche Erschießung bedeutete.

Und dennoch entbehrte Trotzkij nicht menschlicher Qualitäten. Er war ein guter Familienvater, hing sehr an seinen Kindern, die sich vor ihm verneigten, ihm ergeben waren und blindlings folgten. Ich kannte seine Tochter Sina, eine magere und gebrechliche junge Frau, die an Tbc litt. Sie sah ihrem Vater sehr ähnlich und war ebenso begeisterungsfähig und aufbrausend wie dieser. Natürlich kam sie in Stalins Gefängnissen um.

Und noch ein Zug von Trotzkij frappierte mich stets aufs neue, seine erstaunliche Naivität und schlechte Menschenkenntnis. Man hätte meinen können, daß er sein Leben lang nur Abstraktionen gesehen hatte und keine lebendigen Menschen. Besonders hatte er keine Ahnung von Stalin, über den er ein dickes Buch verfaßte.

Im Jahre 1930 schrieb ich anläßlich der Ausweisung Trotzkijs aus der UdSSR, daß ich sehr erstaunt sei und meinen Stalin nicht wiedererkenne, den ich so genau studiert hatte. Es hätte viel besser seiner Art entsprochen, mit Trotzkij so umzugehen wie etwa mit Frunse. Stalin hätten beliebig viele Möglichkeiten zu Gebote gestanden, Trotzkij zu vergiften: nicht direkt, das wäre zu auffällig gewesen, sondern mit Hilfe von Viren, Mikrobenkulturen oder radioaktiven Stoffen, um ihn dann mit Pomp auf dem Roten Platz zu bestatten. Statt dessen schickte er Trotzkij ins Ausland. Ich schloß meine Ausführungen mit dem Satz: »Im allgemeinen ist es unverständlich, warum

Stalin nicht bei seiner üblichen Methode blieb, die so gut seinen Gewohnheiten und seinem Charakter entspricht. Schließlich ist es aber durchaus möglich, daß Stalin es vorteilhafter findet, Trotzkij nicht in der UdSSR, sondern im Ausland umzubringen.«

Im Jahre 1940 war Trotzkijs letzte Arbeit das Buch über Stalin, das ihn sein Tod nicht mehr vollenden ließ. Dennoch schrieb er noch über 500 Seiten, von denen die letzten wahrscheinlich in den letzten Lebenstagen entstanden. Dort heißt es: »Gelegentlich meiner Ausweisung in die Türkei im Februar 1929 schreibt Baschanow . . .« Dann folgen auf einer halben Druckseite Zitate aus meinem Buch. Anschließend fährt Trotzkij fort: »Als Baschanows Buch 1930 erschien, hielt ich es für bloße Literatur. Nach den ›Moskauer Prozessen‹ nahm ich es ernster.« Und im weiteren vermutet er, daß ich in Stalins Sekretariat, das ich 1926 verließ, etwas in dieser Angelegenheit gehört hätte und wisse. Das heißt, daß Trotzkij das, was für mich schon 1930 klar war und woran ich nie gezweifelt hatte, daß ihn nämlich Stalin im nötigen Augenblick (der mit Kriegsbeginn Dringlichkeitscharakter angenommen hatte) umbringen würde, erst kurz vor seinem Tod »ernst zu nehmen« begann. Und selbst dazu mußte er noch annehmen, daß Baschanow irgend etwas im Jahre 1926 gehört hatte. Vermochte er sich tatsächlich nicht vorzustellen, wer Stalin war? Welch bestürzende Naivität, welch ein Mangel an Menschenkenntnis.

Die übrigen Mitglieder des Politbüros

Drei Jahre lang war Grigorij Jewsejewitsch Sinowjew die Nummer Eins des Kommunismus, um dann im Laufe eines Jahrzehnts allmählich in den Keller der Lubjanka abzusteigen, wo auch er sein Leben beschloß. Nachfolger Lenins als Parteiführer, wurde er von der Partei als echter Führer nie anerkannt. Auf den ersten Blick mochte es scheinen, daß dies seine Niederlage beschleunigte. Tatsächlich wurde aber Sieg oder Niederlage in diesem Kampf um die Macht von anderen Ursachen bestimmt als von Popularität oder Anerkennung des Vorranges. Unter diesen Ursachen gab es auch einige, die bisher zu wenig beachtet wurden; deshalb soll von ihnen ausführlicher gesprochen werden.

Sinowjew war ein kluger und gebildeter Mann. Als geschickter Intrigant hatte er die lange Leninsche Schule der vorrevolutionären Bolschewiken absolviert. Ungewöhnlich feige, wie er war, hatte er nie die Neigung verspürt, sich den Risiken der Illegalität auszusetzen, so daß er bis zur Revolution fast ausschließlich im Ausland gelebt hatte. Selbst im Sommer 1917 war er nicht sonderlich von den Unwägbarkeiten eines revolutionären Umsturzes angetan und stellte sich gegen Lenin. Nach der Revolution verzieh ihm dieser jedoch sehr schnell und stellte ihn Anfang 1919 an die Spitze der Komintern.

Seitdem nahm Sinowjew verständig und vorsichtig die Stellung von Lenins Schüler und Nachfolger ein. Das war vorteilhaft, um Ansprüche als Lenins Erbe zu stellen. Doch leider zeigte er sich in keiner Beziehung – weder als Theoretiker noch als Mann der großen Politik oder als Organisator – der Situation gewachsen. Als Theoretiker gab er nichts; seine Versuche in den Jahren 1925–1926 (die Philosophie der Epoche bestand nach Sinowjew in dem Streben nach Gleichheit) standen weder mit den Zielen noch mit der Praxis des Kommunismus in irgendeiner Verbindung und wurden von der Partei sehr gleichgültig aufgenommen. Auf dem Gebiet der großen Politstrategie ordnete er alles der kleinlichen Taktik des Machtkampfes unter und war nur darauf bedacht, wütend alles zu verwerfen, was Trotzkij sagte, um dann nach seiner eigenen Verdrängung aus dem Machtzentrum sogleich alle Positionen Trotzkijs anzunehmen, auch wenn sie geradezu das Gegenteil von dem waren, was er bisher vertreten hatte, einzig deshalb, um mit diesem einen Block gegen Stalin zu bilden. Auf organisatorischem Gebiet schließlich vermochte er nur die zweite Hauptstadt, Leningrad, fest in seine Hände zu bringen, was aber für einen Erfolg etwas zu wenig war. Auch die Komintern stand unter seinem Kommando, aber das war noch weniger. Wer Hausherr im Kreml war, konnte jeden beliebigen zum Leiter der Komintern ernennen, eine Zeitlang setzte Stalin sogar Molotow ein.

Als Sinowjew im Frühjahr 1922 Stalin auf den Posten des Generalsekretärs der Partei hievte, glaubte er wohl, daß die Positionen, die er in der Komintern und im Politbüro einnahm, weitaus wichtiger seien als die Position an der Spitze des Parteiapparates. Das war jedoch eine Fehleinschätzung und ein Mißverständnis der in der Partei vorgehenden Prozesse, die alle Macht in die Hände des Apparates legte. Insbesondere hätte es für Leute, die um die Macht kämpften, eine völlig klare Sache sein müssen, daß man einer Mehrheit im ZK bedurfte, um an die Macht zu kommen. Das ZK wurde wieder vom Parteikongreß gewählt. Um ein ZK nach eigenem Bedarf zu wählen, mußte man die Mehrheit im Kongreß haben. Und zu diesem Zweck brauchte man die Mehrheit der Parteidelegierten aus den Gouvernements-, Gebiets- und Landesorganisationen der Partei. Indes wurden diese Delegationen weniger gewählt, als von den Leitern der örtlichen Parteiapparate, den Sekretären und deren engsten Mitarbeitern, ausgesucht. Seine Leute auszuwählen und sie als Sekretäre und Vertrauensleute in den Gouvernementskomitees unterzubringen, war die Methode, um sich die Mehrheit auf den Kongressen zu sichern. Mit dieser Auswahl beschäftigten sich Stalin und Molotow systematisch schon mehrere Jahre lang. Nicht überall ging derlei glatt und einfach. So war z. B. das ZK der Ukraine kompliziert und schwierig, da es einige Gouvernementskomitees hatte. Man mußte kombinieren, absetzen, changieren, bald als ersten Sekretär des ZK der Ukraine Kaganowitsch einsetzen, damit er Ordnung in den Apparat bringe, bald wieder umstellen, hier die gefügigen und dort die widerspenstigen ukrainischen Funktionäre entfernen. Doch im Jahre 1925 war dieser Auf- und Umstellungsprozeß der Schachfiguren ausgestanden. Sinowjew merkte das erst, als es schon zu spät war. Mir scheint, den Sinn dieser Arbeit Stalins hätte man früher begreifen können.

Auf dem Kongreß des Jahres 1924 hielt Sinowjew zum zweiten und letzten Mal den politischen Rechenschaftsbericht des ZK. Noch einige Tage vor dem Kongreß hatte er offenbar nicht gewußt, worüber er referieren sollte. Er fragte mich, ob ich nicht eine Analyse der Arbeit des Politbüros für das verflossene Jahr machen könnte. Ich tat es, indem ich in Form kommentierten Materials zusammenstellte, womit sich das Politbüro hauptsächlich beschäftigt hatte, ohne eine Ahnung zu haben, daß die Form eine größere Rolle als das Material spielen sollte. Zu meinem großen Staunen klammerte sich Sinowjew geradezu an dieses Material und hielt sein Referat etwa so: »Nun, Genossen, in diesem Jahr haben wir uns damit und damit bschäftigt und das und das getan . . .« Ich war bestürzt. Ein echter Parteiführer mußte grundlegende, wesentliche Probleme des Parteilebens und die Wege der Revolution herausarbeiten. Statt dessen ein seichter Bericht mit langweiligen Aufzählungen! Zufällig diente mein Material als Kernstück dieser buchhalterischen Entlastung. Ich überzeugte mich, daß Sinowjew keinen echten Schwung und keine echte Tiefe hatte.

Ich weiß nicht recht warum, aber Sinowjew war nicht beliebt in der Partei. Er hatte seine Mängel, liebte die Genüsse des Lebens, war stets vom Clan seiner Leute umgeben, dazu ein Feigling und Intrigant. Politisch kann man ihn nicht als großen Mann bezeichnen, aber die anderen um ihn herum waren nicht besser und manche noch viel schlechter. Die an der Parteispitze kolportierten Bonmots waren wenig schmeichelhaft für ihn: »Hütet euch vor Sinowjew und Stalin: Stalin verrät, Sinowjew rennt davon.«

Trotz allem hatte er einen Zug mit Lenin und Stalin gemein: er strebte gierig nach der Macht. Natürlich war es keine alles verschlingende Leidenschaft wie bei Stalin, er war nicht abgeneigt, das Leben zu genießen, aber wirklich nur dessen wichtigste und beste Seite – durchaus nicht so, wie es der wenig ehrgeizige Kamenew hielt.

Zu seinem Unglück befand sich Lew Borisowitsch Kamenew in Sinowjews Hand, der ihn in alle seine politischen Kombinationen hineinzog und verwickelte. An sich war er ein gar nicht machtgieriger, gutmütiger und dazu ziemlich »bourgeoiser« Mann. Allerdings war er ein alter Bolschewik, aber kein Feigling, er nahm die Risiken der revolutionären Illegalität auf sich, wurde des öfteren verhaftet und befand sich während des Krieges in der Verbannung, aus der ihn erst die Revolution befreite. Dann geriet er in Sinowjews Einflußbereich und folgte ihm auf Schritt und Tritt, besonders in der Ablehnung von Lenins Plan der gewaltsamen Machtergreifung. Nachher schlug er eine Koalitionsregierung mit anderen Parteien vor und reichte seinen Abschied ein; doch bald darauf tauchte er wieder mit Sinowjew auf, wurde Vorsitzender des Moskauer Sowjets und dann Lenins außerordentlich nützlicher Stellvertreter in allen wirtschaftlichen Angelegenheiten. Seit Lenins Krankheit leitete er faktisch das gesamte Wirtschaftsleben des Landes. Doch Sinowjew spannte ihn als Beipferd in die Troika ein; dort vertrat er drei Jahre lang Lenin in allen praktischen Angelegenheiten. Er war Vorsitzender des Politbüros, des Rates der Volkskommissare sowie des Arbeits- und Verteidigungsrates.

Kamenew war ein gescheiter Mann, gebildet, mit Talent für einen guten

Staatsmann oder Technokraten, wie man heute sagen würde. Wäre da nicht der Kommunismus gewesen, hätte er einen guten sozialistischen Minister in jedem kapitalistischen Land abgegeben.

Verheiratet war er mit Olga Dawidowna, einer Schwester Trotzkijs. Sein Sohn Ljutik, noch sehr jung, wandelte auf Pfaden, die man in der Partei als »bourgeoise Zersetzung« bezeichnete. Gelage, Ausnutzung der gesellschaftlichen Stellung seines Vaters, Schauspielerinnen. In der Partei gab es noch Leute, die sich den Glauben an die Idee bewahrt hatten, sich also aufregten. Es wurde sogar ein Theaterstück »Der Sohn des Volkskommissars« verfaßt, in dem es so einen Ljutik Kamenew gab. Das Stück stand sogar auf dem Spielplan eines Moskauer Theaters. Natürlich war aus verschiedenen Details nicht schwer zu ersehen, um wen es ging. Man rief Kamenew aus dem Agitprop des ZK an, wie man sich verhalten solle. Kamenew fragte Stalin wegen des Stückes. Stalin sagte: »Na, laßt sie spielen.« Kamenew kam in der Troika darauf zu sprechen und forderte die Absetzung des Stückes, weil es die öffentliche Diskreditierung eines Mitglieds des Politbüros sei. Sinowjew meinte, man solle der Sache keinerlei Aufmerksamkeit schenken, das wäre das beste. Wenn Kamenew das Stück verbiete, gestehe er ein, daß von ihm die Rede sei. Er erinnerte an die Geschichte mit den »Herren Obmanows«, der Roman sei auch nicht verboten worden; obgleich der Text eine Menge von Einzelheiten enthielt, aus denen eindeutig hervorging, um wen es sich handelte, habe es der Zar unter seiner Würde gefunden, durch ein Verbot des Buches einzugestehen, daß es um seine Familie ging, und der Roman sei weiter vertrieben worden.*
»Ich danke Ihnen, Henry«, antwortete Kamenew (das war Shakespeare), »und man weiß ja, was für ein Ende es genommen hat« (das war von Kamenew). Schließlich wurde vereinbart, das Stück nicht zu verbieten, aber den nötigen Druck auszuüben, damit es aus dem Spielplan verschwinde.

Auf dem Gebiet der Intrige, Gerissenheit und Zähigkeit war Kamenew überhaupt schwach. Offiziell »saß er auf Moskau«, die Hauptstadt zählte als seine Wotschina (Stamm-, Erbgut) wie Leningrad als die Sinowjews. Nur hatte Sinowjew in Leningrad seinen Clan organisiert und dadurch die zweite Hauptstadt fest in der Hand, während Kamenew diese Technik fremd war, er besaß keinen eigenen Clan, und in Moskau saß er nur auf Grund seiner Trägheit. Wir werden sehen, wie er die Stadt samt allem anderen verlor.

*Der revolutionäre Schriftsteller Amfiteatrow hatte 1901 mit den »Herren Obmanows« (Betrüger) = Romanows eine scharfe Satire auf die Zarenfamilie verfaßt.

Olga Dawidowna leitete die WOKS (Allrussische Gesellschaft für kulturelle Beziehungen mit dem Ausland), eine Stelle, wo man die zwecks Aufütterung ins Ausland reisenden sowjetischen Literaten (die zuverlässigen nur, versteht sich, vom Schlage Majakowskijs und Ehrenburgs) unterstützte und die zwecks Auffütterung und zur Bestaunung der sowjetischen potemkinschen Dörfer angereisten ausländischen Literaten sowie andere »Kulturschaffende« betreute. Die ganze Einrichtung hatte das Aussehen einer großen Theatervorstellung, die von Olga Dawidowna erfolgreich geleitet wurde.

Von den übrigen Mitgliedern des Politbüros waren weder Rykow noch Tomskij Führerpersönlichkeiten und strebten auch keine Führerschaft an. Alexej Iwanowitsch Rykow leitete bis zur Revolution die illegale Tätigkeit in Rußland, war aber auch mit Lenin in der Emigration. Nach der Revolution wurde er Innenminister, doch war das keine Tätigkeit für ihn. Die Revolution brauchte die Tscheka, die Wand, den Revolver, während Rykow ein friedlicher Mann und ein Technokrat war. So wurde er Vorsitzender des Obersten Volkswirtschaftsrates und nach Lenins Tod nomineller Regierungschef. Er hatte eine russische Schwäche: er trank gern. Die Bevölkerung nannte deshalb den Wodka »Rykowka«. Das kränkte ihn sehr. Wenn er sich im Kreis der sowjetischen Magnaten wieder einmal vollaufen ließ, sagte er stotternd wie immer: »Ich b-begreife nicht, warum sie ihn R-Rykowka nennen.« Er hatte weder besondere Talente noch besondere Schwächen. Gesunder Sinn war ohne Zweifel vorhanden. Der stürzte auch Rykow ins Verderben, als Stalin seine gespenstische Kollektivierung aufzog. Trotz seiner maßvollen Zurückhaltung und Vorsicht konnte Rykow eine solche Zertrümmerung des Dorfes und der Landwirtschaft nicht mitansehen. So beschritt er den Weg der Opposition, und unter Stalin führte der in den Keller der Lubjanka. Dorthin kam er denn auch 1938 nach allen jenen erniedrigenden Komödien, an denen sich Stalin bei der Vernichtung seiner Opfer weidete.

Mischa Tomskij stand an der Spitze der sowjetischen Gewerkschaften. Ins ZK kam er 1919, ins Organisationsbüro 1921, ins Politbüro 1922. Er gehörte zur Gruppe der vorsichtigen Tschekisten, beteiligte sich nicht am Kampf um die Macht und schlug sich rechtzeitig auf die Seite der Sieger, wenn diese schon eindeutig feststanden. Er hatte ebenfalls einen schwachen Punkt: er hörte schlecht. Auf den Sitzungen des Politbüros stellte er sich bei ihn besonders interessierenden Fragen direkt vor den Redner, um zu hören, was dieser sagte. Er war so farblos wie das von ihm repräsentierte Amt im sowjetischen System. Obgleich Tomskij rechtzeitig auf Stalins Seite überging, kam der Augenblick, da sich Stalin schon durch die Tatsache beunruhigt fühlte, daß dieses alte Mitglied des Politbüros aus Lenins

Zeiten alles über ihn wußte; ungeachtet aller äußeren Anzeichen der Unterwürfigkeit schien er in seiner Seele trotzdem die Qualitäten des »großen und genialen« Führers nicht so recht anzuerkennen. Und obgleich sich Tomskij sehr bemühte, jeglicher oppositionellen Regung aus dem Weg zu gehen, fand es Stalin 1936 an der Zeit, auch ihn zu liquidieren. Im übrigen ging Tomskij nicht den üblichen Weg der stalinschen Opfer; als man ihn verhaften wollte, erschoß er sich.

Nikolaj Iwanowitsch Bucharin war eines der fähigsten Mitglieder und eine der lichtesten Erscheinungen des Politbüros. Als lebhafter und geistreicher Mann zog er alle Sympathien auf sich. Sogar Lenin bezeichnete ihn im »Testament« als Liebling der Partei. Er war zwar auch ein alter Leninist und hatte sich mit diesen im Ausland befunden, war aber klug genug, sich nicht allzusehr an den Intrigen und den kleinlichen Kämpfen hinter den Kulissen zu beteiligen. Er war vor allem, und mehr als alles andere, ein Mann der Feder, ein Journalist und Publizist. Als Chefredakteur der *Prawda* verwandelte er das Zentralorgan der Partei in eine Zeitung, die beständig den Ton auf der ganzen Führungslinie angab. Mitglied des ZK war er seit langem, doch Kandidat des Politbüros wurde er erst nach dem 10. Parteikongreß 1921. Damals wählte man ihn zum dritten Kandidaten, aber schon im folgenden Jahr nach dem Kongreß zum ersten; und da jetzt Lenin praktisch aus dem Politbüro ausgeschieden war und auf den Sitzungen fehlte, beteiligte sich Bucharin an der Arbeit des Politbüros als gleichberechtigtes Mitglied. Im Jahre 1924 wurde er nach Lenins Tod Mitglied des Politbüros.

In der Partei war eine falsche Charakteristik Bucharins als Scholastiker und Dogmatiker verbreitet. In Wirklichkeit war er gar kein Dogmatiker und noch weniger ein Theoretiker. In den ersten zwei Jahren des Kommunismus glaubte er wie alle anderen Parteiführer, daß eine neue kommunistische Gesellschaft aufgebaut werde – und so schrieb er mit der gewandten Feder des Vulgarisators eine Arbeit mit der Auslegung aller künftigen marxistischen Wohltaten unter dem Titel »Die Ökonomik der Übergangsperiode« und dann zusammen mit Preobraschenskij das sehr populäre »Abc des Kommunismus«, nach dem die ganze Partei und besonders die Parteijugend lernte. In Wirklichkeit stand in beiden Büchern das, was damals auch die anderen Parteiführer sagten, Lenin nicht ausgeschlossen. Als sich jedoch der bevorstehende Zusammenbruch des Kommunismus abzeichnete und Lenin die Kehrtwendung mit der NEP machen mußte, kamen die anderen Parteiführer wegen dieser Geschichte mit heiler Haut davon, weil sie solche Arbeiten nicht geschrieben hatten, während es Bucharin und seine kurzsichtige kommunistische Gesellschaft zu desavouieren galt und ebenso seine zwei Bücher, die man in aller Stille aufkaufte, sammelte und vernichtete. Bucharin selber wurde das Etikett eines Theoretikers und Dogmatikers umgehängt. In Wirklichkeit war ihm nur etwas mißlungen. Sein Beruf war das Schreiben. So schrieb er auch, was andere sagten und dachten. Die anderen verleugneten dann, was sie gesagt hatten, aber das, was mit der Feder geschrieben ist, hackst du nicht mit dem Beil heraus, sagt ein russisches Sprichwort. Und die Opponenten witzelten grobschlächtig: »Herrlich geht's bei uns im Politbüro zu: zwei stottern (nämlich Molotow und Rykow), einer irrt (Bucharin) und einer schmeißt hinaus« (das war natürlich Genosse Stalin).

In Wirklichkeit war Bucharin ein gescheiter und fähiger Mann. Er trug auf den Sitzungen des Politbüros keine marxistischen Dummheiten vor, sondern sprach im Gegenteil konkret zur Sache. Er sprach sachlich, war geistreich und spielte mit den Gedanken. Was er kunstvoll zu verbergen verstand, war die Tiefe seines Machtstrebens. In dieser Hinsicht war er ganz Lenins Schüler, dessen Unterweisungen an ihm nicht spurlos vorübergegangen waren. Damals jedoch, da sich alles durch die Eroberung des Machtapparates entschied, hatte er keine andere Chance außer der einen, im zweiten Glied zu stehen und sich an den Intrigen an der Parteispitze zu beteiligen. In jedem Fall fiel ihm die erste schwere Wahl zwischen Sinowjew und Stalin sehr leicht: er ging erfolgreich durch das enge Tor in das Lager des Siegers.

Im Institut der Roten Professur, das eine Reserve junger Parteikarrieristen darstellte, deren größter Teil vornehmlich damit beschäftigt war, das Problem zu lösen, auf welches Pferd man zu setzen habe, war die Mehrheit auf Seiten Bucharins. Er imponierte ihnen durch seine Talentiertheit. Trotzkij war ebenfalls talentiert, aber offensichtlich schon geschlagen. Sinowjew betrachtete man nicht als Führer, während Stalin keinerlei Achtung oder Vertrauen genoß. So bildete sich um Bucharin eine Gruppe ziemlich gebildeter und oft auch fähiger Parteimitglieder. Im Laufe mehrerer Jahre, solange Bucharin zur Parteispitze zählte, wurden aus ihnen jene Kader gebildet, in denen man einige Bildung und Kultur brauchte, nämlich die Leiter der Agitprop- und der Presseabteilung des ZK; auch die Redaktion der *Prawda* und die Leiter der sowjetischen Geschichte, Philosophie usw. stammten aus diesem Kreis. Ihm gehörten Sten, die Brüder Slepkow, Astrow, Marezkij, Stezkij, Karew, Lominadse, Pospelow, Mitin und andere an. Die Opposition belegte sie mit dem verächtlichen Sammelnamen der »Stezkijs-Marezkijs«. Sie gaben jahrelang den Ton im Pressewesen an, doch auf Bucharins Sturz folgte ihre erbarmungslose Säuberung; im Jahre 1932 war der größte Teil von ihnen aus der Partei ausgeschlossen, um 1937/1938 erschossen zu werden.

Daß Bucharin im Entscheidungskampf der Jahre 1925/1926 nicht auf

Sinowjews Seite überging, wurde damit belohnt, daß man ihn an Sinowjews Stelle an die Spitze der Komintern stellte. Für Stalin war diese Ernennung eine Übergangslösung. Es war ihm unangenehm, daß die Komintern von einem russischen Mitglied des Politbüros geleitet wurde, während sie doch formell gewissermaßen die höchste Instanz des Weltkommunismus bildete und daher über Stalin stand. So wurde Bucharin alsbald vom folgsamen Molotow abgelöst und dieser wiederum von dem Bulgaren Dimitroff.

Zu Bucharins Ehre muß gesagt werden, daß er das stalinistische Massaker (auf Biegen und Brechen den Kommunismus einzuführen und vor allem die Bauernschaft auszurotten) nicht mitmachte. Er hätte wie alle anderen vom Schlage Molotows und Kaganowitschs nach der Pfeife des neuen Hausherrn tanzen können; und das um so mehr, als er keinerlei Sympathien für die Opposition Sinowjews und Trotzkijs hegte, zumal er keinen großen Unterscheid zwischen ihrer und Stalins Politik sah.

Und als Stalin endgültig seinen Weg gewählt hatte, nämlich die Aufhebung der NEP und die Vernichtung des Dorfes, trat Bucharin energisch dagegen auf. Stalin entfernte ihn von der Macht, Bucharin ging zur Opposition über. Doch obwohl ihn Stalins Handlanger vorsorglich als Trotzkisten einstuften, ist dieses Amalgam von A bis Z erfunden, denn Bucharin stand dem Trotzkij-Sinowjew-Block ebenso fern wie Stalins Politik. Viele Jahre lang verfolgte ihn Stalin in gemäßigter Form. Erst im Februar 1937 ließ er Bucharin aus dem ZK ausschließen. Aber dann packte er zu. Nach einer der üblichen miesen Gerichtskomödien stieg auch Bucharin im März 1938 in den Keller der Lubjanka hinab.

Wenn man die offizielle Geschichte der KPdSU vom Jahre 1976 liest, kann man nur staunen. Stalin ist längst vom Podest gestürzt. Stalingrad heißt Wolgograd. Weshalb hat man nicht auch die albernen und sinnlosen Beschuldigungen Stalins gegen Bucharin sowie gegen viele andere hervorragende Kommunisten widerrufen? Um so mehr, als die Partei eine Reihe angesehener Mitglieder »rehabilitiert«, d. h. öffentlich anerkannt hat, daß die von Stalins Lakaien gegen sie vorgebrachten Anschuldigungen erfunden waren.

Der Schlüssel zum Verständnis dafür, warum man den einen »rehabilitiert« und die anderen nicht, besteht in folgendem.

Ein für allemal gilt in der Partei das Prinzip, daß sie niemals irrt und daß sie immer recht hat. Von diesem Prinzip weicht sie nie ab, ihre ganze offizielle Geschichte beruht auf diesem Prinzip. Nehmen wir den Fall eines angesehenen und fähigen Parteimannes wie etwa Bucharin. Er ist offenbar in wichtigen Umbruchsituationen der Parteigeschichte mit richtigen und vernünftigen Vorschlägen aufgetreten, während von Parteikongressen,

Parteikonferenzen und den Vollversammlungen des ZK seine Ansichten »verurteilt« wurden. Das heißt mit anderen Worten, die schlotternden Sklaven Stalins haben die vom Hausherrn diktierten Beschlüsse angenommen. Falls Stalin geruht hätte, die entgegengesetzten Beschlüsse zu diktieren, hätte das Sklavengesindel »mit Enthusiasmus« und »endlosen Ovationen« auch für diese gestimmt. Also sind diese Beschlüsse der Kongresse und Konferenzen ihrem Wesen nach reine Fiktion. Die Parteiführer und die Parteihistoriker wissen das sehr wohl. Doch unter den verschiedenartigen und vielseitigen Lügenarten, auf deren Fundament die kommunistische Partei sich gründet, spielt dies eine nützliche Rolle. Ihre Aufgabe besteht darin, das Prinzip der Unfehlbarkeit der Partei, die niemals irrt, zu bestätigen. Daran ändert auch der Umstand nichts, daß dies keineswegs die Partei, sondern ein Haufen feiger und terrorisierter Lakaien war, die ihre Hände auf Stalins Weisung hoben. Für die Beachtung des verlogenen Prinzips ist auch das ein unfehlbarer Parteibeschluß. Und Bucharins Meinungen waren dagegen. Also Anathema! Und Bucharin bleibt in der Parteigeschichte für immer ein Feind. Man lese sie nur. Jedem wird unaufhörlich erklärt, daß Bucharin stets im Unrecht war, stets geirrt hat, stets gegen die Partei aufgetreten ist usw. Natürlich sind die Zeiten Stalins vorbei, da dieses Vorgehen völlig unsinnige Formen annahm und allerlei Eisensteins zweiter Wahl, um Stalin zu gefallen, »historische« Filme zusammenschusterten, in denen der geniale und weise Stalin majestätisch durch die Seiten der Geschichte schreitet und der kleine niederträchtige Verräter Bucharin ihm nachläuft und irgendwen beiseite nimmt und ihm verräterisch zuflüstert: »Nur auf die Kulaken müssen wir setzen, sonst sind wir verloren . . .« und so weiter in dieser Tonart. Jetzt herrscht ein anderer Stil, doch eine »Rehabilitierung« Bucharins, d. h. das Geständnis, daß man ihn durch eine feige Parteilüge in der Versenkung verschwinden ließ, ist nach wie vor unmöglich, denn die Partei hat immer recht.

Aus den gleichen Gründen ist die »Rehabilitierung« jedes beliebigen anderen Parteihäuptlings nicht möglich, gegen den zu Stalins Zeiten von den Parteiinstanzen Resolutionen gefaßt wurden. Im Gegenteil. Nehmen wir nur den Fall Tuchatschewskij, Blücher und Jegorow. Lauter Militärs, die weitab von allem Parteileben standen und darin keinerlei Rolle spielten und sich auch nicht einmischten. Stalin befand es für gut, sie zu erschießen, weil man sie als deutsche, japanische oder anderen Spione »entlarvt« hatte wie Trotzkij. Doch die Parteikongresse und Parteikonferenzen hatten sie keiner Abweichungen beschuldigt. Und als die Zeit gekommen war, um einzugestehen, daß Genosse Stalin im »Personenkult« etwas zu weit gegangen war, gab es kein Hindernis, die Tuchatschewskijs und Blüchers zu »rehabilitieren«. Es war ein Fehler (Stalins oder Jeshows oder sonst jemandes), aber der Fehler irgendeines Mannes oder Organs, doch nicht der Partei; also konnte man zugeben, daß sich irgend jemand geirrt hatte (am besten irgendein kleiner Iwan Iwanowitsch irgendeiner möglichst untergeordneten Stelle), was dem grundlegenden Prinzip keinen Abbruch tat, daß die Partei immer recht hat.

Das ist der Grund, warum eine Reihe von Parteileuten, die keinen sichtbaren Anteil an den anerkannten Oppositionen genommen hatten, rehabilitiert werden können, doch andere zu rehabilitieren, etwa Trotzkij oder Sinowjew, ist völlig unmöglich. Und der Schöpfer der Roten Armee oder der erste Vorsitzende der Komintern, sie werden weiterhin als ausländische Spione und Feinde des Kommunismus gelten. Falls sich aber plötzlich alles ändern und es eines schönen Tages möglich sein sollte, in der Partei über sie die Wahrheit zu sagen und zu schreiben, dann darf man mit allem Grund annehmen, daß diese Partei nicht mehr kommunistisch ist.

Noch einige Worte über die zwei letzten Kandidaten des leninistischen Politbüros, Kalinin und Molotow.

Eigentlich kann man über Kalinin nicht viel sagen. Eine völlig farblose Figur, der dekorative »allrussische Bauernschulze« war von Lenin wohl irrtümlich ins Politbüro gebracht worden. Dort duldete man ihn, ohne auf ihn zu zählen. Bei offiziellen Zeremonien entledigte er sich seiner talmibäuerlichen Funktionen mit einigem Erfolg. Nie hatte er irgendwelche Prätentionen auf irgendeine selbständige Tätigkeit, und stets folgte er demütig dem, der an der Macht war. Für jeden Fall schob ihm die GPU, um kompromittierendes Material gegen ihn zu haben, junge Ballerinen aus dem Bolschoj-Theater zu, wobei diese Aktionen vom Genossen Kanner vorher sanktioniert worden waren. Aus Unerfahrenheit gab sich Michail Iwanytsch selbst mit der dritten Sorte zufrieden. Diese Kompromittierung wurde aus überflüssigem Diensteifer organisiert, in Wirklichkeit gab es nicht die geringste Notwendigkeit für sie, da sich Kalinin nie den kleinsten Auftritt gegen die Mächtigen erlaubte. Sogar später, als Stalin die gigantische Vernichtung des Dorfes vollzog, gab sich Kalinin als ausgezeichneter Kenner des Dorfes den Anschein, als geschähe dort nichts Besonderes, Hauptsache, daß er nicht mit seinem gutmütig-greisenhaft großväterlichen Knurren aufhörte, an das sich das Politbüro längst als an etwas völlig Bedeutungsloses gewöhnt hatte. Kürzer ausgedrückt, Michail Iwanytsch war ein nichtiger Feigling, weshalb er auch die ganze Stalinzeit glücklich überstand, in seinem Bett starb und sich damit zufrieden gab, daß die Stadt Königsberg in Ostpreußen in Kaliningrad umbenannt wurde. Im Jahre 1937 befahl Stalin, seine Frau zu verhaften. Michail Iwanytsch zuckte mit keiner Wimper: es waren schwere Zeiten.

Über Wjatscheslaw Michailowitsch Molotow zu sprechen, hatte ich schon Gelegenheit. In der Geschichte von Stalins Weg zu den Gipfeln der Macht spielte er eine sehr wichtige Rolle. Doch die erste Geige versuchte er nie zu spielen, obgleich er einmal die Gelegenheit dazu hatte. Im März 1921 wurde er zum verantwortlichen Sekretär des ZK und zum Kandidaten des ZK gewählt. Während dieses Jahres befand sich der ganze Apparat des ZK in seinen Händen. Im März 1922 wollte Sinowjew, als er seine Troika organisierte, Stalin mit dem Apparat des ZK betrauen, indem er ihn zu dessen Generalsekretär ernannte; so placierte er Molotow an die zweite Stelle und machte ihn zum zweiten Sekretär neben Stalin. Sinowjews Rechnung: man mußte Trotzkij stürzen – und Stalin war dessen erklärter Feind. Sinowjew und Kamenew zogen also Stalin vor, und Molotow ordnete sich nicht nur unter, sondern wurde sogar Stalins getreuer Adjutant: eine Stellung, die er nie abzuschütteln versuchte. An Sinowjew und Kamenew rächte er sich später mit Vergnügen, aber auch an Trotzkij, der Molotow aus irgendeinem Grund nicht leiden konnte – nein, nicht aus irgendeinem Grund. Trotzkij lebte von Abstraktionen, während Molotow die Verkörperung der »bürokratischen Entartung« der Partei war.

Deshalb folgte Molotow stets und beständig Stalin nach. Er tat die wichtigste Arbeit, was die Auswahl der geeigneten Leute für den Parteiapparat, der Sekretäre der Gebiets- und Gouvernementskomitees und die Herstellung von Stalins Mehrheit im ZK betraf. Zehn Jahre lang war er zweiter Sekretär des ZK. Als es Stalin für zweckdienlich erachtete, wurde er Vorsitzender des Rates der Volkskommissare und des Arbeits- und Verteidigungsrates; als es nötig war, stand er an der Spitze der Komintern; als man ihn brauchte, wurde er Außenminister.

Bemerkenswert, daß Stalin ihn ebenso behandelte wie viele andere seiner Adjutanten – Verhaftung der Frau, während sich Stalins Vertrauter weiterhin im Stand der Gnade befand; wir haben schon gesehen, daß dies auch mit Kalinin und Poskrebyschew durchexerziert wurde. Molotows Frau war Jüdin. Unter dem Parteinamen Shemtschushina war sie eine angesehene Genossin und stand der Parfümindustrie vor. Stalin ließ sie verhaften und schickte sie in eine Verbannung, die nicht vom zaristischen Typ war. Molotow ertrug auch dies geduldig. Bemerkenswert ist etwas anderes. Als Stalin tot war und Molotows Frau aus der Verbannung zurückkehrte, blieben die Molotows weiterhin harte Stalinisten. Bekanntlich verhielt sich Molotow der von Chruschtschow eingeleiteten Entstalinisierung gegenüber ablehnend. Sowohl er wie Kaganowitsch und Malenkow waren überzeugte Stalinisten und versuchten bei erster passender Gelegenheit (1957), Chruschtschow zu stürzen. Es gelang ihnen nicht und kostete sie den endgültigen Verlust aller Positionen in der Parteihierarchie und den Abgang zum alten Eisen. Weshalb wollte Molotow die Wiedereinführung von Stalins Methoden? Sehnsucht nach den Zeiten, da sich in ihren Händen Tschingis Chans Macht befand, da alle zitterten und niemand im Lande sich zu rühren wagte? Vielleicht aber auch eine mehr reale Rechnung. Die kommunistische Ordnung erfordert, um sich halten zu können, Gewalt über die ganze Bevölkerung, einen gigantischen Polizeiapparat und ein Terrorsystem. Je stärker der Terror, desto dauerhafter die Macht. Zu Stalins Zeiten fürchtete die Bevölkerung sogar, daß ihr ein ketzerischer Gedanke einfallen könnte, so daß von irgendeiner Aktion gegen die Macht überhaupt nicht die Rede sein konnte. Und auf einmal lockert Chruschtschow die Schraubenmutter, die Leute fangen an zu denken, zu reden und nicht mehr beizupflichten. Wohin soll das führen? Zu Stalins Zeiten gab es solche Risiken nicht.

Indes kann Molotow als erstaunliches Beispiel dafür dienen, was der Kommunismus aus einem Menschen macht. Ich hatte viel mit Molotow gearbeitet. Er war ein gewissenhafter Bürokrat, zwar kein glänzender, aber dafür ein überaus arbeitsfähiger. Er war sehr ruhig und ausdauernd. Mir gegenüber verhielt er sich stets äußerst wohlwollend und liebenswürdig, auch in persönlichen Angelegenheiten. Überhaupt verhielt er sich allen gegenüber, mit denen er in Berührung kam, korrekt; ein durchaus annehmbarer Mensch ohne Grobheit, ohne Nachträglichkeit, ohne Blutrünstigkeit, ohne das Verlangen, jemanden zu erniedrigen oder zu zerquetschen.

Zehn Jahre lang billigte nicht nur Stalin die Listen der Verhafteten und der zu Erschießenden. Als eine Gesamtbürgschaft eigener Art gingen diese Listen auch durch Molotows und Kaganowitschs Hände. Schließlich mußte sie ja Molotow nach Stalin unterschreiben. Da muß ihm doch da und dort ein Name in die Augen gesprungen sein! Schrieb er doch hinter jeden HSM – Höchstes Strafmaß. Das genügte, der Betreffende wurde erschossen.

Was war das? Mimikry vor Stalin oder trunkenes Machtgefühl? Da schreibt er drei Buchstaben – und ein Mensch ist nicht mehr. Und wieviel tausend Tote billigte dieser ruhige, nie zu erregende Bürokrat in diesen Listen! Und keinerlei Bedauern. Im Gegenteil: Stalin ist tot, es wäre gut, wenn Stalins Zeiten weitergingen.

Kann man wirklich aus einem Menschen alles machen? Gebt ihn in Stalins Hände, gebt ihm einen hohen Rang in einem System, wo der Mensch des Menschen Wolf ist, und er wird gleichgültig zusehen, wie unter schweren Leiden Millionen Menschen umkommen. Stellt den gleichen Menschen als kleinen Beamten in ein gutes, menschliches Gesellschaftssystem, und er wird die Nächte durcharbeiten, um Hilfe für die von einer Mißernte betroffenen Bauern des Dorfes Iwanowka, Landkreis Alexino, zu schaffen. Dieses Problem sollte mir noch öfter während meiner Wanderungen durch die bolschewistische Parteispitze begegnen. Was Molotow persönlich betrifft, gab es da noch eine besondere Empfindung.

In den zwanziger Jahren war ich Zeuge alles dessen, was im bolschewistischen Zentrum vor sich ging. Seitdem ist ein halbes Jahrhundert vergangen, und wenn man sich fragt, wer noch von denen über die Erde geht, die alles gesehen haben und wissen, so gibt es darauf nur eine Antwort: Molotow. Zwar weilt auch Kaganowitsch noch unter den Lebenden, aber er stand während dieser Jahre weiter vom Zentrum der Ereignisse entfernt als Molotow. Ich spreche nur von den zwanziger Jahren. Länger war ich nicht im bolschewistischen Zentrum, während Molotow auch in den nächsten drei-vier Jahrzehnten dort verblieb, und niemand weiß gegenwärtig besser als er, wie diese Ereignisse sich abgespielt haben. Nur kann er von alledem nicht eine Zeile niederschreiben oder veröffentlichen, die nicht mit der offiziellen Lüge in Einklang stünde. Die Wahrheit wird also nie an den Tag kommen. Molotow ist jetzt 86 Jahre alt und wird nach langem Zusammengehen mit Stalin über Millionen Leichen in seinem Bett sterben und wahrscheinlich sogar ohne das schwere Bewußtsein, daß sein Leben mit Schlechtigkeiten vergangen ist.

Stalins Staatsstreich

Außer im ZK arbeitete ich noch im Obersten Rat der Körperkultur und im Volkskommissariat der Finanzen. Im Obersten Rat war es mehr Erholung als Arbeit. Ich nahm an den Sitzungen des Präsidiums teil und leitete zwei Abteilungen: im Sommer die Sektion Leichtathletik und im Winter die Sektion Ski- und Eislauf. Im Präsidium ging die Arbeit leicht und flott vonstatten. Der Vorsitzende des Rates Semaschko (er war auch Volkskommissar des Gesundheitswesens) war ein kluger und gebildeter Mann, mit dem man leicht zusammenarbeiten konnte. Zudem verstand er ausgezeichnet, daß man die Linie des ZK einhalten mußte, und diese Linie bestimmte ich. Zu den Sitzungen des Präsidiums kam auch Krylenko, der ehemalige blutrünstige Generalstaatsanwalt der Republik, jetzt Volkskommissar der Justiz. Er war ein leidenschaftlicher Schachspieler, also stellten wir ihn an die Spitze der Schachsektion. In deren Angelegenheiten erschien er auch. Während die anderen Fragen erörtert wurden und er nichts zu tun hatte, nahm ich ein Blatt Papier, schrieb darauf: 1.e2–e4 und reichte es ihm hinüber. Sogleich begann zwischen uns eine Schachpartie ohne Brett. Doch nach sieben–acht Zügen konnte er ohne Brett nicht mehr spielen, zog deshalb sein winziges ledernes Reiseschach aus der Aktentasche und vertiefte sich in das Spiel. Semaschko warf uns vorwurfsvolle Blicke zu, doch Krylenko einer begonnenen Schachpartie zu entreißen, war fast unmöglich. Wenn sich herausstellte, daß er verlieren würde, war er sehr betrübt.

Die Sektion Wintersport lieferte den Anlaß für meine erste Auslandsreise. Die sowjetischen Schlittschuhe und Ski waren schon fabrikneu miserabel. So wurde beschlossen, sie in Norwegen zu kaufen. Der Rat bat mich, für eine sehr kurze Zeit nach Norwegen zu fahren, das Material an Ort und Stelle anzusehen und auszuwählen, was zu erwerben sei. Im Dezember 1924 unternahm ich diese kurze Reise, die einen starken Eindruck auf mich machte. Ich kam zum ersten Mal ins Ausland und sah ein normales menschliches Leben, das sich von unserem sowjetischen fundamental unterschied. Außerdem atmeten die drei skandinavischen Länder Finnland, Schweden und Norwegen, durch die ich fuhr, ein im Sowjetparadies unbekanntes Fluidum. Es waren Länder von bestürzender Ehrlichkeit und Redlichkeit. Ich vermochte mich nicht gleich daran zu gewöhnen. In Norwegen wollte ich die Umgebung der Hauptstadt besichtigen. Über Oslo erhebt sich der Holmenkollen, dessen Gebiet für den Wintersport und Spaziergänge benutzt wird. Ich bestieg ihn mit einem Mitarbeiter unserer Gesandtschaft, der mich als Fremdenführer begleitete. Es war ziemlich warm, nur zwei Grad unter Null, wir gerieten beim Anstieg ins Schwitzen, da wir zu winterlich angezogen waren. Der Mitarbeiter der Gesandtschaft zog sein gestricktes Jackett aus, packte es auf einen Stein am Weg, schrieb etwas auf ein Zettelchen, legte es auf das Jackett und beschwerte beides mit einem Stein. Ich fragte interessiert: »Was tun Sie da?«

»Es ist sehr heiß«, antwortete mein Begleiter. »Ich lasse das Jackett hier zurück, auf dem Rückweg nehme ich es wieder mit.«

»Na«, sagte ich, »Ihr Jackett weint, verabschieden Sie sich von ihm.«

»Aber nein, ich habe doch geschrieben, daß es nicht verloren wurde. Bitte liegenlassen.«

Ich blickte ihn an, als hätte er einen faulen Witz gemacht. Der Weg war sehr belebt, eine Menge Leute ging bergauf und bergab. Nach zwei Stunden kamen wir zurück, das Jackett lag noch immer da. Mein Begleiter erklärte mir, daß hier nie etwas verloren gehe. Wenn in der Stadt etwas gestohlen wird, ergibt die Aufklärung fast immer, daß ein ausländischer Matrose der Dieb war. In Finnland gibt es auf dem Land an den Türen weder Schloß noch Riegel, Diebstahl ist dort unbekannt.

In Schweden sprach ich in der Gesandtschaft mit unserem Gesandtschaftsrat Asmus und seiner Frau Korolewa. Sie waren mit ihrem siebenjährigen Sohn gerade aus Rußland eingetroffen. Es war Sonntag. Neben dem Gesandtschaftsgebäude fand gerade eine Arbeiterdemonstration statt. Gutgekleidete Menschen in reinen Anzügen und mit Hüten auf dem Kopf gingen manierlich, gemessen und ruhig hin und her. Der Kleine betrachtete sich diese Prozession lange und fragte schließlich seine Mutter: »Mama, wohin gehen alle diese Burshuis?«

Auf der Rückreise ging es bei Bjeloostrow über die sowjetische Grenze, bis Leningrad waren es 30 Kilometer. Der Schaffner mahnte uns: »Bürger, ihr seid schon in der Sowjetunion – hütet euer Gepäck.« Ich betrachtete die Landschaft durchs Fenster. Den einen Handschuh hatte ich an, der andere lag auf dem Sitz. Nach einem Weilchen drehte ich mich um und entdeckte, daß man ihn schon vereinnahmt hatte.

Ich war in den gewöhnlichen sowjetischen Alltag zurückgekehrt. Im Volkskommissariat der Finanzen machte einen ständigen großen Ausgabeposten der Ankauf neuer Glühbirnen aus. Da in der Bevölkerung ein starker Mangel an diesen Beleuchtungskörpern herrschte, schraubten die Mitarbeiter des Volkskommissariats die Birnen aus den Fassungen und nahmen sie nach Hause mit. Der Volkskommissar Sokolnikow fand einen genialen Ausweg, indem er der Lieferfirma auftrug, in jede Glühbirne einzugravieren: Gestohlen im Volkskommissariat der Finanzen. Die Diebstähle hörten schlagartig auf; wer eine Lampe nach Hause mitnahm, unterschrieb gewissermaßen den Diebstahl staatlichen Eigentums eigenhändig.

Aus den skandinavischen Ländern kehrte ich mit dem seltsamen Eindruck zurück, als hätte ich den Kopf zum Fenster hinausgehalten und frische Luft geatmet.

Im Gegensatz zum Obersten Rat der Körperkultur war meine Arbeit im Volkskommissariat der Finanzen seriös und zog mich mit der Zeit immer mehr an.

Bis zur Revolution hatte es beim Finanzministerium einen Gelehrten Rat gegeben, eine Gruppe der besten Finanzexperten, die größtenteils aus Professoren bestand. Sokolnikow schuf bei seinem Kommissariat eine ähnliche Einrichtung, das finanzwirtschaftliche Büro, das die Funktion des Gelehrten Rates übernehmen sollte. Es gliederte sich in das Institut für ökonomische Forschungen und das Konjunkturinstitut. Sokolnikow holte die besten Spezialisten heran, größtenteils die alten Berater des Vorkriegsministeriums. Marxisten oder gar Kommunisten gab es unter ihnen nicht. Sokolnikow stellte sie zu guten Bedingungen an, ihre Meinungen wurden hoch geschätzt; da man ihre Ratschläge sogar befolgte, konnten die schwierige und komplizierte Währungsreform durchgeführt, der harte Goldrubel geschaffen und die Finanzen in Ordnung gebracht werden. Beaufsichtigt wurde die Tätigkeit dieses Büros von dem Kollegiumsmitglied Professor Metschislaw Henrikowitsch Bronskij. Als ich Sokolnikow fragte, ob Bronskij wirklich Professor sei, antwortete er lächelnd: »Jeder kann sich als Professor bezeichnen, solange nicht das Gegenteil bewiesen ist.« Der wirkliche Familienname Bronskijs war Warschauer (Warschawskij); dieser polnische Jude, ein sehr gebildeter und belesener alter Emigrant (er war mit Lenin zusammen), beschäftigte sich mit Journalismus. Von bolschewistischem Geist war an ihm recht wenig zu bemerken. Administrative Fähigkeiten besaß er auch nicht. Zudem beaufsichtigte er das finanzwirtschaftliche Büro in keiner Weise. Seine hauptsächliche, ja ausschließliche Tätigkeit, die ihn interessierte, war die Herausgabe der *Sozialistischen Wirtschaft*, einer dicken Monatsschrift. Nach Bronskijs Meinung mußte er der beste Wirtschaftsjournalist Sowjetrußlands sein. So verhielt es sich wahrscheinlich auch. Außerdem redigierte Bronskij die *Finanzzeitung*, die wöchentlich erschien. Das finanzwirtschaftliche Institut war sich selbst überlassen und hatte bisher offenbar keinen Nachteil davon. Sokolnikow schlug mir vor, die Leitung dieses Instituts zu übernehmen. Er hatte dabei neben allem andern meine Politbüroerfahrung in wirtschaftlichen Fragen im Auge und rechnete damit, daß ich die Arbeit des Büros näher an die laufende finanzwirtschaftliche Praxis heranführen würde; tatsächlich war das Büro der Professoren, allen Organen der praktischen Beschlüsse fernstehend, mehr abstrakten und theoretischen Arbeiten zugetan als praktischen.

In Wirklichkeit trat ich diese Arbeit schon als Antikommunist an, doch hielt man mich noch für einen vertrauenswürdigen Anhänger des Regimes und betrachtete mich deshalb als Freund. Am amüsantesten war, daß die Professoren die Illusion nährten, man könnte mit dem Regime zusammenarbeiten und nützliche Arbeit für das Land leisten. Ich war in dieser Hinsicht weitaus besser informiert als sie.

In jedem Fall sahen das Büro und die Professoren in der Ernennung eines sehr jungen Kommunisten zum Leiter eine schwere Bedrohung ihres freien, unabhängigen Lebens. Der Direktor des Instituts für ökonomische Forschungen, Professor Schmeljow, kam im Namen des ganzen Kollegiums zu Sokolnikow. Er sagte, daß die Professoren sich anschickten, das Volkskommissariat zu verlassen, da sie keine Möglichkeit sähen, unter Bedingungen zu arbeiten, die der neue Leiter als Kommunist stellen würde, zumal dieser auch im Hinblick auf sein Alter keinerlei Autorität für sie darstelle. Sokolnikow lächelte und sagte: »Bitte, setzen wir dieses Gespräch in einem Monat fort. Ihr befindet euch wegen des neuen Vorgesetzten in einem großen Irrtum.«

Im Laufe der ersten zwei Wochen änderte sich alles. Die alten und erfahrenen Professoren aus dem vorrevolutionären Ministerium, Hensel, Sokolow, Schmeljow, entdeckten auf den Sitzungen des Instituts erstaunt, daß ich mich nicht nur ausgezeichnet in allen finanzwirtschaftlichen Problemen auskannte, sondern ihnen gegenüber noch den gewaltigen Vorzug hatte, daß ich auf Grund meiner Tätigkeit im Politbüro konkret wußte, was für die Regierungspolitik paßte und wo und wie man mit der praktischen Arbeit ansetzen mußte. Auf den Sitzungen des Konjunkturinstituts gab ich ebenfalls die nötigen Hinweise, um dessen Arbeit in die erforderliche Richtung zu bringen. Aber auch in spezifischen Zweigen, in denen sich die Professoren als unübertreffliche Autoritäten fühlten, verhandelte ich mit ihnen auf einer Ebene, indem ich gleich auf der ersten Sitzung vorschlug, in die Zahl der Konjunkturindices über die Marktentwicklung auch einen Index über die Befahrbarkeit der Wege des Lasten- und Gütertransports aufzunehmen, der sich gleich als einer der wertvollsten für die Marktvoraussagen des Lebensmittelhandels erwies. Außerdem konnte ich mit ihnen sehr schnell gute persönliche Beziehungen herstellen. Die Parteizelle und die kleinen Kommunisten versuchten nicht mehr, an ihnen zu nagen, indem sie parteiische Wachsamkeit gegenüber diesen »verdächtigen Spezialisten« bekundeten. Ich wies die Parteizelle zurecht, wegen meiner Arbeit im

Politbüro war ich für sie eine Autorität, daher veranlaßte ich sie, die Professoren in Ruhe zu lassen.

Nach zwei Wochen kam Schmeljow zu Sokolnikow und erklärte, daß die Professoren ihre Erklärungen über den neuen Leiter zurücknähmen, da sich die Zusammenarbeit mit ihm prächtig eingespielt habe. Sie sollte auch weiterhin vorbildlich verlaufen. Mit Bronskij waren meine Beziehungen ebenfalls ausgezeichnet, da er ein sympathischer Mann war. Im übrigen nahm er einen Teil jener großen Wohnung ein, in der Wenjamin Swerdlow und seine Frau lebten, bei denen auch ich untergebracht war.

Der nahezu sympathischste meiner neuen Untergebenen war der Direktor des Konjunkturinstituts, Professor Nikolaj Dmitrijewitsch Kondratjew, ein großer Gelehrter und ein Mann von tiefem Verstand. Das Konjunkturinstitut war seine Schöpfung und auch in der für Rußland noch neuen Konjunkturforschung erwies er durch seine Beobachtungen und durch die Kontrolle der Wirtschaftsentwicklung den leitenden Wirtschaftsorganen die größten Dienste, vor allem dem Volkskommissariat der Finanzen. Freilich lag seiner Arbeit dieselbe naive Illusion zugrunde, daß kenntnisreiche Leute und Spezialisten ebenso nötig wie nützlich seien. Wie die anderen Fachleute des Finanzkommissariats glaubte auch Kondratjew an den Nutzen seiner Arbeit und verstand nicht das wölfische Wesen des Kommunismus. Er arbeitete auch in der landwirtschaftlichen Sektion der staatlichen Planungskommission.

Er sollte aber bald Gelegenheit zu der Erkenntnis bekommen, mit welcher Macht er es zu tun hatte. In der Planungskommission, die sich um eine vernünftige Landwirtschaftspolitik bemühte, ging er in seinen Ratschlägen davon aus, daß das Land eine Vergrößerung der bäuerlichen Produktion brauche, weshalb nichts anderes nötiger sei, als die fleißigen und wirtschaftlichen Bauern ruhig arbeiten zu lassen, statt sie mit den unaufhörlichen Hetzereien ländlicher Parasiten zu plagen, worin das Wesen des bolschewistischen »Klassenkampfes« auf dem Dorf bestand.

Doch in der staatlichen Planungskommission wachte und waltete die Parteizelle, die sogleich die Fachleute angriff. Dort war kein Baschanow, der ihnen über den Mund fuhr. So erhoben also die Kommunisten ein wildes Geschrei: Kondratjew empfiehlt, den bolschewistischen Kampf auf dem Dorf aufzugeben, die »Kondratjewer« setzen ihre Hoffnung auf die Kulaken, die »Kondratjewtschina« – so also sieht die Konterrevolution auf dem Dorf aus! Es gab Lärm, die *Prawda* druckte Artikel, ein Feldzug gegen die Kondratjewtschina wurde in Szene gesetzt. Ein paar kleine kommunistische Lumpen versuchten aus Leibeskräften, Karriere auf Grund ihrer Wachsamkeit zu machen: sie hatten einen heimlichen Klassenfeind entdeckt und entlarvt. Macht ihm den Garaus! Natürlich hatte der arme

Kondratjew gegen die ganze Hetzjagd der Presse keine Möglichkeit, auch nur eine Zeile zu erwidern, ihm erkannte die *Prawda* nicht das Recht einer Gegendarstellung zu. Er war sehr niedergedrückt. Auch die Parteizelle des Volkskommissariats der Finanzen schickte sich an, ihn am Kragen zu packen. Ist doch das Signal von der *Prawda* gegeben worden! Ich erlaubte ihnen aber nicht, die gleiche Hetzjagd zu veranstalten, sondern erklärte der Parteizelle, daß von der Landwirtschaft die Rede sei, und zwar von der Landwirtschaft der staatlichen Planungskommission, von der auch das ganze Geschrei ausgehe. Bei uns dagegen, im Volkskommissariat, arbeite Kondratjew auf einem ganz anderen Gebiet, nämlich der Konjunktur, was mit seiner politischen Ansicht über das Dorf nichts gemein habe, hier bei uns sei seine Arbeit sehr nützlich, also habe man ihn auch in Ruhe zu lassen. Solange ich im Kommissariat war, wagte man es tatsächlich nicht, Kondratjew anzutasten. Doch die Hetzjagd gegen ihn wurde schon auf gesamtrussischer Ebene geführt. Gleich zu Anfang der Kollektivierung kam auch prompt der Augenblick, da die Zerstörung der Landwirtschaft zu einem Mangel an Lebensmitteln und zum Hunger führte. Da war es nach traditioneller kommunistischer Praxis nötig, verborgene Feinde zu finden und ihnen die Schuld aufzuhalsen.

Im Jahre 1930 »entdeckte« die GPU eine »werktätige Bauernpartei« eigener Erfindung. Als die Führer dieser Partei wurden von den Tschekisten die Professoren Kondratjew, Tschajanow und Jurowskij genannt. Letzterer war ein jüdischer Wirtschaftswissenschaftler, Fachmann für Währungs- und Geldfragen, der nie irgendwelche Beziehungen zu Bauern oder zum Dorf gehabt hatte. Die GPU machte gewaltigen Dampf in der Sache. Diese Bauernpartei hätte mehr als 100 000, wenn nicht gar 200 000 Mitglieder. Es wurde ein lauter Prozeß vorbereitet, der ganz Rußland erklären sollte, warum es kein Brot gab – es war die Sabotage Kondratjews! Und der arme Professor hätte natürlich bei dem Prozeß alle seine Verbrechen gestehen müssen. Doch in letzter Minute entschied Stalin, daß alles wenig überzeugend aussehe, er lehnte den Prozeß ab und befahl der GPU, die Führer und Mitglieder der erdichteten Bauernpartei im »geschlossenen Verfahren« abzuurteilen, d. h. man schickte sie nach dem Urteil irgendeiner Tschekistentroika in ein sowjetisches Vernichtungslager. So kam der große Gelehrte und prächtige Mensch Kondratjew um, nicht zuletzt als Opfer professoraler Illusionen, daß man mit der Sowjetmacht und mit Kommunisten zusammenarbeiten und diskutieren könne in der Annahme, dem Land dadurch von Nutzen zu sein. Die Bolschewiken benutzen solche Leute, solange es für sie vorteilhaft ist, um sie dann rücksichtslos zu vernichten, wenn man jemandem die Schuld für eine sinnlose und zerstörerische marxistische Praxis aufbürden muß.

1925 war das Jahr des Machtkampfes zwischen Sinowjew und Stalin. Die Troika, ein vorübergehendes Bündnis, begründet zum Kampf gegen Trotzkij, zerfiel endgültig im März. Im April fielen Sinowjew und Kamenew auf den Sitzungen des Politbüros energisch über Stalins »Aufbau des Sozialismus in einem Land« her. Die Troika versammelte sich daraufhin nicht mehr. Stalin bestätigte allein die vorgeschlagene Tagesordnung des Politbüros, das mehrere Monate lang als kollegiales Organ arbeitete, nach außenhin unter Sinowjews und Kamenews Führung. Dieser Anschein war dadurch bestimmt, daß sich Stalin wie immer (mangels entsprechender Kenntnisse) wenig an der Erörterung der verschiedenen Fragen beteiligte, Kamenew nach wie vor die ganze Wirtschaft des Landes leitete und Wirtschaftsfragen immer viel Platz in der Arbeit des Politbüros einnahmen. Die Troika gab sich den Anschein, als beteiligte sie sich korrekt an der laufenden Arbeit, also herrschte im Politbüro ein schütterer Friede.

Da Stalin nicht ganz überzeugt war, daß die Mehrheit der ZK-Mitglieder hinter ihm stand, suchte er den Endkampf nicht im Plenum des ZK, sondern wartete den endgültigen Beschluß des nächsten Kongresses ab, setzte aber seine unterirdische Arbeit fort und forcierte nichts; vielmehr zögerte er sogar das Datum des Kongresses unter mancherlei Vorwänden hinaus. Im Sommer herrschte wie immer einige politische Windstille, doch im Herbst veröffentlichte Trotzkij die Broschüre »Zum Sozialismus oder zum Kapitalismus?« und erneuerte damit den politischen Kampf gegen die Mehrheit des ZK, das sich seinerseits langsam zu spalten begann. Um seine Position als politischer Führer besorgt, antwortete Sinowjew mit der Broschüre »Der Leninismus«, in der er seine Theorie von der Philosophie der Gleichheit darstellte. Doch gleich zu Anfang Oktober wurde im Politbüro die Frage nach dem Datum des Kongresses und über den Referenten des politischen Rechenschaftsberichtes des ZK entschieden. Der Kongreß sollte Mitte Dezember stattfinden, und auf Molotows Vorschlag stimmte die Mehrheit des Politbüros für die Empfehlung, den Rechenschaftsbericht Stalin zu übertragen. Die Mehrheit im Politbüro war damit für Sinowjew und Kamenew verloren. Sie reichten unverzüglich eine Resolution mit der Forderung ein, die Diskussion zu eröffnen. Auf dem unmittelbar darauf eröffneten ZK-Plenum stellte sich eindeutig heraus, daß Stalins Vorbereitungsarbeit ihre Früchte trug. Das Plenum bestätigte, daß der politische Rechenschaftsbericht auf dem Kongreß Stalin zu übertragen sei, während man die Eröffnung der Diskussion ablehnte, die Sinowjew als seine Hauptwaffe betrachtete. Das Plenum gab sich außerdem den Anschein, daß es jetzt die allergrößte Bedeutung »der Parteiarbeit unter der Dorfarmut« beimesse, und um rechtzeitig die Vorbereitung der Kampagne gegen die Sinowjew-Kamenew-Gruppe zu eröffnen, verurteilte es auch die »kulakische« Rechtsabweichung und die »antisrednjakische« Rechtsabweichung. Auf der Basis dieser Resolutionen begann der Parteiapparat energisch, die »neue Opposition« zu bekämpfen. Wie vor jedem Kongreß mußte das ZK Thesen zum Kongreß verkünden und zu deren Verabschiedung die Diskussion eröffnen. Molotow und Stalin (der politische Diskussionen fürchtete) umgingen diese Diskussion geschickt und ersetzten sie durch eine einfache »Durcharbeitung« der Resolutionen des Oktoberplenums, nach denen die Wahlen für den Kongreß erfolgen sollten. Erst am 15. Dezember bestätigte das Vorkongreßplenum des ZK die Thesen für den Kongreß, der am 18. eröffnet wurde. Natürlich polemisierte man im Dezember auch in den Organisationen und auf Parteikonferenzen. Die Wahlen der Delegierten für den Kongreß, die Anfang Dezember in den Gebiets- und Gouvernementskonferenzen stattgefunden hatten, nahmen auch die Zusammensetzung des Kongresses sowie die Niederlage Sinowjews vorweg. Da er nicht die Möglichkeit hatte, den gesamten örtlichen Parteiapparat zu kontrollieren, womit sich nur Stalin und Molotow im ZK beschäftigen konnten, rechneten Sinowjew und Kamenew auf die Unterstützung der drei maßgeblichen und führenden Organisationen, nämlich der beiden hauptstädtischen (Moskauer und Leningrader) und der ukrainischen als der wichtigsten aller regionalen. Der vom Generalsekretär des ZK nach Kiew entsandte Kaganowitsch tat alles Nötige, daß die ukrainische Organisation für Sinowjew verloren ging. Im Gegensatz dazu hatte dieser die Leningrader weiterhin fest in der Hand. Zwar war es Stalin gelungen, den Sekretär der Leningrader Organisation, Saluzkij, abzusetzen, der etwas zu früh und zu scharf gegen Stalin und Molotow und deren Mehrheiten aufgetreten war, indem er sie der »thermidorianischen Entartung« bezichtigte, aber Jewdokimow, der Sekretär des Nordwestlichen ZK-Büros, trat als Sinowjews rechte Hand an Saluzkijs Stelle und hielt die Leningrader Organisation auf Kurs.

Eine völlig unerwartete Katastrophe für Sinowjew und Kamenew war jedoch der Übergang der wichtigsten, der Moskauer Organisation, auf Stalins Seite. Diesem unerhörten Vorgang lag der von Stalin und Molotow rechtzeitig eingefädelte Verrat Uglanows zugrunde.

Ich habe schon erzählt, wie unzufrieden das Politbüro mit dem ersten Sekretär des Moskauer Komitees Selenskij war, als Ende 1923 die rechte Opposition um sich griff. Im Sommer 1924 schob ihn daher die Troika – noch ein Herz und eine Seele – als ersten Sekretär des Mittelasiatischen ZK-Büros nach Taschkent ab. Alle drei Parteiführer waren sich einig, daß er für Moskau zu schwach sei. Doch wen für ihn ernennen, in der wichtigsten Parteiorganisation? Kamenew war wie immer an derlei Organisationsfragen wenig interessiert und überließ die Initiative Sinowjew. Stalin hätte gern Kaganowitsch an der Spitze der Moskauer Organisation gesehen, aber Sinowjew, damals noch die Nummer Eins und daher tonangebend, wollte einen ihm ergebenen Mann haben. Deshalb schlug er Uglanow vor. Die Diskussion darüber fand in der Troika statt, bei deren Sitzungen ich stets als vierter Mann zugegen war.

Uglanow hatte im Jahre 1922 in Leningrad für Sinowjew gearbeitet und war ihm treu ergeben; als sich die Frage nach dem ersten Sekretär des Nischnij-Novgoroder Gouvernementskomitees stellte, bestand Sinowjew darauf, Uglanow zu entsenden. Es war die erste Zeit der Troika, Stalin erhob noch recht selten seine Stimme und mußte sich mit dieser Ernennung abfinden. Doch bald darauf begann Molotow, den Sekretär zu bearbeiten. Als ich im Sommer 1924 einmal zu Stalin ging und ihn nicht in seinem Arbeitszimmer antraf, meinte ich, er würde sich im anstoßenden Zwischenzimmer befinden, dem Beratungsraum zwischen den Kabinetten Stalins und Molotows. Ich öffnete also die Tür, trat ein und sah Stalin, Molotow – und Uglanow. Als mich dieser erblickte, wurde er totenblaß und machte ein derart betroffenes Gesicht, daß ihn Stalin beruhigen mußte: »Das ist Genosse Baschanow, der Sekretär des Politbüros. Hab keine Angst, vor ihm gibt es keine Geheimnisse, er weiß über alles Bescheid.« Uglanow beruhigte sich nur mühsam.

Ich begriff sogleich, worum es ging. Tags zuvor hatte Sinowjew auf der Sitzung der Troika vorgeschlagen, Uglanow zum Leiter der Moskauer Organisation einzusetzen. Stalin erwiderte, ob denn Uglanow auch stark genug sei, um dieses wichtigste aller Parteikomitees zu leiten. Sinowjew bestand auf seinem Vorschlag, Stalin tat, als sei er dagegen und stimmte widerwillig zu. In Wirklichkeit hatte aber Molotow den Sekretär schon umgedreht, jetzt wurde zwischen Stalin und Uglanow ein Geheimpakt gegen Sinowjew geschlossen.

So trieb Uglanow fast eineinhalb Jahre lang ein Doppelspiel, indem er Sinowjew und Kamenew seiner Ergebenheit versicherte und in der zweiten Jahreshälfte 1925 auch seiner Feindschaft gegen Stalin. In Wirklichkeit präparierte und sammelte er aber die entsprechenden Kader, und auf der Moskauer Vorkonferenz des Parteitages am 5. Dezember 1925 ging er plötzlich mit der gesamten Moskauer Parteispitze und deren Anhang auf Stalins Seite über. Das war der entscheidende Schlag, Sinowjews Niederlage war im voraus besiegelt.

Wie sich die Ereignisse auf diesem 14. Parteikongreß, der Ende Dezember stattfand, weiterentwickelten, ist bekannt. Stalin verlas einen mageren und langweiligen Rechenschaftsbericht. Die Leningrader Delegation forderte ein Korreferat Sinowjews, das ihr auch zugesprochen wurde, ohne jedoch etwas zu ändern. Gehorsam stimmte für Stalin der ganze Kongreß, für Sinowjew allein die Leningrader Delegierten. Kamenews Referat über »die laufenden Fragen des wirtschaftlichen Aufbaus« wurde von der Tagesordnung des Kongresses abgesetzt. Für die Opposition sprachen sich außer Sinowjew noch Kamenew, Sokolnikow, Jewdokimow und Laschewitsch aus. Jewdokimow wurde 1936 erschossen, Laschewitsch endete 1928 durch Selbstmord.

Doch selbst aus der Leningrader Delegation beeilten sich viele, umzusatteln und sich an den Wagen des Siegers zu hängen. So Schwernik, der Sekretär des Leningrader Komitees, Moskwin, der stellvertretende Sekretär des Nordwestlichen ZK-Büros, und Komarow, der Vorsitzende des Leningrader Gouvernements-Vollzugskomitees.

Auf dem Kongreß wurde das neue ZK gewählt, dessen Mehrheit bereits stalinistisch war. Stalin war zum Haupt der Partei geworden. Die echten Stalinzeiten ließen aber noch auf sich warten. Alles auf einmal ist nicht umzukrempeln. Noch wurden Trotzkij, Sinowjew und Kamenew als Mitglieder des ZK wiedergewählt. Natürlich zog man allerlei »organisatorische Resultate« aus den neuen Verhältnissen. So wurde auf dem ersten ZK-Plenum nach dem Kongreß im Januar 1926 Kamenew als Leiter der Wirtschaft abgesetzt, auch der Posten als Vorsitzender des Arbeits- und Verteidigungsrates ging ihm verloren sowie der Posten des stellvertretenden Vorsitzenden des Rates der Volkskommissare der UdSSR. Und man machte ihn vom Mitglied des Politbüros zu dessen Kandidaten. Zum Vorsitzenden des Arbeits- und Verteidigungsrates wurde Rykow ernannt. Das Politbüro vergrößerte sich: die Kandidaten Molotow und Kalinin wurden Mitglieder, Woroschilow sogleich Mitglied. Sinowjew und Trotzkij blieben Mitglieder des Politbüros. Zu neuen Kandidaten avancierten außer Kamenew noch Rudsutak, Uglanow (die Belohnung für seinen Verrat) und Petrowskij, der nominelle Begründer der Sowjetmacht in der Ukraine. Stalin wählte man zum Generalsekretär, Molotow zum zweiten Sekretär, Uglanow zum dritten und Stanislaus Kossior zum vierten. Nach Leningrad schickte Stalin den bisherigen Sekretär des Aserbeidschanischen ZK, Kirow.

Das folgende Jahr 1926 war mit dem allmählichen Zerschlagen der »neuen Opposition« ausgefüllt. Der ganzen Welt war klar, daß im kommunistischen Rußland und im Weltkommunismus ein Führungswechsel vor sich ging. Doch kaum jemand sah und begriff, daß ein echter Staatsstreich stattgefunden hatte und neue Kreise und Schichten die Führung Rußlands wie des Kommunismus übernommen hatten. Das bedarf einer Erklärung.

Im vorrevolutionären Rußland waren die in ihren Rechten beschränkten Juden zum überwiegenden Teil oppositionell gestimmt, während die jüdische Jugend in großem Umfang die Kader für die revolutionären Parteien und Organisationen stellte. Kein Wunder also, daß in der Führung dieser

Parteien die Juden stets eine große Rolle spielten. Die bolschewistische Partei machte keine Ausnahme von dieser Regel, im ZK war etwa die Hälfte der Mitglieder Juden.

Nach der Revolution änderte sich das ziemlich schnell insofern, als sich besonders in den Händen dieser jüdischen Gruppe im ZK alle Hauptorganisationen der Macht vereinigten. Das spiegelte vermutlich die jahrhundertalte Gewohnheit der jüdischen Diaspora wider, fest zusammenzuhalten und einander zu unterstützen, während es bei den russischen ZK-Mitgliedern solcherlei Gewohnheiten nicht gab. In jedem Fall waren alle wichtigen Schaltstellen und Zentralposten der Macht von Juden besetzt. An erster Stelle ist Trotzkij zu nennen, das Haupt der Roten Armee und der zweite politische Führer nach Lenin; dann Swerdlow, der formell an der Spitze der Sowjetmacht stand und bis zu seinem Tod die rechte Hand und der Hauptassistent Lenins war; Sinowjew als Führer der Komintern und praktisch der allmächtige Statthalter der zweiten Metropole Petrograd; Kamenew, der erste Stellvertreter Lenins im Rat der Volkskommissare, Dirigent der sowjetischen Volkswirtschaft und außerdem Herr der Moskauer Parteiorganisation. Auf diese Weise hatten die Juden weitaus mehr Einfluß im ZK und auf die Macht als die Nichtjuden.

Diese Phase währte von 1917 bis Ende 1925. Auf dem 14. Kongreß im Dezember dieses Jahres entfernte Stalin nicht nur die jüdischen Parteiführer aus den Zentren der Macht, sondern tat auch einen wichtigen Schritt zur vollständigen Beseitigung des jüdischen Teils der Parteispitze aus allen höheren Gremien. Nur Trotzkij, Sinowjew und Kamenew verblieben noch im ZK. Auf dem folgenden Kongreß des Jahres 1927 schloß man sie aber schon aus der Partei aus, so daß ins ZK gewählte Juden ganz vereinzelte Ausnahmeerscheinungen bildeten. Nie mehr gelangte der jüdische Teil der Parteispitze in führende Positionen. Zudem erklärten Kaganowitsch und Mechlis ganz öffentlich, sich nicht als Juden zu betrachten. In den dreißiger Jahren ließ Stalin manchmal einige der ihm ergebensten und gehorsamsten Juden wie Jagoda als Kandidaten in das ZK aufsteigen, doch alsbald ließ er auch diese Neueingeführten erschießen. In den letzten Jahrzehnten wurde überhaupt kein Jude mehr ins ZK aufgenommen; nach dem Tod von Mechlis (1953) und mit der Entfernung Kaganowitschs (1957) verschwanden die letzten.

Konkret gesprochen führte Stalin einen Umsturz herbei, indem er ein für allemal die bisher dominierende Gruppe von ihren Kommandoposten entfernte. Doch ging er dabei sehr behutsam vor; es hatte nicht den Anschein, als sei der Schlag in erster Linie gegen die Juden gerichtet. Das hätte wie eine russische nationale Reaktion ausgesehen, auch wenn dadurch die Macht in die Hände eines Grusiniers überging; zweitens wurde ständig dick unterstrichen, daß der Kampf der Opposition gelte und die Angelegenheit unter ideologisch Gleichgesinnten ausgetragen werde, daß also Sinowjew, Kamenew und deren Gesinnungsgenossen ausschließlich deshalb entfernt worden seien, weil sie über die Möglichkeit des Aufbaus des Sozialismus in einem Land eine andere Meinung gehabt hätten als die Mehrheit des ZK.

Dieser Schein wurde nicht nur gut gewahrt, sondern in der Folgezeit durch zwei charakteristische Besonderheiten gewissermaßen bestätigt. Einerseits setzte Stalin nach der Entfernung der Juden aus dem ZK diese Säuberung von oben nach unten nicht fort, sondern stellte sie ein, so daß in den folgenden Jahren Juden noch einige wichtigere Posten als stellvertretende Volkskommissare oder Mitglieder der Zentralen Kontrollkommission einnahmen. Andererseits wurden von der Mitte der dreißiger Jahre an in den Massenerschießungen der führenden Parteikader in ausreichender Anzahl Juden und Nichtjuden umgebracht.

Unter Berücksichtigung all dieser Einzelheiten kann man annehmen, sagen da einige, daß sich Stalin im Zuge eines gewöhnlichen Machtkampfes aller seiner Konkurrenten entledigt habe, so daß also der Umstand, sie seien Juden gewesen, nichts als Zufall sei.

Ich kann diesem Gesichtspunkt aus zwei Gründen nicht beipflichten.

Erstens deshalb nicht, weil Stalin Antisemit war. Solange er dies verbergen mußte, verbarg er es sorgfältig, abgesehen von einigen unbeherrschten Ausbrüchen, wie etwa gegenüber Fajwilowitsch, von dem schon die Rede war. In den Jahren 1931–1932 hatte Stalin auch gewichtige politische Anlässe, dies zu verbergen. In Deutschland kam der erklärte Antisemit Hitler an die Macht, und da Stalin die Möglichkeit eines Zusammenstoßes mit ihm voraussah, wollte er nicht die Feindschaft der jüdischen Welt gegen sich wachrufen. Dieses Spiel erwies sich sowohl vor als auch nach dem Krieg als nützlich. Erst nach 1948 gab es keine Veranlassung mehr, diese Mimikry fortzusetzen, Stalin gab der Partei eine fast offene antisemitische Linie. In den Jahren 1952–1953 überlegte er sogar den Plan einer totalen Judenvernichtung in Rußland; nur sein Tod vereitelte dessen Durchführung und rettete die Juden. Sein Antisemitismus wird übrigens auch von Swetlana bestätigt. Man braucht nur daran zu erinnern, wie er den Juden ins Lager brachte, der um sie warb, und ihr gegenüber völlig erkaltete, als sie einen anderen Juden heiratete. Allgemein bekannt wurde auch die Geschichte mit der »Ärzteverschwörung«.

Zweitens deshalb nicht, weil ich die Vorbereitungen zum Staatsstreich auf dem 14. Parteikongreß sehr genau beobachten konnte, da ich mich in einer besonderen Lage befand, also auch sah, daß Stalins heimliche Arbeit einer sehr eigenartigen, spezifischen Linie folgte.

Dazu muß gesagt werden, daß sich der Parteibestand seit 1917 sehr verändert hatte und sich unaufhörlich weiter änderte. Wären 1917 die Juden in der Partei eine relativ große Gruppe gewesen, so hätte diese das soziale Niveau des Judentums selbst widergespiegelt, das aus Händlern, Handwerkern und Intelligenz bestand, während es Arbeiter sehr wenige und Bauern überhaupt nicht gab. Von 1917 an begann das große Wachstum der Partei, die besonders die Arbeiter mächtig anzog und dann die Bauern. Je länger dies andauerte, desto mehr verschwand der jüdische Teil der Partei in dieser Masse. Indes behauptete er weiterhin seine führenden Positionen und erweckte dadurch den Anschein einer kleinen privilegierten Schicht. Aus diesem Grund wuchs in der Partei auch die Unzufriedenheit, die Stalin kunstvoll ausspielte. Als die jüdische Gruppe in die zwei sich gegenseitig bekämpfenden Lager um Trotzkij und Sinowjew zerfiel, konnte Stalin dies vorzüglich unbemerkt ausnützen. Er setzte solche Leute auf die wichtigen Posten im Parteiapparat, die unzufrieden waren, »verbittert« durch die führende jüdische Gruppe, was offiziell mit der Wahl offenkundiger Antitrotzkisten (und darunter nicht weniger Antisemiten) getarnt wurde. Ich beobachtete sehr aufmerksam, wen Stalin und Molotow in diesen Jahren zu Sekretären der Gouvernements- und Gebietskomitees ernannten. Es waren lauter künftige Mitglieder des ZK, aber vielleicht auch des Politbüros von morgen. Sie alle lechzten danach, die führende jüdische Spitze zu stürzen und deren Plätze einzunehmen. So kam auch sehr schnell die nötige Phraseologie zustande. Aus Stalins Zentrum wurde für den Parteiapparat die Linie ausgegeben: Echte Parteimitglieder sind jene, die von Bauern und Arbeitern abstammen, die Partei muß »arbeiterisch« werden. Für den Eintritt in die Partei und den Aufstieg in ihr sollte die soziale Herkunft eine immer größere Rolle spielen. Das verlangte das Parteistatut. Klar, daß die jüdischen Führer, die von Intelligenzlern, Händlern und Handwerkern abstammten, schon als eine Art Mitläufer betrachtet wurden. Das Training und die Vorbereitung zu ihrer Beseitigung begann mit der Verfolgung des »trotzkistischen« Clans. Doch gegen Ende 1925 waren die nötigen Kader auch schon dafür zur Stelle, um gegen die zweite Gruppe der jüdischen Spitze um Sinowjew und Kamenew loszuschlagen.

Alle angesehenen Arbeiter des Parteiapparats, die Stalin bei diesem Schlag geholfen hatten, nahmen mit Vergnügen die freigewordenen Posten ein.

Der Umsturz verlief erfolgreich, die Tarnung ging bis 1947/1948 weiter. Erst in diesem Jahr begann man, die Karten aufzudecken, zuerst vorsichtig mit der Kampagne gegen die »Zionisten«, dann gegen die »Kosmopoliten« und schließlich durch den Zusatz über die Nationalität im Paß: »jüdisch«, um die Juden endgültig in die besondere Lage innerer Feinde zu bringen.

Es ist charakteristisch, daß die antisemitische Linie Stalins von der jüdischen Weltdiaspora bis zum Krieg nicht erkannt wurde. Der unvorsichtige Antisemit Hitler zog lauthals vom Leder, der vorsichtige Antisemit Stalin verbarg alles. Bis zur »Verschwörung der blauen Blusen« glaubte die jüdische Meinung einfach nicht, daß die Sowjetmacht antisemitisch sein könnte, ja sogar diese »Verschwörung« wurde Stalin persönlich zugeschrieben. Es bedurfte noch mehrerer Jahre, um endlich den Sinn der Politik von Stalins Erben zu begreifen, die keinerlei Notwendigkeit sahen, dessen Linie zu ändern.

Einen beachtlichen Teil der sowjetischen und antisowjetischen Witze hat Radek erfunden. Ich hatte das Privileg, sie von ihm persönlich zu hören, also aus erster Hand sozusagen. Radeks Witze bezogen sich auf die aktuellen politischen Tagesereignisse. Hier zwei charakteristische Proben radekscher Witze zur Frage der Beteiligung von Juden an der Führungsspitze.

Zwei Juden in Moskau lesen die Zeitung. Sagt der eine von ihnen zum andern: »Abraham Ossipowitsch, zum Volkskommissar der Finanzen wurde ein gewisser Brjuchow ernannt. Wie heißt der Mann richtig?«

Antwortete Abraham Ossipowitsch: »Na, das ist schon sein richtiger Name – Brjuchow.«

»Wieso? Sein wirklicher Name ist Brjuchow? So ist er ein Russe?«

»Nun ja, ein Russe.«

»Ach, hör sich das einer an! Diese Russen – ein erstaunliches Volk: überall drängen sie sich hinein.«

Und als Stalin seine Feinde Trotzkij und Sinowjew aus dem Politbüro entfernt hatte, fragte mich Radek bei einer Begegnung: »Genosse Baschanow, was ist der Unterschied zwischen Stalin und Moses? Das wissen Sie nicht? – Ein sehr großer. Moses hat die Juden aus Ägypten hinausgeführt und Stalin aus dem Politbüro.«

Es sieht paradox aus, aber zu den alten Formen des Antisemitismus (den religiösen und den rassistischen) kommt noch eine neue hinzu, die marxistische. Man kann ihr eine große Zukunft prophezeien.

Die GPU als Fundament der Macht

Die GPU .... Wieviel in diesem Wort für ein russisches Herz steckt ...

In dem gleichen Jahr, als ich der KP beitrat (1919), herrschten in meiner Vaterstadt die Bolschewiken. Am Ostersonntag erschien die Ausgabe der kommunistischen Tageszeitung mit der breiten Überschrift: Christ ist erstanden! Redakteur der Zeitung war der Kommunist Sonin, ein ortsansässiger Jude, jung und gutmütig, sein wirklicher Name war Krümermann. Dieses Beispiel religiöser Duldsamkeit, ja Wohlgeneigtheit gefiel mir sehr, ich schrieb es dem kommunistischen Parteiaktiv zu. Als einige Monate später die Tschekisten in die Stadt kamen und mit den Erschießungen anfingen, war ich entsetzt; ganz von selbst bildete sich bei mir eine Trennung der Kommunisten in gutmütig »ideelle«, die den Aufbau irgendeiner besseren Gesellschaft wünschten, und in Mörder und Sadisten, die Bosheit, Haß und Grausamkeit verkörperten. Ich begriff nicht gleich, daß diese Trennung naiv und falsch war, kurz gesagt: daß es nicht um die Menschen, sondern um das System ging.

Während meines folgenden Aufenthaltes in der Ukraine erfuhr ich viele Tatsachen über den grausamen, blutigen Terror der Tschekisten. Nach Moskau kam ich schon mit wenig freundlichen Gefühlen für diese Einrichtung. Doch hatte ich praktisch bis zu meiner Arbeit im Organisationsbüro und Politbüro keine Gelegenheit, mit ihr näher bekannt zu werden. Dort begegnete ich hauptsächlich den Mitgliedern der Zentralen Kontrollkommission, Lazis und Peters, die damals auch Mitglieder des GPU-Kollegiums waren. Es handelte sich um dieselben Lazis und Peters, welche die gräßlichen Massenerschießungen in der Ukraine und an anderen Orten des Bürgerkrieges auf dem Gewissen hatten. Die Anzahl ihrer Opfer ging in die Hunderttausende. Ich hatte eine Begegnung mit düsteren Fanatikern und stumpfen Henkern erwartet. Zu meinem großen Staunen waren die zwei Letten ganz gewöhnlicher Dreck, schmeichlerische und kriecherische Schurken, eifrigst darauf bedacht, den Wünschen der Parteiführung zuvorzukommen. Ich hatte gefürchtet, daß ich den Fanatismus dieser Totmacher nicht ertragen würde. Es gab jedoch keinen Fanatismus. Die beiden waren Beamte in Erschießungssachen, die – sehr auf ihre persönliche Karriere und ihr persönliches Wohlergehen bedacht – aufmerksam auf jeden Fingerzeig aus Stalins Sekretariat achteten. Meine Feindseligkeit gegen diese Einrichtung verwandelte sich in Ekel vor ihrer Führung.

Nicht so einfach verhielt es sich mit dem Vorsitzenden der GPU, Felix Edmundowitsch Dserschinskij. Der alte polnische Revolutionär, an der Spitze der GPU seit deren Gründung, leitete sie nur nominell bis zu seinem Ende, da er nach Lenins Tod Vorsitzender des Obersten Volkswirtschaftsrates wurde, an Stelle des zum Vorsitzenden des Rates der Volkskommissare ernannten Rykow, also praktisch an ihrer Arbeit nicht mehr viel Anteil nahm. Auf der ersten Sitzung des Politbüros, wo ich Dserschinskij zu Gesicht bekam, irritierte er mich durch seine Sprechweise. Er hatte das Äußere eines Don Quijotes und sprach wie ein überzeugter Ideologe. Ganz betroffen war ich über seine alte Sportjacke mit den geflickten Ellenbogen. Es war völlig klar, daß dieser Mann seine Stellung nicht dazu benutzte, um sich irgendwelche persönlichen Vorteile zu verschaffen. Nicht weniger setzte mich anfänglich das Feuer seiner Reden in Erstaunen; man hatte den Eindruck, daß er sich alles sehr zu Herzen nahm und alle Fragen des Partei- wie des Staatslebens miterlebte. Dieses Feuer stand sehr im Widerspruch zu dem kalten Zynismus mancher Mitglieder des Politbüros. In der Folgezeit mußte ich aber meine Meinung über Dserschinskij etwas ändern.

Damals herrschte innerhalb der Partei noch eine Freiheit, die es im Lande nicht mehr gab; jedes Parteimitglied hatte die Möglichkeit, seinen Gesichtspunkt zu verteidigen oder aufzugeben. Ebenso freimütig ging die Beurteilung aller Probleme im Politbüro vor sich. Wir sprechen hier gar nicht von den Opponenten wie Trotzkij und Pjatakow, die sich nicht scheuten, ihren Standpunkt gegen die Mehrheit zu vertreten; selbst innerhalb der Mehrheit fand die Beurteilung jeder prinzipiellen oder aktuellen Frage in Form von Disputen statt. Wie oft stellte sich nicht nur Sokolnikow, der die Währungsreform durchführte, gegen verschiedene Resolutionen des Politbüros in Fragen der Volkswirtschaft, indem er sagte: »Ihr haut mir die ganze Währungsreform zusammen! Wenn ihr diesen Beschluß faßt, befreit ihr mich von den Pflichten des Volkskommissars der Finanzen.« Und in den Fragen der Außenpolitik und des Außenhandels beschuldigte der Volkskommissar Krassin das Politbüro und dessen Mitglieder sehr direkt, daß sie von dieser oder jener Frage nichts verstünden, und las ihnen unverblümt die Leviten.

Doch sehr bald fiel mir auf, daß Dserschinskij immer mit den Machthabern ging, und wenn er irgend etwas voll feuriger Begeisterung vortrug, war es nur das, was die Mehrheit schon angenommen hatte. Dabei wurde sein ganzes Feuer von den Mitgliedern des Politbüros als etwas Gemachtes und daher Unschickliches aufgenommen. Sie blickten zur Seite oder in ihre Papiere, es herrschte eine peinliche Stimmung. Einmal sagte der Vorsitzende Kamenew trocken: »Felix, du bist hier auf keinem Meeting, sondern auf einer Sitzung des Politbüros.« Und, o Wunder! Statt sein Feuer zu rechtfertigen (»Ich nehme mir halt die Angelegenheiten der Partei und der Revolution so zu Herzen!«), verfiel Dserschinskij von einer Sekunde auf die andere aus dem fiebrig-erregten Pathos in einen ganz einfachen, prosaischen und ruhigen Ton. Und auf einer Sitzung der Troika sagte Sinowjew, als die Rede auf Dserschinskij kam: »Er hat natürlich einen Frosch im Hals sitzen, aber er mißbraucht ihn schon etwas allzuviel für seine Effekte.« Es sei hinzugefügt, daß Dserschinskij nach Stalins Staatsstreich dessen Position mit dem gleichen Feuer zu verteidigen begann, mit dem er vor kurzem noch die Positionen Sinowjews und Kamenews verteidigt hatte, als sie noch an der Macht waren.

Mein Eindruck verdichtete sich schließlich zu dem Ergebnis, daß Dserschinskij nie auch nur ein Jota von der jeweils geltenden Linie der Mehrheit abwich und daher auch nie eine eigene Meinung hatte. Das war sehr vorteilhaft. Und wenn er, feurig und vor Begeisterung sich schier verschluckend, die orthodoxe Linie verteidigte, hatte da Sinowjew nicht recht, daß er die äußeren Effekte seines Frosches im Hals nutzte?

Dieser Eindruck war mir ziemlich unangenehm. Man schrieb das Jahr 1923, ich war noch Kommunist, und für mich mußte ein Mann, der an der Spitze der GPU stand, die Aureole der Aufrichtigkeit und inneren Sauberkeit haben. In keinem Fall war zu bezweifeln, daß man ihm wegen einer Ausnutzung seiner Stellung für die Genüsse des Lebens irgendeinen Vorwurf machen konnte, in diesem Sinn war er völlig in Ordnung. Wahrscheinlich beließ ihn das Politbüro zum Teil auch deshalb an der Spitze der GPU, damit seine Untergebenen nicht allzuviel Aufwand trieben. Bei der Organisation, die über Leben und Tod der gesamten parteilosen Bevölkerung entschied, gab es Versuchungen genug. Ich glaube nur nicht, daß Dserschinskij dieser Rolle auch wirklich gerecht wurde; er war von der Praxis seiner riesigen Behörde ziemlich weit entfernt; das Politbüro begnügte sich hier wohl mehr mit der Fiktion eines Wunschbildes als mit dem, was in Wirklichkeit geschah.

Der erste Stellvertreter Dserschinskijs war (ebenfalls ein Pole) Menshinskij, ein Mann, der an einer seltenen Rückenmarkskrankheit litt und sein Leben auf dem Sofa liegend verbrachte; als Ästhet beschäftigte er sich mit der Leitung der GPU sehr wenig. So kam es, daß praktisch der zweite Stellvertreter, Jagoda, die GPU leitete.

Im übrigen konnte ich den offenherzigen Gesprächen in den Sitzungen der Troika sehr schnell die Rangordnung der Parteiführer entnehmen. Da die GPU die ganze Bevölkerung durch ihre Praxis des Terrors in Händen hatte, vermochte sie sich sehr viel Macht anzueignen. Bewußt hielt die Troika Dserschinskij und Menshinskij als nominelle Leiter an der Spitze der GPU und übertrug die gesamte Geschäftsführung Jagoda, einem wenig geachteten Subjekt, das keinerlei Gewicht in der Partei hatte und seine völlige Abhängigkeit vom Parteiapparat auch genau kannte. Es war nötig, daß die GPU stets und in allem der Partei unterstand und keinerlei eigene Machtpositionen entwickelte, was der Absicht der Parteiführer zuwidergelaufen wäre.

Diese Absicht ließ sich ohne sonderliche Schwierigkeiten erkennen. Die lediglich mit ihren Beziehungen zur Partei und mit dem Kampf um die Macht beschäftigten Führer verhielten sich der parteilosen Bevölkerung gegenüber völlig gleichgültig und überließen sie der GPU zur freien Verfügung. Sie war der Vorhang gegen die Bevölkerung, überaus wirksam herabgelassen, da sie jegliche politische Tätigkeit der Bevölkerung verhinderte und somit selbst die kleinste Bedrohung der von der Partei ausgeübten Macht verhinderte. Die Parteiführung konnte ruhig schlafen, es interessierte sie wenig, daß die Bevölkerung mehr und mehr in den eisernen Käfig des gigantischen Apparates einer politischen Polizei geriet, der von der kommunistischen Diktaturordnung unbegrenzte Möglichkeiten eingeräumt wurden.

Zum erstenmal sah und hörte ich Jagoda auf einer Sitzung der Zentralen Kontrollkommission, bei der ich als Sekretär fungierte, während sich Jagoda unter den zur Sitzung vorgeladenen Funktionären befand. Die Kommissionsmitglieder waren noch nicht vollzählig versammelt, die Anwesenden unterhielten sich miteinander. Jagoda sprach mit Bubnow, der damals noch Agitpropleiter des ZK war. Jagoda prahlte mit seinen Erfolgen bei der Entwicklung des Informationsnetzes der GPU, das immer dichter das ganze Land überzog. Bubnow meinte, daß die Basis dieses Netzes alle Parteimitglieder seien, die ganz normal der GPU als Informanten zu dienen hätten; was die Parteilosen betreffe, müßte sich die GPU wohl jene Elemente aussuchen, welche der Sowjetmacht nahestünden und ihr ergeben seien. »Überhaupt nicht«, erwiderte Jagoda, »wir können jeden beliebigen zum Seksot (sekretnyj sotrudnik = geheimer Mitarbeiter) machen, ganz besonders solche, die der Sowjetmacht feindlich gesonnen sind.«

»Wie das?« fragte Bubnow neugierig. »Sehr einfach«, erwiderte Jagoda: »Wer will schon gern Hungers sterben? Wenn die GPU einen Menschen bearbeitet, aus ihm einen Informanten zu machen, haben wir ihn schon in der Hand, mag er sich dagegen noch so sträuben. Wir nehmen ihm seine Arbeit, eine andere findet er ohne die geheime Zustimmung unserer Organe nicht. Und ganz besonders, wenn ein Mann Familie hat, Frau und Kinder, ist er gezwungen, schnell zu kapitulieren.«

Jagoda machte einen abstoßenden Eindruck auf mich. Der alte Tschekist Ksenofontow, früher Mitglied des GPU-Kollegiums und jetzt Geschäftsführer des ZK, der alle dunklen Aufträge von Kanner, Lazis und Peters ausführte, sowie der unverschämte Sekretär des GPU-Kollegiums Grischa Belenskij ergänzten das Bild dieser Einrichtung als einer Bande finsterer Schurken, alle dem Schein nach Dserschinskij unterstellt.

Gerade um diese Zeit kam ein Bekannter zu mir nach Moskau, der Gehilfe eines Bahnhofsvorstehers in Podolien, ein durch und durch ehrenhafter Mann. Mit meiner Tante verheiratet, kannte er mich schon als Gymnasiasten, daher duzte er mich auch, ungeachtet aller meiner hohen Posten und Ränge, während ich beim »Sie« blieb. Er war sehr in Nöten und bat mich um Rat und Hilfe. Die örtlichen GPU-Organe der Eisenbahn verlangten von ihm, in die Schar ihrer geheimen Mitarbeiter einzutreten, er sollte seine Arbeitskollegen ausspionieren. Man hatte ihn als Familienvater wahrscheinlich als leichte Beute betrachtet, zudem war er ein sehr weicher Mensch. Doch geheimer Mitarbeiter der GPU zu werden, das lehnte er ab. Der örtliche Tschekist deckte die Karten auf: Wir nehmen Ihnen die Arbeit weg, sagen Sie der Eisenbahn ade, kein Mensch stellt Sie mehr ein, dann schwellen Ihrer Familie vor Hunger die Bäuche auf ... Sie werden schon zustimmen, Sie müssen einfach.

Was tun? Zu seinem Glück hatte er mich, der ihn schützen konnte, einen hochgestellten Apparatschik. Ich nahm ein gesiegeltes Formular des ZK und teilte dem Eisenbahntschekisten kurz und bündig mit, meinen Bekannten gefälligst in Ruhe zu lassen. Das Formular tat seine Wirkung, man belästigte ihn nicht mehr. Diese Episode illustrierte mir praktisch Jagodas System zur Ausdehnung seines Informationswesens auf das ganze Land.

Einige Zeit später stieß ich mit Jagoda direkt auf den Sitzungen des Obersten Rates der Körperkultur zusammen. Da ich dessen ZK-Vertreter war, konnte ich mühelos eine Linie durchführen, die den Meinungen der GPU zuwiderlief. Jagoda war geschlagen und erniedrigt. Zudem hatte ich eine bestimmte Meinung vom GPU-Kollegium und verbarg deshalb mein wenig freundliches Verhältnis zu diesem Publikum nicht. Das löste im GPU-Kollegium Alarm aus. Einen Feind in Stalins Gehilfen zu haben, empfand die GPU als äußerst unbequem. Zu Recht befürchteten die Tschekisten, daß ich ihnen als Sekretär auf den Sitzungen der Troika und des Politbüros, dazu in ständigem Kontakt mit den Sekretären des ZK sowie den Mitgliedern des Politbüros, sehr gefährlich werden konnte. So überlegte man, was zu tun sei. Schließlich kamen die Tschekisten zu dem Ergebnis, daß es am vorteilhaftesten sei, die gegenseitige Feindschaft offen und offiziell zu machen, um dadurch jeden Schlag, den ich ihnen versetzen konnte, verdächtig zu machen. Außerdem beschlossen sie, auch Stalins außerordentlichen Argwohn ins Spiel zu bringen. Jagoda schrieb deshalb Stalin im Namen der GPU einen Brief. Darin hieß es, das Kollegium der

GPU erachte es als seine Pflicht, Stalin und das Politbüro davon in Kenntnis zu setzen, daß der Sekretär des Politbüros Baschanow ihrer allgemeinen Meinung nach ein geheimer Konterrevolutionär sei. Zwar könnten sie zu ihrem Bedauern noch keinerlei Beweise liefern und müßten sich mehr auf ihr tschekistisches Gespür und die Erfahrung verlassen, doch sei es ihre Pflicht, diese Überzeugung dem ZK zur Kenntnis zu bringen. Der Brief war von Jagoda unterschrieben.

Stalin streckte mir den Brief hin und sagte: »Lesen Sie.« Das tat ich. Ich war 23 Jahre alt. Stalin, der sich als großer Menschenkenner betrachtete, blickte mich forschend an. Wenn der Brief einen Funken Wahrheit enthält, wird der junge Mann verlegen werden und anfangen, sich zu rechtfertigen. Ich lächelte aber nur und gab ihm den Brief zurück, ohne etwas zu sagen.

»Was meinen Sie dazu?« fragte Stalin.

»Genosse Stalin«, antwortete ich mit leichtem Vorwurf, »Sie kennen doch Jagoda, das ist doch Auswurf.«

»Dennoch«, sagte Stalin, »warum schreibt er das?«

»Ich glaube, aus zwei Gründen. Einerseits will er überhaupt Verdacht gegen mich erregen, andererseits bin ich mit ihm auf den Sitzungen des Obersten Rates der Körperkultur aneinandergeraten, wo ich die Durchführung der Linie des ZK als Abkehr von den schädlichen Positionen erreicht habe. Aber er will sich an mir nicht nur dafür rächen, sondern auch, weil er fühlt, daß ich vor ihm nicht die geringste Achtung habe, von Sympathie gar nicht zu reden. Da will er vorsorglich alles kompromittieren, was ich Ihnen oder den Mitgliedern des Politbüros von ihm sagen könnte.«

Stalin fand diese Erklärung durchaus einleuchtend. Außerdem hatte ich, da ich Stalin kannte, keine Sekunde lang gezweifelt, daß ihm die ganze Wendung der Angelegenheit sehr gefiel. Der Sekretär des Politbüros und das Kollegium der GPU in offener Feindschaft! Da konnte man nicht daran zweifeln, daß die GPU jeden Schritt des Sekretärs verfolgte und ihm, falls nur das Geringste passierte, dies unverzüglich melden würde; und der Sekretär des Politbüros würde sich seinerseits keinen Anlaß entgehen lassen, ihn zu benachrichtigen, falls er irgend etwas Verdächtiges aus der Praxis der GPU erfuhr.

Auf dieser Basis gestalteten sich meine weiteren Beziehungen zur GPU: von Zeit zu Zeit benachrichtigte Jagoda den Genossen Stalin von seiner Überzeugung, daß ich ein geheimer Konterrevolutionär sei, während mir Stalin diese Zettelchen gleichgültig aushändigte.

Ich muß nachtragen, daß ich sehr zufrieden war, als ich Jagodas erste Meldung las. Der Kern der Sache bestand nämlich darin, daß mir diese offene Feindschaft Sicherheit in einer Beziehung garantierte. Die GPU hatte gewaltige Möglichkeiten, irgendeinen unglücklichen Zufall zu arrangieren. Ein Autounglück, einen als Raubüberfall getarnten Mord und ähnliches mehr. Nach der Erklärung unserer offenen feindlichen Beziehungen entfielen für die GPU diese Möglichkeiten, denn jetzt hätte Jagoda für einen unglücklichen Zufall mit mir mit seinem Kopf bezahlt.

Kurz vor diesem Brief hatte es einen solchen Zufall gegeben. Im ZK wurden für dessen Mitarbeiter Fremdsprachenkurse veranstaltet. Ich befand mich in den Gruppen für Englisch und Französisch. In der Englischgruppe freundete ich mich mit der sehr hübschen Lettin Wanda Swerde an, die im Apparat des ZK arbeitete. Ich war damals völlig frei; wir verliebten uns ineinander, faßten jedoch alles Weitere als angenehmes Abenteuer auf; Wanda war mit einem hochgestellten Tschekisten verheiratet. Sie wohnten in der Lubjanka, im Haus der GPU, es gab dort Wohnungen für die verantwortlichen Tschekisten. Wanda war gewöhnlich bei mir, doch einmal lud sie mich zu sich nach Hause ein. Es war für mich interessant zu sehen, wie die tschekistische Crème dort wohnte. Ich kam abends nach der Arbeit zu ihr. Wanda erklärte mir, daß ihr Mann auf Dienstreise sei, und schlug mir vor, bei ihr zu übernachten. Das kam mir verdächtig vor ... Die »unerwartete« Rückkehr des Mannes, der mich im Bett seiner Frau überraschte, da konnte er den Revolver ziehen – und alles wäre wie ein gewöhnliches Eifersuchtsdrama verlaufen. Der Mann würde angeben, keine Ahnung gehabt zu haben, wer ich sei ... Unter dem Vorwand, noch einige eilige Sachen erledigen zu müssen, lehnte ich das Angebot ab. Im übrigen beschuldigte ich nicht Wanda, sondern die GPU, die eine sich bietende Gelegenheit nutzen wollte.

Jetzt aber, nach Jagodas Brief, entfielen die Möglichkeiten eines unglücklichen Zufalls oder eines Mordes aus Eifersucht.

Alle noch folgenden Jahre meiner Tätigkeit verliefen weiter in dieser offenen Feindschaft, was allen mehr oder weniger gut bekannt war. Stalin hatte sich daran ebenfalls gewöhnt, so daß ihn Fälle wie etwa der mit Anna Georgiewna Chutarewa, überhaupt nicht mehr rührten.

In der Technischen Hochschule hatte ich einen Freund, den parteilosen Studenten Paschka Simakow. Politik beschäftigte und interessierte ihn überhaupt nicht. Seine Mutter Anna Georgiewna hatte nach dem Tod seines Vaters einen sehr reichen Mann, Iwan Andrejewitsch Chutarew, Besitzer einer großen Fabrik für feine Tuche in Scharapowaja Ochota bei Moskau, geheiratet. Während des Bürgerkrieges war Chutarew, um sich vor den Bolschewiken zu retten, in den Süden geflohen und von dort ins Ausland. Jetzt, im Jahre 1924, lebte er in Baden bei Wien. Seine Frau war mit vier kleinen Kindern zurückgeblieben; als Frau eines »Kapitalisten« lebte sie in überaus ärmlichen und schwierigen Verhältnissen.

Paschka Simakow teilte mir mit, daß seine Mutter mich zu sprechen wünsche. So fuhr ich zu ihr hinaus. Dort erfuhr ich folgende Geschichte. Voll heiliger Einfalt hatte sich Anna Georgiewna von einem ihr bekannten Arzt ein medizinisches Attest ausstellen lassen, in dem für ihren Gesundheitszustand die Quellen des Kurortes Baden bei Wien als sehr nützlich empfohlen wurden. Dann ging sie in die administrative Abteilung des Gemeindesowjets und bat um die Ausstellung eines Auslandspasses für sich und ihre Kinder zwecks eines Kuraufenthaltes. Der Beamte des Gemeinderates las ihre Bitte: »Sie wollen einen Paß für die Reise mit allen Kindern?«

»Ja.«

»Sind Sie verrückt, Bürgerin, oder geben Sie sich nur den Anschein, nicht normal zu sein?«

»Warum denn? Ich will in Kur fahren.«

»Gut, kommen Sie in einem Monat wieder.«

Pässe stellte die GPU aus, also ging ihr Gesuch zur Prüfung dorthin. Der GPU waren die Zusammenhänge sofort klar. Die Burshuika bittet ganz unverblümt um die Erlaubnis, zu ihrem Mann, einem weißgardistischen Emigranten und Kapitalisten, ins Ausland zu fliehen. Als sie nach einem Monat wieder in den Gemeindesowjet kam, bat man sie in das anstoßende Zimmer, wo drei Tschekisten ein vielversprechendes Verhör mit ihr begannen. Aus ihren Antworten wurde sofort klar, daß sie über ihren Mann alles wußte, sogar, daß er in Baden bei Wien lebte. Die Tschekisten fragten: »Sie wollen sich wohl lustig machen über uns, was?« Da fiel der armen Frau der rettende Gedanke ein: »Wissen Sie, ich bin parteilos und verstehe nichts von Politik; aber wenn ein angesehenes Parteimitglied für mich bürgt?«

»Wer ist das angesehene Parteimitglied?«, fragten die Tschekisten ironisch.

»Der Sekretär des Genossen Stalin.«

»Was? Was ist das für eine Nummer? Sind Sie noch bei Verstand, Bürgerin?«

»Ja, ich versichere Ihnen, daß er für mich bürgen kann.«

Die Tschekisten blickten einander an.

»Gut, bringen Sie die Bürgschaft, dann reden wir weiter.«

Dies alles erzählte mir Anna Georgiewna. Ich war bezaubert. Einer Naivität von solchen Ausmaßen war ich noch nie begegnet. »Das heißt«, sagte ich, »Sie bitten mich, für Sie zu bürgen und zu garantieren, daß Sie nach einem Monat mit Ihren Kindern in die UdSSR zurückkehren?«

»Ja.«

»Sie fahren aber deshalb zu Ihrem Mann, um mit Ihren Kindern dort zu bleiben und nicht mehr in die UdSSR zurückzukehren?«

»Ja.«

Bezaubernd. »Sie verstehen«, sagte Anna Georgiewna, »daß ich hier mit den Kindern umkomme. Zu meinem Mann zu fahren, ist für mich die einzige Rettung.«

»Gut«, sagte ich, »Geben Sie mir das Papierchen, ich unterschreibe.«

»Ich werde mein Leben lang für Sie beten«, erwiderte Anna Georgiewna.

Alles Weitere ging wie geschmiert. Meine Bürgschaft wurde sofort Jagoda gemeldet. Ich stellte mir vor, wie schadenfroh er sich die Hände rieb. Er stellte Anna Georgiewna und allen ihren Kindern sofort Reisepässe nach Österreich aus. Als das sowjetische Konsulat in Wien sie nach einem Monat daran erinnerte, daß ihr Visum ablaufe und sie heimfahren müsse, antwortete sie, daß sie auf die sowjetische Staatsbürgerschaft verzichte und als Emigrantin im Ausland bleiben wolle.

Jagoda hatte darauf nur gewartet und schrieb Stalin sofort einen ausführlichen Bericht darüber, wie Baschanow einer Kapitalistin die Flucht ins Ausland ermöglicht hatte. »Was ist das für eine Geschichte«, fragte mich Stalin, indem er mir Jagodas Meldung überreichte. »Ach ja, Genosse Stalin, ich wollte mich nur überzeugen, wie dumm Jagoda eigentlich ist. Wenn das eine Burshuika war, die ins Ausland fliehen wollte und Jagoda das wußte, warum hat er ihr dann einen Auslandspaß ausgestellt und sie ausreisen lassen? Wenn aber andererseits nichts Schlechtes an ihrer Ausreise war, warum dann mich beschuldigen? Jagoda war mit allem einverstanden, nur um mir Unannehmlichkeiten zu machen, aber ohne zu begreifen, in was für eine dumme Lage er sich selber bringt.« Damit hatte es sein Bewenden. Stalin schenkte der ganzen Episode keine weitere Beachtung mehr.

Ich begriff sehr schnell, was für eine Macht die GPU über die parteilose Bevölkerung hatte. Ebenso klar wurde mir, warum im kommunistischen Regime keinerlei persönliche Freiheiten möglich waren. Alles war nationalisiert, alles und jeder war, um zu leben und sich ernähren zu können, auf den Staatsdienst angewiesen. Der kleinste Freisinn, der kleinste Wunsch nach persönlicher Freiheit – und schon schwebte über dem Betreffenden die Drohung, nicht mehr arbeiten und folglich nicht mehr leben zu dürfen. Ringsherum das gigantische Informationsnetz der Seksots (geheimen Mitarbeiter), über alle ist alles bekannt, alles ist in den Händen der GPU. Und während diese ihre Macht immer weiter ausbaute und das ungeheuerliche Reich der GULAG aufbaute, war sie darauf bedacht, die Parteispitze möglichst wenig darüber zu informieren, was sie tat. Es wurden die Lager entwickelt, ein riesiges Vernichtungssystem, der Partei wurde gemeldet, wie schlau man auf Kosten der Konterrevolution kostenlose Arbeitskräfte zur Erfüllung des Fünfjahresplanes mobilisiert habe. Was die »Umerziehung« betreffe, so handle es sich um »Arbeits-Besserungslager« im Lande. Und was in ihnen tatsächlich geschehe? Na, nichts Besonderes. Ich hatte den Eindruck, daß die Parteispitze mit dem glänzenden Funktionieren der GPU als Trennwand zur Bevölkerung zufrieden war und keinerlei Bedürfnis verspürte zu erfahren, was tatsächlich in der GPU geschah. Alle fanden es beruhigend, wenn sie das offizielle Geschwätz der *Prawda* vom stählernen Schwert der Revolution (d. h. der GPU) lasen, das stets wachsam die Errungenschaften der Revolution verteidigte.

Ich versuchte manchmal, mit den Mitgliedern des Politbüros die völlig unkontrollierte Macht der GPU über die Bevölkerung zu erörtern. Solche Gespräche interessierten aber niemanden. Ich überzeugte mich bald, daß dieses Thema glücklicherweise meinem gespannten Verhältnis dieser Einrichtung gegenüber zugeschrieben und deshalb nicht gegen mich verwendet wurde; sonst wäre ich alsbald der »intelligenzlerischen Weichheit« oder des »Mangels an echter bolschewistischer Wachsamkeit im Hinblick auf die Feinde« oder irgendeiner »Abweichung« beschuldigt worden. Infolge des langen und ständigen Trainings tendierten die Hirne der kommunistischen Parteimitglieder in eine ganz bestimmte Richtung. Nicht der war ein Bolschewik, der Marx gelesen und akzeptiert hatte, sondern der, der im pausenlosen Aufspüren und Verfolgen von allerlei Feinden trainiert war. Und die Arbeit der GPU wuchs und entfaltete sich immer mehr als etwas für die ganze Partei Normales. Besteht doch das Wesen des Kommunismus darin, ohne Unterlaß irgend jemanden an der Gurgel zu packen; wie konnte man der GPU irgend etwas vorwerfen, wenn sie glänzend mit dieser Aufgabe zurechtkam? Ich begriff endgültig, es ging nicht darum, daß die Tschekisten Geschmeiß waren, sondern darum, daß das System (der Mensch ist des Menschen Wolf) verlangte und erlaubte, diese Funktionen von Geschmeiß ausführen zu lassen.

Jagoda war ein Verbrecher und ein Lump. Seine wirkliche Rolle bei der Schaffung des allrussischen GULAG ist so eindeutig und bekannt, daß man zugunsten dieses Subjekts offensichtlich gar nichts sagen kann. Nur eine einzige Episode aus seinem Leben hat mir sehr gefallen.

Im März 1938 ging endlich die Komödie eines stalinschen »Gerichtes« mit Jagoda als Hauptperson über die Bühne. Bei diesem »Gericht« fungierte ein äußerlich menschliches Wesen, der nicht ganz unbekannte Wyschinskij, als Staatsanwalt.

Wyschinskij: »Sagen Sie, Verräter Jagoda, haben Sie während Ihrer ganzen widerlichen Verrätertätigkeit kein einziges Mal das geringste Mitleid, die geringste Reue empfunden? Auch jetzt nicht, da Sie endlich vor einem proletarischen Gericht alle Ihre feigen Verbrechen verantworten müssen, empfinden Sie nicht das geringste Bedauern über die von Ihnen begangenen Taten?«

Jagoda: »Ja, ich bedauere, bedauere sehr ...«

Wyschinskij: »Achtung, Genossen Richter. Der Verräter bedauert. Was bedauern Sie denn, Spion und Verbrecher Jagoda?«

Jagoda: »Ich bedauere sehr ... ich bedauere sehr, daß ich euch nicht alle erschossen habe, als ich die Macht dazu hatte.«

Vielleicht muß man hinzufügen, daß möglicherweise bei jemand anderem, nicht aber bei Jagoda, der selber lange Serien ebensolcher Prozesse organisiert hatte, die kleinste Illusion bezüglich des Ausganges solcher »Gerichte« bestand.

Meine persönliche Lage war paradox. Die GPU haßte mich, der manialkalisch mißtrauische Stalin schenkte den Meldungen der GPU keinerlei Beachtung, alle Geheimnisse der Macht waren in meinen Händen. Ich studierte aber ernsthaft die Frage, was ich zum Sturz dieser Macht tun konnte. Dabei gab ich mich keinen Illusionen hin. Die Volksmassen konnten, wie weit dieses sklavenhalterische System auch reichen mochte, die Macht nicht stürzen, die Zeit der Barrikaden und Lanzen war längst vorbei, die Macht besaß nicht nur Panzer, sondern auch eine Polizei von bisher unbekannter Stärke; außerdem würden die Herrschenden vor nichts haltmachen, um ihre Macht zu verteidigen. Die waren kein Ludwig XVI., der nicht das Blut seiner Untertanen vergießen wollte, sie vergossen beliebig viel.

Der Umsturz konnte nur von oben kommen, nämlich aus dem ZK. Aber dies war schier unmöglich, denn zu diesem Zweck hätte man den Leuten, die den Kommunismus liquidieren wollten, verheimlichen müssen, daß sie Antikommunisten seien und die Mehrheit im ZK gewinnen wollten. Ich sah den ganzen Personalstand der bolschewistischen Spitze vor mir, nicht aber die Leute, die geneigt gewesen wären, sie zu beseitigen.

Und ich selber? Ein historischer Zufall gab mir, einem Feind des Kommunismus, die Möglichkeit, alle seine Geheimnisse zu kennen und auf allen Sitzungen des Politbüros und des ZK-Plenums teilzunehmen. Ich konnte eine Bombe herstellen (zumal ich gelegentlich in der Technischen Hochschule in den Laboratorien der qualitativen und quantitativen Analyse arbeitete, wo es Salpetersäure und Glyzerin genug gab) und sie in der Aktentasche in eine Sitzung bringen. Niemand hätte zu fragen gewagt, was der Sekretär des Politbüros in seiner Aktentasche hatte. Es war mir aber völlig klar, daß derlei nicht den geringsten Sinn hatte. Man würde sogleich ein anderes Politbüro, ein anderes ZK wählen, nicht schlechter und nicht besser als die gegenwärtigen ... Dieses System konnte man nicht mit einer Bombe umbringen. Die verschiedenen Fraktionen der herrschenden Spitze waren mir gleichgültig: sowohl Trotzkij als auch Stalin wollten den Kommunismus einführen. Die Auswahl und Organisation einer eigenen Gruppe im Politbüro war völlig aussichtslos: jeder Fünfte oder Zehnte würde zu Stalin laufen und es ihm melden. Außerdem fehlte mir die Möglichkeit, irgend etwas heimlich zu unternehmen, denn die GPU verfolgte aufmerksam jeden meiner Schritte in der Hoffnung, irgend etwas gegen mich zu finden.

Was konnte ich tun? Nur eines: weiterhin meine Augen schließen und weiterhin bolschewistische Karriere machen in der Hoffnung, Stalins Nachfolger zu werden und dann alles zu stürzen. Die folgenden Jahre bestätigten, daß dies keineswegs eine Fiktion war. Malenkow, der nach mir den Sekretärsposten des Politbüros einnahm, schaffte es, d. h. er schaffte den ersten Teil des Programms, da er bei Stalins Tod als erster Sekretär des ZK und Vorsitzender des Ministerrates ganz normal unter Stalins Erben gelangte; da er jedoch ein würdiger Schüler Stalins war und ein Stalinist dazu, war ihm der zweite Teil des Programms völlig fremd, nämlich Stalins Platz einzunehmen und alles zu stürzen.

Die Möglichkeit des Hochdienens lehnte ich jedoch ab. Ich kannte Stalin und sah, wohin er ging. Noch machte er alles möglichst leise und vorsichtig, aber er war ein asiatischer Satrap, amoralisch und grausam. Soviele Verbrechen er noch über das Land bringen mochte, an jedem würde man sich beteiligen müssen. Ich war überzeugt, daß mir das nicht gelingen würde. Zudem mußte man, um bei Stalin zu sein, alle bolschewistischen Eigenschaften zur Vollkommenheit entwickeln: keine Moral, keine Freundschaft oder menschliche Gefühle – man mußte ein Wolf sein. Und dafür das ganze Leben einsetzen und verwenden. Das wollte ich nicht. Was verblieb mir dann in diesem Land noch? Ein Schräubchen in der Maschine zu werden und ihr behilflich zu sein, sich zu drehen. Das wollte ich auch nicht.

So verblieb als einziger Ausweg der Abgang ins Ausland. Vielleicht ergaben sich dort Möglichkeiten, gegen den Sozialismus mit der Wolfsschnauze zu kämpfen. Aber das war nicht einfach.

Zuerst mußte ich aus dem Politbüro, Stalins Sekretariat und dem ZK weggehen. Dazu war ich fest entschlossen. Meine Bitte, mich zu entlassen, beantwortete Stalin ablehnend. Doch ich begriff, daß es keineswegs um meine Unersetzlichkeit ging, denn für Stalin gab es keinen unersetzlichen oder sehr wichtigen Menschen, es ging vielmehr darum, daß ich alle seine Geheimnisse kannte, und wenn ich ging, mußte er einen neuen Mann in sie einführen; gerade dies war ihm unangenehm.

Für die Technik des Abganges fand ich jedoch Unterstützung bei Towstucha. Er war über meinen Wunsch sehr erfreut. Er wollte Stalins ganzes Sekretariat in seine Finger bekommen, doch solange ich Sekretär des

Politbüros war, hatte ich alle wichtigen Funktionen inne, mir unterstanden der Apparat und die Kanzlei des Politbüros. Towstucha sah, wie gut sich alles durch meinen Abgang für ihn regelte. Freilich war er nicht imstande, auf den Sitzungen des Politbüros als Sekretär zu fungieren, aber nach meinem Abgang konnte er sich die Kanzlei des Politbüros unterstellen und die Funktionen des Politbüro-Sekretärs so reorganisieren, daß er Hausherr des Apparates wurde. Das ging so vor sich.

Bei Antritt meines Sommerurlaubes vertrat mich der Sekretär des Organisationsbüros Timochin. Um den Sekretär des Organisationsbüros zu vertreten, wollte Malenkows gescheite Frau Lera Golubzowa, die im Organisationsbüro arbeitete, unter Ausnutzung ihrer Beziehungen zu German Tichomirnow (Molotows zweitem Sekretär) ihren Mann auf die Stelle des provisorischen Sekretärs im Organisationsbüro hieven. Towstucha, der Malenkow angelernt hatte, entschloß sich jedoch, ihn ins Politbüro zu übernehmen. Malenkow wurde also Protokollsekretär des Politbüros – nur um auf den Sitzungen als Sekretär zu fungieren; als Hilfskraft bekam er eine Stenographin zugeteilt. Seine Funktionen waren begrenzt: sowohl er selber wie der Apparat unterstanden Towstucha. Die Kontrolle über den Vollzug der Resolutionen des Politbüros wurde eingestellt, sie war allzusehr mit mir verbunden. Zugang zu Stalins Geheimnissen hatte Malenkow vorderhand nicht und sollte sie noch lange nicht haben, was Stalin sehr paßte, weshalb auch diese Reform keine Einwände seinerseits hervorrief.

So ins Politbüro gekommen, in ständigem Kontakt mit den Mitgliedern des Politbüros, immer in Stalins und Molotows Gesichtskreis, machte Malenkow langsam, aber sicher Karriere. Zudem war er ein hundertprozentiger Stalinist. Im Jahre 1934 wurde er Stalins erster Gehilfe, 1939 Sekretär des ZK, 1941 Kandidat des Politbüros, 1946 Mitglied des Politbüros und in den letzten zwei Jahren vor Stalins Tod dessen erster Stellvertreter sowohl im ZK als auch in seiner Eigenschaft als erster Sekretär des ZK und außerdem als Vorsitzender des Ministerrates, womit er nominell zum zweiten Mann im Land und zu Stalins Nachfolger aufgerückt war. Allerdings konnte er dessen Erbe dann nicht antreten, weil ihn das Politbüro als Nachfolger nicht akzeptierte, so daß er nur Vorsitzender des Ministerrates blieb. Drei Jahre später (1956) verlor er bei dem Versuch, Chruschtschow zu stürzen, alle Macht und wurde irgendwo in der Provinz Direktor eines Elektrizitätswerkes.

Selbst nach meinem Weggang aus dem Politbüro zählte ich weiterhin zu Stalins Sekretariat, bemühte mich aber, dort möglichst wenig zu tun, indem ich mir den Anschein gab, als sei mein Hauptarbeitsgebiet jetzt im Volkskommissariat der Finanzen. Doch bis Ende 1925 fungierte ich weiterhin als Sekretär in einer Reihe von ZK-Kommissionen, hauptsächlich in den beständigen. Ich wurde lange nicht von dieser Tätigkeit befreit, denn von einem Sekretär dieser Kommissionen wurde eine solide Vertrautheit mit ihrer Arbeit auch in den früheren Jahren verlangt. Erst Anfang 1926 konnte ich sagen, endgültig aus dem ZK ausgeschieden zu sein. Stalin nahm meinen Abgang gleichgültig auf, Molotow war unzufrieden. Amüsanterweise wußte niemand genau, ob ich nun weiterhin zu Stalins Sekretariat gehörte oder nicht, ob ich ganz weggegangen war oder nicht, und wenn ja, ob ich wieder zurückkehren würde, wie das auch bei anderen der Fall war. So schien z. B. Towstucha ins Lenininstitut versetzt worden zu sein, aber schau! schon sitzt er wieder in Stalins Sekretariat und sogar noch fester als vorher. Aber ich wußte natürlich sehr gut, daß mein Weggang endgültig war; und ich bereitete mich vor, das Land zu verlassen.

Schon jetzt betrachtete ich alles mit den Augen des inneren Emigranten und zog Bilanz.

In der bolschewistischen Parteispitze kannte ich viele Menschen, darunter sehr talentierte und begabte und nicht wenig ehrenhafte und ordentliche. Letzteres konstatierte ich mit einigem Staunen. Ich zweifelte nicht an der wenig beneidenswerten Zukunft dieser Leute, die ihrem Wesen nach nicht in das System paßten. Sie waren (wie ich selber) in diese riesige Maschine irrtümlich hineingeraten und gehörten jetzt zu ihren Rädchen. Ich hatte jedoch meine Augen offen gehalten und sah, was sie nicht sahen: daß es unumgänglich war, sich über die weitere Entwicklung und praktische Anwendung der Doktrin ins klare zu kommen.

Wie verstand ich die stattfindende Entwicklung der Macht und ihres Apparats?

Da gibt es vor allem zwei verschiedene Fragen zu beantworten. Erstens ist der Mechanismus der Macht ein echter Mechanismus und nicht das, was aus taktischen Erwägungen als solcher ausgegeben wird. Der Umsturz wurde von Berufsrevolutionären der leninistischen Gruppe durchgeführt. Nachdem sie die Macht an sich gerissen und die Verwaltung des Landes übernommen und alles nationalisiert und sich angeeignet hatte, brauchte sie einen riesigen, vielfältigen Verwaltungsapparat und folglich auch vielfältige Parteikader. Die Tür zur Partei stand weit offen, und eine intensive kommunistische Propaganda zog die Massen an. Das Land war politisch jungfräulich; die ersten Phrasen der Parteiagitatoren und Propagandisten, einfachen Leuten hingeworfen, die nie über politische Fragen nachgedacht hatten, schienen Offenbarungen zu sein, die ihnen die Augen für alles Lebenswichtige öffneten. Jegliche Propaganda, die etwas anderes verkündete, wurde als Konterrevolution verboten und verfolgt. Die Partei wuchs schnell auf Kosten dieser neuen, politisch unerfahrenen Gläubigen. Mit ihnen wurden alle Organe des vielfältigen bürgerlichen, militärischen, wirtschaftlichen, gewerkschaftlichen Machtapparates gefüllt. Im Zentrum stand die leninistische Gruppe an der Spitze der zahlreichen Ämter und Organisationen. Formal regierte sie durch Machtorgane, die für das Publikum als Räte bezeichnet wurden, die Volkskommissariate, Vollzugskomitees sowie deren Abteilungen und Zweige. Es gab deren sehr viele. Das Zentrum mußte nicht nur diese ganze Skala dirigieren, sondern auch alles, was nicht zu diesen gehörte, also Komintern und Profintern, die Armee, die Zeitungen und Gewerkschaften, den Propagandaapparat, die Wirtschaft und vieles andere mehr. Das war nur im ZK der Partei möglich, dem alle wichtigen Leiter und Führer des Ganzen angehörten. Doch war das ZK eine sperrige, umfangreiche, mächtige Organisation, man brauchte eine kleine Führungsgruppe. Für diese wurde das Politbüro geschaffen, das Lenin mit seinen wenigen Gehilfen (Swerdlow, Trotzkij) bildete, mit denen er die ersten zwei Jahre regierte. Das Politbüro, im März 1919 gewählt, entwickelte sich schnell zur eigentlichen Regierung. Im wesentlichen bedeutete das für Lenin und seine Gruppe vorläufig keine Änderung, sondern brachte die Staatsverwaltung nur in ordentliche Bahnen. Wie bisher erfolgte die Verwaltung durch die Organe, die sich als die Sowjetmacht bezeichneten. Während des ganzen Bürgerkrieges fanden in diesem Schema wenig Änderungen statt. Der Parteiapparat steckte in den Anfängen, er hatte noch dienstleistende, keine befehlserteilenden Funktionen. Das änderte sich mit der Beendigung des Bürgerkrieges. Es wurde ein richtiger Parteiapparat geschaffen, der rasch heranwuchs. Jene zentralisierende, vereinheitlichende Verwaltungstätigkeit, die das Politbüro im Zentrum erfüllte, begannen allmählich in der Provinz die Gebiets- und Bezirksbüros des ZK und in den Gouvernements die Gouvernementskomitees zu übernehmen. In letzteren nahm der Sekretär die erste Stelle ein, er entwickelte sich zum Herrn seines Gouvernements anstatt des Vorsitzenden des Gouvernements-Vollzugskomitees und der verschiedenen Bevollmächtigten des Zentrums. Die neue Verfassung von 1922 verlieh dieser Änderung die endgültige Form. Die Periode der »Sekretärsherrlichkeit« nahm damit ihren Anfang. Nur in Moskau stand an der Parteispitze nicht der Generalsekretär der Partei, sondern Lenin selber. Doch 1922 wurde er infolge seiner Krankheit aus der Bahn geworfen; die Zentralgewalt ging auf das Politbüro über. Dies leitete den Kampf um das Erbe ein. Sinowjew und Kamenew, die nach der Macht strebten, meinten, ihre Vorherrschaft sei schon dadurch gesichert, daß sie das Politbüro in Händen hatten. Stalin und Molotow aber sahen weiter. Das Politbüro wurde vom ZK gewählt. Besitzt die Mehrheit im ZK, dann könnt ihr euch jedes Politbüro wählen lassen, das euch gefällt! Setzt überall eure Gouvernementskomitees-Sekretäre ein, und die Mehrheit der Kongresse und das ZK steht hinter euch!

Aus irgendwelchen Gründen wollte Sinowjew das nicht sehen. Er war derart von dem Kampf zur Vernichtung Trotzkijs nach den alten leninschen Rezepten besessen, daß er von der Wühlarbeit im ZK, nämlich Stalins Arbeit zur Aufnahme seines Klüngels in den Parteiapparat, die sich 1922 bis 1925 vollzog, nichts merkte. Das Ergebnis war, daß 1922–1924 das Land von der Troika regiert wurde, doch 1925 nach deren Zusammenbruch vom Politbüro. Im Januar 1926 erntete dann Stalin nach dem Kongreß die Früchte seiner langjährigen Arbeit, also sein ZK und sein Politbüro. Der neue Parteiführer war zwar noch nicht unumschränkter Hausherr, denn die Mitglieder des Politbüros hatten noch Gewicht in der Partei, wie auch die Mitglieder des ZK noch etwas galten. Doch während der Kampf im Zentrum tobte, festigte sich endgültig die Sekretärsherrlichkeit in der Provinz. Alle Fragen eines Gouvernements wurden vom Sekretär als dessen Herrn im Büro des Gouvernementskomitees entschieden. Das Land regierte nicht mehr die Partei, sondern der Parteiapparat.

Und weiter? Wohin führte das?

Ich kannte Stalin gut, er war jetzt auf dem richtigen Weg zur Festigung seiner Monarchie. Theoretisch war sein Sturz nur noch durch den Parteikongreß möglich, also berief er diesen nicht mehr ein. Dann gab es nur noch eine Macht im Land: nicht mehr die Partei und nicht mehr den Parteiapparat, sondern Stalin und nur Stalin. Und regieren ließ er durch Leute, die ihm jeweils am bequemsten waren: durch das Politbüro oder durch seine Sekretäre.

Doch wie war das Schicksal der ganzen Masse jener Parteimitglieder, welche die Partei nach der Revolution angeworben hatte? Das ergibt sich aus der Beantwortung der zweiten Frage, die sich mit dem Wesen der Sowjetmacht und deren Entwicklung auseinandersetzt.

Jeder, der Lenins oder Stalins Persönlichkeit studiert, wird von deren maniakalischem Machtstreben betroffen sein, dem alles andere in ihrem Leben untergeordnet wurde. Eigentlich darf uns aber ihr Machthunger nicht sonderlich in Erstaunen setzen. Beide waren Menschen der marxistischen Doktrin und eines Denksystems, das ihr Leben bestimmte. Was verlangte diese Doktrin? Den Umsturz des ganzen Lebens der Gesellschaft; der konnte nur und mußte mit Gewalt durchgeführt werden. Mit einer Gewalt, die eine aktive, organisierte Minderheit der Gesellschaft antat, doch unter der unabdingbaren Voraussetzung, daß man sich vorsorglich die Staatsgewalt aneignete. Das war das Alpha und Omega. Ohne die Macht, sagte die Doktrin, geht nichts. Nur mit der Macht in Händen vollbringst du alles, veränderst du alles. Auf dieser Basis beruhte ihr ganzes Leben. Die Macht kam zuerst in Lenins und dann in Stalins Hände, aber nicht nur deshalb, weil sie grenzen- und bedenkenlos nach ihr strebten, sondern auch deshalb, weil sie der Partei als die reinsten und stärksten Verkörperungen dieses Fundamentalaxioms der Parteidoktrin erschienen. Macht, das ist alles: Anfang und Ende. Davon lebten Lenin und Stalin ihr Leben lang. Alle übrigen waren gezwungen, ihnen zu folgen.

Doch die Macht wurde von einer aktiven Minderheit gewaltsam erobert und von der aktiven Minderheit gewaltsam über die riesige Mehrheit der Bevölkerung aufrechterhalten. Die Minderheit (die Partei) erkannte nur die Gewalt an. Die Bevölkerung konnte sich noch beliebig schlecht der von der Partei festgelegten sozialen Ordnung gegenüber verhalten, die Macht fürchtete dieses negative Verhältnis und manövrierte (Lenin – NEP) solange, als sie damit rechnen mußte, daß ihr Polizeisystem das Land noch nicht stark genug in Händen hatte, also noch das Risiko bestand, die Macht wieder zu verlieren. Als aber das System des Polizeiterrors das Land beherrschte, konnte man unbefangen Gewalt anwenden (Stalin – Kollektivierung, Terror der dreißiger Jahre) und das Land zwingen, nach den Richtlinien der Partei zu leben, auch wenn es Millionen Opfer kostete.

Das Wesen der Macht war die Gewalt. Über wen? Der Doktrin nach vor allem über jeglichen Klassenfeind, also über das Bürgertum, den Kapitalisten, den Gutsbesitzer, den Adeligen, den Offizier, den Ingenieur, den Geistlichen, den Kulaken, den Andersgesinnten und den Gegner der neuen Gesellschaftsordnung, den Konterrevolutionär, den Weißgardisten, den Saboteur, den Schädling, den Sozialverräter, den Parasiten des Klassenkampfes, den Verbündeten des Imperialismus und der Reaktion und noch über viele andere. Doch nach der Liquidation und der Erschöpfung aller dieser Kategorien fanden sich stets neue und neue. Der Mittelbauer konnte zum Kulakenhelfer werden, der Dorfarme zum Kolchosfeind und folglich zum Hintertreiber und Saboteur des sozialistischen Aufbaus; der Arbeiter ohne sozialistischen Enthusiasmus zum Agenten des Klassenfeindes. Und in der Partei? Abweichler, Fraktioneure, käufliche Trotzkisten, Rechtsoppositionelle, Linksoppositionelle, Verräter, ausländische Spione, lüsterne Reptilien. Stets mußte man jemanden vernichten, erschießen und in den Gefängnissen oder Lagern verfaulen lassen. Darin besteht das Wesen und der Pathos des Kommunismus.

Doch zu Beginn der Revolution traten Hunderttausende nicht deshalb in die Partei ein, sondern weil sie glaubten, daß man eine bessere Gesellschaft aufbauen wollte. Allmählich (aber nicht zu früh) stellte sich dann heraus, daß man einem Betrug aufgesessen war. Wer aber noch glaubte, glaubte auch weiterhin. Wenn ringsum weiß der Teufel was geschah, dann war es die Schuld wilder, ungebildeter Exekutivelemente, aber die Idee war gut und schön, die Führer wollten das Beste, man mußte für die Beseitigung der Mängel kämpfen. Wie? Protestierend, der Opposition beitretend, innerhalb der Partei kämpfend. Aber der Weg der Opposition in der Partei war ein Weg des Unterganges. Und so wurden alle diese Gläubigen allmählich zu Menschen jener Kategorien, die von der Macht als Klassenfeinde und Agenten der Klassenfeinde bezeichnet wurden, und alle diese Gläubigen waren schon verdammt, ihr Weg führte in das allgemeine gigantische Massaker, das mit Sachkenntnis der weise und geniale Genosse Stalin dirigierte.

Allmählich gliederte sich die Partei (und besonders ihre leitenden Kader) in zwei Kategorien: jene, die vernichtete und jene, die vernichtet wurde. Schließlich trachteten alle, die mehr als um alles andere um ihre eigene Haut und das eigene Wohlergehen besorgt waren, sich der ersten Kategorie anzuschließen. Das gelang aber nicht immer. Das Massaker langte nach rechts und nach links, wer ihm unter die Hände kam, war verloren. Jene, die immer noch an irgend etwas glaubten und für das Volk das Beste wollten, gerieten früher oder später ohne Pardon in die zweite Kategorie.

Das hieß natürlich nicht, daß alle Egoisten, Schinder und Halunken verschont blieben. Es genügt der Hinweis, daß der größte Teil aller tschekistischen Erschießungsmeister ebenfalls in den Fleischwolf geriet, aber deshalb, weil sie ihm zu nahe gekommen waren. Alle mehr oder weniger anständigen Menschen mit Resten von Gewissen und menschlichen Gefühlen gingen jedoch zugrunde.

In meiner Eigenschaft als Sekretär des Politbüros kam ich mit der ganzen Parteispitze in Berührung. Ich muß sagen, daß ihr damals (ich spreche notabene von den Leuten, wie ich sie in den zwanziger Jahren gesehen habe) sehr viele sympathische, gebildete, fähige und mitunter sogar exzellente Leute angehörten. Der Teufel hat den talentierten Krassin zur leninistischen Bande berufsmäßiger Parasiten stoßen lassen. Selten habe ich einen besseren Organisator als Syrzow gesehen, der alles im Flug erfaßte und begriff. Was immer der Rechtsanwalt Brillant (Sokolnikow) in Angriff nahm, er kam mit allem zurecht.

Andere glänzten weniger, waren aber ordentlich, angenehm und freundlich. Ordschonikidse war aufrecht und ehrenhaft, Rudsutak ein vorzüglicher Arbeiter, bescheiden und ehrlich, Stanislaw Kossior bewahrte sich felsenfest seinen naiven Glauben an den Kommunismus. Selbst als er von den Tschekisten verhaftet wurde, wollte er trotz aller Folterungen keine ihrer verlogenen Beschuldigungen auf sich sitzen lassen. Da führten die Tschekisten seine sechzehnjährige Tochter herein und vergewaltigten sie vor seinen Augen. Die Tochter brachte sich um. Kossior brach zusammen und unterschrieb alles, was man von ihm verlangte.

Fast zu allen Mitgliedern der Parteispitze hatte ich glänzende persönliche

Beziehungen. Sogar Stalins schlimmsten Bürokraten Molotow, Kaganowitsch und Kuibyschew kann ich keinerlei Vorwürfe machen, sie waren immer freundlich zu mir.

Hatte aber seinerzeit der weiche, gebildete, angenehme Sokolnikow als Kommandierender einer Armee während des Bürgerkrieges nicht Massenerschießungen im Süden Rußlands durchgeführt? Und Ordschonikidse im Kaukasus?

Eine schreckliche Sache, diese Wolfsdoktrin und der Glaube an sie. Nur wer sich dies alles gut überlegt und alle diese Menschen gut kennt, erkennt, wie eine Doktrin die Menschen verwandelt, die Gewalt predigt und Revolution und die Vernichtung des Klassenfeindes fordert.

[8] Stalin, Lenin und Kalinin auf dem VIII. Kongreß der Russischen Kommunistischen Partei (Bolschewiki) in Moskau, 1919

[9] Lenin und seine Schwester M. I. Uljanowa auf dem Weg ins Bolschoj-Theater zur Tagung des 5. Allrussischen Rätekongresses, Juli 1918

[10] Jakob Michailowitsch Swerdlow, Vorsitzender des Allrussischen Zentralexekutivkomitees

[11] Lenin spricht beim Begräbnis von Swerdlow auf dem Roten Platz in Moskau, 18. März 1919

[12] Grigorij Sinowjew, Vorsitzender des Exekutivkomitees der Kommunistischen Internationale

[13] Die Gründung der III. Internationale, März 1919 in Moskau. Im Präsidium v. l.: Klinger, Hugo Eberlein, Lenin, Fritz Platten

[14] Auf der Gründungskonferenz der III. Internationale. Am Tisch: Sinowjew, Lenin, Kamenew, stehend hinter Sinowjew: Stalin und Bucharin

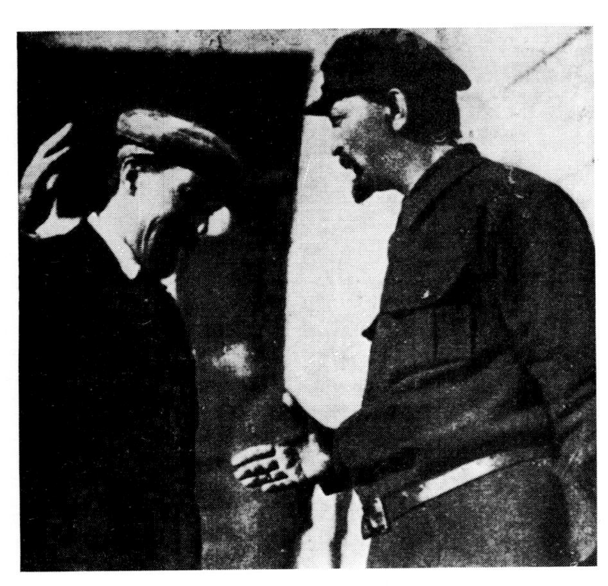

[38] Dserschinskij und Alexej Rykow, nach Lenins Tod Vorsitzender des Rates der Volkskommissare

[39] Ehrentribüne auf dem Roten Platz. Kalinin (zweiter v. l.) und Stalin (dritter v. r.), 1926. Dahinter das erste, hölzerne Lenin-Mausoleum

[40] Die Beisetzung Dserschinskijs, Juli 1926. Am Mikrophon Woroschilow, rechts von ihm Stalin und Rykow; ganz links Trotzki, neben ihm Sinowjew

[41] Der Trauerzug. V. l.: Rykow, hinter ihm Kamenew, Woroschilow, Kujbyschew, Bucharin, hinter ihm Muralow, Stalin, Molotow, Jenukidse

[42] Der 15. Parteitag, 1927, auf dem Trotzki aus der Partei ausgeschlossen wurde. Stalin unter zumeist kaukasischen Delegierten; links von Stalin Schalwa Eliawa, rechts Michail Tshakaja und Woroschilow

[43] Nikolaj I. Bucharin bei seiner Rede auf dem 15. Parteitag

ПРОЖЕКТОР

№ 24 (118) 25 декабря 1927 года. № 24 (118).

ПЯТНАДЦАТЫЙ С'ЕЗД ВКП(б).

ДА
ЗДРАВСТВУЕТ
ЕДИНСТВО ЛЕНИНСКИХ РЯДОВ!
ДА
ЗДРАВСТВУЕТ
СТАЛЬНАЯ ПАРТИЯ ЛЕНИНА —
ВКП (б)!

[44] Abstimmung auf dem 15. Parteitag. Titelseite der Zeitschrift »Projektor« vom 25. Dez. 1927 mit der Unterschrift: »Es lebe die stählerne Partei Lenins!«

[45] Zehnter Jahrestag der Oktoberrevolution. Rykow, Stalin, Woroschilow, dahinter Jemeljan Jaroslawskij, Mitglied der Zentralen Kontrollkommission der Partei

[46] Bucharin im Jahre 1928

[47] Genrich Jagoda, ab 1926 Stellvertretender Leiter der GPU. Aufnahme aus den 30er Jahren

[48] Stalins 50. Geburtstag, 21. Dezember 1929. V. l.: Ordschonikidse, Woroschilow, Kujbyschew, Stalin, Kalinin, Kaganowitsch, Kirow

Letzte Beobachtungen

Im Juni 1925 beschloß das Politbüro, Ordnung in die schöne Literatur zu bringen. Es wurde eine Kommision des ZK gebildet, die eine Resolution »über die Politik der Partei auf dem Gebiet der schönen Literatur« formulierte. Das Wesen dieser Resolution bestand darin, daß es »eine neutrale Literatur nicht gebe« und die sowjetische Literatur ein Mittel der kommunistischen Propaganda sein müsse. Amüsant war die Zusammensetzung der Kommission. Den Vorsitz führte der Chef der Roten Armee Frunse, der bisher kaum durch literarische Beflissenheit aufgefallen war, als Mitglieder fungierten Lunatscharskij und Warejkis. Das war ein völlig ungebildeter Kerl, doch hatte er als Sekretär irgendeines Gouvernements (von Woronesch, glaube ich) in der örtlichen Parteizeitung einen fortschrittlichen, gegen die Opposition gerichteten Artikel verfaßt und diesen mit einem Zitat aus Bloks »Skythen« beschlossen: »Ihr werdet hören, wie euer Skelett in unseren schweren zärtlichen Tatzen knirscht.« Sinowjew hatte auf einer Sitzung des Politbüros diesen Fall als den negativen Höhepunkt an Witz eines stümperhaften Apparatschiks erwähnt. Das genügte aber Stalin, um Warejkis zum Leiter der Presseabteilung des ZK zu machen; nur vermochte er sich auf diesem Posten nicht lange zu halten.

Als innerer Emigrant wäre ich nicht abgeneigt gewesen, mit den besten Schriftstellern und Dichtern des Landes bekannt zu werden, die nicht den Kommunismus angenommen hatten und vor denen ich große Achtung empfand. Vor allem hätte ich gern Bulgakow und die Achmatowa kennengelernt. Doch ich hatte schon meine Flucht ins Ausland beschlossen, so daß ihnen die Bekanntschaft mit mir nach meiner Flucht große Unannehmlichkeiten eingebracht hätte. Im Gegensatz zu diesen beiden konnte ich mit den kommunistischen Literaten frei verkehren, sie hatten nichts zu befürchten.

Den Majakowskij der ersten Periode, den vorrevolutionären und futuristischen, kannte ich natürlich nicht. Die Enzyklopädien behaupten einstimmig, daß er 1908 Kommunist geworden sei. Er war damals 14 Jahre alt. Nach seinen Gedichten aus jener Zeit zu urteilen, war er durchaus auf dem richtigen Weg, ein echter Bolschewik zu werden. So interessierte ihn sehr die Frage, wie er ohne Arbeit und Tricks dem Nächsten die Taschen umkehren und ausbeuteln konnte. Genauso präzise hatte er auch schon das für einen Berufsrevolutionär normale negative Verhältnis zur Arbeit formuliert. Ich lernte den Dichter in seiner zweiten Periode kennen, der nachrevolutionären, als er mit dem Parteibillett in der Tasche forsch und begeistert die Poesie nach der kommunistischen Strömung ausrichtete. Im Jahre 1921 fand eine Säuberung der Partei statt, während Majakowskij die Säuberung der zeitgenössischen Poesie verkündete. Sie bestand in einer propagandistischen, nicht witzlosen Verhöhnung der Dichter, die nicht vom Kommunismus erleuchtet waren. Ich war damals Student der Technischen Hochschule. Die »Säuberung« fand im Auditorium des Polytechnischen Museums statt. Das Publikum bestand fast ausschließlich aus Studenten. Da Majakowskij die »Säuberung« in alphabetischer Reihenfolge vornahm, machte er zuerst mit der Achmatowa reinen Tisch, die in der Revolution angeblich nur gesehen hatte, daß »alles geplündert, verkauft und verraten« worden sei, um dann auf Blok zu kommen, der kurz vorher gestorben war. »Majakowskij«, piepste eine Studentin, »über die Toten aut bene aut nihil.«

»Jaja«, sagte Majakowskij, »so mache ich's ja. Ich sage über den Seligen etwas, das an sich fast nichts ist, ihn aber gleichzeitig sehr gut charakterisiert.

Ich wohnte also in der Zeit, da meine Anekdote spielt, in der Gorochowaja, nicht weit weg von Blok. Wir waren gerade dabei, Plinzen zu backen. In der Küche wollte ich nicht mitmachen und so wettete ich, daß es mir, bis die Plinzen fertig sind, gelingen würde, zu Blok zu laufen und von ihm eines seiner Gedichtbändchen mit Widmung zu bekommen. Ich lief los und kam zu Blok. Alexander Alexandrowitsch, in Hochschätzung Ihres erstaunlichen Talents und so weiter, ihr wißt schon, ich kann ganz schön loslegen, wenn ich will, Sie könnten mir ein Büchlein Ihrer Verse mit Widmung schenken. – ›Gut, gut‹, sagte Blok, nahm eines seiner Bändchen, ging ins Nebenzimmer, setzte sich nieder und überlegte. Zehn Minuten, zwölf Minuten ... Und daheim die Wette und die Plinzen. Ich steckte den Kopf zur Tür hinein und sagte: ›Alexander Alexandrowitsch, mir genügt irgend etwas ...‹ Endlich hatte er was geschrieben. Ich packte das Bändchen und stürmte nach Hause. Die Wette hatte ich gewonnen. Dann schaute ich nach, was Blok geschrieben hatte: ›Wladimir Majakowskij, an den ich viel denke.‹ Und darüber hatte er 17 Minuten lang nachdenken müssen!

Da mache ich's anders. Der gerade hier anwesende Dichter Kusikow erbat sich unlängst von mir ein Buch mit Widmung. Bitte sehr. Er bekam sie fast im gleichen Augenblick.«

Mit dem Dichter persönlich wurde ich später bekannt. Er war ohne Zweifel hochbegabt, aber auch flegelhaft und zynisch. Während der NEP machte er für sowjetische Handelsfirmen Reklamesprüchlein gegen Honorar, etwa: Komm in den Mosselprom.

Ehe zur Braut du gehst, schau in den Resinotrest.

Angetan von dieser literarischen Gattung, dichtete Majakowskij ähnliche Verslein für Freunde und Bekannte, aber auch gegen seine literarischen Widersacher und Kritiker. Den Dichter Utkin konnte er ganz besonders nicht leiden. Dieser las einmal im Haus der Dichter seine jüngste, überaus wohlmeinende sowjetfreundliche Dichtung. Am Dnjestr erschießt ein Weißgardist den sowjetischen Posten vom rumänischen Ufer aus, worauf Utkin den Schützen wie seine Zuhörer in sowjetischem Patriotismus ertränkte. Als er fertig war und alle schon applaudieren wollten, rief plötzlich Majakowskij mit absichtlich tiefer Baßstimme: »Paß auf, Utkin, paß auf, du wirst noch Gussew.« Das ZK-Mitglied Gussew leitete damals die Presseabteilung des ZK.

Zum letztenmal traf ich den Dichter in der WOKS, wohin auch – ich weiß nicht mehr, warum – Olga Dawidowna Kamenewa gekommen war. Man hatte Majakowskij zwar eine Auslandsreise bewilligt, aber seiner Meinung nach zu schlecht mit Dollars ausgestattet, worüber er seinen Unmut in ganz unliterarischen Ausdrücken äußerte.

Ich kannte auch Eisenstein, den westeuropäischen Progressisten ebenso beharrlich wie falsch zum Genie stempeln. Bekannt wurde ich 1923 mit ihm. Eisenstein leitete damals das Theater des Proletkults. Als solcher brachte er Ostrowskijs Stück »Eine Dummheit macht auch der Gescheiteste« heraus, das er jedoch in eine bunte Schaubudenvorstellung verwandelt hatte. Der Inhalt hatte mit Ostrowskij fast nichts mehr zu tun, die Schauspieler gebärdeten sich als Hanswurste, tanzten auf dem Seil und führten politische und antireligiöse Agitationsreden. Aber nicht nur die Regie war von Eisenstein, sondern auch der Text. Leider glänzte der durch nichts anderes als durch bolschewistische Anbiederei. So sangen die Schauspieler Spottlieder auf die politischen Emigranten. Zur antireligiösen Propaganda trug man auf einem großen Schild einen als Mullah verkleideten Schauspieler über die Bühne, der sang:

»Judas war ein guter Handelsmann,
Verkaufte Christus, schaffte sich Galoschen an.«

Ich gewann schon damals den Eindruck, daß Eisenstein vor dem händlerischen Talent des Judas nicht nur Achtung, sondern Neid empfand. Andere Talente an Eisenstein waren damals nicht wahrzunehmen.

Da ich am Kino interessiert war, erfuhr ich in der Agitpropabteilung des ZK, daß Eisenstein (»Es gibt keine revolutionären Agitationsfilme, schustert einen zusammen«) gerade den »Panzerkreuzer Potemkin« zusammenschusterte, ein ziemlich gewöhnliches Agitationsfilmchen, das alle linken (und auch rechten?) Filmfans des Westens zum Meisterwerk erklärten, denn wenn es um einen »revolutionären« Film geht, muß er selbstverständlich ein Meisterwerk sein. Ich sah die Premiere (die, wenn ich nicht irre, aus irgendeinem Grund im Meierhold-Theater stattfand und nicht in einem Kino) und saß zufällig neben Rudsutak. Nach der Vorstellung tauschten wir unsere Meinungen aus. »Natürlich ein Agitationsfilm«, sagte Rudsutak zustimmend, »einen hundertprozentigen Revolutionsfilm haben wir schon lange gebraucht.« So war der Auftrag erfüllt, in dem Film kam tatsächlich alles vor: vertierte Soldaten, widerliche zaristische Offiziere und heldenmütige Matrosen als »die Schönheit und der Stolz der Revolution« – freilich nicht zur Zeit ihres Kronstädter Aufstandes.

Die ganze weitere Karriere Eisensteins bewegte sich im Rahmen höchster Speichelleckerei. Als sich Stalins Satrapenmacht befestigt hatte, drehte Eisenstein die »Generallinie« des Generalsekretärs Stalin, unter dessen weiser und genialer Führung ganz Rußland blühte und in Überfluß lebte, wobei noch gesagt werden muß, daß es in den Jahren 1928–1929 durchaus noch Opposition gab und man auch nicht zu lobhudeln brauchte. Die Bucharins und Rykows äußerten noch laut ihr Mißfallen an dem von Stalin eingeleiteten Pogrom des Dorfes, während Stalins Genie nur vereinzelte Liebediener zu entdecken sich beeilten. Die Krone speichelleckerischer Kriecherei war »Iwan Groznyj«, der im Ausland offenbar für bare Münze genommen wurde. Muß man wirklich sagen, daß Eisensteins Iwan deshalb gemacht wurde, um Stalins Terror zu preisen und zu rechtfertigen? Achtung, die Geschichte wiederholt sich! Wie Iwan der Schreckliche sich angeblich um die Nöte des Großen Rußlands kümmerte und daher die moskowitischen Bojaren pfählte und köpfte, so erschoß Stalin seine bolschewistischen Bojaren. Handelte es sich doch in beiden Fällen um Landesverräter. Die einzige Rechtfertigung für die ganze Niedertracht war, daß Eisenstein dadurch seine Haut rettete. Er war aber sein Lebtag ein Feigling und Kriecher widerlichsten Stils. Übrigens hätte er seine Haut auch anders retten können. Ließ man ihn doch in den dreißiger Jahren nach Hollywood, darauf drehte er Revolutionsfilme in Mexiko, also hätte er im Ausland bleiben können. Aber nein, er kehrte zurück, um vor Stalins Erschießungskommandos auf dem Bauch zu kriechen.

Ende 1925 erhielt der Oberste Rat der Körperkultur eine Einladung aus Norwegen an die russischen Eissportler zur Weltmeisterschaft im Eisschnellauf. Die russischen Schnelläufer waren damals wohl die besten der Welt. Davon kann man sich ein ziemlich genaues Bild machen, wenn man die Zeiten vergleicht, die auf den klassischen Distanzen erreicht wurden. Bisher hatte man in Übereinstimmung mit dem von der roten Sportintern angenommenen Dogma Wettkämpfe zwischen »bourgeoisen« und »roten« Sportlern nicht erlaubt. Meiner Meinung nach war es an der Zeit, diese Ordnung zu ändern.

An der Spitze der Sportintern stand Podwojskij. In den leitenden Spitzengremien war sein Name stets mit dem Epitheton »der alte Narr« verbunden. Bis zur Revolution war er Offizier, aber Bolschewik gewesen. Während des Oktoberumsturzes gehörte er dem Petrograder revolutionären Kriegskomitee an, welches den Aufstand leitete. Dank diesem Umstand betrachtete er sich als historische Persönlichkeit. Indes hatte es wegen seiner Dummheit und Unfähigkeit, irgendeine nützliche Arbeit zu verrichten, immer Schwierigkeiten gegeben, da man nicht wußte, wohin man ihn stecken sollte. Schließlich fand man für ihn etwas wie eine Sinekure als Vorsitzender der Allgemeinen Unterweisung. Das war eine Behörde, die sich mit der militärischen Ausbildung der Zivilbevölkerung beschäftigte. Podwojskij war sehr verletzt und gekränkt, strebte er doch einen verantwortlichen, leitenden Posten an. Als die Sportintern gegründet wurde, stellte man Podwojskij an deren Spitze und befriedigte damit einigermaßen seinen Ehrgeiz.

Als Podwojskij noch in der Allgemeinen Unterweisung war, begann Jagoda unter ihm seine Karriere als Geschäftsführer dieser Institution, blieb aber nicht lange dort. Unter Ausnutzung seiner Verwandtschaft mit Jakow Swerdlow kam Jagoda als Geschäftsführer zur GPU und fand dort den ihm angemessenen Beruf. Er unterhielt aus alter Anhänglichkeit gute Beziehungen zu Podwojskij und übte auf ihn einen starken Einfluß aus. Insbesondere versicherte er Podwojskij, daß die roten Arbeiterorganisationen keine Wettkämpfe mit »bourgeoisen« Sportlern austragen dürften, da derlei die bürgerliche Zersetzung in das revolutionäre Arbeitermilieu tragen würde. Die Sportintern lehrte diese Direktive, und die kommunistischen Bruderparteien nahmen sie als Direktive Moskaus an. Folglich wurde sie auch unnachgiebig durchgeführt.

Das Komitee zur Vorbereitung der ersten Weltmeisterschaft im Eisschnellauf wußte das, war aber ganz sportlich der Meinung, daß eine Weltmeisterschaft in dieser Disziplin nur dann echt sei, wenn auch die russischen Läufer als die damals stärksten sich an ihr beteiligten. Daher die Einladung.

Auf der Sitzung des Obersten Rates der Körperkultur bestand ich darauf, daß man die Einladung annehmen müsse, ungeachtet aller Einwände Jagodas. Podwojskij machte Krach: »Sie bringen unsere ganze politische Arbeitslinie durcheinander.« Um dies zu beweisen, lief besonders der Sekretär der Sportintern, Hans Lemberg, alle Instanzen der Komintern ab. Es war derselbe blauäugige Rußlanddeutsche, mit dem ich während des Kronstädter Aufstandes vor fünf Jahren bewaffnet einen Betrieb bewacht hatte. Im Jahre 1924, schon als Sekretär des Politbüros und Vorstandsmitglied des Obersten Rates der Körperkultur, traf ich ihn öfter auf Sportplätzen. Wir unterhielten uns über meine Linie zur Wiederbelebung der alten Sportorganisationen und der sportlichen Entwicklung. Er gebärdete sich als begeisterter Anhänger dieser Politik. Um den dummen und starrsinnigen Podwojskij ein wenig zu neutralisieren, setzte ich über das ZK Lembergs Ernennung zum Sekretär der Sportintern durch. Lemberg erwies sich als Intrigant und ging sofort zu Podwojskij und Jagoda über.

Doch in der Komintern hielt man sich von einer Einmischung in solche Streitigkeiten vernünftigerweise zurück, indem sie Podwojskij antwortete, daß dies eine vom ZK der Partei zu entscheidende Frage sei. Sich an das ZK zu wenden, war hoffnungslos, dort setzte sich stets mein Standpunkt durch. Jagoda wählte daher einen Umweg. Der Streit zwischen den Vorsitzenden des Obersten Rates, Semaschko, und der Sportintern, Podwojskij, wurde als Konflikt zwischen zwei Behördenleitern dargestellt, so daß Podwojskij die Zentrale Kontrollkommission bat, diese Frage »nach der Konfliktordnung« zu entscheiden. Da in deren Präsidium Tschekisten, Jagodas Freunde und die Mitglieder des GPU-Kollegiums Peters und Lazis saßen, rechnete Jagoda damit, daß die Zentrale Kontrollkommission Semaschko als im Unrecht befindlich hinstellen werde, zumal die Einmischung in die Funktionen einer internationalen Organisation außerhalb seiner Kompetenzen lag.

Am Vorabend der Sitzung der Zentralen Kontrollkommission ging ich zu Stalin und sagte: »Genosse Stalin, ich bin der Vertreter des ZK im Obersten Rat der Körperkultur. Bei uns ist ein Konflikt mit der Sportintern entstanden. Wir meinen, daß die Arbeitersportorganisationen durchaus mit den Bürgerlichen Wettkämpfe veranstalten können, aber die Sportintern ist dagegen. Morgen wird die Zentrale Kontrollkommission die Frage erörtern. Ich möchte Ihre Meinung erfahren.« Stalin antwortete: »Warum keine Wettkämpfe? Wir haben sie mit der Bourgeoisie in der Politik – und nicht ohne Erfolg, wir haben sie wirtschaftlich und überall, wo es nur möglich ist. Warum nicht auch sportlich? Das ist doch klar, nur ein Narr versteht das nicht.« Ich sagte: »Genosse Stalin, erlauben Sie mir, morgen von Ihrer Meinung Gebrauch zu machen?« Stalin antwortete: »Bitte.«

Am nächsten Tag wurde unsere Frage unter Vorsitz Gussews erörtert. Eigentlich hätte Jaroslawskij den Vorsitz führen müssen, aber der schlaue und feige Mensch hatte abgelehnt, die Sache war ihm zu glatt und zu unklar. Er wußte nicht, wer hinter den Kontrahenten stand. Podwojskij legte die Sache dar und erklärte, worum es in dem Konflikt ging. Dann trug Semaschko die Ansicht des Obersten Rates vor. Jagoda unterstützte Podwojskij. Mechonoschin, der Vertreter der Militärbehörde im Obersten Rat, verteidigte unseren Standpunkt. Allmählich meldete sich einer nach dem anderen von den interessierten Teilnehmern zu Wort. Ich schwieg. Gussew blickte immer auf mich und wartete offenbar darauf, was ich sagen würde. Aber ich meldete mich nicht zu Wort. Schließlich hielt es Gussew nicht mehr aus und sagt: »Es wäre interessant zu erfahren, was der Vertreter des ZK der Partei in der Angelegenheit zu sagen hat.« Ich antwortete: »Ich sehe keine besondere Notwendigkeit, meinen Standpunkt zu entwickeln. Es ist der gleiche wie bei den anderen Migliedern des Präsidiums. Aber vielleicht ist es für die Sitzung interessant zu wissen, was über diese Frage Genosse Stalin denkt.«

»Aber ja, natürlich, selbstverständlich.«

»Also, ich habe ihn gestern eigens danach gefragt. Er hat mir erlaubt, seine Meinung auf der Sitzung mitzuteilen: Weshalb keine Wettkämpfe? Wir haben sie mit der Bourgeoisie auf allen Linien, warum nicht auf der Linie des Sports? Nur ein Dummkopf versteht das nicht.«

Jagoda lief purpurrot an. Die Präsidiumsmitglieder der Zentralen Kontrollkommission machten gescheite und zufriedene Gesichter, während Gussew eilends bemerkte: »Na also, Genossen, ich glaube, damit ist die Frage geklärt, und alle werden zustimmen, wenn ich unseren Beschluß so formuliere, daß Genosse Podwojskij nicht recht hat, Genosse Semaschko dagegen recht hat und eine mit der Parteilinie völlig übereinstimmende Position einnimmt. Keine Einwände?« Einwände gab es nicht, die Sitzung war damit geschlossen.

Semaschko und das Präsidium des Obersten Rates versicherten mir, daß ich als Leiter des Eisschnelläuferteams nach Norwegen fahren würde, da dort delikate Gespräche mit der Führung der norwegischen KP bevorstünden, der man die Änderung der Politik der Sportintern erklären mußte, zumal in den nordischen Ländern Fragen des Sports und besonders des Wintersports eine große Rolle spielten. Ich erklärte mich einverstanden, ging zu Molotow und veranlaßte für alle Fälle einen Beschluß des Organisationsbüros des ZK über meine Entsendung als Leiter des sowjetischen Teams.

Ich sollte in ein bis zwei Tagen fahren. Alle Fragen meines Lebens liefen auf eine hinaus, weil sich jetzt für mich die Gelegenheit ergab, ins Ausland zu reisen, dort zu bleiben und den Staub meines sozialistischen Vaterlandes von den Schuhen zu schütteln.

Da gab es jedoch eine große, gewaltige Schwierigkeit, meinen Roman. Er hieß Alenka Andrejewna, zwanzig Jahre alt. Ihr Vater war General und Direktor der Putilowwerke gewesen. Während des Bürgerkrieges hatte er sich vor den Roten mit Frau und Tochter in den Süden Rußlands abgesetzt. Dort starb er gegen Ende des Bürgerkrieges im Kaukasus buchstäblich den Hungertod, während seine Frau um den Verstand kam. Das fünfzehnjährige Töchterlein Alenka nahm eine Gruppe Komsomolzen, die zu einem

Kongreß fuhr, nach Moskau mit. Dort kam sie im Komsomol unter und begann im zentralen Apparat des Verbandes zu arbeiten. Sie war außerordentlich schön und klug, doch ihr nervliches Gleichgewicht ließ nach allem, was sie erlebt hatte, zu wünschen übrig.

Als sie 17 Jahre alt war, verliebte sich der Generalsekretär des Komsomol, Genosse Pjotr Smorodin, in sie und schlug ihr vor, seine Frau zu werden. Mit 19 nahm sie im Apparat des ZK eine technische Arbeit an. Dort lernte ich sie kennen. Der Roman, der zwischen uns sich anspann, führte schließlich dazu, daß sie Smorodin verließ. Allerdings lebten wir nicht zusammen. Ich wohnte im 1. Haus der Sowjets, aber daneben war ein Haus, das für die leitenden Angestellten des Komsomol-ZK bestimmt war. Dort hatte sie ein Zimmer, neben ihr wohnten alle ihre Freundinnen, an deren Gesellschaft sie sich gewöhnt hatte.

Unser Roman währte schon ein halbes Jahr. Alenka hatte aber keine Ahnung von meiner politischen Entwicklung und betrachtete mich als vorbildlichen Kommunisten. Ihr zu offenbaren, daß ich ins Ausland fliehen wollte, gab es nicht die kleinste Möglichkeit. So dachte ich mir folgende Strategie aus.

In den letzten Monaten hatte ich Alenka eine Arbeit im Volkskommissariat der Finanzen als Sekretärin verschafft. Die Arbeit gefiel ihr sehr. Dazu erfand ich für sie eine Dienstreise nach Finnland, wo sie Material über die Währungsreform sammeln sollte, das für ihre Behörde angeblich sehr wichtig war. Über das Volkskommissariat der Finanzen erreichte ich diese Dienstreise auf der Stelle. Ich hoffte, daß sie auch über die GPU laufen würde, zumal die Reisepässe ins Ausland Jagoda unterschrieb und dabei merken mußte, daß ich nach Norwegen und sie nach Finnland reiste. Ich hatte mir vorgenommen, sie auf der Rückreise in Helsingfors zu treffen, um sie dort von meiner Absicht zu informieren und vor die Wahl zu stellen, entweder bei mir im Ausland zu bleiben oder nach Moskau zurückzukehren. Wenn sie sich zu letzterem entschlossen hätte, wären für sie alle Risiken entfallen: hatte sie doch bewiesen, daß sie meine konterrevolutionären Ansichten nicht teilte und als Mitbeteiligte an meiner Flucht nicht in Frage kam.

Es verging ein Tag, meine Mannschaft war fertig. Sie bestand aus den drei Eisläufern Jakow Melnikow, im Augenblick der stärkste Läufer der Welt, besonders auf die kurze 500-Meter-Distanz, Platon Ippolitow, sehr stark auf der mittleren 1500-Meter-Strecke, und dem jungen Rotarmisten Kuschin, der seine schnellsten Zeiten auf den langen 5000–10 000-Meter-Distanzen hatte. Wir hatten es eilig fortzukommen, da wir den Anschluß nach Trondheim nicht versäumen durften, wo die Wettkämpfe stattfanden. Doch Jagoda mußte noch meinen Reisepaß unterschreiben. Ich rief in der

GPU an, konnte aber über meinen Paß nichts anderes erfahren, als daß er bei »Genosse Jagoda zur Unterschrift« liege. Den Genossen Jagoda selber konnte ich nicht erreichen, nicht einmal an das automatische Telephon ging er. Ich begriff sogleich, woran es lag. Er tat dies absichtlich, um unsere Reise zu vereiteln. Wenn wir heute nicht abreisten, kamen wir zu spät nach Trondheim. Genau das wollte er.

So ging ich zu Molotow und erklärte ihm, daß Jagoda meinen Paß zurückhalte, um unsere Reise zu hintertreiben. Nebenbei schärfte ich Molotow ein, daß ich auf Beschluß des Organisationsbüros des ZK fuhr. Molotow nahm den Hörer ab und ließ sich mit Jagoda verbinden. Dann teilte er ihm sehr trocken mit: »Genosse Jagoda, wenn Sie glauben, auf diese Weise eine Resolution des ZK hintertreiben zu können, irren Sie. Wenn in 15 Minuten der Paß des Genossen Baschanow nicht auf meinem Schreibtisch liegt, übergebe ich die Angelegenheit der Zentralen Kontrollkommission als absichtliche Hintertreibung eines Beschlusses des ZK der Partei.« Und zu mir sagte Molotow: »Warten Sie hier, Genosse Baschanow, es dauert nicht lange.« Tatsächlich stampfte nach zehn Minuten ein Feldjäger der GPU in seinen schweren Stiefeln zur Tür herein. »An den Genossen Molotow, sehr eilig, persönlich, zu eigenen Händen, mit Unterschrift auf dem Umschlag.« In dem Umschlag war mein Paß. Molotow lächelte.

Wir fuhren noch am gleichen Tag los. In Oslo kamen wir am Vorabend der Weltmeisterschaften an, konnten aber nicht mehr nach Trondheim weiterfahren, es ging kein Zug mehr, auch ein Flugzeug konnten wir nicht auftreiben, alle waren in Trondheim. So mußten wir uns mit einem Wettkampf gegen ein schwaches Arbeiterkommando zufriedengeben. Die von unseren Läufern erreichten Zeiten waren aber besser als die Zeiten bei den Weltmeisterschaften. Die Zeitungen stritten darüber, wer die Meisterschaft moralisch gewonnen habe.

Unsere norwegische Gesandtin, Frau Kollontaj, lud den Generalsekretär der norwegischen KP, Furuboten, in die Gesandtschaft ein, wo ich ihm erklärte, wie und warum Moskau beschlossen hatte, in der Politik der Sportintern eine Kehrtwendung zu machen. Die Kollontaj fügte hinzu, welchen Posten ich im ZK der Partei einnahm, und das bremste dadurch alle möglichen Erwiderungen.

In den nördlichen Ländern spielte der Sport eine unvergleichlich größere Rolle als bei uns. Die Zeitungen veröffentlichten Aufnahmen unserer Mannschaft und natürlich auch von mir als Kapitän. Dann von allen zusammen, beim Training auf der Eisbahn und im »Gespräch« (größtenteils mit Händen und Füßen) mit der Weltmeisterin im Eiskunstlauf, Sonja Hennie, einem bezaubernden fünfzehnjährigen Mädchen.

Am Abend beschloß ich, in die Oper zu gehen, um mir anzuhören, wie die Norweger »Carmen« spielten. Zwar verstand ich kein Wort Norwegisch, aber die Oper kannte ich auswendig. In der ersten Pause ging ich ins Foyer und blieb an einer Säule stehen. Meine Kleidung war nicht ganz opernmäßig, aber das Publikum kannte mich nach den Aufnahmen in der Presse vom heutigen Tag. Das ist der bolschewistische Kapitän der Eisläufer. An mir ging ein reizendes Mädchen in Begleitung von zwei sehr vornehmen jungen Männern vorbei; sie redete auf die beiden ein, die ihr freundlich widersprachen. Es wurde mir bald klar, worum es sich handelte. Das Mädchen kam nämlich auf mich zu und knüpfte ein Gespräch mit mir an. Sie sprach Französisch und Englisch. Wir einigten uns auf Französisch. Zuerst drehte sich die Unterhaltung um die Mannschaft und den Eislauf. Dann stellte meine Gesprächspartnerin allerhand Fragen über die Sowjets, über Politik und Literatur. Ich lavierte (wollte ich doch im Ausland bleiben) und bemühte mich, möglichst doppelsinnig zu sprechen, geistreich zu tun und zu scherzen. Das gefiel dem Mädchen sehr, wir setzten unser Gespräch in den folgenden Pausen fort. Ich merkte, daß die Vorübergehenden, lauter ältere und offenbar angesehene Leute, sich überaus ehrerbietig vor ihr verneigten. Da fragte ich sie, was sie treibe, ob sie arbeite. Nein, sie wohne bei ihren Eltern und studiere. Der Abend verlief sehr angeregt.

Als ich am nächsten Tag in die Gesandtschaft kam, eröffnete mir die Kollontaj: »Das wird ja immer besser! Jetzt halten wir schon um königliche Prinzessinnen an.« Ich antwortete, um nicht aus der Parteimanier zu fallen: »Wer kann schon wissen, daß sie eine königliche Prinzessin ist, hat ja kein Schild umgehängt.« Doch es folgte eine Meldung darüber, Stalin fragte mich: »Was ist das für eine Prinzessin, um die Sie angehalten haben?« Folgen hatte diese Episode natürlich keine.

Ich kehrte mit meiner Mannschaft über Finnland zurück. In Helsingfors hoffte ich, Alenka zu treffen. Doch leider war sie in Leningrad und bat mich, sie gleich nach meiner Ankunft anzurufen. Ich rief an. Sie teilte mir mit, daß sie nicht fahren konnte, weil Jagoda sich geweigert habe, ihren Paß zu unterschreiben.

Ich befand mich in einer dummen Lage. Wenn ich im Ausland bliebe, würde man sie aller Wahrscheinlichkeit nach als meine Komplizin betrachten, die erfolglos versucht hat, mit mir ins Ausland zu fliehen, und das arme Mädchen würde wegen nichts und wieder nichts erschossen, weil sie ja tatsächlich keine Ahnung davon hatte, daß ich ins Ausland wollte. Ich mußte mich sofort entscheiden. Wenn ich wieder zurückkehrte, würde es keine unangenehmen Folgen für sie haben. So schlug ich den mißlungenen Emigrationsversuch zu meinen Passiva, setzte mich in den Zug und fuhr in die Sowjetunion zurück. Inzwischen war es Jagoda schon gelungen, Stalin

Meldung über meinen Fluchtversuch, dazu noch mit meiner Geliebten, zu erstatten. Stalin übergab mir den Bericht gleichgültig wie immer. Ich zog die Schultern hoch. »Das wird langsam zur Manie bei ihm.« In jedem Fall machte meine Rückkehr Jagoda zum Narren. Der Beweis, daß ich nicht fliehen wollte, war vollkommen, denn wie wäre ich sonst zurückgekommen? Die menschlichen Motive meiner Rückkehr waren weder Stalin noch Jagoda zugänglich, so etwas fiel ihnen gar nicht ein.

Da jetzt völlig klar war, daß ich – auf welche Art und Weise ich auch fliehen mochte – Alenka nicht mehr mitnehmen konnte, gab es für mich keinen anderen Ausweg, als mich von ihr zu trennen, um nicht ihr Leben in Gefahr zu bringen. Das war sehr schwer und unangenehm, aber es gab keine andere Lösung. Zu allem kam noch, daß ich der Armen nicht einmal den wahren Grund mitteilen konnte. Aber sie war ein stolzes und selbstbewußtes Mädchen und nahm nach den ersten Anzeichen meines Rückzuges unsere Trennung ohne weitere Erklärung hin. Dafür beschloß die GPU, die sich ohne Unterlaß mit meinen Angelegenheiten beschäftigte, die Situation auszunutzen. Eine von Alenkas Freundinnen, Shenjka, die in der GPU arbeitete, ohne daß es Alenka wußte, bekam eine Aufgabe, die sie auch sehr erfolgreich erfüllte. »Weißt du, weshalb er dich sausen läßt? Ich habe zufällig erfahren, daß er eine andere hat. Was für ein Schuft«, usw. Man setzte ihr langsam zu, versicherte ihr, daß ich ein verkappter Konterrevolutionär sei und überredete sie, wie es sich für eine Kommunistin gehört, eine Meldung über mich an die Zentrale Kontrollkommission zu schicken, in der sie mich des heimlichen Antibolschewismus beschuldigte. Jagoda rechnete wieder mit Peters und Lazis, die im Kollegium der Parteikommission saßen. Doch zu einer Verhandlung mußte man vorher immerhin Stalins Erlaubnis einholen. Das war aber nicht so einfach, gewöhnlich antwortete er auf so einfache Geschichten nicht. Da mußte schon mehr dazukommen. Nun kam ihnen (es war im Frühjahr 1926, als sich Sinowjew und Kamenew schon in Opposition befanden) ein zufälliger Umstand zu Hilfe. Ich verkehrte immer noch in Sokolnikows Haus. Stalin störte das nicht weiter, da ich auch im Volkskommissariat der Finanzen arbeitete und mit Sokolnikow allerlei Geschäfte auf dieser Linie zu erledigen haben konnte. Da bat mich Kamenew, zu ihm zu kommen. Seit Januar 1926 war er nicht mehr Mitglied, sondern Kandidat des Politbüros. Ich sah keinen Grund, dieser Bitte nicht nachzukommen, obwohl ich nicht wußte, wozu er mich brauchte. Ich ging also. Kamenew machte den Versuch, mich für die Opposition gegen Stalin anzuwerben. Ich antwortete ihm mit sehr sauren Bemerkungen auf seine Ausführungen, die er über die programmatischen Unterschiede zwischen der Opposition und Stalin entwickelte. »Ich bin kein Jüngling mehr und sehe, daß es hier mehr Kampf um die Macht als tatsächliche Unterschiede gibt.« Doch die GPU meldete Stalin, daß ich bei Kamenew war. Da änderte Stalin seine Meinung und stimmte zu, mich vor die Zentrale Kontrollkommission zu laden und mich zu Alenkas Anschuldigungen zu vernehmen. Die Frau, die mir so nahestand, konnte von mir sehr aufschlußreiche Geheimnisse wissen. Nach der sowjetischen Praxis hätte ich natürlich zu Stalin gehen und ihm von meiner Unterredung mit Kamenew berichten müssen, aber mir war dieses ganze zuträgerische Spitzelsystem in tiefster Seele verhaßt.

In der Zentralen Kontrollkommission redete Alenka baren Unsinn. Ihre Beschuldigungen, meine konterrevolutionäre Tätigkeit betreffend, gingen über meine Redensarten wie »unser übliches sowjetisches Irrenhaus« und »unser sowjetisches Bordell« nicht hinaus. Das sagte ich tatsächlich oft, ohne mich zu genieren. Meine Gesprächspartner lächelten gewöhnlich ehrerbietig, ich gehörte zu den Magnaten, die sich eine Kritik der sowjetischen Einrichtungen gewissermaßen als die Hausherren erlauben durften. Als sie fertig war, ergriff ich das Wort und bat das Parteikollegium, sie nicht zu streng zu beurteilen. Sie sei ein ergebenes Parteimitglied und sage aus, was sie tatsächlich denke, wobei sie der Meinung sei, ihre Pflicht als Kommunistin zu erfüllen, aber durchaus nicht den Mann verleumden möchte, von dem sie sich getrennt hatte. Das war recht amüsant. Alenka versuchte, durch ihre Anschuldigungen meinen Parteiausschluß zu erreichen, was für mich gleichbedeutend mit Erschießen war; ich dagegen verteidigte nicht mich, sondern meine Anklägerin. Jaroslawskij fragte mich als Vorsitzender, was ich denn zu den Anschuldigungen selbst zu sagen hätte. Ich winkte nur ab. »Nichts.« Das Parteikollegium gab sich den Anschein, als hielte es gegen mich an dem strengen Vorwurf fest, ihr eine Dienstreise ins Ausland verschafft zu haben. Ich schenkte dem keine Beachtung, weil ich wußte, daß alles Theater war und daß sie bei Stalin anfragen würden, was mit mir zu geschehen habe. Daher ging ich am nächsten Tag zu Stalin, erzählte ihm beiläufig über die Verhandlung, aber so, als wäre es dummes Zeug (die Initiative einer gekränkten Frau), um dann ebenso beiläufig zu erwähnen, daß Genosse Kamenew versucht habe, mich zum Glauben der Opposition zu bekehren, jedoch erfolglos. Stalin beruhigte sich und erklärte, offenbar auf eine Rückfrage Jaroslawskijs, daß man mich in Ruhe lassen solle, so daß alles keinerlei weitere Folgen für mich hatte.

Das stimmte übrigens nicht ganz. Von allen diesen Geschichten blieb etwas zurück. Ich wunderte mich schon lange, wie Stalin bei seinem krankhaften Mißtrauen dies alles verdaute. Im Frühjahr 1926 versuchte ich, mir eine neue Auslandsreise zu verschaffen, um diesmal endgültig im Ausland zu bleiben. Alenkas wegen war ich jetzt völlig beruhigt. Nach allen

Anschuldigungen gegen mich brauchte sie nichts mehr zu befürchten. Wenn die GPU versuchen sollte, ihr etwas vorzuwerfen, brauchte sie lediglich zu sagen: »Ich habe Ihnen schon gesagt, daß er ein Konterrevolutionär ist, aber die Zentrale Kontrollkommission hat mir ja nicht geglaubt. Da seht ihr jetzt, wer recht hat.« Darauf ließ sich wirklich nichts mehr erwidern.

Ich schrieb an einer Arbeit über die Grundlagen der Konjunkturtheorie. Eine Abhandlung über dieses Thema gab es in der Literatur noch nicht. Ich gab mir den Anschein, als brauchte ich dringend Unterlagen aus dem Kieler Institut für Weltwirtschaft (sie wären mir wirklich sehr wertvoll gewesen) und ließ mir vom Volkskommissariat der Finanzen eine Dienstreise für einige Tage nach Deutschland ausschreiben. Dazu hatte ich die zwei Möglichkeiten, die Reise entweder über eine Resolution des Organisationsbüros des ZK zu veranlassen, was für eine so kleine Reise freilich etwas zu pompös war, oder einfach zu Stalin zu gehen und seine Erlaubnis einzuholen. Ich ging tatsächlich zu ihm und trug ihm meine Bitte vor. Die Antwort war unerwartet und vielsagend: »Was haben Sie denn, Genosse Baschanow, immer ins Ausland, ins Ausland. Bleiben Sie ein wenig daheim.«

Das hieß, daß ich jetzt auf normalen Wegen nicht mehr über die Grenze kam. Es war also von allen Angriffen der GPU auf mich doch etwas übriggeblieben. Was, wenn Baschanow wirklich im Ausland bleibt, mochte er gedacht haben, er ist mit allen Staatsgeheimnissen wie mit Dynamit geladen. Lieber nichts riskieren, soll er daheim bleiben.

Nach etwa drei Monaten machte ich noch einen indirekten Versuch, stellte es aber so an, daß es nicht auffiel. Im Kollegium des Finanzkommissariats war von Professor Ljubimow die Rede, dem Finanzagenten der Sowjetunion in Frankreich. Er war parteilos, besaß nicht das geringste Vertrauen, man verdächtigte ihn, daß er zusammen mit den sowjetischen Finanzgeschäften auch seine eigenen besorgte. Durch wen ihn ersetzen? Jemand von den Mitgliedern des Kollegiums sagte: »Vielleicht könnte Genosse Baschanow hinfahren und Ordnung in diese Sache bringen.« Ich tat, als überraschte mich das sehr. »Wenn nicht für lange«, sagte ich, »dann meinetwegen.« Der Volkskommissar Brjuchanow unterstützte den Vorschlag und meldete ihn dem ZK. Da die Angelegenheit keine weiteren Folgen hatte, so nehme ich an, daß er mit Molotow (wohl aber kaum mit Stalin) darüber zu sprechen versucht und dieselbe Antwort bekommen hatte: Er soll ein wenig daheim bleiben.

Jetzt gab es für mich überhaupt keine Möglichkeit mehr, auf legale Weise ins Ausland zu kommen. Ich fühlte mich aber innerlich schon derart als Emigrant, daß ich auf jede nur mögliche Weise fliehen wollte.

Vor allem mußte ich Stalin und Molotow aus den Augen gehen, damit sie mich ein wenig vergaßen. Aus dem ZK hatte ich mich allmählich und unauffällig entfernt, indem ich dort aller Arbeit auswich; jetzt mußte ich einige Zeit im Volkskommissariat der Finanzen arbeiten, um alle daran zu gewöhnen, daß ich mich still und friedlich dort aufhielt, etwa ein Jahr lang. Und während dieser Zeit meine Flucht organisieren.

Meine Alenka tröstete sich langsam und kehrte zu ihrem Mann Smorodin zurück. Aus Altersgründen war er jetzt nicht mehr im Komsomol, sondern versuchte zu studieren. Trotz aller Anstrengungen gelang es ihm aber nicht, sein Kopf war für die Wissenschaften ungeeignet, so verlegte er sich auf die Parteiarbeit. Dort brauchte er den Kopf offenbar weniger, er rückte zum Rang eines Sekretärs des Leningrader Parteikomitees und eines Kandidaten des ZK auf, wurde aber während Stalins Massaker 1937 erschossen. Die arme Alenka fiel dem Massaker zusammen mit ihm zum Opfer und beendete ihr junges Leben in einem Keller der GPU. Ihr Töchterlein Maja war damals noch zu jung zum Erschießen, doch herangewachsen, wurde sie nach dem Krieg (etwa 1949) in ein Lager verschleppt, aus dem sie aber lebend zurückkam.

Vorbereitungen zur Flucht

Nach meinem Ausscheiden aus dem ZK hatte ich jetzt mehr Zeit. So übernahm ich im Volkskommissariat der Finanzen die Redaktion der *Finanzzeitung*, der Tageszeitung des Kommissariats, die sich speziell mit finanzwirtschaftlichen Fragen beschäftigte. Das Zeitungsmachen interessierte mich sehr, übrigens auch das Druckereihandwerk. Hier konnte man vieles lernen. Die Leitung des Blattes selbst stellte für mich keinerlei Schwierigkeit dar, da ich die Finanzpolitik der Partei ausgezeichnet kannte. Auch die Ablösung Sokolnikows durch Brjuchanow änderte daran nichts.

Außerdem übernahm ich die Leitung des Finanzverlages. Er gab finanzwissenschaftliche Literatur heraus und hatte 184 Angestellte. Auf der ersten Sitzung des Verlagskollegiums, bei der alle Leiter der operativen, Budget-, Editions-, redaktionellen und weiß der Himmel welcher Abteilungen noch sowie der Sekretär der Parteizelle und der Vorsitzende des örtlichen Komitees anwesend waren, versuchte ich herauszubekommen, was der Verlag eigentlich tat. Alle leitenden Angestellten trugen auf meine sachlichen Fragen ein ermüdendes Kauderwelsch über die kommunistische Wachsamkeit und die richtige Parteilinie vor; als ich weiter auf Fakten und Ziffern drängte, wußte aber niemand etwas, bis sich schließlich einer der Gefragten an einen grauhaarigen Mann wandte, der bescheiden ganz am Ende des Tisches saß. »Genosse Matwejew! geben sie bitte die Ziffern bekannt.« Genosse Matwejew legte sogleich die nötigen Daten vor. Nach einer Stunde wußte ich, daß ich eine Versammlung von Parasiten vor mir hatte, die nichts taten und nichts wußten und deren Hauptbeschäftigung in Zuträgereien, Intrigen und Ränken »nach der Parteilinie« bestand. Ich jagte sie davon und schloß die Sitzung. Nur den Genossen Matwejew bat ich noch hierzubleiben, da ich von ihm Zahlenmaterial brauchte. Genosse Matwejew war ein parteiloser Spezialist und hielt sich niedriger als Gras. Er war der einzige in dem Verlag, der alles ausgezeichnet wußte und sich in der ganzen Arbeit glänzend auskannte. Er war im Rang eines technischen Beraters angestellt. Nach einer halben Stunde hatte ich ein klares und genaues Bild über den Stand der Dinge. Ich staunte über die detaillierten Kenntnisse des Genossen Matwejew. »Was waren Sie bis zur Revolution?« Schüchtern und verlegen bekannte er, Verleger gewesen zu sein. Finanz- und Wirtschaftsliteratur habe er herausgegeben und auf diesem Gebiet in Rußland praktisch eine Monopolstellung besessen. Es stellte sich heraus, daß sein Verlagsprogramm annähernd dem unseres Verlages entsprochen hatte. Ich interessierte mich für die Größe seines Mitarbeiterstabes. Ebenso schüchtern erklärte er, keinen gehabt zu haben. »Ja, wer war denn da?« Niemand anderer als er und eine Mitarbeiterin als Schreibkraft. »Und was für ein Gebäude hatten Sie?« Überhaupt keines, ein Zimmerchen, in welchem der Verleger und die Sekretärin arbeiteten. Und sie hatten die gleiche Arbeit verrichtet wie jetzt 184 Parasiten in einem riesigen Haus! Für mich war das ein Symbol, ein Bild des gesamten sowjetischen Systems.

Ich schloß meine Arbeit über die Theorie der Wirtschaftskonjunktur ab. Vor allem versuchte ich, die wichtigsten Grundlagen der Theorie festzulegen. Bronskij schlug mir vor, die Arbeit in seiner dicken Zeitschrift *Sozialistische Wirtschaft* zu drucken. Der Volkskommissar für Volksbildung teilte mir mit, daß er diese Arbeit als Doktordissertation betrachte, während mich das Moskauer Plechanowinstitut für Volkswirtschaft, das einen Lehrstuhl für Theorie der Wirtschaftskonjunktur bekommen hatte, zum Professor dieses Lehrstuhls ernannte. Leider konnte ich dieser Verpflichtung nicht lange nachkommen, nur bis zum Frühjahr 1927. Bald darauf verließ ich Moskau über Mittelasien in die freie Welt.

Ich verließ auch das finanzwirtschaftliche Büro, weil ich fürchtete, das Volkskommissariat würde mich wegen dieser Arbeit nicht fortlassen. Es gelang mir sogar, eine Beschäftigung zu finden, bei der ich mein eigener Herr war und dennoch aufhören konnte, wann ich wollte. Das kam so.

Das Volkskommissariat der Finanzen brauchte Zehntausende von Mitarbeitern mit höherer Spezialausbildung als Finanzinspektoren, Gefällskontrolleure, Bankleute und ähnliches mehr. Die bis zur Revolution auf diesen Posten tätigen Kader, gewöhnlich Leute mit höherer Schulbildung, hatte man verjagt oder erschossen, einige waren geflohen oder emigriert. An Wirtschafts- und Finanzspezialisten herrschte jedenfalls ein kolossaler Mangel. Die im Hochschulwesen durchgeführte neue Klassenpolitik ließ nur Leute proletarischer Herkunft zum Studium zu, die größtenteils wenig gebildet und für ein Studium kaum geeignet waren, da sie kein Gymnasium besucht hatten. Im Gegensatz dazu wurden viele junge Leute nichtproletarischer Herkunft mit höherer Schulbildung und besseren Umgangsformen nicht zum Hochschulstudium zugelassen.

Die Hochschulen bildeten also kaum Finanzspezialisten aus. Was tun? Das Finanzkommissariat versuchte in Leningrad, Fortbildungskurse zur Hebung des kulturellen Niveaus und der Qualifikation für jene schwachen Finanzangestellten zu veranstalten, die Posten des höheren Dienstes einnahmen. Die Kurse dauerten ein Jahr, sie kosteten eine Menge Geld, denn man mußte Teilnehmer, Lehrer und Personal verpflegen; dies gab unter sowjetischen Bedingungen einen stets wachsenden Berg von Auseinandersetzungen mit Partei- und Verwaltungsinstanzen; und entlassen wurden jeweils an die hundert Kursanten von fraglicher Qualität. Der Volkskommissar bat mich, nach Leningrad zu fahren, mir die »Produktion« anzusehen und mir Gedanken darüber zu machen, wie es weitergehen sollte. Ich führte den Auftrag aus und vergewisserte mich, daß man riesige Summen zum Fenster hinausgeworfen hatte. Außerdem waren diese Kurse ein Tropfen auf den heißen Stein im Vergleich zu dem wirklichen Bedarf an Finanzfachleuten.

Doch ich sah eine Lösung und sagte zu Brjuchanow: »Nikolaj Pawlowitsch, leihen Sie aus den Mitteln des Volkskommissariats 10 000 Rubel. Ich möchte eine Finanzfakultät zum Fernstudium einrichten. Sie wird nach wirtschaftlichen Gesichtspunkten arbeiten; nach drei – vier Monaten gebe ich Ihnen das Geld zurück. Ich bereite Ihnen dafür tausend der benötigten Fachkräfte vor, ohne daß es Sie eine Kopeke kostet. Nur wird es keine proletarische Herkunft geben. Mit Hilfe des Fernstudiums verschaffe ich sofort jener Jugend die Möglichkeit sich zu qualifizieren, der auf Grund ihrer sozialen Herkunft alle Wege versperrt sind. Ihnen kann es doch gleich sein, welcher Herkunft die Finanzspezialisten sind, Hauptsache, Sie bekommen die Leute.« Brjuchanow war ein vernünftiger Mann, der sogleich zustimmte; mir wurden 10 000 Rubel als Darlehen ausgehändigt.

Ich organisierte darauf die Zentralen Finanzwirtschaftlichen Fernstudiumkurse. Im Gegensatz zum Ausland war aber das Fernstudium in Rußland noch reichlich unbekannt. In den Jahren 1912–1913 hatte es allgemeinbildende Kurse in Rostow am Don gegeben, die aber während des Krieges aufhörten.

Ich begann damit, daß ich ein kleines Büchlein von 100 Seiten über das Fernstudium verfaßte, das im Finanzverlag erschien und 80 Kopeken kostete. Es hatte einen erstaunlichen Erfolg. Im Laufe von drei Monaten wurden 100 000 Exemplare verkauft. Es bereitete den Erfolg meiner Heimfakultät vor.

Ich hatte einen winzigen Stab. Als Stellvertreter Professor Sindejew und als Geschäftsführer den ehemaligen Stabskapitän Budawej. Beide waren parteilos und tüchtig. Doch zur Mitarbeit lud ich die besten Finanzfachleute im Land ein, 49 Professoren, die ich sehr gut von meiner Arbeit im Finanzkommissariat her kannte. Die Kurse waren in vier Abteilungen eingeteilt, die ich den angeworbenen Professoren zur Ausarbeitung des Lehrstoffes überließ. Sie schrieben die Lektionen nieder, die gedruckt wurden, um an die Schüler verschickt zu werden. Das Studium dauerte zwei bis drei Jahre, je nach der gewählten Abteilung. Es wurde mit einer Prüfung abgeschlossen. Wenn die Teilnehmer sie bestanden, erhielten sie ein

Diplom, das zur Arbeit bei den Organen des Volkskommissariats der Finanzen als Inspektoren, Kontrolleure und dergleichen berechtigte. Die Teilnehmer zahlten insgesamt (für die Lektionen wie für die Kurse) drei Rubel monatlich.

Nach Eröffnung der Kurse meldeten sich im ersten Monat 7000 Schüler. Ich nahm alle auf. Von den eingezahlten 21 000 Rubeln zahlte ich sofort das Darlehen zurück. Die Professoren honorierte ich sehr gut, sie waren überaus zufrieden und machten sich begeistert an die Arbeit. Es waren lauter kenntnisreiche Männer, unter denen sich kein einziger Kommunist befand. Sehr zufrieden war auch das Volkskommissariat, sein Kaderproblem ging endlich einer Lösung entgegen.

Da verhaftete die GPU meinen Kursleiter der Kreditabteilung, Tschalchuschjan, einen hervorragenden Fachmann. Er war gleichzeitig auch Berater der Staatsbank. Da er Geld brauchte, beging er die Unvorsichtigkeit, eines seiner alten Bilder einem japanischen Diplomaten zu verkaufen, ohne zu ahnen, was für eine Lebensgefahr derlei unter sowjetischen Verhältnissen darstellte. Seine Frau kam zu mir, eine kleine, verweinte Person, ganz in schwarz und bat mich zu helfen. Was konnte ich tun? Im Hinblick auf mein schlechtes Verhältnis zur GPU konnte ihm mein Beistand, zumal ich nicht mehr im ZK war, nur schaden. Ich ging ein großes Risiko ein, als ich ihr das sagte; aber sie verstand mich nicht; sie hatte nur gehört, daß ich ein großer Parteimagnat sei. Ich sagte ihr, nichts erklären zu können, aber nach ein paar Monaten würde sie selber alles begreifen, wenn ich über alle Berge war. Ich nahm den Hörer ab, gab ihr den Zweithörer, damit sie das Gespräch mit verfolgen könnte, und rief den Chef der GPU-Wirtschaftsabteilung, Prokofjew, an. Ich sprach so, daß es nicht nach Parteinahme klang, das hätte dem armen Tschalchuschjan nur geschadet. »Genosse Prokofjew, ihr habt den Leiter der Kreditabteilung meines Fernstudiums, Tschalchuschjan, verhaftet. Worum geht es?«

»Worum es geht, kann ich Ihnen nicht sagen, das ist das Untersuchungsgeheimnis der GPU.«

»Aber Tschalchuschjan hat jetzt für die Kurse dringende Arbeiten zu erledigen, er arbeitet das Lehrprogramm der Kreditabteilung aus. In jedem Fall muß ich wissen, ob es eine ernste Angelegenheit ist oder nicht. Wenn ihr ihn nur wegen irgendeiner Lappalie einfach zur Abschreckung verhaftet habt, dann kann ich ein wenig warten, bis ihr ihn wieder herauslaßt. Aber wenn es eine ernste Sache ist, bin ich gezwungen, ihn durch einen anderen zu ersetzen.« Prokofjew riet mir, ihn durch einen anderen zu ersetzen, es sei eine sehr ernste Sache.

Tschalchuschjan kam aus dem Gefängnis nicht mehr heraus. Die GPU dichtete ihm eine Verbindung mit den Japanern an, er habe Wirtschaftsspionage zu ihren Gunsten betrieben. Er wurde erschossen.

Die Kurse machten gute Fortschritte. Ich beschäftigte mich mit ihnen bis zum Sommer 1927. Da ich mein eigener Herr war, setzte ich vor meiner Abreise aus Moskau German Swerdlow zum Direktor ein. Nach zwei Jahren hatte ich in Paris die Genugtuung, in der *Izvestija* die Ankündigung einer neuen Serie meiner Kurse zu lesen mit der Unterschrift: Direktor German Swerdlow. Sie wurden also fortgesetzt.

Den Sommer 1927 verbrachte ich auf der Krim. Vor meiner Abreise kam aus dem ZK eine Warnung der GPU an alle verantwortlichen Angestellten, überaus vorsichtig zu sein, da ein gefährlicher Terrorist durch Moskau streife. Ich fuhr auf die Krim und erfuhr dort, daß der Terrorist eine Bombe in eine Sitzung des Moskauer Parteikomitees geworfen habe. Das Ergebnis waren ein paar Dutzend Tote und Verwundete. Den Terroristen lernte ich dann in Paris und Berlin kennen. Es war der bezaubernde und saubere Larionow, ein noch junger Mann.

Damals kämpfte der Führer des Militärbundes, Kutepow, gegen die Bolschewiken. Eine Reihe opferbereiter Burschen und Mädchen begab sich nach Rußland, um nach dem Beispiel der alten russischen Revolutionäre Bomben zu werfen. Aber sie kannten nicht die Stärke des neuen gigantischen Polizeiapparates in der Sowjetunion. Ihnen half angeblich eine große und starke antibolschewistische Organisation, die unter dem Namen »Trud« bekannt war. Doch in Wirklichkeit war »Trud« von der GPU organisiert. Alles – Treffs, Quartiere, Mitarbeiter – stammten von ihr. Die Terroristen überschritten die Grenze, fielen direkt in die Klauen der GPU und wurden erschossen.

Noch mehr. Die Unterkunft des Militärbundes in Paris, in der General Kutepow seine antibolschewistische Tätigkeit ausübte, gehörte dem russischen Kapitalisten Tretjakow. Er war gleichzeitig Vorsitzender des Russischen Handels- und Industriebundes, einer Vereinigung von Großkaufleuten und Fabrikanten. Niemand wußte, daß Tretjakow Agent der GPU war und daß in der Wand von Kutepows Arbeitszimmer ein Mikrophon installiert war, so daß alles, was bei dem General geschah, sofort zur Kenntnis der GPU gelangte. Alle Einzelheiten über die nach Rußland reisenden Terroristen kannte die GPU lange vor deren Ankunft.

Tretjakow setzte seine Arbeit bis 1941 fort. Er verriet Kutepow, den die Bolschewiken entführten, mit seiner Hilfe organisierte der tschekistische Agent General Skoblin die Entführung General Millers, Kutepows Nachfolger. Zufällig eroberten die deutschen Truppen 1941 Minsk mit solcher Schnelligkeit, daß es der GPU nicht mehr gelang, ihre Archive zu vernichten oder fortzuschaffen. Bei Durchsicht dieses Materials fand der russische Dolmetscher einen Hinweis Moskaus »Wie unser Agent Tretjakow in Paris mitteilte ...« Die Deutschen erschossen ihn. Die Motive, weshalb er 20 Jahre lang für die GPU arbeitete, blieben unklar.

Larionow überschritt mit einem anderen jungen Terroristen die finnische Grenze. Sie waren mit genauen Instruktionen versehen. Jeder von ihnen überschritt die Grenze allein. In Erfüllung seines Auftrags fiel Larionows Gefährte sofort der GPU in die Hände und kam um. Larionow selber war ein Mensch von seltener Zerstreutheit; er vergaß alles, brachte alles durcheinander und war beim Überschreiten der Grenze völlig verwirrt. Er ging aufs Geratewohl weiter (was seine Rettung war) und kam auf eine Bahnstation. Er setzte sich in den Zug, fuhr nach Leningrad und von dort nach Moskau. Immer mit der Rolle, in der sich die Bombe befand. Er übernachtete in Bahnhöfen und nährte sich von Brot. Aus dem Abendblatt *Wetschernaja Moskwa* (Moskau am Abend) erfuhr er, daß am gleichen Tag im Gebäude des Geschäftsklubs eine Sitzung des Plenums des Moskauer Parteikomitees stattfinden sollte. Er ging hin. Es war August, die Fenster standen offen, die Sitzung fand im Parterre statt. Er warf die Bombe zum Fenster hinein und versteckte sich. Dann fuhr er wieder nach Leningrad und von dort zur Grenze, wo man ihn nicht suchte; er überschritt die Grenze wieder auf wunderbare Weise und kehrte nach Frankreich zurück. Von dort schickte man ihn wegen der Nachstellungen der Sowjets nach Deutschland, wo er bis zum Krieg lebte. In Deutschland sah ich ihn noch einmal.

Nach der Rückkehr von der Krim begann für mich die letzte Phase meiner Vorbereitungen zur Flucht.

Ich konnte nicht mehr friedlich, auf einer Dienstreise das Land verlassen. Nur die Flucht über die grüne Grenze war noch möglich. Aber über welche? Ihr Studium führte zu recht unerfreulichen Ergebnissen. Die polnische Grenze war völlig gesperrt. Mehrere Reihen Stacheldraht, überall Grenztruppen der GPU mit Hunden, undurchdringlich. Ebenso unmöglich war es, nach Rumänien zu gelangen. Die Grenze bildete der Djnestr, der Tag und Nacht unter strenger Beobachtung stand. Viel schwieriger war es, die finnische Grenze zu bewachen, sie zog sich durch Wälder und die Tundra. Dennoch war es nicht ratsam, sich ihr zu nähern. Welchen Vorwand konnte ich angeben, der meinen Aufenthalt im Grenzgebiet rechtfertigte? Die Tatsache allein würde schon als hinlänglicher Beweis dafür gelten, daß ich das Sowjetparadies verlassen wollte.

Beim Studium der Karte verfiel ich schließlich auf Turkmenien. Das Siedlungsgebiet des Landes erstreckte sich zwischen einer Sandwüste und Persien. Und die Hauptstadt Aschchabad befand sich nur 20 km von der persischen Grenze entfernt. Es konnte nicht sein, daß sich dort keine Möglichkeit ergab, legal an die Grenze zu kommen. Ich hatte aber keine

Ahnung, daß die Schwierigkeiten, nach Persien zu fliehen, in etwas ganz anderem bestanden. Also beschloß ich, in Turkmenien über die Grenze zu gehen. Doch zuerst mußte ich nach Turkmenien gelangen, das dem Mittelasiatischen Büro des ZK unterstand.

Nach der Übergabe meiner privaten Finanzfakultät an German Swerdlow unternahm ich eine Exkursion in das Organisationsverteilungsbüro des ZK und schlug ihm vor, mich dem Mittelasiatischen Büro des ZK zur Disposition zu stellen. Obgleich ich im ZK alles und alle kannte, alle Eingänge und Ausgänge, stieß ich auf eine große Schwierigkeit. Nach der Nomenklatur der leitenden Angestellten gehörte ich einer so hohen Kategorie an, daß das Büro nicht das Recht hatte, über mich zu verfügen. Dafür bedurfte es einer Entscheidung zumindest des Organisationsbüros selbst. Man schlug mir liebenswürdigerweise vor, den Antrag über meine Entsendung dem Organisationsbüro zumindest zur Bestätigung vorzulegen. Damit war mir aber nicht gedient. Ich erklärte, daß ich in keinem Fall das Risiko eingehen wollte, mich von irgendeinem Mitglied des Organisationsbüros auf einen leitenden Posten schubsen zu lassen, der gerade dringend besetzt werden mußte und den ich nach Meinung des Organisationsbüros ohne Einwände anzunehmen hatte. »Ruft Molotow an und fragt, ob er nichts dagegen einzuwenden hat, daß ich in Mittelasien eine Arbeit annehme. Wenn nicht, kann mich das Organisationsbüro im Einverständnis mit dem Sekretariat des ZK und den Vorsitzenden des Organisationsbüros losschicken, wenn ja, gehe ich selber zu Molotow, um die Angelegenheit zu regeln.« So wurde es auch gemacht. Glücklicherweise verdroß es Molotow schon lange, daß ich nicht mehr im ZK arbeiten wollte, und er antwortete: »Na, meinetwegen, wenn er unbedingt will, dann soll er halt fahren.« Ich bekam sofort einen Reisebefehl, in dem ich dem Mittelasiatischen Büro des ZK für einen leitenden Posten zugeteilt wurde.

Mit diesem Reisebefehl kam ich nach Taschkent und meldete mich beim Sekretär des Büros. Das war der nämliche Selenskij, der einst im Herbst 1923 als erster Sekretär des Moskauer Komitees die Opposition verschlafen hatte. Deshalb wurde er von der Troika als viel zu schwach für die Moskauer Organisation abgesetzt und nach Mittelasien geschickt.

Selenskij war von meiner Ankunft nicht sonderlich begeistert. Was sollte das? Stalins Auge hier? Ich erklärte ihm aber, die Arbeit im ZK aufgegeben zu haben, weil ich mich durch sie völlig vom Leben abgeschnitten fühlte und beschlossen hätte, eine niedrigere Arbeit anzunehmen. »Herrlich«, sagte Selenskij, »wir ernennen Sie sofort zu meinem Gehilfen und zum Leiter des Sekretariats; Sie werden alles reorganisieren, ich habe von Ihren Organisationskünsten schon gehört.«

»Genosse Selenskij«, erwiderte ich, »wir wollen offen sprechen. Ich habe nicht deshalb den Posten als Stalins Gehilfe aufgegeben, um Ihr Sekretär zu werden. Ich will einen ganz niedrigen Posten, weit weg von hier, an irgendeinem entlegenen Ort. Da ist zum Beispiel in Turkmenien der Sekretär des ZK Ibragimow, ich kenne ihn vom Apparat des ZK her, schicken Sie mich zu dem.« Selenskij war sofort damit einverstanden, ich bekam einen neuen Reisebefehl und wurde dem ZK Turkmeniens zur Verfügung gestellt.

Von Taschkent fuhr ich aber nicht nach Aschchabad weiter, sondern kehrte nach Moskau zurück, um mich von den Freunden und der Stadt zu verabschieden. Wer weiß, ob ich meine Heimat noch jemals wiedersehe . . .

Ich mußte mich aber nicht nur von den Freunden verabschieden, sondern auch überlegen, wie man es am besten anstellte, daß ihnen aus meiner Flucht kein Risiko erwuchs. Nach meinem Verschwinden wird die GPU mit allen Mitteln herauszubekommen versuchen, ob ich irgendeiner antikommunistischen Organisation angehört habe und mit wem ich Verbindung hatte. Das Risiko für die Freunde war sehr groß. Nun hatte ich zwei Sorten von Freunden. Die einen, mit denen ich häufig verkehrte (und ganz offen) und gute Beziehungen unterhielt. Es waren dies etwa German Swerdlow, Munjka Sorkij und noch zwei, drei andere. Sie hatten nicht die geringste Ahnung, daß ich ein Feind des Kommunismus war. Die GPU wird gut verstehen, daß ich mit ihnen – hätten uns politische Ziele oder gemeinsame Ideen verbunden – nie offen verkehrt hätte. Sie hatten also nichts zu befürchten. Aber es gab andere, die eine ähnliche Entwicklung durchgemacht hatten wie ich, mit denen ich schon seit Monaten sehr vorsichtig umging. Ich traf mich mit ihnen nur in amtlichen Arbeitszimmern, als hätten wir miteinander nur dienstlich zu tun. Hier wird die GPU zu wühlen anfangen.

Meine Freunde verfielen auf folgende Idee. Wenn du im Ausland bist und über Moskau und den Kommunismus schreibst, gib dir den Anschein, daß du nicht erst im Politbüro zum Antikommunisten geworden bist, sondern schon zwei Jahre vorher, ehe du ins Politbüro kamst. Das beeinträchtigt den Wert deines Zeugnisses nicht. Ist es nicht ganz egal, ob du zwei Jahre früher oder später zum Antikommunisten geworden bist? Wichtig ist die Richtigkeit deiner Schilderungen. Die GPU und Jagoda werden sogleich nach deinen Veröffentlichungen prahlen: »Aha, unsere tschekistische Spürnase! Wir haben doch gleich gerochen, daß er ein Konterrevolutionär ist.« Doch auf der Suche nach deiner Organisation werden sie den falschen Weg einschlagen. Wenn du schon früher Antikommunist warst, dann erscheint es völlig glaubwürdig, daß du nach deiner Ankunft in Moskau und nach deinem Eintritt ins ZK deine Ansichten vor jedermann sorgfältig verbergen mußtest und jeden von uns genauso in die Irre geführt haben kannst wie das Politbüro, und sie müssen deine Verbindungen und deine Organisation in deiner Vaterstadt suchen.

Die Idee war nicht schlecht. In Mogilew wird die GPU nichts finden, soviel sie auch suchen mag: dort hat es keine antikommunistische Organisation gegeben. Doch sie könnte stellvertretend für diese meine Freunde aus den letzten Gymnasialjahren nehmen. Doch Mitja Anitschkow war mit den Weißen abgezogen, während Julij Syrbul, ein Moldauer von der anderen Dnjestrseite, jetzt in Bessarabien (also in Rumänien) lebte und als engagierter Antikommunist bekannt war. Sie hatten also nichts zu befürchten, die GPU wird falschen Spuren nachgehen. Ich stimmte meinen Freunden zu und hielt mich an dieses Versprechen, sollte es aber sehr bereuen, es gegeben zu haben. Davon werde ich noch erzählen.

Hier muß ich einen Exkurs anfügen und den Leser mit dem Genossen Blyumkin bekanntmachen, dem nämlichen Bljumkin, der während des Petrograder Aufstandes der linken Sozialrevolutionäre den deutschen Botschafter Mirbach umgebracht hatte, um den Frieden von Brest-Litowsk zu hintertreiben.

Seit 1925 traf ich mich häufig mit Munjka Sorkij. Das war aber nur sein Komsomol-Deckname, in Wirklichkeit hieß er Emmanuel Lifschitz. Er leitete die Presse-Abteilung des Komsomol-ZK und war ein sehr gescheiter und witziger Knabe. Er hatte aber eine merkwürdige Schwäche, nämlich eine geradezu panische Angst vor Hunden. Wenn uns auf der Straße ein harmloser Hund entgegenkam, packte mich Munjka am Ärmel und sagte: »Hör, Baschanow, gehen wir lieber auf die andere Straßenseite! Du weißt, ich bin Jude – ich mag nicht, wenn mich Hunde beißen.«

Einmal gingen wir zusammen über den Arbat. Plötzlich blieb er vor einem alten luxuriösen Bürgerhaus stehen. »Ich verlasse dich hier«, sagte er. »In diesem Haus ist in der dritten Etage eine von der GPU reservierte Wohnung, in der Jakow Bljumkin wohnt, von dem du schon gehört hast. Ich habe ihn angerufen, er erwartet mich ... Übrigens, weißt du was, Baschanow? Gehen wir zusammen. Du wirst es nicht bereuen. Bljumkin ist ein russischer Sonderling, aber ein besonderer, einer von den ganz echten. Bei unserer Ankunft, wirst sehen, sitzt er in einem seidenen roten Schlafrock da, saugt an einer meterlangen östlichen Pfeife, wobei auf dem Tischchen ein Band Lenin liegt ... Ich habe extra hingeschaut: er ist stets auf der gleichen Seite aufgeschlagen. Gehen wir, gehen wir.« Ich ging. Alles war so, wie es Sorkij vorausgesagt hatte: der Schlafrock, die Pfeife und der Lenin. Bljumkin war ein hochnäsiger und selbstzufriedener Kerl, fest davon überzeugt, eine historische Persönlichkeit zu sein. Wir nahmen ihn wegen seines Selbstbewußtseins auf den Arm. »Jakow Grigorjewitsch, wir waren im Museum der Revolutionsgeschichte. Dort ist Ihnen und der

Ermordung Mirbachs«, flunkerten wir ihm vor, »eine ganze Wand gewidmet.«

»Ah, sehr angenehm. Und was ist auf der Wand?«

»Nun, allerhand Zeitungsausschnitte, Photographien, Dokumente, Zitate; und oben, über die ganze Wand ein Zitat von Lenin: Wir brauchen keine hysterischen Ausbrüche kleinbürgerlicher Degeneraten, sondern den mächtigen Schritt der eisernen Bataillone des Proletariats.«

Natürlich hatten wir uns alles ausgedacht. Bljumkin war sehr verbittert, aber hingehen, um unsere Flunkereien nachzuprüfen, das tat er nicht.

Über Mirbachs Ermordung erzählte mir Bljumkins Vetter, daß die Sache sich ganz anders verhalten habe, als sie von Bljumkin geschildert wurde. Als dieser und seine Begleiter in Mirbachs Arbeitszimmer waren, warf Bljumkin die Bombe und stürzte sich in größter Eile zum Fenster hinaus, wobei er mit der Hose am Eisenzaun in sehr unkomfortabler Stellung hängenblieb. Der ihn begleitende Matrose, Borisow scheint er geheißen zu haben, brachte ohne sonderliche Eile Mirbach um, nahm Bljumkin vom Zaun ab, lud ihn auf das Lastauto und fuhr davon. Der Matrose kam bald darauf an irgendeiner Front des Bürgerkrieges um, während Bljumkin von den Bolschewiken als vogelfrei erklärt wurde. Aber er schlug sich sehr bald auf die Seite der Bolschewiken, indem er die linken Sozialrevolutionäre verriet; dafür wurde er in die Partei und in die Tscheka aufgenommen und gelangte durch seine Beteiligung an der grausamen Niederwerfung des grusinischen Aufstandes zu traurigem Ruhm. Dann führte ihn seine Karriere in die Mongolei, wo er an der Spitze der Tscheka derart viele Menschen erschießen ließ, daß es sogar die GPU für nötig hielt, ihn abzuberufen. Der seidene Schlafrock und die Pfeife stammten von dort. Die GPU wußte nicht, wohin mit ihm, so bildete er eine Art Reserve.

Als er mir seine Wohnung zeigte, vier riesige Zimmer, sagte ich: »Und Sie wohnen hier allein?«

»Nein, mein Vetter Maksimow wohnt bei mir, er führt mir den Haushalt.«

Maksimow wurde mir vorgestellt. Er stammte wie Bljumkin aus Odessa. Maksimow war sein Parteideckname, den zu tragen er in Wirklichkeit gar nicht berechtigt war, da er in Odessa als Parteimitglied und Wirtschaftsführer eines Kavallerieregiments ärarischen Hafer verschoben hatte und deshalb aus der Partei ausgeschlossen und verjagt worden war. Sein richtiger Name war Birger. Bljumkin versuchte, ihn wieder irgendwo unterzubringen, aber das war nicht leicht, denn wer stellt schon jemanden ein, den man wegen Diebstahls aus der Partei ausgeschlossen hat?

»Aber zwei Zimmer stehen ja völlig leer. Dabei hat German Swerdlow, der Bruder des seligen Jakow, im engen Quartier seines Bruders Wenjamin im Haus des Obersten Volkswirtschaftsrates nicht einmal ein eigenes Zimmer. Man könnte ihn bei Ihnen unterbringen.«

»Der Bruder des Jakow Swerdlow? Ich werde glücklich sein. Er soll sogleich übersiedeln, meinetwegen noch heute.«

So kam German Swerdlow als Untermieter zu Bljumkin.

Als Bljumkin wieder einmal zur GPU kam, rühmte er sich dort seiner Bekanntschaft mit mir. Jagoda geriet in Erregung. »Jakow Grigorjewitsch, das ist eine Arbeit für Sie. Baschanow haßt die GPU, wir haben den Verdacht, daß er nicht unser Mann ist. Das ist eine Aufgabe von außerordentlicher Wichtigkeit.«

Bljumkin übernahm den Auftrag, aber nach zwei oder drei Wochen erklärte er Jagoda, keinerlei Möglichkeiten zu haben, mich öfter zu treffen oder näher mit mir bekannt zu werden. Deshalb bitte er, ihn von dieser Aufgabe zu befreien. Er hatte aber eine andere Idee. Sein Vetter, der jetzt German Swerdlow sehr oft sah, könne von diesem alles über Baschanow erfahren, da die beiden dicke Freunde seien. Die Idee wurde gutgeheißen, man befahl Maksimow zu Flekser, dem Chef der administrativen GPU-Verwaltung, der ihm auftrug, mich zu bespitzeln und der GPU zu rapportieren. Davon ernährte er sich bis zum Sommer 1927.

Die GPU wußte nach wie vor nicht, wohin mit Bljumkin. So versuchte man, ihn bei Trotzkij anzustellen, der 1925 alle Betriebe mit dem Auftrag bereiste, die Qualität ihrer Erzeugnisse zu prüfen. Man versetzte Bljumkin in diese Kommission. So naiv Trotzkij auch sein mochte: Bljumkins Aufgabe war ihm völlig klar. Als die Unterkommission, mit Bljumkin an der Spitze, zum ersten Mal einen Betrieb inspizierte, wollte dieser auf der anschließenden Kommissionssitzung unter Trotzkijs Vorsitz ein Referat halten. Trotzkij unterbrach ihn: »Genosse Bljumkis war dort das Auge der Partei auf der Linie der Wachsamkeit; kein Zweifel, daß er seine Aufgabe erfüllt hat. Hören wir den Bericht der Spezialisten, die in der Unterkommission waren.« Bljumkin plusterte sich auf wie ein Truthahn: »Erstens heiße ich nicht Bljumkis, sondern Bljumkin; Sie sollten die Geschichte der Partei kennen, Genosse Trotzkij! Und zweitens ...« Trotzkij schlug mit der Faust auf den Tisch. »Ich habe Ihnen nicht das Wort erteilt!« Bljumkin verließ die Kommission als erklärter Feind Trotzkijs. Um seinen Haß auf die Opposition auszunutzen, versuchte die GPU noch, ihn bei Kamenew anzustellen, aber erst 1926, als man diesen zum Volkskommissar für Handel degradiert hatte. Bljumkin bestimmte man zum Konsultanten des Volkskommissariats; Kamenews Sekretäre lachten sich fast schief über die Arbeit dieses Konsultanten und zeigten mir eine feierliche Eingabe des unzufriedenen Bljumkin an Kamenew. Sie begann mit den Worten: »Genosse Kamenew! Ich frage Sie: wo bin ich, was bin ich und wer bin ich eigentlich?« Man mußte ihn auch von dort wieder abberufen. Er fand aber trotzdem einen ihm zusagenden Posten, als er zum Residenten der GPU (Spionage und Sabotage) in den Ländern des Nahen Osten gemacht wurde. Ich sollte ihm noch einmal begegnen.

Als ich im Herbst 1927 von Moskau Abschied nahm, war Maksimow sehr traurig. Mit meiner Abreise verlor er seine leichte und gut bezahlte Arbeit. Ich beschloß, ihm einen Streich zu spielen. Ich wußte, daß er über mich in der GPU rapportierte, aber er wußte nicht, daß ich davon wußte. Durch langjährige sowjetische Erfahrung geschult, verfaßte ich gewissermaßen über mich selber Informationen; da konnte ich mir aussuchen, was für mich am günstigsten war. Also erzählte ich dem ahnungslosen German Swerdlow alles, was ohne den geringsten Schaden via Maksimow zur Kenntnis der GPU gelangen durfte.

Als ich meinen Schatten vor meiner Abreise nach Aschchabad bei German traf, fragte ich ihn: »Wie steht es mit einer Arbeit für Sie?«

»Nach wie vor schlecht.«

»Wenn Sie wollen, nehme ich Sie nach Mittelasien mit.«

O ja, mit Vergnügen würde er mitkommen, gleich morgen wollte er mir endgültig Antwort geben, er müsse nur einige begonnene Verhandlungen abbrechen. Ich wußte sehr genau, daß er zur GPU laufen und fragen würde, was er tun solle. Vermutlich würde man ihm sagen: Ausgezeichnet, natürlich! fahr nur mit, schreib weiterhin deine Rapporte. So kam ich in Aschchabad mit Maksimow an.

Dort ging ich zum ersten Sekretär des turkmenischen ZK. Ich kannte Ibragimow von meiner Tätigkeit als Sekretär des Politbüros. Er war der verantwortliche Instruktor des ZK gewesen und betrachtete mich deshalb als großmächtigen Vorgesetzten. Um so mehr war er über meinen Besuch erstaunt. Sein erster Gedanke: mein Nachfolger. Ich beruhigte ihn aber und erklärte, daß ich nur einen ganz kleinen, niedrigen Posten haben möchte. »Ernenne mich meinetwegen für den Anfang zum leitenden Sekretär irgendeiner Abteilung deines ZK (also genau zu dem, was ich bei Selenskij abgelehnt hatte), dann unterstehe ich dir – und damit ist auch klar, daß ich nicht auf deinen Posten reflektiere.« So machten wir es dann.

Nach einigen Tagen erklärte ich Ibragimow, ein leidenschaftlicher Hochwildjäger zu sein, obwohl mir das Jagen ein Greuel ist. Der rief sogleich Dorofejew, den Chef der 46. Grenzabteilung der GPU-Truppen, an, der in unserem Abschnitt die Grenze bewachte, und ordnete an, zwei Karabiner mit Munition und Jagderlaubnisscheinen im Grenzgebiet für mich und Maksimow zu schicken. Es kam sogleich alles an.

Im Lauf von zwei-drei Monaten lernte ich die Gegend genau kennen, während Maksimow, dem ich einen kleinen Posten wirtschaftlicher Art besorgt hatte, regelmäßig Meldungen über mich nach Moskau sandte.

Ibragimow war ein braver Mann, wir kamen gut miteinander aus. Ich führte die Geheimkanzlei des ZK, fungierte als Sekretär auf den Plenarsitzungen des Turkmenischen ZK der Partei und saß wiederum im Zentrum aller Geheimnisse, obgleich diese nur regionalen Charakter hatten. Ich unterhielt mich oft mit Ibragimow und fragte ihn über Persien aus. Es verwirrte mich, daß die Bahnlinie – unsere Hauptverbindung mit Europa – ständig direkt an der persischen Grenze entlangführte. Im Fall eines Krieges war es für die Perser eine Leichtigkeit, sie zu unterbrechen. Ibragimow lachte. Unsere 46. Grenzabteilung, wozu ist die wohl da? Ich erwiderte, daß ich von der Armee spreche. Ibragimow sagte: »Erinnerst du dich an die Geschichte? Als vor einem Jahrhundert der Aufstand in Teheran war, bei dem unser Gesandter Gribojedow umgebracht wurde, was hat da der Zar getan? Er hat eine Hundertschaft Kosaken losgeschickt, die haben in Persien wieder Ordnung geschaffen. Glaube ja nicht, daß es jetzt viel anders ist.«

Ein andermal sagte ich: »Ihr liegt ja direkt an der Grenze. Wahrscheinlich gibt es da viele Fluchtversuche.«

»Im Gegenteil«, antwortete Ibragimow, »außerordentlich wenige. Gewiß, die Grenze ist sehr lang, sie ganz zu bewachen, ist außerordentlich schwer. Doch um an die Grenze zu gelangen, muß man unbedingt an irgendeiner Siedlung vorbei – und gerade die werden ständig beobachtet. Kein Mensch, der nicht hingehört, bleibt unbemerkt.«

»Gut«, sagte ich, »aber das gilt doch nicht für Parteileute. Jeder verantwortliche Arbeiter kann sich doch der Grenze nähern und sie überschreiten. Hat es bei euch noch keine solchen Fälle gegeben?«

»Ja«, sagte Ibragimow, »zwei, aber das macht keine Schwierigkeiten. Ein verantwortlicher Parteimann, der nach Persien flieht, den packen wir dort und bringen ihn wieder zurück.«

»Und die persischen Behörden?«

»Die persischen Behörden machen die Augen zu und tun, als wäre nichts geschehen.«

Das sah recht unerfreulich aus. Über die Grenze kam man also leicht. Die Schwierigkeiten fingen erst drüben an. Aber ich mußte es riskieren.

Ich unternahm eine kleine Erkundungsreise. Etwa zwanzig bis dreißig Kilometer hinter Aschchabad lag, direkt an der Grenze und schon in den Bergen, Firjusa mit einem Erholungsheim des ZK. Ich machte mit einigen Mitarbeitern des ZK, lauter Jägern, an einem Sonntag einen Jagdausflug dorthin. Bei dieser Gelegenheit ging ich sehr weit an einer Bergschlucht entlang – wer weiß, vielleicht befand ich mich schon in Persien? Ich vergewisserte mich, daß die Stelle für eine Grenzüberschreitung ganz und gar unpassend war. Man geht hinüber – und ganz unerwartet taucht von irgendwo, hinter einer Felsnase hervor, die Grenzpatrouille auf und sagt: »Genosse, da ist schon Persien, was willst du hier? Geh wieder zurück!«

Ich suchte mir auf der Karte das von Aschchabad vierzig bis fünfzig Kilometer entfernte Ljutfabad aus, eine Eisenbahnstation, der gegenüber sich in zwei Kilometer Entfernung über freies Feld das persische Dorf gleichen Namens befand. Ich beschloß, die Grenze am ersten Januar (1928) zu überschreiten. Daß ich jetzt lebe und diese Zeilen schreiben kann, verdanke ich diesem Datum.

Die Flucht über Persien und Indien

Am Abend des 31. Dezember ging ich mit Maksimow auf die Jagd. Der wäre natürlich lieber daheim geblieben, um in irgendeiner lustigen Gesellschaft Neujahr zu feiern, fürchtete aber, seine Vorgesetzten in der GPU könnten sehr unzufrieden sein, wenn er mir nicht auf den Fersen blieb. Wir kamen mit dem Zug in Ljutfabad an und begaben uns sogleich zum Chef der Grenzwache. Ich zeigte ihm die Dokumente, unsere Jagderlaubnisscheine im Grenzgebiet, worauf er uns zur kameradschaftlichen Neujahrsfeier der Grenzwache einlud. Es war eine Einladung aus Höflichkeit. Ich antwortete, daß ich zum Jagen gekommen sei und es vorzöge, mich auszuschlafen, um morgen mit klarem Kopf auf die Jagd zu gehen; und zweitens würden sie natürlich im Kameradenkreis allerhand Geistiges trinken; da ich aber prinzipiell nicht tränke, passe ich in solche Gesellschaften nicht. Wir gingen schlafen.

Am nächsten Morgen zogen wir zeitig in der Frühe los und gingen direkt auf das persische Dorf zu. Nach einem Kilometer gelangten wir über freies Feld, die Stelle war vom Grenzposten aus deutlich zu sehen, zu einem alten Holzpfosten. Er markierte die Grenze, hinter ihm war Persien. Der Grenzposten gab keinerlei Lebenszeichen von sich. Seine gesamte Belegschaft war stockbesoffen. Mein Maksimow war in Topographie nicht sehr bewandert und hatte keine Ahnung, daß wir mit einem Fuß in Persien standen. Wir setzten uns nieder und frühstückten.

Dann erhob ich mich. Es hatte zwar jeder von uns einen Karabiner, aber die Patronen hatte ich. »Arkadij Romanowitsch«, sagte ich zu Maksimow, »da ist der Grenzpfahl – und da ist Persien. Sie können gehen, wohin Sie wollen, ich gehe nach Persien und verlasse für immer das sozialistische Paradies: der glorreiche Aufbau des Kommunismus muß ohne mich stattfinden.« Maksimow war verwirrt. »Ich kann nicht mehr zurück, man wird mich dafür erschießen, daß ich Sie aus den Augen gelassen habe.« So schlug ich ihm vor: »Wenn Sie wollen, nehme ich Sie nach Europa mit, mache Sie aber darauf aufmerksam, daß man von diesem Augenblick an ebenso Jagd auf Sie wie auf mich machen wird.« Maksimow meinte wohl, daß es für ihn einen anderen Ausweg nicht mehr gab und ging mit mir nach Persien.

Wir kamen in das Dorf und versuchten, die örtlichen Behörden ausfindig zu machen, was schließlich auch gelang. Die Behörden erklärten, daß der Fall ihre Kompetenzen weit überschreite und schickten einen Eilboten in das zuständige Verwaltungszentrum, das an die zwanzig Kilometer entfernt war. Der Eilbote kehrte am späten Abend zurück: wir mußten selber hinfahren. Die örtlichen Behörden lehnten es aber entschieden ab, unsere Reise in der Nacht zu organisieren, so daß wir in Ljutfabad übernachten mußten.

Mittlerweile waren die Informanten der Sowjets über die Grenze gegangen, um den Posten über unsere Flucht in Kenntnis zu setzen. Die Truppe war aber derart betrunken, daß bis zum zweiten Januar niemand benachrichtigt werden konnte. Und am selben Morgen waren wir schon in das Distriktzentrum unterwegs und kamen bald dort an. Es unterliegt keinem Zweifel, daß an jedem anderen Tag des Jahres in der Nacht eine sowjetische Abteilung die Grenze überschritten, uns gepackt und zurückgebracht hätte. Damit wäre nicht nur meine Karriere zu Ende gewesen.

Im Distriktzentrum erwartete mich eine neue unerwartete Chance. Der Distriktchef war Pasban. Im Gegensatz zur gesamten übrigen persischen Lokalverwaltung, die feige, träge, korrupt und zu alledem noch gleichgültig war, hatte ich einen gescheiten, willigen und entschlossenen Mann vor mir. Es stellte sich heraus, daß er während des Weltkrieges eine deutsche Schule durchgemacht hatte.

Er mußte uns in die Provinzhauptstadt von Chorasan, also nach Mesched bringen. Vorher erklärte er uns aber einiges. »Zwischen uns und Mesched liegen Berge von 3000 Meter Höhe. Es gibt nur eine Fahrstraße, sie umgeht die Berge, nähert sich Aschchabad und führt der Stadt gegenüber einer tiefen Schlucht entlang nach Kutschan und von dort linker Hand nach Mesched. Euch auf die Fahrstraße nach Mesched zu schicken, heißt, euch in den sichern Tod zu schicken. Seit heute macht eine Abteilung Tschekisten im Automobil Dienst, die euch ergreift und in die Sowjetunion schafft. Eure einzige Chance ist, direkt über die Berge nach Mesched zu kommen. Da gibt es nirgends einen Weg, nur Steige, über die im Sommer die Leute manchmal über die Berge gehen. Aber jetzt ist Winter, überall liegt tiefer Schnee; bis zum Frühjahr gibt es keine Verbindung; im Schnee sind die Steige nicht zu finden. Aber ihr müßt es versuchen. Die Bolschewiken wagen es nicht, in die Berge zu gehen. Ich gebe euch Führer und Saumpferde mit. Vertraut nicht den Begleitern, vertraut ausschließlich den Pferdchen, die finden den Weg.«

Es wurde also eine Karawane zusammengestellt, wir machten uns auf den Weg.

Die Tour über Berge, Schnee, Lawinen, Abgründe, Steilhänge hinweg dauerte vier Tage. Zwanzigmal hatten wir unser Leben den kleinen, gescheiten, zottigen Saumpferden zu verdanken, die katzengewandt über unglaubliche Schluchten schlichen, plötzlich am Rand eines Steilhanges ins

Rutschen kamen, sich sofort zu Boden fallen ließen, alle viere von sich streckten und sich dadurch vor dem Sturz retteten. Schließlich stiegen wir am fünften Tag völlig erschöpft ins Tal von Mesched ab, wo wir in den Vororten auf eine Landstraße herauskamen. Dort verkehrte ein Lastauto als Autobus. Wir stiegen ein und gelangten gerade noch auf die hinteren Plätze. Gleich nach uns erschienen zwei Tschekisten, die vor uns Platz nehmen mußten. Offenbar glaubten sie, daß wir bewaffnet seien, und erlaubten sich deshalb nichts. Wir kamen nach Mesched, der Autobus brachte uns zu einem Gasthof. Man erklärte uns, dies sei das einzige Hotel europäischer Art in der Stadt, die Einheimischen würden in der Karawanserei absteigen. Wir waren sehr müde und träumten von einem guten Bett. Vor dem Schlafengehen versuchten wir, im Hotelrestaurant einen Kaffee zu trinken. Als er gebracht wurde, wollte mein Reisebegleiter schon trinken, aber ich hielt ihn zurück: von dem Kaffee ging ein scharfer Geruch nach Bittermandeln aus, der typische Zyankaligeruch. Wir ließen den Kaffee stehen und gingen in unser Zimmer hinauf. Der Hoteldirektor, der Armenier Koltuchtschew, erklärte uns, daß nur dieses eine Zimmer noch frei sei, in das er uns jetzt führen werde. Es hatte aus irgendeinem Grund weder Schloß noch Riegel, da beide »zum Richten« abmontiert worden seien. Ich sah freie Zimmer, aber Koltuchtschew sagte, daß sie besetzt seien. Wir verbarrikadierten also die Tür mit Hilfe von Stühlen und streckten uns behaglich in echten Betten aus.

Der Schlaf währte aber nicht lange. Es weckte uns ein heftiges Klopfen an der Tür. »Polizei!« Wir protestierten, doch man brachte uns in die Polizeizentrale der Stadt (»Nasmie«), in der man uns erklärte, daß dies lediglich zu unserem Vorteil geschehe. Der Polizeichef, ein schroffer und trockener Bürokrat, sprach kein Russisch. Er ließ uns in sein Dienstzimmer und verschwand. Sein Gehilfe, ein außerordentlich sympathischer Perser, hatte in Rußland studiert und sprach gut Russisch. Von ihm erfuhren wir endlich, was sich getan hatte. Es stellte sich heraus, daß mit unserer Ankunft in Mesched ein ungewöhnliches Durcheinander in allen sowjetischen Organisationen begonnen hatte. Die Informanten der persischen Polizei, welche den Sowjets nachspürten, sahen, wie der sowjetische Militäragent Pashajew bei einem Treffen mit dem sowjetischen Agenten Koltuchtschew diesem einen Revolver und noch etwas anderes (offenbar das Gift) übergeben hatte. Als die Polizei erfuhr, worum es ging, hatte sie sich vor unserer Tür auf die Lauer gelegt. In der Nacht kam tatsächlich Koltuchtschew mit dem Revolver daher, um uns abzuknallen, worauf er sofort (wie man ihm versprochen hatte) in die Sowjetunion gebracht werden sollte; doch er wurde vor unserer Tür verhaftet, während man uns zur Polizei schaffte.

Am nächsten Morgen empfing mich der Gouverneur der Provinz Chorasan. Es war ein alter, schlauer und phlegmatischer Perser, der mich neugierig betrachtete, aber wenig sprach. Da er kein Russisch konnte, brauchten wir einen Dolmetscher. Dem sagte ich: »Sagen Sie bitte dem Herrn Gouverneur, daß Persien wie jedes zivilisierte Land politischen Flüchtlingen Zuflucht gewährt ...« Statt zu übersetzen, wandte sich der Dolmetscher an mich: »Wer hat Ihnen denn gesagt, daß Persien ein zivilisiertes Land ist?« Ich erwiderte: »Wer es gesagt hat, ist nebensächlich, übersetzen Sie lieber, was ich gesagt habe.« Er kratzte sich hinter dem Ohr. »Die Sache ist die, daß der Gouverneur meinen könnte, Sie wollen sich über ihn lustig machen.«

»Übersetzen Sie, was ich gesagt habe ...«

Der Gouverneur hörte es sich an und antwortete, daß diese Frage nicht er, sondern die Regierung entscheiden müsse, daß er aber der Regierung einen ausführlichen Bericht schicken und vorderhand alle Maßnahmen für unsere Sicherheit treffen werde, aber auf die Antwort aus Teheran warten müsse.

Wir wurden endgültig im Dienstzimmer des Polizeichefs untergebracht. Das Polizeigebäude sah wie eine mittelalterliche quadratische Festung aus und hatte nur einen Eingang. Der Gehilfe des Polizeichefs zeigte mir einen Stamm wilder kurdischer Reiter, die auf dem Platz vor der Polizei malerisch lagerten. Der ganze Stamm war von den Bolschewiken angeheuert; er sollte uns beim Herauskommen angreifen, niedermachen und davongaloppieren. Das war natürlich der Polizei klar. Außerdem hatte ich selber die Absicht, die Station lediglich unter starker Bewachung zu verlassen.

Die Verhandlungen mit Teheran zogen sich lange hin. Der Gehilfe des Polizeichefs hielt mich auf dem laufenden. In Wirklichkeit waren es die Verhandlungen zwischen Teheran und Moskau, das meine Auslieferung verlangte.

Die ganzen letzten Jahre hatte es zwischen Persien und der UdSSR dreivier strittige Fragen gegeben, in denen keine der beiden Seiten nachgab, sondern auf ihrem Recht bestand. Es handelte sich um die Fischerei in der Grenzzone des Kaspischen Meeres (viel Kaviar), um die Öllager und ganz besonders um die Grenzziehung, die – je nach Verlauf – festlegte, wem die sehr reichen Ölvorkommen gehörten. Für meine Auslieferung erklärte sich Stalin bereit, den Persern in allen diesen strittigen Fragen nachzugeben, und offenbar neigte die persische Regierung dazu, auf diese Bedingungen einzugehen. Mein lieber Perser teilte mir das mit aufrichtigem Bedauern mit.

Parallel zu den Verhandlungen der Regierung verliefen die eigenen Bemühungen der GPU. Am zweiten Januar meldete der endlich erwachte

Grenzposten meine Flucht nach Aschchabad. Man telefonierte nach Moskau, Jagoda bekundete offenbar große Energie. Stalin befahl, mich tot oder lebend nach Rußland zurückzubringen. Nach Persien entsandte er eine Abteilung, die unterwegs nach Kutschan auf uns lauerte, aus Teheran kam der GPU-Resident Agabekow in Mesched angeflogen, man hatte ihm sofort beträchtliche Mittel zur Organisation meiner Beseitigung überwiesen. Agabekow machte sich energisch an die Arbeit. Die Vorbereitungen liefen mehrgleisig und erfolgreich, wie Agabekow in seinem 1931 erschienen Buch selber erzählt. Als jedoch alles fertig war, erhielt er aus Moskau den Befehl, alles abzublasen. Er begriff nicht, warum, wo doch alles vorbereitet war, und war sehr entmutigt. Wie konnte er auch wissen, daß Moskau die Zusage meiner Auslieferung bekommen hatte; und das auf einer Linie, von der er keine Ahnung hatte.

Interessant ist Agabekows weitere Geschichte. Im Jahre 1930 kam er als GPU-Resident und Nachfolger Bljumkins in die Türkei. Dort hegte er die ganze Zeit über den starken Verdacht, daß eine eventuelle Zurückberufung nach Moskau nichts anderes als seine Erschießung bedeuten würde. Zudem erlebte er den Roman seines Lebens. Er hatte sich in eine junge Engländerin verliebt, der er gestand, ein sowjetischer Tschekist und Spion zu sein. Die Engländerin geriet in Entsetzen und kehrte nach England zurück. Agabekow verließ darauf seinen Posten und reiste ihr mit gefälschten Papieren nach. Die Eltern des Mädchens meldeten alles den Behörden, so daß Agabekow nach Frankreich fliehen mußte. Dort stellte sich heraus, daß er mit den Sowjets gebrochen hatte. Auf Stalins Forderung hin wurde Agabekow aus Frankreich ausgewiesen, wobei als Begründung seine Einreise mit falschen Papieren herhalten mußte. Schließlich durfte er in Belgien bleiben. Dort schrieb er das Buch *Die Tscheka an der Arbeit*, von dem eine russische und eine französische Ausgabe erschien. Es enthält eine ausführliche Schilderung der Vorbereitungen zu meiner Ermordung. Im Jahre 1932 ergab sich die Gelegenheit, Agabekow in Paris zu treffen. Er hatte das Gehabe und Verhalten eines typischen Tschekisten.

Er wohnte in Brüssel. Der belgische Polizeichef, Baron Verglust, erzählte mir, wie er Agabekow an die Kandare nahm. Die Polizei wandte sich an ihn als Spezialisten in sowjetischen Spionagefragen. Infolge eines geschickt inszenierten Zufalls war den Sowjets für eine Stunde die belgische diplomatische Post in die Hände gefallen. Aber die Behörden beruhigten sich: alle Umschläge wurden in völlig intaktem Zustand, vernäht und versiegelt, zurückgegeben. »Die GPU hat trotzdem alles gelesen«, sagte Agabekow. Verglust antwortete ihm, daß dies unmöglich sei. Da schlug ihm Agabekow vor, irgendein Dokument in einen Umschlag zu stecken, es einzunähen und zu versiegeln und es ihm eine halbe Stunde lang zu überlassen. Das tat man.

Agabekow nahm das Päckchen und entfernte sich. Nach einer halben Stunde gab er Verglust das Päckchen völlig intakt zurück und teilte ihm den genauen Inhalt des Dokuments mit.

Auf Agabekow wurde regelrecht Jagd gemacht. Im Jahre 1937, während des spanischen Bürgerkrieges, entdeckten die Sowjets Agabekows schwache Seite. Als alter Tschekist schreckte er vor nichts zurück und war daher auch nicht abgeneigt, am Verkauf der von den Roten aus Museen und Privathäusern gestohlenen Bilder zu verdienen. Unter diesem Vorwand lockten ihn jedenfalls die Tschekisten durch Strohmänner an die spanische Grenze; man ließ ihn auch erfolgreich zwei Verkaufsaktionen durchführen, an denen er nicht schlecht verdiente; aber nur deshalb, um ihn das dritte Mal um so sicherer in der Falle zu haben. Seine Leiche wurde auf spanischem Gebiet erst Monate später gefunden.

Mein lieber Gehilfe des Polizeichefs kam ganz verstört herein. Aus Teheran war von der Regierung der Befehl gekommen, mich in die Hauptstadt zu schaffen; und nach allen diesen Befehl begleitenden Nachrichten stand mir nichts Gutes bevor. Der junge Perser meinte, daß ich den Bolschewiken ausgeliefert würde.

Es wurde Zeit für mich, zum Angriff überzugehen.

Bis zur Revolution war in Teheran eine Russisch-Persische Bank, in deren bewaffnetem Schutzkorps damals der künftige Schah gedient hatte, wie man sich in Aschchabad erzählte. Nach der bolschewistischen Revolution ging die Bank ein, während der NEP lebte aber der Handel mit Persien wieder auf; alle Geschäfte liefen über diese Bank, die praktisch eine Monopolstellung hatte. An ihrer Spitze stand ein gewisser Choschtarija, zu dem die Bolschewiken sehr gute Beziehungen unterhielten. Er kam oft nach Moskau und wurde vom Direktor der Staatsbank empfangen. Gelegentlich eines solchen Besuches sagte Choschtarija zu Pjatakow: »Möchte Ihre Regierung, daß euer Agent – natürlich gegen eine entsprechende Entlohnung – einer der angesehensten und einflußreichsten Minister der persischen Regierung und dazu ein persönlicher Freund des Schahs wird?« Pjatakow erwiderte, daß dies im Prinzip sehr interessant sei, aber zu welchen Bedingungen? Choschtarija nannte die finanziellen Voraussetzungen der Zusammenarbeit, forderte aber außerdem, daß außer Pjatakow und dem Politbüro (er war offenbar sehr gut über den Mechanismus der sowjetischen Macht informiert) niemand davon erfahren dürfe. »Nicht einmal die GPU?« fragte Pjatakow. »Die ganz besonders nicht. Das ist Grundbedingung. Wenn die GPU davon weiß, wird früher oder später einer ihrer geflohenen Mitarbeiter das Geheimnis enthüllen – und das kostet nicht nur dem Minister den Kopf, sondern auch mir.« Pjatakow versprach, das Politbüro davon zu unterrichten.

Choschtarijas Bedingungen wurden angenommen, auch die Hauptforderung: von diesem sowjetischen Agenten wußten nur die Mitglieder des Politbüros, Pjatakow als Verbindungsmann und natürlich ich als der Sekretär des Politbüros. Der Hofminister Timurtasch, ein persönlicher Freund des Schahs, wurde also Moskaus Agent. Er wurde durch eine überaus geschickte Kombination bezahlt. Pjatakow meldete: Choschtarija hat für einen Strohmann einen riesigen Besitz gekauft. Dazu hatte aber der Käufer scheinbar nicht alle nötigen Mittel und nahm für den Rest eine Hypothek bei der Russisch-Persischen Bank auf. Da jedoch im weiteren Verlauf der Käufer weder die Zinsen noch das Darlehen bezahlen konnte, schlug die Bank Timurtasch vor, den Besitz nur für den Betrag der Hypothek und auf Kredit zu übernehmen. Doch selbst diese geringe Summe brauchte er nicht zu bezahlen, er verkaufte einen kleinen Teil des Besitzes und beglich damit die Schuld. Es scheint, daß diese Schwindeloperationen tatsächlich so durchgeführt wurden. Timurtasch wurde dabei ein reicher Mann.

Moskau behelligte ihn nicht mit Kleinigkeiten. Dafür hielt er seinerseits Moskau über die wichtigsten Fragen der persischen Politik auf dem laufenden. Offenbar war er aber jetzt in der Frage meiner Auslieferung mobilisiert worden und hatte seinen Einfluß geltend gemacht, um die Regierung von der Vorteilhaftigkeit des Handels zu überzeugen, zumal der von Moskau für mich gebotene Preis ziemlich hoch war.

Nachdem man mich von der bevorstehenden Reise nach Teheran benachrichtigt hatte, wartete ich noch einen Tag bis zum Freitag, da alle Ämter geschlossen hatten und die Bevölkerung nicht arbeitete, um dann den Polizeichef zu verlangen. Er war nicht in der Stadt, sondern in seiner Datscha. Dann ließ ich den Gehilfen des Polizeichefs rufen. Der kam. Ich sagte ihm, in einer außerordentlich wichtigen Angelegenheit den Gouverneur von Chorasan sprechen zu müssen. Der war ebenfalls nicht in der Stadt, sondern in seiner Datscha. Genau das hatte ich gewollt. Da meine Sache überaus wichtig sei und ich den Behörden dringend ein Geheimnis von großer Tragweite mitzuteilen hätte, bat ich, sofort vom Emilaschker (Kommandeur des Chorasaner Militärbezirks) empfangen zu werden. Der antwortete, daß er mich erwarte.

Ich wußte, daß er – obwohl Perser – bis zum Krieg an der russischen Militärakademie studiert hatte und somit russischer Offizier war und gut Russisch sprach. Außerdem stand er dem Schah nahe.

Ich sagte dem Emilaschker, daß ich (wie er wahrscheinlich schon wüßte) nach Teheran gebracht und vermutlich an die Bolschewiken ausgeliefert werden solle. »Ich glaube nicht, daß Sie dieser Operation zugestimmt haben.« Er antwortete, daß dies eine politische Angelegenheit und somit Sache der Regierung sei und ihn als Militär nichts angehe.

Ich bat ihn, mir einen Dienst zu erweisen. »Wahrscheinlich wird mich auf der Reise ein militärisches Kommando begleiten, das Sie zusammenstellen.« Der Emilaschker bestätigte das, ein Unteroffizier und vier Soldaten würden mich eskortieren. »Können Sie die Leute so auswählen, daß keiner von ihnen lesen und schreiben kann?« Der Emilaschker lächelte. In Persien, wo 80 Prozent der Bevölkerung Analphabeten waren, bereitete das keine Schwierigkeiten. Er versprach, meine Bitte zu erfüllen.

»Jetzt komme ich zu einer sehr wichtigen Sache, deretwegen ich Sie sprechen wollte. Ich bitte Sie, fahren Sie unverzüglich nach Teheran! Gehen Sie zum Schah und sagen Sie ihm unter vier Augen, daß sein Hofminister Timurtasch ein sowjetischer Agent ist.«

»Das ist völlig ausgeschlossen. Timurtasch ist das einflußreichste Regierungsmitglied und ein persönlicher Freund des Schahs.«

»Trotzdem stimmt leider, was ich sage.« Und ich erzählte ihm alle meine Beweise.

Am nächsten Tag flog der Emilaschker nach Teheran und erstattete dem Schah Meldung. Der Schah ließ eine Untersuchung durchführen und meine Angaben überprüfen. Alles bestätigte sich in vollem Umfang. Timurtasch wurde verhaftet, vor ein Militärgericht gestellt und des Landesverrates angeklagt. Das Gericht verurteilte ihn zum Tode.

An einem der folgenden Tage wurde ich mit Maksimow unter Begleitung eines Unteroffiziers und vier Mann in einem Automobil auf die Reise geschickt. Die Straße führte nach Süden. Nach vierzig Kilometern gabelte sich die Straße: rechts ging es nach Teheran, links über Dusdab an die indische Grenze. Ich befahl, nach links zu fahren. Der Unteroffizier war sehr erstaunt. »Mir hat man gesagt, daß wir nach Teheran fahren.«

»Das hat man dir gesagt, um die Bolschewiken zu täuschen. Wir fahren aber nach Dusbad.«

Der verdutzte Unteroffizier wußte nicht, was er tun sollte. Ich fragte ihn: »Hast du die Begleitpapiere mit?«

»Ja.« Er zog das Päckchen aus der Brusttasche. »Dann schau halt nach, es ist an die Behörden in Dusbad adressiert. Lies.«

»Ich kann nicht lesen.«

»Na, dann soll es einer von deinen Soldaten lesen.« Die konnten es aber auch nicht. »Na, mit einem Wort, ich nehme alles auf meine Verantwortung – wir fahren nach Dusbad.«

Vier Tage lief unser wackerer, überladener Dodge über etwas, das sehr entfernt an Straßen erinnerte. Wie sagen die Perser? Gott hat den Weg verloren, der Chauffeur hat ihn gefunden. Wir fuhren über Steige, Felder und durch ausgetrocknete Flußbette. Schließlich kamen wir in Dusbad an. Die Soldaten mit ihren Gewehren hatten ebenfalls ihren Zweck erfüllt. Des öfteren hätten unterwegs irgendwelche Banden nichts dagegen gehabt, die Autoreisenden zu berauben, doch der Anblick von Soldaten mit Gewehren beruhigte sie sogleich.

Als der Gouverneur von Dusbad die an die Teheraner Zivil- und Militärbehörden gerichteten Begleitpapiere in Empfang nahm, verstand er nicht. Ich bat ihn, die Soldaten zu entlassen, die keinerlei Schuld treffe, da ich ihnen befohlen hätte, hierher zu fahren. Er sagte, daß er sich Instruktionen aus Teheran holen müsse; bis zu deren Eintreffen stellte er uns ein kleines, ziemlich abseits gelegenes Häuschen zur Verfügung. Da nach allgemeiner Meinung die Telegramme in Persien mit Kamelen befördert wurden, nahm ich an, daß mir die Korrespondenz des Gouverneurs mit der Hauptstadt Zeit genug lassen würde, meinen nächsten Schritt vorzubereiten, nämlich noch eine Grenze – die indische – zu überschreiten, allerdings ohne die Genehmigung der persischen Behörden dafür einzuholen.

Doch ich hatte mich geirrt, wenn ich glaubte, viel Zeit zu haben. Am nächsten Morgen, als wir draußen saßen und unsere Lage erörterten, fuhr plötzlich ein Automobil vor, aus dem zwei Subjekte von tschekistischem Aussehen mit Revolvern in der Hand heraussprangen. Wir zogen uns in Rekordzeit in das Innere des Häuschens zurück. Offenbar meinten die Tschekisten, daß sogleich eine Schießerei einsetzen würde, denn sie sprangen in Konkurrenzzeit in den Wagen und fuhren davon. Wenn sie gewußt hätten, daß wir keinerlei Waffen besaßen, hätten sich die Ereignisse vermutlich ganz anders entwickelt.

In jedem Fall wußten wir, daß Eile geboten war. In Dusbad wohnte ein englischer Vizekonsul, dessen Hauptbeschäftigung im Ankauf und zollfreien Transport von Perserteppichen nach England bestand. Dabei besorgten ihm Erkundung und Information allem Anschein nach die Bolschewiken. Als ich versuchte, ihn zu sprechen, lehnte er ab, mich zu empfangen. In Indien wurde mir dann erklärt, daß ihm seine bolschewistischen Informanten gemeldet hätten, wir seien deutsche Spione. Gerade vor uns lag die riesige, von den Persern völlig unbewachte Grenze nach Belutschistan. Unbewacht deshalb, weil hinter ihr die ausgedörrte, sonnendurchglühte Wüste lag. Für die Engländer erfüllte auf dieser Seite der Grenze ein halbwilder Belutschistamm die Funktion der Grenzwache.

Es mußten rasch Mittel und Wege gefunden werden. Auf dem Markt von Dusbad fragte ich indische Händler, welcher von den ortsansässigen indischen Händlern Engländer sei und ihr Vertrauen besitze. Man nannte mir einen solchen. Diesem schlug ich vor, mich mit Zustimmung des grenzbewachenden Belutschistammes auf die andere Seite der Grenze zu schaffen. Das geschah in der anbrechenden Nacht, indem er mich im Automobil zu den Belutschi brachte.

Mit dem Stammesältesten wurde ich rasch handelseinig. Er stellte eine Karawane aus drei-vier Mann und einigen Kamelen zusammen, und wir machten uns auf den Weg durch die Belutschenwüste. Hier bleibt in Paranthese zu bemerken, daß wir seit unserem Auszug aus dem Sowjetparadies keinen Pfennig Geld besaßen; alle bisher angefallenen Reisekosten gingen zu Lasten Seiner Majestät des Schahs von Persien und von jetzt an auf Kosten Ihrer Königlichen Britischen Majestät. Zumindest hatten weder ich noch der Stammesälteste an ihrer Begleichung die geringsten Zweifel.

Es war so heiß, daß die Karawane nur nachts gehen konnte. Dazu drehte mir der Ritt auf den Kamelen meine sämtlichen Eingeweide um, so daß ich den größten Teil des Weges lieber zu Fuß ging. Mein Begleiter Maksimow hatte sich zudem mit einem Kameljungen zerstritten, dem er einen heftigen Fußtritt aufs Maul versetzte. Das Kameljunge sagte nichts, trachtete aber, unterwegs stets die Position hinter seiner Mutter und gleichzeitig ein paar Meter entfernt von Maksimow zu halten, damit der ihn nicht mehr treten konnte. Dafür spuckte es ihn treffsicher an. Seinem sowjetischen Vokabular gegenüber verhielt er sich gleichgültig. Die Reise durch die Belutschenwüste war nach der Bergtour zu Pferd und der Autofahrt durch Persien unsere dritte. Ein seltsamer Zufall fügte es, daß jede von ihnen vier Tage währte. Am Morgen des fünften Tages kamen wir diesmal an die Bahnlinie, ich wandte mich sogleich an den englischen Residenten.

Meine Englischkenntnisse ließen viel zu wünschen übrig; ob der Resident trotzdem meiner Rede etwas zu entnehmen vermochte, weiß ich nicht. Er gab aber sofort ein sehr langes Telegramm nach Simla auf. Das Ergebnis war, daß am nächsten Tag der Salonwagen eintraf, in dem gewöhnlich der Vizekönig und die Minister Indiens ihre Dienstreisen unternahmen. Nach den Kamelen war diese Art Reiseverkehr sehr angenehm, ganz besonders die Badewanne; und der Koch erkundigte sich ehrerbietig, welches Menü den Herren genehm sei.

Die Winterhauptstadt Indiens war Delhi; im Sommer war es aber dort so heiß, daß sich die Engländer im Himalaja, 3000 Meter über dem Meer, die Sommerhauptstadt Simla bauten. Es war eine künstliche, nur für administrative Zwecke gebaute Stadt. Außer Regierungsgebäuden gab es nur Dienstpersonal und Geschäfte. Ausländer wurden anscheinend überhaupt nicht hineingelassen.

Die Engländer nahmen mich freundlich auf und brachten uns in einem guten Hotel unter. Das Aussehen unserer Kleidung war nach all diesen Reisen wenig repräsentabel. Die Engländer fanden einen eleganten Ausweg aus dieser Lage. Es fand gerade die Prüfungssitzung für Stabsoffiziere statt, die einen russischen Sprachkurs absolviert hatten. Ich wurde in die Gruppe der Examinatoren eingereiht; für das Honorar konnten nicht nur für mich und Maksimow neue Anzüge gemacht werden, sondern es blieb auch noch genug für kleine Ausgaben übrig.

Wir waren Anfang April nach Indien gekommen. Es begann die Korrespondenz mit London. Sie dauerte sehr lange. Die örtlichen Behörden merkten, daß ich eine Goldmine mannigfacher Kenntnisse über Sowjetrußland war und aus diesen überhaupt kein Geheimnis machte, sondern im Gegenteil es als meine Pflicht auffaßte, sie jeglichem Gegner des Kommunismus mitzuteilen. Weil aber die Leute in Simla offenbar keine Möglichkeiten für ihre Verwendung hatten, zogen sie es vor, die Ausbeute dieser Mine klassifizierten Leuten in der Metropole zu überlassen und mich vorderhand in Ruhe zu lassen.

Die Verhandlungen über die Fortsetzung meiner Reise (nach Europa) führte ich mit dem Chef des Intelligence Service in Indien, Sir Eisenmandger. Er war für mich wahrhaftig eine Quelle des Staunens, allerdings eines überaus angenehmen. Er war ein vollendeter Gentleman von absoluter Redlichkeit. Dabei war sein Geschäft die Spionage und Gegenspionage, also genau dasselbe, was auch unsere GPU machte. Sooft ich diesen Gentleman mit dem GPU-Gesindel verglich, war ich über den Gegensatz bestürzt.

In Erwartung von Neuigkeiten aus London las ich oder spielte Tennis, soweit es die Hitze erlaubte. Sir Eisenmandger konnte mir schlecht erklären, warum die Korrespondenz mit London so lange dauerte. In jedem Fall begriff ich, daß die Regierung die Angelegenheit deshalb so lange hinauszögerte, weil die Labour Party, damals außerordentlich kommunistenfreundlich, mit ihrem Führer MacDonald an der Spitze, die Geschichte mit mir dazu benutzen konnte, der Regierung allerhand Schwierigkeiten zu machen, besonders durch unangenehme Debatten im Unterhaus, denen die Regierung aus dem Weg zu gehen trachtete.

Ich hatte große Lust, den feurigen Prokommunismus MacDonalds und seiner Arbeiterpartei mit einem guten Kübel Eiswasser abzukühlen. Das Material dazu hatte ich in der Hand. Aber ich befürchtete, daß der Artikel, wenn ich ihn Sir Eisenmandger übergab, unangenehme Folgen haben könnte; also hob ich meine Waffe für bessere Zeiten auf. Es ging um folgendes.

Als die Sowjets ihre gaunerhafte Konzessionspolitik einführten, gehörte zu den auf den Leim gegangenen Gimpeln auch die englische Lena Goldfields Company. Der Gesellschaft hatten bis zur Revolution die berühmten Goldfelder an der Lena gehört. Nach der Oktoberrevolution wurde die Gesellschaft enteignet. Die Felder arbeiteten nicht, die Ausrüstung verfiel und wurde zerstört. Mit Einführung der NEP setzten die Bolschewiken auch die Felder auf die Konzessionsliste. Die Company nahm Verhandlungen auf, die Bolschewiken schlugen günstige Bedingungen vor. Die Gesellschaft mußte eine neue Ausrüstung importieren, das Dreggnetz und alles andere, sowie die Produktion aufnehmen; dafür durfte sie aber fast über die ganze Goldförderung verfügen und brauchte den Bolschewiken nur einen kleinen Teil zu Weltmarktpreisen zu überlassen. Allerdings befand sich in dem Vertrag auch die Vorschrift, daß die Förderung ein festgelegtes monatliches Minimum nur geringfügig unterschreiten dürfe. Wenn die Förderung unter diesem Minimum lag, wurde der Vertrag hinfällig, die Ausrüstung ging in das Eigentum der Sowjets über. Dazu erklärten die sowjetischen Stellen den Konzessionären ohne große Schwierigkeiten, daß ihre Hauptsorge eine möglichst große Förderung sei, weil sie sich absichern müßten, falls der Konzessionär wegen irgendwelcher Überlegungen die Funde »einfrieren« möchte. Die Gesellschaft fand dies logisch und nahm den Punkt bereitwillig an, zumal es begreiflicherweise nicht in ihrer Absicht lag, die Funde »einzufrieren«, sondern im Gegenteil möglichst weitgehend auszubeuten.

Es wurde die ganze teure und komplizierte Einrichtung importiert, die englischen Ingenieure setzten den Betrieb in Gang, die Arbeit begann auf vollen Touren zu laufen. Als Moskau glaubte, daß der geeignete Zeitpunkt gekommen sei, wurden auf der Parteilinie die entsprechenden Direktiven ausgegeben – und plötzlich »empörten sich« die Arbeiter der Felder. Auf einer Betriebsversammlung forderten sie von den englischen Kapitalisten die Erhöhung ihrer Arbeitslöhne; aber nicht um 10 oder 20 Prozent, sondern um das Zwanzigfache, was völlig unmöglich war. Die Lohnforderungen wurden noch von anderen, ebenso übertriebenen und unerfüllbaren Forderungen der Belegschaft begleitet. Und es wurde ein allgemeiner Streik ausgerufen.

Die Vertreter der Gesellschaft stürzten zu den örtlichen Behörden. Es wurde ihnen liebenswürdig erklärt, daß bei uns die Arbeiter regierten und es ihnen daher freistehe, das zu tun, was sie in ihrem Interesse zu tun für nötig erachteten; ganz besonders hätten aber die Behörden keinerlei Handhabe, sich in Konflikte mit Unternehmern einzumischen, rieten aber – wenn ihnen das gestattet sei – die Angelegenheit mit irgendeinem Abkommen durch Verhandlungen mit der Gewerkschaft beizulegen. Die Verhandlungen mit der Gewerkschaft führten natürlich zu keinerlei Ergebnis, da auf geheime Weisungen aus Moskau die Gewerkschaft Zugeständnisse nicht machen durfte. Die Vertreter der Gesellschaft stürzten zu den zentralen Instanzen. In Moskau wurde ihnen ebenso liebenswürdig dasselbe gesagt: Unsere Arbeiter sind frei und können ihre Interessen so verfechten, wie sie es für nötig finden. Der Streik hielt an, die Zeit verging, die Produktion stockte; und die Hauptkonzessionsverwaltung erinnerte die

Gesellschaft, daß kraft des angeführten Punktes der Vertrag gegenstandslos geworden sei und die Gesellschaft alles verliere, was sie investiert habe.

Da begriff endlich die Lena Goldfields Company, daß die ganze Konzession ein Schwindelabkommen war und daß man sie einfach über den Löffel balbiert hatte. Die Frage wurde auch im englischen Parlament erörtert. Die Labour Party unter MacDonald jubelte in den Debatten lauthals, daß die Sowjetunion schließlich ein Land sei, wo die Arbeiter die habgierigen Kapitalisten in die Knie zwingen könnten und die Regierung die Arbeiter beschütze. Das Ergebnis der Debatten bestand darin, daß sich die britische Regierung mit einer Note an die Sowjetunion wandte.

Die Note wurde auf einer Sitzung des Politbüros erörtert. Die Antwort war von der gleichen Spitzbubenart wie jene an die Vertreter der Gesellschaft. Die Sowjetregierung erachte es als unmöglich, sich in Konflikte der Gewerkschaft mit Unternehmern einzumischen, den Arbeitern in der Sowjetunion stehe es frei, zu tun, was sie wollten. Während der Diskussion ergriff Bucharin das Wort und sagte, in den englischen Zeitungen die Berichte über die Debatten im Unterhaus gelesen zu haben. Das Bemerkenswerteste an ihnen sei, daß diese Kretins von der Arbeiterpartei unsere Argumente als bare Münze nähmen. »Dieser Trottel MacDonald hat eine feurige Philippika zu unserer Rechtfertigung und zur Beschuldigung der Company gehalten. Deshalb schlage ich vor, den Genossen MacDonald als Sekretär des Kreiskomitees nach Tripsdrill zu schicken und Mischa Tomskij als Premier nach London.« Da die Gespräche einen scherzhaften Ton annahmen, unterbrach Kamenew als Vorsitzender den Genossen Bucharin und meinte lächelnd: »Nun, bitte, die Vorschläge in schriftlicher Form.« Bucharin konnte sich aber nicht gleich beruhigen, nahm ein Blatt Papier und schrieb:

»Beschluß des Sekretariats des ZK der Allrussischen KP vom soundsovielten:

1. Gen. MacDonald als Sekretär des Kreiskomitees nach Tripsdrill schicken und einfache Fahrkarte für Hinreise ausstellen lassen.

2. Gen. Tomskij als Premier nach London schicken und ihm gleichzeitig zwei gestärkte Stehkragen mitgeben.«

Das Blatt machte die Runde. »Dafür. J. Stalin.« – »Keine Einwände. Sinowjew.« Als letzter stimmte Kamenew »dafür« und übergab mir das Blatt »zur Erledigung«. Ich bewahre es unter meinen Papieren auf.

Dies alles im Druck zu veröffentlichen, wäre ein schöner Schlag gegen die hirnlosen Kommunistenfreunde in der Labour Party und nicht zuletzt gegen MacDonald gewesen. Aber man mußte es geschickt machen. Vorläufig wußte ich noch nicht, wie.

Eines schönen Tages spielte ich in Simla Tennis und wartete mit meinem

Zufallspartner auf einen freien Platz. Der Partner war ein rothaariger Ire. Er wußte, wer ich war und stellte Fragen über die Sowjetunion. Nach fünf Minuten merkte ich, daß er ein außerordentlich gescheiter Mann mit lebhafter Phantasie war, der ausgezeichnet über Sowjetrußland informiert war und sich gut in sowjetischen Angelegenheiten auskannte. Ich fragte meine anderen Tennispartner, wer der Mann sei. »Oh, das ist O'Hara, der indische Innenminister!« Das war mein Mann für Bucharins Blatt. Ich sagte ihm, ein wichtiges Anliegen an ihn zu haben. Es wurde ein Treffen für den nächsten Tag vereinbart.

Als ich zu ihm kam, zeigte ich ihm das Blatt, übersetzte es und erklärte ihm, worum es ging.

»Können Sie das unserer Regierung überlassen?«

»Gerade das ist meine Absicht.«

»Und können Sie eine erklärende Notiz dazu schreiben, aus der hervorgeht, wie sich alles abgespielt hat?«

»Natürlich kann ich das.«

»Sie stellen sich nicht vor, was für einen Dienst Sie England erweisen.«

Das Blatt mit den Erklärungen ging nach London. Doch weder in der indischen noch in der französischen Presse fand ich die kleinste Erwähnung. Meiner Vorstellung nach mußte die Toryregierung die Gelegenheit ausnutzen und der Presse übergeben. Das wäre ein schöner Schlag gegen die Prokommunisten gewesen. Doch es erschien kein Wort darüber.

Später, als ich schon in Frankreich war, hatte ich Gelegenheit, mit dem Gehilfen des Intelligence Service-Chefs zu sprechen. Ich erzählte ihm von dem O'Hara übergebenen Dokument und sagte, daß es mir leid täte, wenn es irgendwo in einem Schreibtisch verrotten würde. Er antwortete, von einem solchen Dokument nichts gehört zu haben, versprach mir aber, bei seinem nächsten Aufenthalt in London seinen Chef danach zu fragen. Nach einiger Zeit, als er wieder einmal aus London zurück war, berichtete er mir über das weitere Schicksal des Blattes.

Es war seinerzeit direkt dem Premier zugeleitet worden. Der hatte es aber nicht der Presse übergeben, sondern war viel witziger vorgegangen. Er hatte den Chef des Intelligence Service gerufen und ihm gesagt: »Seien Sie so gut und bitten Sie um Audienz beim Oppositionsführer Mr. MacDonald. Bei der Gelegenheit übergeben Sie ihm persönlich, unter vier Augen und zu eigenen Händen dieses Dokument, das ich bekommen habe. Ich nehme an, daß es ihn persönlich betrifft, deshalb muß es ihm auch persönlich übergeben werden.«

Das Blatt machte auf MacDonald einen außerordentlichen Eindruck. Er war zwar kein Mann mit besonders glänzendem Verstand, aber ein durch und durch ehrenhafter Mensch. Als Begründer und unbestrittener Führer der englischen Sozialdemokraten hegte er vollstes Vertrauen zum russischen Bolschewismus und unterstützte ihn auf mancherlei Weise, uneigennützig und überzeugt. Jetzt erkannte er, was Moskau über ihn dachte; das Papier war ein untrügliches Zeugnis. Er trug schwer an diesem Schlag, zog sich eine Zeitlang von der Politik zurück, fuhr ins heimatliche Schottland und kehrte von dort als ebenso überzeugter Kommunistengegner zurück, wie er auch die Partei in diesem Sinn zu beeinflussen trachtete.

Das ging jedoch nicht so leicht. Nach seinem Bruch mit dem russischen Kommunismus folgte ihm nur ein Teil der Partei – und dazu noch der kleinere. Das ermöglichte jedoch in England während der schweren Weltkrise im Jahre 1931 eine Regierung der nationalen Einigung. MacDonalds Anhang aus der Labour Party und die Konservativen hatten die Mehrheit im Parlament. Die Konservativen boten MacDonald die Regierung an, eine ganz ungewöhnliche Koalition aus Tories und Sozialisten auf der Basis des Antikommunismus. Man muß noch erwähnen, daß es MacDonald infolge der ständigen Kämpfe innerhalb der sozialistischen Partei gelang, die Mehrheit von ihrer kommunistenfreundlichen Position auf die antikommunistische herüberzuziehen.

Mein Aufenthalt in Indien zog sich immer länger hin. Plötzlich stellte sich aber heraus, daß die Verzögerung auf einem Mißverständnis beruhte. Anfang August verlor ich die Geduld, weil ich vermutete, daß mich die englischen Behörden an der Nase herumführten und mir den wahren Grund für die Verzögerung nicht mitteilten. Ich deutete meine Zweifel Eisenmandger an. Er empfand meine Verdächtigungen offenbar als kränkend, denn er zeigte mir zu deren Entkräftigung die Korrespondenz, die er meinetwegen mit dem Vizekönig führte. Eigentlich hätte er sie gar nicht herzeigen dürfen, denn sie war geheim. Doch geheim war eigentlich nur, daß die Engländer für die Inder den Mythos aufrechterhielten, der Vizekönig sei eine Gestalt von gewaltiger Autorität, während er in Wirklichkeit nur eine dekorative Figur war und dem Minister für die indischen Angelegenheiten unterstand. Doch das interessierte mich nicht. Ich entnahm der Korrespondenz, daß während der ganzen Zeit die Frage dominierte, welche Unannehmlichkeiten die Opposition im Parlament meinetwegen der Regierung machen könnte. Weshalb eigentlich? Es stellte sich heraus, daß die englische Regierung meinte, ich würde mich als politischer Flüchtling in England niederlassen. Diese Absicht hatte ich jedoch nie gehabt; noch weniger hatte ich jemals darum gebeten. »Wie?« Eisenmandger war sehr erstaunt. »Aber Sie haben doch bei unserem ersten Gespräch den Wunsch geäußert, nach Europa zu fahren.«

»Natürlich: nach Europa, aber nicht nach England.« Ich war mir damals nicht darüber im klaren gewesen, daß für einen Engländer in Indien »nach

Europa fahren« nichts anderes als »nach England« bedeutete. Und alle Schwierigkeiten hingen damit zusammen. Jetzt versicherte ich Eisenmandger, daß ich durchaus nicht nach England wollte. »Und wohin wollen Sie denn?«

»Ich will nach Frankreich.«

»Ach, hätten Sie das doch gleich gesagt, in Frankreich könnten Sie schon längst sein.«

Tatsächlich hatte ich mich schon in Moskau entschlossen, nach Frankreich zu emigrieren. An Hand eines alten Nenaschew-Reiseführers aus der Vorkriegszeit hatte ich mir sogar schon das Hotel ausgesucht, in dem ich nach meiner Ankunft in Paris wohnen wollte. Es war das Hotel »Vivienne«, nahe der Oper und der Börse in der gleichnamigen Straße. Da ich die Stadt nicht kannte, hatte ich angenommen, daß es – wie in Moskau – am interessantesten sei, mitten im Zentrum zu wohnen, was durchaus nicht der Fall ist.

Die weiteren Ereignisse überstürzten sich fast. Die englische Regierung bat die französische, mir das Zufluchtsrecht in Frankreich zu gewähren. Die französische stimmte zu, ihr Konsul in Kalkutta stellte mir ein Dauervisum zum Aufenthalt in Frankreich aus. Mitte August 1928 schiffte ich mich mit meinem Maksimow in Bombay auf dem 20 000-Tonnendampfer »Maloju« der P & O Comp. ein; nach zwei Wochen kamen wir in Marseille an. Ich nahm den Zug nach Paris, kam dort auf dem Lyoner Bahnhof an. Dem Taxichauffeur sagte ich mein schon in Moskau gelerntes Sprüchlein auf: »Hotel Vivienne, rue Vivienne.«

Bei der Teffi gibt es eine bezaubernde Stelle: »An einem heißen Julitag des Jahres 1921 kam auf der Place de la Concorde eine Person in einem ziemlich abgenutzten Jackett und mit formlosem Hut aus der Metro. Die Person schloß blinzelnd die Augen vor der grellen Sonne, klopfte mit dem Finger auf die Brüstung und sagte: ›Das ist sehr schön, aber que faire? Que nur faire?‹ So begann die Geschichte der russischen Emigration.«

In der Emigration

Was tun? Für mich gab es diese Frage nicht. Das ganze sowjetische System beruht auf Lüge. Gegen diese mußte man antreten, die Wahrheit sagen, schildern, was Moskau sorgfältig verbarg, insbesondere den Mechanismus der Macht und jene Ereignisse, deren Zeuge ich war. Vor allem mußte man dies alles in der Emigrantenpresse veröffentlichen.

Damals (1928–1929) erschienen in Paris die zwei russischen Tageszeitungen *Wosroshdenije* (Wiedergeburt) und *Poslenije nowosti* (Die letzten Neuigkeiten). Beide waren zwar antibolschewistisch eingestellt, wichen aber ihrer politischen Linie nach weit voneinander ab. Das *Wosroshdenije* war eine Zeitung der Rechten und stand dem Kommunismus unversöhnlich feindlich gegenüber; die *Poslednije novosti* waren ein linkes Blatt. Es wurde von Miljukow, dem ehemaligen Außenminister der Provisorischen Regierung, geleitet. Diese Säule der russischen Intelligenz war ein politisch unfähiger Mann. Die Zeitung versicherte ihren Lesern in jeder Nummer, daß in der Sowjetunion die Entwicklung auf ein normales Leben hinauslaufe, daß die Bolschewiken in Wirklichkeit gar keine Bolschewiken seien und daß der Kommunismus, wenn er noch nicht ganz funktioniere, bald funktionieren werde und dergleichen mehr. Das war nicht nur falsch, sondern auch dumm. In dieser Zeitung konnte ich nicht schreiben. So publizierte ich im *Wosroshdenije* eine Serie von Artikeln. Darauf schrieb ich ein Buch in französischer Sprache. Seine Veröffentlichung war aber ebenso schwierig wie die Veröffentlichung meiner Beiträge in der französischen Presse. Die Linke sympathisierte mit dem »fortschrittlichen sozialistischen Versuch« in Sowjetrußland und verschwieg geflissentlich alles, was ich darüber schrieb. Und da ich alle Ereignisse, deren Augenzeuge ich war, mit skrupulöser Genauigkeit schilderte, schloß sich Moskau dieser Taktik an, da es nichts widerlegen konnte. Weder die *Prawda* noch die *Humanité* oder irgendein anderes kommunistisches Blatt erwähnte auch nur meinen Namen. Einmal versuchte Romain Rolland gegen einen meiner Artikel zu polemisieren, erhielt aber gleich einen ordentlichen Rüffel von der kommunistischen Obrigkeit, weil er mich namentlich genannt hatte.

Herausgeber für das Buch fanden sich auch nicht. Erst 1931 konnte es erscheinen, aber nur mit starken Kürzungen. Was ich schrieb, paßte den wenigsten. Die Linken wünschten keinerlei Angriffe auf ein fortschrittliches sozialistisches Land, die Rechten meinten in ihrer bestürzenden

Kurzsichtigkeit und Ahnungslosigkeit, daß Rußland dank dem Bolschewismus und der mit ihm verbundenen Anarchie aus der Zahl der großen Staaten ausgeschieden sei. Die Prophezeiung, daß dem Kommunismus eine gewaltige Zukunft bevorstehe und ein Bürgerkrieg in der ganzen Welt begonnen habe, daß der Kommunismus für die Menschheit jetzt die Hauptgefahr darstelle, wurden als partisanenhafte Übertreibungen eines russischen Emigranten betrachtet. »Da versucht so ein junger Schreiberling uns alte, erfahrene Politiker zu belehren.«

Aber auch mich befriedigte das Buch ganz und gar nicht. Nicht allein wegen der vorgenommenen Streichungen, denen neben allerlei Ausführungen auch Einzelheiten, die mich persönlich betrafen, zum Opfer gefallen waren. Übrig blieb nur das Zeugnis über das Gesehene und Erlebte. Vor allem mußte ich mein den Freunden in Moskau gegebenes Versprechen erfüllen und schreiben, schon Antikommunist geworden zu sein, ehe ich im ZK der Partei zu arbeiten begonnen hatte. Das gab mir den Anstrich eines abenteuerlichen James Bond, der tapfer und listig in die feindliche Festung eindrang; in Wirklichkeit war es anders gewesen, nur durfte ich über mich und meine Entwicklung nichts erzählen. Deshalb verlor ich an dem Buch letzten Endes alles Interesse. Außerdem konnte ich über viele Dinge nicht sprechen, die in Rußland Zurückgebliebenen wären allzu gefährdet gewesen, hätte ich sie namentlich genannt oder mich auf sie bezogen.

Jetzt, da nicht nur viel Zeit vergangen ist und die Zeiten sich geändert haben, kann ich erzählen, wie tatsächlich alles gewesen ist, dessen Zeuge ich war.

Bald nach meiner Ankunft in Frankreich wandte sich der britische Intelligence Service an mich und bat um eine Expertise. Der Resident der GPU in Riga, der sich Hajduk nannte, was natürlich nur ein Deckname war (seinen wirklichen Familiennamen kenne ich nicht), verkaufte den englischen Behörden Protokolle des Politbüros. Die Engländer bezahlten sie teuer, da man sie für echt hielt. Hajduk hatte aber sein Lebtag kein echtes Protokoll des Politbüros gesehen, sondern fabrizierte sie nach eigenen Vorstellungen. Die Engländer wußten aber noch viel weniger, wie die echten Protokolle aussahen. Ich hatte während meiner Tätigkeit im Politbüro derart viele angefertigt, daß es mir nicht die geringste Schwierigkeit bereitete, das zu beurteilen, was der Falsifikator den Engländer verkaufte. Sie nahmen ihm weiterhin nichts mehr ab.

Ich lebte in Paris weiterhin im Hotel. Eines Tages klopfte es an der Tür. »Herein!« Vor mir stand ein Kerl von unverkennbar tschekistischem Äußeren, der sich in aller Ruhe vorstellte. »Ich bin Hajduk, Resident der GPU in Riga. Ich komme in folgender Angelegenheit zu Ihnen. Über mich kaufen die Engländer Protokolle des Politbüros. Sie, Herr Baschanow, können natürlich besser als sonst jemand beurteilen, ob sie echt oder falsch sind. Mir ist bekannt und auch völlig klar, daß es von Ihrer Beurteilung abhängt, ob mir die Protokolle weiterhin abgekauft werden. Ich stelle auch nicht in Abrede, daß ich an ihnen sehr gut verdiene. Wenn Ihre Beurteilung nicht negativ ist, schlage ich Ihnen die Hälfte des Honorars vor.«

»Erstaunlich«, erwiderte ich, »daß Sie vor Ihrem Besuch keine Erkundigungen über mich bei Ihrer Behörde eingezogen haben. Die hätte Ihnen gesagt, daß ich mich nicht verkaufe, dann hätten Sie sich den zwecklosen Besuch sparen können.«

»Sehen Sie, Herr Baschanow, Sie sind ein ganz frischer Emigrant. Im Augenblick verfassen Sie Artikel, die Erfolg haben. Alles läuft noch gut. Aber glauben Sie meiner Erfahrung: in einem Jahr ist alles vorbei, Sie werden recht mühsam Ihr Stücklein Emigrantenbrot verdienen. Wenn Sie auf meinen Vorschlag eingehen, können Sie in einem halben Jahr soviel verdienen, daß Sie von diesem Geld sorglos bis ans Ende Ihrer Tage leben können.«

»Sagen Sie, Herr Hajduk«, sagte ich scheinbar neugierig, »haben Sie das letzte Stück von Marcel Pagnol ›Der Topas‹ gesehen?« Nein, an Theaterstücken war Herr Hajduk nicht interessiert. »Also in dem Stück gibt es eine Stelle, wo ein Greis von vornehmem Äußeren zum Munizipalrat kommt, um diesen zu erpressen. Im Lauf des Gesprächs bittet der Rat den Herrn, sich zu entfernen, aber ohne ihm dabei den Rücken zuzuwenden, da sonst die Versuchung, ihm einen Fußtritt unterhalb des Rückens zu versetzen, allzu groß wäre. In diesem Sinn bitte ich auch Sie, hinauszugehen, also mit den Fersen voran . . .«

Hajduk blieb ungerührt. »Bitte, wenn Ihnen das Vergnügen bereiten kann.« In der Tür drehte er sich aber um und fügte noch hinzu: »Sie werden es noch bereuen, daß Sie meinen Vorschlag nicht angenommen haben.«

Er irrte. Ich stehe Geld gleichgültig gegenüber und schätze nicht, was man für Geld kaufen kann. Auch die Emigrantenarmut hat mich nie bedrückt. Im Gegenteil, ich schätze das, was man für Geld nicht kaufen kann: Freundschaft, Liebe, Treue.

Einige Zeit nach meiner Ankunft in Paris, die still und unbemerkt verging, ereignete sich die laute Geschichte mit Besedowskijs Flucht aus der Pariser Botschaft der Sowjetunion. Der sowjetische bevollmächtigte Vertreter in Frankreich, Dowgalewskij, befand sich auf einem sehr langen Erholungsurlaub, währenddessen er von dem Botschaftsrat Besedowskij vertreten wurde. Eines schönen Tages gelang es diesem, aus dem Arrest der Botschaft zu entkommen; er flüchtete, indem er über die Gartenmauer der Botschaft kletterte. Einen ganzen Monat lang kostete die Presse begeistert den ungewöhnlichen Vorfall aus. Ein Botschafter rettet sich durch die Flucht aus seiner eigenen Botschaft und klettert dabei über eine Mauer! Unbekannt blieb jedoch allen die wahre Ursache dieser Flucht. Davon zu erzählen, war für Besedowskij wenig vorteilhaft, während die englische Regierung, die alles wußte, zu schweigen vorzog.

Um die Botschaften der UdSSR in England und Frankreich scharwenzelte der große Abenteurer Bogowut-Kolomijez, der für die Sowjets allerhand Handels-, Bank- und sonstige Geschäfte besorgte. Er verfügte über beachtlichen Elan. Damals entwickelte sich gerade die Weltkrise zu einer echten wirtschaftlichen Katastrophe. Da fiel Bogowut etwas ein. Wie die englische Regierung veranlassen, daß sie den Sowjets eine kolossale Anleihe gewährte, die damals gerade mit ihren Fünfjahresplänen zur Industrialisierung des Landes begannen, aber sehr an ihrem Devisenmangel zum Ankauf der erforderlichen Ausrüstung litten? Bogowut wollte, daß die Engländer den Sowjets mehrere Jahre lang die zur Industrialisierung nötigen Maschinen und Materialien in Form einer langfristigen Anleihe lieferten; dadurch bekäme die englische Schwerindustrie Arbeit und käme aus der Krise heraus. Dafür sollten sich die Sowjets ihrerseits verpflichten, ihre revolutionäre Tätigkeit in den englischen Kolonien einzustellen, ganz besonders in Indien. Bogowut hegte aber keinerlei philanthropische Gefühle und wollte diese Anleihe so einrichten, daß alles über ihn lief; für seine Arbeit forderte er ein Prozent Kommissionsvergütung, was bei der riesigen Summe Bogowut zu einem Multimillionär gemacht hätte. Allein konnte er aber die ganze Kombination nicht durchführen, so beredete er Besedowskij, sich an dem Geschäft zu beteiligen.

Das Drehbuch sah folgendermaßen aus. Bogowut, der überall Wege und Türen hatte, wollte die englische Regierung wissen lassen, daß Moskau eine solche Anleihe gern hätte, aber keine erfolglosen Verhandlungen riskieren möchte und daher nicht ihren englischen Botschafter, sondern Besedowskij in Paris beauftrage, den Vertrag unter strengster Geheimhaltung zu prüfen und mit der englischen Regierung abzuschließen. Erst dann solle alles publik und offiziell werden.

Die englische Regierung war an dem Projekt lebhaft interessiert und schickte zu den Geheimverhandlungen mit Besedowskij eine ganze Delegation nach Paris, der zwei Minister angehörten, darunter Sir Samuel Hoare. Die Delegation erörterte mit Besedowskij alle Fragen. Dieser machte sie darauf aufmerksam, daß nach Instruktionen aus Moskau bis zum Vertragsabschluß alles streng geheim bleiben müsse. Selbst wenn sich London an Moskau um Auskunft wenden sollte, würden die Sowjets antworten, keinerlei Angebote gemacht zu haben und die Verhandlungen auf der Stelle abbrechen. Die Delegation kehrte in fröhlicher und begeisterter Stimmung nach London zurück. Nur Sir Samuel Hoare nahm eine schroff ablehnende Haltung ein. Seiner Meinung nach war alles Bluff, hinter dem nichts Ernsthaftes stand. »Ich bin selber Jude«, sagte er, »und kenne meine Glaubensgenossen gut; der Typ, den Besedowskij darstellt, ist ein unseriöser Typ. Glaubt ihm kein einziges Wort. Ich schlage vor, in Moskau anzufragen, um alles in der offiziellsten Art nachzuprüfen.«

Schließlich und endlich stimmte ihm das Kabinett zu. Der englische Botschafter in Moskau wurde beauftragt, sich an Tschitscherin zwecks Bestätigung zu wenden. Tschitscherin antwortete natürlich, daß ihm weder von Verhandlungen noch von einer Anleihe etwas bekannt sei und er sich sogleich an die höchsten Instanzen (d. h. das Politbüro) wenden werde. Ins Politbüro kam er mit der bitteren Klage: Ihr bringt mich in eine blöde Situation! Führt Verhandlungen mit der englischen Regierung und haltet es nicht einmal für nötig, den Außenminister davon zu informieren. Das Politbüro beruhigte ihn: kein Mensch habe an irgendwelche Verhandlungen gedacht. Es wurde klar, daß Besedowskij eine abenteuerliche Kombination betrieb. Tschitscherin berief ihn nach Moskau. Da auch die Engländer kein Lebenszeichen mehr von sich gaben, glaubte Besedowskij, daß die Sache geplatzt sei; daher weigerte er sich, unter dem Vorwand, krank zu sein, nach Moskau zu kommen. Nach einiger Zeit gab sich das Volkskommissariat für auswärtige Angelegenheiten den Anschein, als beriefe es eine Konferenz der Botschafter in den westeuropäischen Ländern ein, um Besedowskij ins Land zu bekommen. Er weigerte sich abermals zu erscheinen. Da verlor das Politbüro die Geduld und beauftragte das Mitglied der Zentralen Kontrollkommission, Roisenmann, den Botschaftsrat Besedowskij tot oder lebendig nach Moskau zu schaffen. Roisenmann bekam alle Vollmachten dazu. Er fuhr nach Paris, kam in die Botschaft, zeigte den Tschekisten, die als Pförtner am Eingang den Dienst versahen, seinen Auftrag und erklärte ihnen: »Von diesem Augenblick an bin ich hier der Hausherr, ihr habt nur meine Aufträge zu erfüllen. Vor allem darf niemand die Botschaft verlassen.«

»Nicht einmal der Genosse Botschafter?« fragten die Tschekisten.

»Der Genosse Botschafter ganz besonders nicht.«

Dann setzte Roisenmann den ersten Sekretär von allem in Kenntnis, ging in das Arbeitszimmer des Botschafters und ließ Besedowskij kommen. Er brüllte ihn an und sagte, daß er jetzt sofort nach Moskau geschafft werde, wenn es sein müsse, mit Gewalt. Besedowskij begriff, daß es schlecht um ihn stand und stürzte zum Ausgang. Die Tschekisten hatten aber den Ausgang verrammelt und drohten zu schießen, falls er versuchen sollte, den Ausgang zu erzwingen. Da machte Besedowskij kehrt und erinnerte sich, im Garten eine kleine Leiter an der Mauer gesehen zu haben, die der

Gärtner dort hingestellt hatte. Mit ihrer Hilfe kam Besedowskij auf die Mauer hinauf und sprang auf die andere Seite.

Darauf erschien er beim Polizeikommissar des Viertels und verlangte von der Polizei, Frau und Sohn aus der Botschaft herauszuholen. Der Kommissar rief im Außenministerium an. Der Generalsekretär des Ministeriums sagte, daß die Botschaft zwar exterritorial sei, die Polizei aber dem Verlangen des Botschafters nachzukommen habe und das Gebäude betreten dürfe. So kamen Besedowskijs Frau und Sohn frei. Er selber bat um die Anerkennung als politischer Flüchtling, worauf die Polizei ihn sorgfältig versteckte. Nach einigen Tagen brachte ihm aber der Briefträger die Aufforderung, sich in Moskau vor Gericht einzufinden, damit man gegen ihn als Landesverräter verhandeln könne. Die GPU wollte ihm damit nur beweisen, daß man vor ihr niemanden und nichts verbergen könne und sie sehr wohl den Ort kenne, wo man ihn versteckt halte.

Die Presse machte aus der Angelegenheit ein etwas zu großes Aufsehen, auch hielt sich die GPU von einem Attentat zurück, bemühte sich aber, ihm möglichst viele Unannehmlichkeiten zu bereiten.

Bis zum Krieg traf ich mich mit Besedowskij von Zeit zu Zeit, hauptsächlich aus Sicherheitsgründen, er hatte genauso wie ich Vergeltungsmaßnahmen der GPU zu befürchten, also tauschten wir Informationen über drohende Gefahren aus. Er betätigte sich als Journalist, fabrizierte aber diesmal keine Türken, wenngleich das, was er schrieb, sehr leichtgewichtig und voller Erdichtungen war. Bei den Begegnungen mit mir fragte er mich über Stalin, sein Sekretariat, die Mitglieder des Politbüros und den Apparat des ZK aus. Da ich nie Geheimnisse aus meinen Kenntnissen dieser Dinge machte, erzählte ich auch ihm alles. Nach dem Krieg benutzte er diese Kenntnisse mit den ihm eigenen Verdrehungen. Ich traf ihn nach 1945 nur noch selten, da mich Politik und Presse nicht mehr interessierten. Ich beschäftigte mich jetzt mit Technik. Damals erschienen mehrere Fälschungen, etwa die »Aufzeichnungen des Kapitäns Krylow«, »Mit Ihnen sprechen sowjetische Marschälle«, die »Memoiren des Generals Wlassow«, doch alle von obskuren Autoren verfaßt. An dieser drittrangigen Pseudoliteratur war ich nicht interessiert. Ich las sie nicht und kannte ihre Verfasser nicht. Doch 1950 erschien »Der wahre Stalin« von Delbare. Diesen Delbare kannte ich auch nicht, erinnerte mich aber, daß er mit Besedowskij zusammenarbeitete; daher nahm ich das Buch zur Hand. Es war voller Lügen und Erdichtungen. Da wurde mir sofort klar, daß ich ein Werk Besedowskijs vor mir hatte. Besonders das, was er seinerzeit von mir über Stalin und die Parteispitze erfahren hatte, tauchte hier wieder auf, aber so verdreht und phantastisch ausgeschmückt, daß es einer Verhöhnung des Lesers gleichkam. Dazu hieß es in dem Buch an mehreren Stellen, daß der

Verfasser dieses oder jenes Detail (gewöhnlich eines erlogenen oder erdichteten) einem ehemaligen Angehörigen von Stalins Sekretariat zu verdanken habe. Das warf einen Schatten auf mich, denn im Ausland gab es keinen anderen Sekretär Stalins als mich. Die Sowjetologen, die das Buch lasen, konnten meinen, ich hätte Besedowskij mit diesem Material versorgt.

Deshalb verlangte ich von ihm Erklärungen. Er leugnete nicht, das Buch geschrieben zu haben; er gab sogar zu, sich über den Leser lustig zu machen. Auf meine Drohung, in der Presse seine Erdichtungen zu entlarven, antwortete er, der Verfasser des Buches sei Delbare, so daß er formal damit nichts zu tun habe; falls ich ihn angreifen sollte, würde er gegen mich wegen Verleumdung gerichtlich vorgehen. Ich ersuchte ihn, mir nicht mehr unter die Augen zu kommen; seitdem habe ich ihn nicht gesehen.

Um 1930 fanden in der GPU große Personalveränderungen statt. Zu den wichtigsten gehörte, daß der bisherige Leiter der Auslandsabteilung Trilisser von Messing abgelöst wurde. Im Zusammenhang damit änderte sich auch schlagartig der Personalstab sowie der Arbeitscharakter der GPU im Ausland. Trilisser war ein fanatischer Kommunist und machte ebenso fanatische Kommunisten zu seinen Residenten. Das waren gefährliche Kader, die vor nichts zurückschreckten. Solche Aktionen wie die Explosion der Kathedrale in Sofia (als der Zar und die gesamte Regierung an einem Gottesdienst teilnahmen) oder die Entführung des Generals Kutepow in Paris gehörten zu ihrer normalen Praxis. Doch um 1930 wurden diese Kader aufgelöst; da viele von ihnen mit Trotzkij und der Opposition sympathisierten, traute man ihnen nicht mehr. Mit Messing kamen neue Kader, ruhige Beamte, die sich natürlich auch anstrengten oder vielmehr so taten, als strengten sie sich an, aber in Wirklichkeit keine große Neigung verspürten, Risiken einzugehen. Wenn ein Unternehmen wirklich riskant war, fanden sich jedesmal objektive Ursachen, deretwegen nie etwas passierte. Wenn 1929 noch als scheinbarer Autounfall ein Attentat auf mich verübt wurde, so hörte 1930 die gefährlichste Periode für mich auf. Freilich kam noch im gleichen Jahr der GPU-Resident in der Türkei, Bljumkin, nach Paris, um ein Attentat auf mich zu organisieren. Daß die GPU den Auftrag gerade ihm gegeben hatte, stand erstens damit in Zusammenhang, daß er mich persönlich kannte, und zweitens damit, daß sein Vetter Maksimow, den ich nach Paris mitgenommen hatte, mit mir zusammenkam. Bljumkin fand Maksimow. Dieser mußte nach seiner Ankunft in Frankreich wie alle Emigranten zu arbeiten beginnen und führte sich auch in den ersten zwei Jahren tadellos auf. Bljumkin versicherte ihm, daß die GPU ihn längst vergessen habe, daß es aber für sie außerordentlich wichtig sei, in Erfahrung zu bringen, ob Baschanow in

Moskau eine Organisation zurückgelassen habe und mit wem er noch Beziehungen aufrechterhalte; und daß, wenn Maksimow zur Zusammenarbeit mit der GPU zurückkehre und mithelfe, seine Verbindungen auszukundschaften oder bei passender Gelegenheit gar ein Attentat auf Baschanow organisiere, dann würde man ihm alles verzeihen und seine finanziellen Angelegenheiten auf einer ganz anderen Basis regeln. Maksimow stimmte zu und schrieb wiederum Meldungen über mich. Doch sein Versuch, nach etwa einem Jahr ein Attentat auf mich zu unternehmen, war so angelegt, daß er dabei wirklich nichts riskierte. Es schlug jämmerlich fehl, doch wurde klar, daß Maksimow wieder für die GPU arbeitete. Im Sommer 1935 kaufte ich in Trouville eine russische Zeitung und las, daß der russische Flüchtling Maksimow von der ersten Plattform des Eiffelturms gefallen oder gesprungen sei. Die Zeitung vertrat die Ansicht, daß er Selbstmord begangen habe. Das ist möglich, dennoch blieb für mich einiges rätselhaft.

Als Bljumkin von Paris nach Moskau zurückkehrte und dort meldete, was er zur Organisation eines Attentats auf mich unternommen habe, fand es Stalin als angebracht, das Gerücht auszustreuen, daß ich liquidiert worden sei. Er tat dies wohl in pädagogischer Absicht, damit es nicht noch andere gelüste, davonzulaufen. Wir vergessen nie etwas, unser Arm ist lang, früher oder später packt er jeden Verräter!

Von Moskau fuhr Bljumkin in die Türkei, doch sein Haß auf Trotzkij war längst verflogen, er trat mit der trotzkistischen Opposition in Verbindung und erklärte sich bereit, Trotzkij, der damals auf den Prinzeninseln lebte, irgendwelche Geheimakten zu überbringen. Seine Mitarbeiterin Lisa verriet das an die GPU. Er wurde unter dem Vorwand der Berichterstattung nach Moskau zitiert, dort verhaftet und erschossen.

Das nächste Attentat auf mich fand 1937 statt. Irgendein Spanier, offenbar ein Anarchist oder Kommunist, versuchte mich mit einem Dolch zu erstechen, als ich am Abend nach Hause kam und das Auto in der Garage abstellte. Der Vorfall demonstrierte, wie degeneriert die Arbeit der GPU war. Ihr Agent nahm kein Risiko auf sich, wahrscheinlich hatte er dem unglücklichen Spanier erklärt, daß ich ein Agent Francos sei oder etwas Ähnliches.

Damals beglich die GPU in Paris alte Rechnungen auf diese Art. Doch gab es auch kompliziertere Fälle, wie z. B. die Ermordung des ehemaligen sowjetischen Mitarbeiters Nawaschin im Bois de Boulogne.

Während des spanischen Bürgerkrieges nährte sich eine ganze Fauna »linker« Halunken von dessen Abfällen. Die Roten plünderten Kirchen, Klöster, Kapitalisten und verschoben den Raub »zum Realisieren« nach Frankreich. Eine ganze Reihe dunkler »Linker« half ihnen dabei, wodurch der größte Teil der ausgehändigten Schätze in den Taschen dieser Mittelsmänner verschwand. Für den Rest versuchten die Roten, die allernötigsten Waren zu bekommen, die es in Rotspanien nicht gab. Die Verteilerbande mit Nawaschin an der Spitze ging nach folgender Ordnung vor. Für einen kleinen Betrag wurden Konserven und andere Waren gekauft, aber lauter Ausschuß für einen Pappenstiel. Man verlud alles auf Schiffe und schickte es den Roten zu. Gleichzeitig verständigte die Bande Francos Agent in Paris, welches Schiff wohin und auf welcher Route unterwegs war. Die Roten hatten keine Kriegsmarine. Eine kleine Kanonade der Weißen versenkte das Schiff. Man breitete bedauernd die Arme aus und begann das nächste Schiff zu beladen; bei diesen Geschäften verdiente man Riesensummen. Aber einmal klappte das Manöver nicht, die Navigationsinstrumente eines Schiffes, hieß es, hatten einen Defekt, so daß der Kapitän einen unvorhergesehenen Kurs einschlagen mußte. Er entging so der Kanonade und gelangte in einen roten Hafen. Die Ware wurde ausgeladen – und alles klärte sich auf. Nawaschin bekam einen Dolchstoß zwischen die Rippen, an dem er starb.

All die Vorkriegsjahre hatte ich getan, was in meinen Kräften stand, um gegen den Bolschewismus zu kämpfen. Nie hatte ich es aber besonders gemocht, mich mit Lappalien und Kleinigkeiten abzugeben; deshalb hatte ich mich auch nie an dem lauten und wenig produktiven politischen Leben der Emigration beteiligt. Jegliche Emigration wird stets viele Zwergreiche und Kleinstaaten bilden, die miteinander rivalisieren und streiten. Von alledem hielt ich mich fern. Als die Sowjets Finnland überfielen, erwies sich, daß ich richtig gehandelt hatte. Ich war der einzige, der sich entschloß, in diesem Zusammenhang etwas zu unternehmen, wobei mich alle wichtigeren Emigrantenorganisationen unterstützten und sich an meiner Aktion beteiligten. Es wurde ein Brief an Marschall Mannerheim geschrieben, in welchem die Organisationen ihn baten, mir volles Vertrauen entgegenzubringen, und versprachen, mich in jeder Weise zu unterstützen. Den Brief unterschrieben der Allgemeine Militärbund, die Zeitung *Wosroshdenije* und sogar der Vorsitzende des Obersten monarchistischen Rates, obwohl ich zu den Monarchisten keinerlei Beziehungen unterhielt. Mannerheim schlug mir vor, nach Finnland zu kommen.

Ich ging davon aus, daß die Bevölkerung unter dem kommunistischen Regime davon träumte, die Sowjets loszuwerden. Ich wollte eine Russische Nationalarmee aus Freiwilligen der gefangenen Rotarmisten bilden und den Soldaten vorschlagen, von unserer Seite aus Rußland vom Kommunismus zu befreien. Wenn meine Meinung über die Stimmung der Bevölkerung richtig war (und wie es nach den Alpträumen der Kollektivierung und den Säuberungen unter Jeshow aussah, nahm ich an, daß sie richtig war), wollte ich einen Schneeball gegen Moskau ins Rollen bringen, mit tausend

Mann anfangen, alle Kräfte diesseits der Grenze sammeln und mit fünfzig Divisionen nach Moskau kommen.

Die französische öffentliche Meinung war damals uneingeschränkt auf seiten des kleinen, tapferen Finnlands. Die französischen Behörden begrüßten meine Initiative und halfen mir bei der Überwindung von allerlei Formalitäten. So fuhr mich der Leiter der politischen Abteilung des Außenministeriums ins Kriegsministerium, damit rasch alle Papiere ausgestellt wurden, während mir ein General dieses Ministeriums viel Erfolg wünschte.

Anfang Januar flog ich über Belgien, Holland, Dänemark, Schweden nach Finnland. Von Stockholm mußte in einem alten, abgerackerten Flugzeug über den Bottnischen Meerbusen weitergeflogen werden. Vor dem Abflug saßen wir in der Maschine und mußten lange warten. Die Finnen hatten im Gegensatz zu den Sowjets keine Luftwaffe. Stark wie diese war, konnte sie ungestraft Finnland bombardieren. Über dem Meerbusen patrouillierten sowjetische Flugzeuge. Man mußte warten, bis sich die Patrouille genügend weit entfernt hatte. Dann hob die Maschine ab und flog los, was ihre Motoren hergaben. Es blieb nur die Hoffnung, daß es der sowjetischen Patrouille nicht einfiel umzukehren, sonst wäre von uns wenig übriggeblieben. Doch es schien alles gutzugehen.

Marschall Mannerheim empfing mich in seinem Hauptquartier Sen Mikele. Von allen Politikern, die ich im Laufe meines Lebens gesehen hatte, machte der Marschall den besten Eindruck auf mich. Ein richtiger Mann, ja ein Gigant, auf dessen Schultern ganz Finnland ruhte. Das Volk stand widerspruchslos und voll hinter ihm. Ich hatte einen Militär erwartet (Mannerheim war General der Kavallerie gewesen), der in der Politik nicht sehr bewandert war. Nun hatte ich einen großen Mann vor mir, ehrenhaft und ehrenwert, der sehr wohl imstande war, die Lösung jeder politischen Frage auf sich zu nehmen.

Ich legte ihm meinen Plan vor. Mannerheim sagte, daß es einen Sinn habe, ihn zu versuchen. Er ermöglichte mir, mit den Gefangenen eines Lagers (500 Mann) zu sprechen. »Wenn sie Ihnen folgen, organisieren wir Ihre Armee. Aber ich bin ein alter Soldat und zweifle sehr, daß diese Leute, wie durch ein Wunder der Hölle entronnen, große Lust haben werden, noch einmal in die Hölle zurückzukehren.«

Es gab in Finnland zwei Fronten. Die schmale karelische Hauptfront von etwa vierzig Kilometer Länge, in die von den Kommunisten eine Division um die andere getrieben wurde; jede ging über Berge von Leichen und wurde restlos aufgerieben – hier gab es keine Gefangenen. Die zweite Front vom Ladogasee bis zum Weißen Meer, wo alles einen Meter hoch und noch höher verschneit war. Dort griffen die Roten auf den Straßen und

Wegen an. Es war immer dasselbe: die sowjetische Division versank im Schnee, die Finnen umzingelten sie, schnitten sie ab und vernichteten sie in harten Kämpfen. Es gab sehr wenig Gefangene, eben die Männer in den Lagern. Sie waren wirklich wie durch ein Wunder davongekommen.

Das Gespräch mit Mannerheim wandte sich rasch anderen Themen zu, nämlich militärischen, sozialen und politischen Fragen. Es dauerte den ganzen Tag. Wie schon gesagt, ganz Finnland blickte auf Mannerheim und erwartete von ihm die Rettung. Seine Lage war deshalb wenig beneidenswert, denn wie sollte er sich bei der Lösung der vordringlichsten Probleme von Leuten beraten lassen, die alles von ihm erwarteten. Ich war aus dem Feindesland, meine Arbeit in der sowjetischen Regierung hatte mir Staatserfahrung gegeben. Außerdem hatte ich mich mit diesen Fragen sehr beschäftigt. Deshalb war das Gespräch über die Probleme, vor denen Mannerheim stand, für ihn aufschlußreich. An diesem Tag bombardierte die sowjetische Luftwaffe dreimal das Hauptquartier. Der Chef des Generalstabes kam herein, um Mannerheim zu fragen, ob er in den Unterstand gehen wolle. Mannerheim fragte: »Wollen Sie hinuntergehen?« Ich zog es vor zu bleiben. Der Stabschef warf mir einen wenig freundlichen Blick zu. Ich verstand ihn: ein zufälliger Bombentreffer auf das Haus hätte Finnlands Widerstand, der sich ganz auf den unbeugsamen Marschall stützte, ein jähes Ende gesetzt. Aber ich fühlte mich in diesem Augenblick als Soldat, als der designierte Befehlshaber meiner Armee; Mannerheim sollte merken, daß mich Bomben nicht weiter aufregten und ängstigten.

In dem Kriegsgefangenenlager ging alles so, wie ich erwartet hatte. Alle waren Feinde des Kommunismus. Ich redete mit ihnen in einer Sprache, die sie verstanden. Das Ergebnis war, daß von den 500 Mann 450 als Freiwillige gegen den Bolschewismus kämpfen wollten. Von den restlichen sagten vierzig: »Wir sind mit ganzer Seele mit dir, aber haben Angst, haben einfach Angst.« Ich antwortete: »Wenn du Angst hast, können wir dich nicht brauchen, bleib im Lager.«

Alle diese Leute waren einfache Soldaten, ich brauchte aber noch Offiziere. Auf die gefangenen sowjetischen wollte ich nicht meine Zeit verschwenden. Beim ersten Kontakt mit ihnen merkte ich, daß es den wenigen Halbtschekisten und Halbstalinisten unter ihnen schon gelungen war, eine Parteizelle zu bilden und die Offiziere zu terrorisieren. Jede kleinste Geste werden die zuständigen Stellen daheim erfahren, eure Familien bürgen mit ihrem Kopf für jeden eurer Schritte! Ich beschloß, die Offiziere aus den weißen Emigrantenkreisen zu nehmen. Der allgemeine Militärbund stellte mir durch Befehl seine finnische Abteilung zur Verfügung. Ich suchte mir die Truppenoffiziere aus, mußte aber viel Zeit darauf verwenden, um sie politisch auf ihre Soldaten vorzubereiten und sie mit ihnen zusammenzuführen. Sie redeten verschiedene Sprachen, so daß ich mit meinen Offizieren nicht wenig arbeiten mußte, um sie den richtigen Ton finden zu lassen. Schließlich gelang dies aber ganz befriedigend. Andere Probleme kamen hinzu. So leben z. B. die Armeen von festen Reglements und der bekannten Reaktionsautomatik. Unsere Armee durfte nicht auf dem sowjetischen Reglement aufgebaut werden, sondern auf einem neuen, das aber erst geschaffen werden mußte. Nehmen wir ein ganz einfaches Detail, die gegenseitige Anrede. »Genosse« war sowjetisch, »Herr« politisch unmöglich und unerwünscht. Blieb nur »Bürger« übrig, woran die Soldaten hinreichend gewöhnt waren, also »Bürger Kommandant«, während ich »Bürger Kommandeur« hieß.

Es gab noch ein psychologisches Problem. Meine Offiziere, Kapitän Kiseljow, Stabskapitän Lugowoj und die anderen, waren tapfere Truppenoffiziere. Sie hatten volles Vertrauen in meine politische Kraft, kamen jedoch in ihren Köpfen nicht damit zurecht, daß sie ein Zivilist kommandieren sollte. Im Kampf hält die Seelenstärke des Kommandeurs alles zusammen. Folglich werden sich alle an die meine halten. Hatte ich sie aber? Das war ihnen nicht recht klar. Ich merkte dies an einem untrüglichen Zeichen. Während unserer Übungen redete mich Kapitän Kiseljow stets mit »Herr Baschanow« statt mit »Bürger Kommandeur« an. Ein Zufall löste auch dieses Problem.

Wir führten die Geschäfte im fünften Stock eines großen Gebäudes in Helsinki. Die sowjetische Luftwaffe bombardierte die Stadt mehrmals täglich. Da es Winter war, hingen die Wolken sehr tief. Die sowjetischen Maschinen stiegen in Estland auf, näherten sich Helsinki bis auf dreißig Kilometer, stellten die Motoren ab und ließen sich lautlos im Gleitflug auf die Stadt herab. Plötzlich schossen sie aus den Wolken hervor, gleichzeitig setzte das Motorengeräusch und das Krachen der abgeworfenen Bomben ein. Wir hatten nicht die Zeit, um in den Unterstand zu laufen.

Eine Maschine überflog unser Haus. Wir hörten das Zischen der fallenden Bombe und ihre Explosion. Ein zweites Zischen und die Explosion direkt vor uns. Wohin wird die nächste fallen? Auf uns oder hinter uns? Ich benutzte diese Gelegenheit und fuhr in meinem Thema ruhig fort. Alle meine Offiziere zogen den Kopf bis zu den Ohren ein. Da, das nächste Zischen und die Explosion – schon hinter uns. Alle atmeten erleichtert auf. Ich blickte sie ziemlich kühl an und fragte, ob sie auch verstanden hätten, was ich soeben gesagt habe. Kapitän Kiseljow antwortete: »Jawohl, Bürger Kommandeur.« Jetzt würden sie keine Zweifel mehr haben, sich im Kampf an meine Seelenstärke halten zu können.

Was man hätte in zwei Wochen erledigen können, dauerte fast zwei Monate. Die Soldaten in ein anderes, frontnäheres Lager zu schaffen, die ganze Organisation, alles erfolgte im Schneckentempo. Die sowjetische Luftwaffe bombardierte täglich ungestraft die Eisenbahnknotenpunkte. Gegen Abend bot jeder von ihnen ein schauderhaftes Bild, nach allen Seiten ragten die Schienen und Schwellen zwischen tiefen Gräben. Jede Nacht wurde alles wieder repariert, die Züge fuhren irgendwann gegen Morgen . . .

Erst in den ersten Märztagen waren wir mit unserer Organisation so weit, daß wir uns auf den Fronteinsatz vorbereiten konnten. Den Anfang machte die erste Abteilung von Kapitän Kiseljow, zwei Tage später folgte die zweite, dann die dritte. Ich liquidierte das Lager, um dann mit den übrigen Abteilungen zu folgen. Ich konnte gerade noch benachrichtigt werden, daß die erste Abteilung schon kämpfte und 300 Rotarmisten zu uns übergelaufen waren. Doch nachzuprüfen vermochte ich das nicht mehr, weil ich am Morgen des 14. März von General Walden, dem Bevollmächtigten des Marschalls bei der Regierung, aus Helsinki angerufen wurde: »Der Krieg ist aus, stellen Sie die ganze Aktion ein und kommen Sie unverzüglich nach Helsinki.«

Am nächsten Morgen war ich bei Walden. Er sagte mir, daß der Krieg verloren und der Waffenstillstand unterschrieben sei. »Ich habe Sie deshalb so schnell hergerufen, damit Sie ebenso schnell Finnland verlassen können. Die Sowjets wissen natürlich von Ihrer Armee und werden wahrscheinlich Ihre Auslieferung verlangen. Sie ausliefern können wir aber nicht; ebensowenig können wir Ihnen die Möglichkeit geben, Finnland erst dann zu verlassen. Die Sowjets werden es erfahren und uns der Lüge bezichtigen. Vergessen Sie nicht, daß sie uns in der Hand haben und wir alles vermeiden müssen, was die Friedensbedingungen verschlechtern kann, die ohnehin schwer genug sein werden. Wenn Sie sofort das Land verlassen, können wir auf die Forderung nach Ihrer Auslieferung antworten, daß Sie nicht mehr im Lande sind; es wird ihnen ein leichtes sein, das Datum Ihrer Abreise nachzuprüfen.«

»Aber meine Offiziere und Soldaten? Wie kann ich sie im Stich lassen?«

»Ihrer Offiziere wegen brauchen Sie sich nicht zu beunruhigen, sie sind alle finnische Staatsbürger, ihnen droht nichts. Und den Soldaten, die trotz unserem Rat in die Sowjetunion zurückkehren wollen, können wir natürlich nicht daran hindern, das ist ihr Recht. Aber jene, die in Finnland bleiben, werden als Freiwillige der finnischen Armee betrachtet, denen das Bürgerrecht verliehen wird. Ihre Anwesenheit hier bringt oder nimmt ihnen nichts, wir werden uns ihrer annehmen.« Das war alles vernünftig und richtig. Ich setzte mich in den Wagen und fuhr nach Turku, gelangte noch am gleichen Tag nach Schweden und kehrte ohne weitere Ereignisse nach Frankreich zurück. Über meine finnische Aktion erstattete ich den Vertretern der Emigrantenorganisationen und auf einer Versammlung russischer Generalstabsoffiziere Bericht. Die Versammlung fand in der Wohnung des Kommandeurs der I. Abteilung des Allgemeinen Militärbundes, General Witkowskij, statt, bei der auch Admiral Kedrow, der ehemalige russische Botschafter Maklakow mit seinem Hörrohr und der Großfürst Andrej Wladimirowitsch, wenn ich nicht irre, anwesend waren. Bald darauf begann der Krieg mit Frankreich, die Deutschen marschierten in Paris ein.

Fast ein Jahr lang lebte ich ruhig weiter. Mitte Juni 1941 erschien bei mir unerwartet ein Deutscher in Uniform, er mochte etwa im Rang eines Majors sein, um mir mitzuteilen, daß ich unverzüglich in irgendeine Dienststelle in der Avenue Jena kommen solle. Warum? Das wisse er nicht. Aber sein Auto stehe mir zur Verfügung, er könne mich hinfahren. Ich antwortete, daß ich mich erst in Ordnung bringen möchte und etwa in einer Stunde selber vorbeikäme. Ich nutzte diese Stunde, um bei russischen Bekannten telephonisch nachzufragen, was für eine Dienststelle das in der Avenue Jena sei. Man sagte mir, daß dort Rosenbergs Pariser Stab untergebracht sei. Was mochte der von mir wollen?

Ich ging hin. Es empfing mich irgendein hohes Tier in Generalsuniform, das mir erklärte, daß ich dringend von der deutschen Regierung in Berlin angefordert werde. Die Papiere würden in ein paar Minuten fertig sein, der direkte Zug nach Berlin gehe am Abend; für mich sei ein Schlafwagenplatz reserviert. Wozu ich benötigt werde, wußte auch er nicht.

Bis zum Abend mußte ich mich entschließen, ob ich fahren sollte oder nicht. Wenn nicht, war es am besten, irgendwohin nach Spanien zu fahren. Andererseits hatte man mich überaus höflich eingeladen – warum nicht fahren und erfahren, worum es ging. Also fuhr ich. In Berlin holte man mich am Bahnhof ab und brachte mich in ein Gebäude, das sich als Haus des Zentralkomitees der NS-Partei herausstellte. Man brachte mich zum Geschäftsführer Deringer, der flink allerlei Aufenthaltsfragen (Hotel, Lebensmittelkarten, Tisch usw.) regelte, dann erklärte er mir, daß man mich um vier Uhr abholen und zu Dr. Leibbrandt bringen werde. »Wer ist Dr. Leibbrandt?« Der erste Stellvertreter Rosenbergs.

Um vier Uhr empfing mich Leibbrandt. Er entpuppte sich als »russischer Deutscher«, hatte seinerzeit das Kiewer Polytechnikum besucht und sprach Russisch wie ich. Er begann damit, daß unsere Zusammenkunft unbedingt geheim bleiben müsse, auch was ihren Inhalt betreffe, weil ich als Antikommunist bekannt sei; und wenn die Sowjets von meiner Berlinreise erführen, würden gleich verbale Protestnoten und andere Unannehmlichkeiten folgen, denen man am besten aus dem Weg gehe. Während er noch sprach, kam aus dem Nebenzimmer ein Mann in Uniform und Stiefeln herein, der so aussah wie Rosenberg, dessen großes Porträt an der Wand hing. Es war wirklich Rosenberg, aber Leibbrandt stellte mich nicht vor. Rosenberg stützte sich mit den Ellenbogen auf den Schreibtisch und begann eine Unterhaltung mit mir. Er sprach ebenfalls sehr gut Russisch, er hatte an der Dorpater Universität in Rußland studiert. Aber er sprach langsam und mußte manchmal nach den passenden Worten suchen.

Ich erwartete die üblichen Fragen nach Stalin und der sowjetischen Oberschicht, galt ich doch als Spezialist für diese Fragen. Tatsächlich wurden mir auch solche Fragen gestellt, aber in einem sehr speziellen Zusammenhang. Wenn morgen plötzlich ein Krieg ausbricht, was wird in Moskau in der Parteispitze passieren? Nach mehreren ähnlichen Fragen wurde mir klar, daß der Krieg eine Frage von Tagen war. Aber die Gespräche wandten sich schnell mir selber zu. Was ich von diesen und jenen Fragen hielte und was ich zu diesen und jenen Problemen meinte. Nun verstand ich gar nichts mehr. Weshalb war ich das Objekt von Rosenbergs und Leibbrandts Interesse? Meine offenen Antworten, mit ihrer Ideologie nicht einverstanden zu sein, insbesondere aber ihren Ultranationalismus für eine sehr schlechte Waffe gegen den Kommunismus zu halten, da er gerade das bewirke, was der Kommunismus brauche, nämlich ein Land gegen das andere aufzuhetzen und es zum Krieg kommen zu lassen zwischen ihnen, während der Kampf gegen den Kommunismus die Einheit und Zustimmung der ganzen zivilisierten Welt brauche, diese meine Ablehnung ihrer Doktrin machte auf die beiden überhaupt keinen schlechten Eindruck, sie stellten mir weiterhin verschiedene Fragen. Als wir endlich fertig waren, sagte ich: »Aus allem, was hier gesprochen wurde, geht eindeutig hervor, daß Sie in allernächster Zukunft einen Krieg gegen die Sowjetunion beginnen werden.« Rosenberg beeilte sich zu erwidern: »Das habe ich nicht gesagt.« Darauf antwortete ich, ein politisch hinreichend erfahrener Mann zu sein, dem man nicht alles klein zerkaut in den Mund schieben müsse. »Gestatten Sie mir, nun eine Frage an Sie zu richten: Wie sieht Ihr politischer Kriegsplan aus?« Rosenberg erklärte, meine Frage nicht zu verstehen. Ich präzisierte: »Beabsichtigen Sie, den Krieg gegen den Kommunismus oder gegen das russische Volk zu führen?« Rosenberg bat mich, eine Grenze zu ziehen. Ich sagte ihm: »Der Unterschied besteht darin, daß Sie, falls der Krieg gegen den Kommunismus geführt wird, d. h. deshalb, um das russische Volk vom Kommunismus zu befreien, letzteres auf Ihrer Seite stehen wird und Sie den Krieg gewinnen werden. Falls aber der Krieg gegen Rußland geführt wird, wird das russische Volk gegen Sie sein, dann ist der Krieg für Sie verloren.«

Rosenberg verzog das Gesicht und meinte, das undankbarste Geschäft sei das einer politischen Kassandra. Doch ich erwiderte, daß man in diesem Fall die Ereignisse voraussagen könne. »Anders ausgedrückt: der russische Patriotismus liegt bäuchlings auf der Straße, die Bolschewiken haben ihn ein Vierteljahrhundert mit Füßen getreten. Wer ihn aufhebt, wird den Krieg gewinnen. Heben Sie ihn auf, werden Sie gewinnen; hebt ihn Stalin auf, wird er gewinnen.« Schließlich bemerkte Rosenberg, daß sie einen Führer hätten, welcher den politischen Kriegsplan bestimme; dessen Plan sei ihm noch unbekannt. Ich betrachtete dies als schlichte Ausrede. Indes stellte sich, so paradox es auch klingen mag, später heraus, daß es die Wahrheit war. Ich erfuhr es erst zwei Monate später, nach meinem letzten Gespräch mit Leibbrandt, der mir erklärte, warum man mich gerufen und mit mir gesprochen habe.

Es handelte sich darum, daß zur Zeit meines Berlinaufenthaltes, also Mitte Juni, sowohl Rosenberg als auch Leibbrandt annahmen, es könnte nach Kriegsbeginn die Möglichkeit geben, eine antibolschewistische russische Regierung zu bilden. Sie hatten aber keine geeigneten Russen für diesen Zweck. So war man (entweder wegen meiner finnischen Aktion oder auf einen Wink Mannerheims) auf mich als Kandidaten verfallen. Deshalb hatte man mich schleunigst herkommen lassen, um mich kennenzulernen und zu beschnuppern. Aus Leibbrandts Worten schien hervorzugehen, daß man mich akzeptiert hatte. Doch nach ein paar Tagen brach der Krieg aus, Rosenberg bekam den längst vorgeplanten Titel eines Ministers für die besetzten Ostgebiete, während Leibbrandt sein erster Stellvertreter wurde. Als Rosenberg zum erstenmal nach seiner Ernennung zu Hitler kam, um sich Direktiven zu holen, sagte er: »Mein Führer, es gibt zwei Möglichkeiten, die eroberten Ostgebiete zu regieren: entweder mit Hilfe der deutschen Verwaltung durch Gauleiter oder durch die Bildung einer russischen antibolschewistischen Regierung, die auch der Mittelpunkt zur Anziehung aller antibolschewistischen Kräfte in Rußland wäre.« Hitler unterbrach ihn: »Von einer russischen Regierung kann nicht die Rede sein. Rußland wird eine deutsche Kolonie und wird von Deutschen verwaltet.«

Darauf zeigte Rosenberg für mich nicht mehr das geringste Interesse und empfing mich auch nicht mehr.

Nach der Unterredung mit Rosenberg und Leibbrandt verbrachte ich mehrere Tage in einer besonderen Lage, denn ich kannte ein Geheimnis von kapitaler Wichtigkeit und lebte in völliger Abgeschlossenheit. Als ich am Morgen des 22. Juni auf die Straße ging und die ernsten Gesichter der Menschen sah, wußte ich, was geschehen war. In den Zeitungen das Manifest über Hitlers Krieg. In dem Manifest kein Wort von einer russischen Regierung oder von der Befreiung des russischen Volkes. Im Gegenteil, immer nur von der Notwendigkeit deutschen Lebensraums im Osten. Die Nationalsozialisten hatten den Krieg angefangen, um Rußland in eine Kolonie zu verwandeln. Der Plan war für mich völlig idiotisch, meiner Ansicht nach mußte Deutschland den Krieg verlieren, es war nur eine Frage der Zeit. Der Kommunismus würde den Krieg gewinnen. Was konnte man da tun?

Ich sagte Deringer, daß ich Rosenberg sprechen möchte. Deringer antwortete mir freundlich, meinen Wunsch Rosenberg zu übermitteln. Nach einigen Tagen antwortete er mir, daß Rosenberg mit der Bildung seines neuen Ministeriums sehr beschäftigt sei und mich nicht empfangen könne. Ich saß in Berlin herum, ohne etwas tun zu können. Deshalb wollte ich nach Paris zurück, aber Deringer sagte mir, daß diese Frage nur Rosenberg oder Leibbrandt entscheiden könnten. Also wartete ich weiter.

Nach einem Monat empfing mich plötzlich Leibbrandt. Er führte schon das neue Ministerium, in seinem Vorzimmer saß eine ganze Schar von Gauleitern in Generalsuniformen. Er fragte mich, ob ich auf meinen Prognosen angesichts der Ereignisse beharre? Die deutsche Armee ziehe siegreich ostwärts, die Anzahl der Gefangenen gehe in die Millionen. Ich antwortete, ganz fest von der deutschen Niederlage überzeugt zu sein; der politische Plan des Krieges sei unsinnig. Jetzt sei alles klar, man wolle Rußland in eine Kolonie verwandeln, die Presse behandle die Russen als Untermenschen, die Gefangenen verhungerten. Das Gespräch endete ergebnislos, meinen Wunsch, nach Paris zurückzukehren, lehnte er ab. »Warten Sie noch ein wenig.« Worauf?

Ich mußte noch einen Monat in einer Art Ehrenhaft verbringen. Plötzlich wollte mich Leibbrandt sprechen. Er fragte wiederum, ob ich angesichts der Tatsache, daß die deutsche Armee von Sieg zu Sieg eile, von der Bevölkerung mit Glockengeläut begrüßt werde und Millionen von Gefangenen mache, bei meiner Prognose bleibe. »In zwei-drei Monaten«, erwiderte ich, »wird in ganz Rußland bekannt sein, daß ihr die Gefangenen den Hungertod sterben laßt und die Bevölkerung als Vieh behandelt. Dann werden sie aufhören, sich zu ergeben und werden kämpfen, und die Bevölkerung wird euch in den Rücken schießen. Und dann wird der Krieg anders verlaufen.« Leibbrandt teilte mir mit, mich deshalb gerufen zu haben, um mir die Leitung der politischen Arbeit unter den Gefangenen zu übertragen. Ich hätte es doch in Finnland mit so großem Erfolg betrieben. Ich lehnte sofort ab. Um welche politische Arbeit konnte es da gehen? Was soll man den Gefangenen sagen? Daß die Deutschen Rußland in eine Kolonie und die Russen in Sklaven verwandeln wollen und ich ihnen dabei behilflich sein will? Die Gefangenen werden einen solchen Agitator zum Teufel schicken

– und sehr recht daran tun. Leibbrandt verlor schließlich die Geduld. »Sie sind ein staatenloser Emigrant und reden wie der Botschafter einer Großmacht.«

»Ich bin der Vertreter eines großen Staates, des russischen Volkes! Da ich der einzige Russe bin, mit dem Ihre Regierung spricht, ist es meine Pflicht, dies alles zu sagen.« Leibbrandt erwiderte: »Wir können Sie erschießen oder in einen Steinbruch schicken oder Sie veranlassen, unsere Politik zu machen.«

»Doktor Leibbrandt, Sie irren. Erschießen können Sie mich oder in ein Lager zum Steineklopfen schicken, aber mich zu veranlassen, Ihre Politik zu machen, das können Sie nicht.« Leibbrandt reagierte darauf ganz unerwartet. Er stand auf und drückte mir die Hand. »Wir sprechen auch deshalb mit Ihnen, weil wir Sie für einen ordentlichen Menschen halten. Wir haben einen ganzen Kometenschweif von Russen, die bei uns arbeiten wollen; aber die wollen unsere Diener sein; sie interessieren uns nicht.«

Wir stritten wieder über die Perspektiven, über die deutsche Politik, wobei ich sagte, daß wir im Hinblick auf die Etage, in der unser Gespräch sich abspielte, in den Termini nicht wählerisch zu sein brauchten und die Dinge beim Namen nennen könnten. Doch Leibbrandts Erwiderungen wurden immer lauer. Schließlich gab er sich einen Ruck und sagte: »Ich habe volles Vertrauen zu Ihnen. Ich möchte Ihnen etwas sagen, was für mich sehr gefährlich ist: ich glaube, Sie haben recht.« Ich sprang auf: »Und Rosenberg?«

»Rosenberg denkt ebenso.«

»Und weshalb versucht Rosenberg nicht, Hitler von der ganzen Verderblichkeit seiner Politik zu überzeugen?«

»In diesem Punkt«, antwortete Leibbrandt, »sind Sie nicht auf dem Laufenden. Hitler kann man nie von etwas überzeugen. Erstens redet nur er und läßt niemanden zu Wort kommen und hört niemandem zu. Und wenn Rosenberg versuchen würde, ihn zu überzeugen, gäbe es nur ein Resultat: Rosenberg würde sofort seines Postens enthoben, weil er nicht fähig sei, die Gedanken und Beschlüsse seines Führers zu begreifen und durchzuführen, und als Soldat an die Ostfront geschickt werden. Das ist alles.«

»Aber wenn Sie von der Unsinnigkeit von Hitlers Politik überzeugt sind, wie können Sie ihm dann folgen?«

»Das ist viel komplizierter, als Sie glauben«, sagte Leibbrandt, »und das ist nicht nur ein Problem für mich, sondern für alle maßgeblichen Leute unserer Bewegung. Als Hitler damit begann, seine Beschlüsse durchzuführen, die uns als Unsinn erschienen, die Besetzung des Ruhrgebietes, die Brechung des Versailler Vertrags, die Wiederbewaffnung Deutschlands, den Anschluß Österreichs, die Besetzung der Tschechoslowakei, haben wir jedesmal einen Fehlschlag und ein Fiasko erwartet. Er hat aber jedesmal gewonnen. So entstand bei uns allmählich der Eindruck, daß dieser Mann vielleicht etwas sieht und versteht, was wir nicht sehen und verstehen; und uns blieb nichts anderes übrig, als ihm zu folgen. So war es auch mit Polen, Frankreich, Norwegen; und jetzt in Rußland geht es vorwärts, und bald werden wir vor Moskau stehen. Vielleicht haben wieder nicht wir recht, sondern er.«

»Doktor Leibbrandt, ich habe hier nichts zu tun, ich möchte nach Paris zurück.«

»Nachdem Sie also gegen unsere Politik sind, werden Sie gegen uns arbeiten.«

»Oh, ich kann Ihnen versichern, daß ich weder für noch gegen jemanden arbeiten werde. Mit den Bolschewiken kann ich nicht arbeiten, weil ich ein Feind des Kommunismus bin; mit Ihnen kann ich nicht, weil ich weder Ihre Ideologie noch Ihre Politik billige; mit den Alliierten kann ich auch nicht, weil sie die westliche Zivilisation durch ihr verbrecherisches Bündnis mit dem Kommunismus verraten. Mir bleibt nur der Schluß, daß die westliche Zivilisation durch Selbstmord enden will und daß für mich bei alledem kein Platz ist. Ich werde mich mit wissenschaftlicher und technischer Arbeit beschäftigen.«

Leibbrandt war einverstanden. Vor der Abreise berichtete ich in Larionows Wohnung den Leitern der Solidaritätsorganisation (Poremskij, Roshdestwenskij u. a.) von meinen Gesprächen mit Rosenberg und Leibbrandt. Sie waren eilends nach Berlin gekommen, da sie gleich hinter der deutschen Armee nach Rußland gelangen wollten. Ich sagte ihnen, daß dies völlig hoffnungslos sei, weil sich die Bevölkerung bald gegen die Deutschen stellen werde; *mit* ihr zu gehen bedeute, den Partisanenkampf gegen die Deutschen aufzunehmen. Wofür? Um den Bolschewiken wieder dabei behilflich zu sein, die Bevölkerung wiederum ihrer Macht zu unterwerfen? Man könnte hier gar nichts tun. Aber die Solidaristen wollten es dennoch versuchen. Sie vergewisserten sich aber bald, daß die Lage hoffnungslos war.

Nach Paris zurückgekehrt, hielt ich auch den Vertretern der russischen Emigrantenorganisationen einen Vortrag. Seine Folgen waren höchst unerfreulich, da sich unter den Anwesenden auch Informanten der Gestapo befanden. Einer von ihnen stellte mir die provokatorische Frage: »Muß man also Ihrer Meinung nach mit den Deutschen zusammenarbeiten oder nicht?« Ich antwortete, daß es nicht nötig sei, weil diese Zusammenarbeit keinen Sinn habe.

Das ging natürlich an die Gestapo weiter. Zur Ehre der Deutschen muß ich sagen, daß ich bis Kriegsende ruhig in Paris lebte, mich mit Physik und Technik beschäftigte und die Deutschen mir kein Härchen krümmten.

Zu Kriegsende fügte es sich, daß ich vor der Einnahme von Paris für eine Zeit nach Belgien fahren mußte, während die kommunistischen Banditen, die gekommen waren, um mich umzubringen, ihr Opfer nicht zuhause antrafen.

Schlußwort

Während des zweiten Weltkrieges gab ich die Politik auf. In den folgenden dreißig Jahren war ich mit wissenschaftlichen und technischen Dingen beschäftigt. Doch meine Erfahrungen, während des Aufenthaltes im Zentrum der kommunistischen Macht gesammelt, samt der sich daraus ergebenden Kenntnis des Kommunismus, ermöglichte es mir, in all den folgenden Jahren das Studium des Kommunismus und seiner Entwicklung fortzusetzen. Dieses Studium gibt mir die Möglichkeit, mein Buch mit einigen Ausführungen zu beschließen, die ich dem Leser nicht vorenthalten will.

Von der Wertlosigkeit der ökonomischen Theorie des Marxismus habe ich schon gesprochen. Als ebenso falsch und vom Leben widerlegt, hat sich die marxistische Voraussage über die weiteren Ereignisse herausgestellt. Ich erinnere nur an Marxens Analyse und Prognose: In der Welt mit ihrer raschen Industrialisierung findet eine heftige Proletarisierung und Verarmung der Massen statt sowie eine Konzentration des Kapitals in einigen wenigen Händen. Die proletarische sozialistische Revolution wird daher in den am meisten industrialisierten Ländern kommen.

In Wirklichkeit ist alles umgekehrt gekommen. In den entwickelten Industrieländern ist nicht die Proletarisierung und Verarmung der Bevölkerung erfolgt, sondern hat ein außerordentlich hoher Anstieg des Lebensniveaus stattgefunden. Bekannt ist auch die Entwicklung des Kapitals, das z. B. in dem industriell führenden Amerika das Stadium der Milliardäre längst hinter sich gelassen und das Stadium riesiger anonymer Gesellschaften mit entscheidendem Einfluß ihrer Direktoren durchlaufen hat und sich jetzt im Stadium einer sich erweiternden Demokratisierung befindet – die überwiegende Mehrheit der großen Konzerne verteilt sich auf die Arbeiter und Angestellten, die auch als Miteigentümer und Teilhaber an den Konzernen in Erscheinung treten. Amerika ist 10 bis 20 Jahre voraus; was dort geschieht, wiederholt sich dann in den anderen Industrieländern.
Und was die soziale Revolution betrifft, hat sie keineswegs in einem der entwickelten Industrieländer stattgefunden, sondern ganz im Gegenteil die armen, zurückgebliebenen und wenig zivilisierten Ländern überflutet.

Lassen wir die marxistische Theorie und gehen wir zur Praxis über. Die Praxis der kommunistischen Revolution ist die Praxis Lenins und des Leninismus. Sie besteht darin, daß die Chancen für eine kommunistische Revolution um so größer sind, je ärmer, wilder, rückständiger, unfreundlicher und unzivilisierter ein Land ist. Wenn man es genau überlegt, ist daran nichts Erstaunliches. Das Wesen des Kommunismus ist die Erregung von Neid und Haß bei den Armen gegen die Reichen. Also hat die kommunistische Propaganda dort den größten Erfolg, wo die Leute am ärmsten sind. Das gilt insbesondere für die Länder Afrikas und in den menschlichen Ameisenhaufen Asiens. In den entwickelten Ländern konnte diese Propaganda bisher nur mit Hilfe der sowjetischen Panzer, also mit Gewalt, durchgeführt werden; wobei es kein Wort darüber zu verlieren gibt, daß Neid und Haß ausschließlich dazu verwendet werden, um die einzelnen Bevölkerungsschichten gegeneinander aufzuhetzen; die soziale Feindschaft wird dann zur Unterdrückung und Ausrottung – und schließlich dazu verwendet, um die Macht an sich zu reißen. Endlich verwandelt sich das ganze Land in ein gut organisiertes Zuchthaus, das von der kommunistischen Oberschicht dirigiert wird.

Das Ziel dieser Operationen ist die Welteroberung und die Schaffung einer die ganze Welt umfassenden Sklavenherrschaft sowie deren Verroboterung unter der Aufsicht einer »Partei« von absoluter Macht, zusammengesetzt aus geistlosen, stumpfen Bürokraten.

Das bedeutet den Zusammenbruch unserer westlichen Kultur. Kulturen sind sterblich; die Barbaren, die zur Ablösung der unsrigen anrücken, sind die Kommunisten.

Ich stelle mir vor, was für einen Unwillen diese Zeilen bei einem jungen, gläubigen Kommunisten hervorrufen mögen. Als ich 1919 der KP beitrat, hätte ich ebenso reagiert. Aber es gibt 60 Jahre des kommunistischen Experiments. Überzeugen sie jemanden? Wohl nur jene, die dieses Experiment an sich selber erfahren haben. Und ein unerfahrener kommunistischer Anfänger braucht den Sieg des Kommunismus in seinem Land und dessen Herrschaft für mehrere Jahrzehnte, um auf Grund der eigenen Erfahrung zu verstehen, daß es die von mir geschilderte Wahrheit gibt. Aber leider ist es dann schon zu spät: der Kommunismus existiert dann schon, hat die Macht in Händen und benutzt sie; und hat er sie einmal, läßt er sie nicht mehr los. Einen Weg zurück gibt es nicht. Und wenn in einem anderen Land zufällig ein Dubček an der Spitze der Hierarchie steht, der einen menschlichen Sozialismus statt des wölfischen aufbauen will, dann kommen – auch wenn Partei und Bevölkerung für ihn sind – die sowjetischen Panzer und stellen die alte Ordnung wieder her.

Will unsere Kultur sich verteidigen, alles verteidigen, was ihr Wesen ausmacht: die Freiheit, die Freiheit des Lebens und des Schaffens, den Humanismus, das friedliche und freundschaftliche Zusammenleben der Menschen?

Unsere Kultur ist, historisch betrachtet, christlich. In den vergangenen

Jahrhunderten war die christliche Religion ihr Zement und ihre Basis. Aber diese Zeiten sind vorbei, das Christentum befindet sich in einer Periode schnellen und schwierigen Wandels. Dazu wandeln sich die Lebensverhältnisse mit einer stets wachsenden Geschwindigkeit. Wissenschaft, Technik, Ökonomik änderten in wenigen Jahrzehnten das Leben schneller als das ganze vergangene Jahrhundert. Im Gegensatz dazu ändert sich die Massenpsychologie unvergleichlich langsamer und bleibt immer weit hinter den sich wandelnden Verhältnissen zurück. Und die politischen Ansichten und Bestrebungen der Bevölkerung hinken in weitem Abstand hinter den stürmischen Veränderungen des Lebens einher. Das führt zu echten und großen Katastrophen. So könnte man es als die Pflicht der führenden politischen Kreise eines jeden Landes erachten, sich dieses Dilemmas anzunehmen, die nötigen Schlüsse aus der Lage zu ziehen, mit eigenen Ideen die trägen und rückständigen Ideen der Massen zu überflügeln und die erforderlichen Maßnahmen zur Meisterung der Situation zu ergreifen. Die demokratische Regierungsform erlaubt aber solcherlei nicht. Die Politiker brauchen das Mandat der Masse. Wehe ihnen, wenn sie versuchen, mit eigenen Ideen die Massen zu überholen – man nimmt sie nicht an, unterstützt sie nicht, wählt sie nicht. Sie dürfen die Massen nicht führen, sondern müssen ihnen nachlaufen.

Gegenwärtig folgen die Massen zwei politischen Hauptstraßen. Die eine ist (als Hoffnung auf das Morgen) der Sozialismus, die andere (als Weg von gestern) der Nationalismus.

Bedingen wir uns gleich aus, daß die nationale Idee und der Nationalismus zwei verschiedene Dinge sind. Die Idee der Nation ist normal. Es ist längst bekannt, daß Differentialgleichungen in Peking und Paris auf die gleiche Art gelöst werden, dagegen an den Ufern des Jangtse durchaus nicht so geliebt und gehaßt wird wie an den Ufern der Seine. Kultur kann sich nur im nationalen Rahmen entwickeln, die für sie den charakteristischen, nichtwiederholbaren und unerläßlichen Kader des Lebens bilden. Der Nationalismus stellt etwas ganz anderes dar. Er ist das »Meine Nation steht höher als die anderen« und »Ich verfolge vor allem anderen ihre Interessen« – gegen die Interessen anderer Nationen. Der Nationalismus ist die Doktrin des wütigen nationalen Egoismus. Möglich, daß er vor anderthalb Jahrhunderten am Platz war, als die Nationen noch gesondert voneinander lebten und Verbindungen zwischen ihnen kaum existierten. Aber das 19. Jahrhundert hat diese Verhältnisse rasch geändert, es entwikkelten sich die Technik und die Wirtschaft, der Eisenbahn- und Schiffsverkehr, der Welthandel und die Weltwirtschaft, dazu kamen noch die kolossalen Möglichkeiten der Kriegstechnik. Zu Beginn des 20. Jahrhunderts war die nationalistische Doktrin der Leitgedanke der Großmächte, der sich zur Hauptdrohung für die Welt entwickelte. Das bestätigte der aus nationalistischen Motiven geführte erste Weltkrieg; er war eine große Katastrophe und ein harter Schlag für unsere Kultur. Der Krieg führte zum Zusammenbruch der bestehenden Weltordnung und zur Entthronung der weißen Rasse und zur kommunistischen Revolution in Rußland und zum Beginn eines weltweiten Bürgerkrieges. Was haben die Führer der Nationen aus dieser Erfahrung gelernt? Offensichtlich nichts. Denn weder Deutschland noch Italien, die einen Kordon gegen den Kommunismus schaffen wollten, fanden dafür eine bessere Waffe als den katastrophalen und soeben erst von bitterer Lebenserfahrung verurteilten Nationalismus – und dazu noch in seiner nicht mehr steigerungsfähigen Ultraform. Die einzige Rettung der Kultur ist die Vereinigung der Kulturvölker gegen den Kommunismus. Aber es gibt nichts Schlimmeres als den Ultranationalismus, der nicht zur Einigung der Völker führt, sondern sie gegeneinander aufstehen läßt und ihre Kräfte spaltet, ja zum sinnlosen Krieg zwischen ihnen führt. Für den Kommunismus gibt es nichts Vorteilhafteres, nichts Angenehmeres als diesen Nationalismus. Und die Kommunisten unterstützen ihn auf jede Art und Weise und entfachen ihn, wo und wie es nur geht. Ist er doch eine der Grundbedingungen für ihren Sieg.

Ohne aus den Erfahrungen des ersten Weltkrieges etwas gelernt zu haben, stürzten die führenden Politiker der Großmächte leichten Herzens die ganze Welt in eine zweite grandiose Katastrophe; sie ließen sich dabei ebenso wie die Massen von der Doktrin des Nationalismus leiten. Aber die Kommunisten wußten, daß es für sie nichts Besseres gab – auf jeden Krieg folgt unweigerlich eine Revolution. Sahen die politischen Kretins der Großmächte voraus, daß nach dem zweiten Weltkrieg die halbe Welt in den Händen der Kommunisten sein würde? Keine Ahnung hatten sie. Sie demonstrierten nur, wie gefährlich es ist, wenn die politische Idee der Führung weder Wert noch Sinn hat; und wie wichtig es ist, daß eine andere politische Idee die Führung leiten muß, wenn man eine Kultur haben und verteidigen will.

Wieviel hätte sich in der Welt geändert, wenn man die Erkenntnis, daß *nationale Interessen stets mit den Interessen aller anderen Nationen zusammenfallen müssen,* begriffen und zur Formel für die Beziehungen zwischen den Völkern gemacht hätte. Der nationale Egoismus kann gegenwärtig nur die Verteidigung der freien Welt untergraben. Die Rettung der freien Welt besteht nur in ihrer Einheit.

Der andere Weg, der sich immer mehr das Vertrauen der Völker erobert, ist der sozialistische. Man könnte sagen, daß der fundamentale Änderungsprozeß unserer Gesellschaft in letzter Zeit im Übergang von der Religion des Christentums zur Religion des Sozialismus besteht. Aber was ist der

Sozialismus? Ein französischer Marschall hat gesagt: »Richtig benennen, richtig verstehen«. Es ist nicht leicht zu verstehen, was der echte Sozialismus ist. Vor allem deshalb nicht, weil die Kommunisten wie immer für ihre lügenhafte Propaganda lügenhafte Begriffe gebrauchen, um sie durch ständige Anwendung in ihre allgemeine Praxis aufzunehmen. Wer heute statt »liberale Währungsgesellschaft« nur »Kapitalismus« sagt, ist für die Kommunisten; und wenn die Kommunisten die von ihnen geschaffene wölfische Sklavereiordnung Sozialismus nennen, nehmen diesen falschen Begriff (Union der *sozialistischen* Sowjetrepubliken) alle hin. Indes ist offensichtlich, daß der Kommunismus seine Ordnung unter dem Etikett des Sozialismus versteckt, um die Massen zu betrügen. Ein echter Sozialismus mit »einem menschlichen Gesicht« kann nichts gemein haben mit dem Wolfssozialismus der Marxisten.

Sagen wir so, daß der Sozialismus für die an ihn glaubenden Massen bestenfalls ein verschwommenes Ideal besseren Lebens und größerer sozialer Gerechtigkeit darstellt. Das ist aber auch das Ideal der liberalen, freien Gesellschaft, deren Anhänger den Begriff »Sozialismus« nicht annehmen, da er erstens von den Kommunisten und deren wenig geachteten Bundesgenossen verdorben ist und zweitens an den marxistischen Pseudosozialismus erinnert.

Bekanntlich sind Religionen ein Gegenstand des Glaubens, auf die man die Kategorien des Vernünftigen wenig anwenden kann. Es ist aber ebenso bekannt, daß trotzdem der neuen, überzeugenden Religion eine riesige Kraft innewohnt. Freilich zerfallen die Religionen schnell in Sekten und Gruppen, die einander mit beachtlicher Unduldsamkeit gegenüberstehen. Die weite Verbreitung der sozialistischen Religion in der Welt zeichnet sich weniger durch ihren Sieg denn als Erscheinung und Entwicklung neuer Feindschaften aus. Bei einem Sieg des Sozialismus in der Welt gäbe es soviele Sozialismuse wie Länder (wenn nicht mehr), deren Feindschaft und Kampf gegeneinander ziemlich heftig wäre. Nehmen wir die kommunistische Welt. Für das kommunistische China ist die kommunistische Sowjetunion ein größerer Feind als jedes »kapitalistische« Land.

Die Schwäche der liberalen, freien Gesellschaft besteht darin, daß sie keinerlei Paradies verspricht. Die Schwäche der sozialistischen Gesellschaft darin, daß sie im Gegensatz zum Christentum (das ein Paradies und ein Leben nach dem Tode verspricht, von denen sich weder das eine noch das andere nachweisen läßt) ein Paradies auf Erden verspricht, das man sehr wohl kontrollieren kann. Der Kommunismus kommt aus seiner schwierigen Lage dadurch heraus, daß die Bevölkerung, egal, wie sie über das an ihr ausprobierte Experiment auch urteilen mag, an ihrem Schicksal nichts mehr zu ändern vermag. Nicht einmal fliehen kann man aus dem

Paradies, es wird von Maschinengewehren und Stacheldraht bewacht. Dem echten Sozialismus muß eine solche Praxis fremd sein und deren Zukunft fraglich erscheinen.

Doch wie der Nationalismus ist auch der Sozialismus keine Ideologie, der unsere Kultur ihren Schutz anvertrauen kann. Er geht selbst in seinen besten (nichtmarxistischen) Varianten von der Kritik und Verneinung unserer Kultur aus, die er durch etwas anderes und seiner Meinung nach Besseres zu ersetzen wünscht und hofft.

Das Bild ist wenig erheiternd, denn auf die Frage, ob der Westen seine Kultur verteidigen wird, läßt sich kaum eine hoffnungsvolle Antwort geben. Die Massen folgen der kommunistischen und der sozialistischen Propaganda; selbst die nüchternsten und festesten Elemente sehen keinen anderen Stützpunkt als den alten, gefährlichen Nationalismus. Die führenden politischen Kreise aber, die nämlichen, die zu Beginn des 20. Jahrhunderts weder gesehen noch begriffen haben, daß ihre nationalistische Ideologie die Welt in die Katastrophe und in die Revolution führten, sind auch jetzt noch mit dem Puzzlespiel beschäftigt, sich als Großmächte zu gebärden und den nationalen Egoismus zu hätscheln, ohne zu sehen, daß die Welt auf einem verderblichen Weg ist.

Aber sie sehen auch nicht, daß die Welt an einem Wendepunkt steht. Unsere Kultur kann einen anderen, rettenden Weg einschlagen. Wäre dies ein frommer Wunsch, so kostete er nicht viel. Glücklicherweise gibt es für diese Umkehr eine Basis und eine Möglichkeit. Die maßgeblichen politischen Kreise sehen sie aber nicht.

Betrachten wir aufmerksam die Geschichte des 20. Jahrhunderts. Das Jahrhundert begann in einem euphorischen Geist, denn alles entwickelte sich schnell: Technik, Wirtschaft und der nationale Reichtum. Der Glaube an grenzenlosen Fortschritt war allgemein verbreitet – auch daran, daß sich das Leben ununterbrochen bessern und bedeutende soziale Veränderungen bevorstehen, die allen Armen und Elenden ein besseres Leben bescheren würden. Es kam der Weltkrieg – und er war eine Weltkatastrophe: Reiche brachen zusammen, das Prestige Europas und der weißen Rasse war vertan, ein Weltbürgerkrieg brach aus. Doch man meinte noch, alles wieder in die richtigen Gleise zu bringen; so setzte man das alte Spiel mit den alten Würfeln um nationales Prestige und rassische Diskriminierung fort. Es kam die zweite Weltkatastrophe, und trotz aller triumphalen Meldungen über den großen Sieg (obgleich in Wirklichkeit Subversion, Revolution und der Kommunismus gesiegt hatten und alle drei ihren Sieg am lautesten von allen ausposaunten), begannen sich in der Welt immer stärkere Zweifel auszubreiten – das Resultat war schon zu katastrophal, zu klar schon wurde die Auflösung der Gesellschaft.

So begann die Überprüfung und die Analyse der Situation. Dabei blieb vom Optimismus zu Beginn des Jahrhunderts und vom Glauben an den unbegrenzten Fortschritt nicht viel übrig. Vielmehr stellte sich heraus, daß die Welt einer vollständigen Katastrophe zusteuert. Die galoppierende Vermehrung der Menschheit wird demnächst dazu führen, daß sich die Welt nicht ernähren kann; die dünne Schicht landwirtschaftlichen Bodens ist chemisch zerstört, die Reserven an Mineralien und an Energie sind erschöpft, das ökologische Gleichgewicht der Natur ist zerstört, das Meer, die Ernährungsquelle von morgen, stirbt, weil es vom Menschen vergiftet wird, kurzum: alles, was Wissenschaft und Technik scheinbar zu seinem Nutzen erbrachten, hat sich gegen ihn gekehrt. Und die Apotheose von allem sind Atombombe, ungeahnte Zerstörungsmöglichkeiten – und zum ersten Mal in der Geschichte der Menschheit die Möglichkeit einer völligen Vernichtung des Menschengeschlechtes durch die keineswegs nur theoretische, sondern drohend über unseren Köpfen schwebende praktische Möglichkeit eines dritten Weltkrieges und das sinnlos und ständig wachsende Arsenal des Atomtodes der Menschheit. Und die lichten Perspektiven eines besseren sozialen Lebens? Das große Experiment der russischen sozialen Revolution, an die die Arbeiter der ganzen Welt so fest geglaubt haben? Langsam, aber sicher ist die Wahrheit über dieses Experiment der Welt zur Kenntnis gelangt; schließlich ist Solschenizyns Bombe *Archipel Gulag* explodiert – und angesichts von 60 Millionen toter Zeugen ist auch diese Illusion geplatzt.

Wäre dies vor einem Jahrhundert geschehen, so hätte es zu einer quälenden und langwierigen Besinnung und Umwertung der Wertbegriffe im engen Kreis einer Elite geführt. Heute schleudern das Radio, die Zeitungen und vor allem das Fernsehen täglich, ja stündlich jede und jegliche Nachricht über die jüngsten Ereignisse auf der ganzen Welt den breiten Massen der Bevölkerung ins Gesicht. Und der ganze Prozeß der Umwertung, das ganze Bewußtsein ständiger Bedrohung, die ganze Angst vor dem ins Verderben führenden Weg, auf dem wir gehen, werden zum schnellen Besitz der breiten Massen. Die Bevölkerung der führenden Industrieländer ist in Angst und Schrecken.

Dieses Bewußtsein, diese Furcht vor der auf uns zukommenden Katastrophe ist gegenwärtig auch die größte Chance für die rettende Umkehr; sie ist auch jene Basis, die es unserer Kultur ermöglicht, umzukehren und einen anderen Weg einzuschlagen.

Die Umkehr braucht die breiteste Beteiligung und Zustimmung der Volksmassen. Klugen Formeln gegenüber, der Frucht trockener Verstandesanstrengung, verhalten sich die Massen der Bevölkerung gleichgültig. Sie lassen sich nur von Gefühlen und Emotionen bewegen. Also ist zur

Umkehr eine emotionale Basis vonnöten, und die gibt es. Die Frage nach der Umkehr fällt mit der Frage über die Rettung der Menschheit zusammen, was ihr die größte Bedeutung verleiht und sie auf eine andere Ebene als die Frage des politischen Kampfes stellt, nämlich eine globale. Man muß nicht nur einen Weg finden, auf welchem die Menschheit der stumpfen, bürokratischen Sklavenhalterei des Kommunismus entgeht (der wegen seines Mangels an schöpferischen Ideen nicht imstande ist, alle die gewaltigen und schweren Probleme zu lösen, die vor der Menschheit stehen), sondern auch einen Weg, der diese tatsächlich zu lösen vermag.

Aber so nötig und so möglich diese Umkehr auch ist, unumgänglich ist sie deshalb nicht. Sie kann auch nicht stattfinden. Für sie hat sich eine Basis und eine Möglichkeit ergeben, die es vor 30 oder 40 Jahren noch nicht gegeben hat, aber man muß noch ihren richtigen Weg und ihre richtigen Methoden bestimmen und die richtigen Leute finden, die sie zu realisieren vermögen. Zudem muß diese Bewegung mit Aufgaben einer anderen Art und eines anderen Stils und eines anderes Elans übereinstimmen, als es der übliche politische Tohuwabohu ist. Auf dem Spiel steht die Zukunft der Menschheit. Ausführlicher darüber kann hier freilich nicht gesprochen werden.

Personenregister

Die Namen Lenin, Stalin, Trotzkij wurden wegen ihrer Häufigkeit nicht aufgenommen.

Bildnachweis

Boris Baschanow 35, 36
Bildarchiv Preußischer Kulturbesitz, Berlin 1, 4, 6, 8, 9, 10, 11, 15, 16, 17, 19, 24, 27, 28, 29, 30, 39, 48
Zeitschrift »Ogonëk« 19/1928 46
»Pogromščiki Rossii«, München o. J. 5
Zeitschrift »Prožektor« 2/1927 33
Zeitschrift »Prožektor« 24/1927 38, 44
»Sovetskij Fotografičeskij Al'manach«, Moskau 1928 37
Süddeutscher Verlag, Bilderdienst, München 2, 3, 7, 12, 13, 14, 22, 23, 25, 26, 31, 32, 34, 40, 41, 42, 43, 45, 47
Francis Wyndham und David King »Trotsky. A Documentary«, London 1972 18, 20, 21

CIP-Titelaufnahme der Deutschen Bibliothek

Bašanov, Boris:
Ich war Stalins Sekretär / Boris Baschanow.
[Übers. aus d. Russ. von Josef Hahn]. –
Süderbrarup: Lühe, 1989
(Internationale Literatur zur Erforschung politischer
Hintergrundmächte; Bd. 4)
ISBN 3-926328-23-1
NE: GT